中国公共管理学科前沿报告

总主编：赵景华

经济管理学科前沿研究报告系列丛书

THE FRONTIER RESEARCH REPORT ON
DISCIPLINE OF
POLITICAL SCIENCE

刘庆乐 白云真 主编

政治学学科前沿研究报告

图书在版编目（CIP）数据

政治学学科前沿研究报告 2013/刘庆乐，白云真主编 . —北京：经济管理出版社，2019.8
ISBN 978 - 7 - 5096 - 6601 - 2

Ⅰ.①政⋯ Ⅱ.①刘⋯ ②白⋯ Ⅲ.①政治学—学科发展—研究报告—2013 Ⅳ.①D0
中国版本图书馆 CIP 数据核字（2019）第 089115 号

责任编辑：王格格
责任印制：梁植睿
责任校对：张晓燕

出版发行：经济管理出版社
（北京市海淀区北蜂窝 8 号中雅大厦 A 座 11 层　100038）
网　　址：www. E - mp. com. cn
电　　话：（010）51915602
印　　刷：三河市延风印装有限公司
经　　销：新华书店
开　　本：787mm×1092mm/16
印　　张：18
字　　数：405 千字
版　　次：2019 年 10 月第 1 版　2019 年 10 月第 1 次印刷
书　　号：ISBN 978 - 7 - 5096 - 6601 - 2
定　　价：89.00 元

·版权所有　翻印必究·
凡购本社图书，如有印装错误，由本社读者服务部负责调换。
联系地址：北京阜外月坛北小街 2 号
电话：（010）68022974　　邮编：100836

《中国公共管理学科前沿报告》专家委员会

主 任 委 员：李京文　高小平　李俊生

副主任委员：薛　澜　董克用　鲍　静　赵景华　杨世伟

专家委员会（按姓氏笔画排列）：

马　骏	马庆钰	马启智	王　健	王浦劬	石亚军	包国宪	吕　丽
朱正威	朱立言	朱光磊	刘丽军	江　涛	许光建	苏　竣	李　群
李兆前	李松玉	李国平	李京文	李京生	李俊生	李俊清	杨开忠
杨世伟	何艳玲	沈志渔	张占斌	张吉福	张国庆	张定安	陈　耀
陈庆云	陈振明	周志忍	郑俊田	赵丽芬	赵景华	赵新峰	胡　伟
胡乃武	胡象明	姜晓萍	娄成武	姚先国	秦惠民	袁　东	倪海东
高小平	唐任伍	黄　萃	葛　荃	董克用	蓝志勇	鲍　静	解亚红
薛　澜	薄贵利	Jon S. T. Quah		Meredith Newman		Allan Rosenbaum	

编辑委员会

总 主 编： 赵景华

主编助理： 崔 晶　李宇环　张 剑

编写人员（按姓氏笔画排列）：
　　于 鹏　王 伟　白云真　邢 华　刘庆乐　李 丹　李海明　杨燕绥
　　何艳玲　宋魏巍　张 剑　范世炜　罗海元　侯卫真　施青军　赵景华
　　祝 哲　崔 晶　谭善勇

总　序

公共管理学科以公共事务及其管理为对象，研究公共部门特别是政府组织的体制、结构、运行、功能和过程及其环节，注重如何应用各种科学知识及方法来解决公共事务问题，目的是促进公共组织更有效地提供公共物品或公共服务，从而促进公共价值的实现。公共管理学科经历了"传统公共行政""新公共行政""新公共管理"以及后新公共管理时代的新治理、网络治理和公共价值等范式的竞争与更迭。例如，韦伯官僚制理想类型模型提供了工业化时代各国政府组织的基本形式，新公共管理理论则为20世纪70年代末期以来的"新公共管理运动"和"重塑政府"运动提供了坚实的理论基础和实践指南。

中国历史上曾经创造了丰富的物质文明，也创造了举世公认的政治文明和政府管理文明，根植于儒家文化中的科举制、内阁制等制度对西方政府制度的设计有着举足轻重的作用。新中国成立后，中国走上了一条探索具有中国特色的政府管理模式的漫长道路。改革开放40年以来，中国的道路、理论、制度、文化在全球的影响力不断扩大和加深，为解决人类问题贡献了中国智慧和中国方案。中国公共管理学科在学者们辛勤的耕耘中成长，也在学者们不断的反思中壮大，当今中国的发展已日益呈现出国际化、本土化、跨域性等特征，回应与解决了一些重大的理论与现实问题。

新时代，中国公共管理学科迎来了前所未有的历史性机遇。党的十九大吹响了决胜全面建成小康社会、夺取新时代中国特色社会主义伟大胜利的号角，明确了中国特色社会主义新的历史方位、总任务和总体布局，提出了新时代我国社会主要矛盾发生转变的重要论断，制定了全面深化改革的战略目标和实施方案。新时代全面深化改革和社会主义现代化建设产生了大量亟待公共管理学科解决的重大理论与实践问题。植根于其土壤的西方公共管理理论无法真正解释和解决我国公共管理的实践问题。因此，中国公共管理学科必须回应新时代国家重大需求，顺应当代哲学社会科学及管理科学的发展趋势，加强话语、理论和学科建构，提升学科影响力，为国家和地方创新发展提供强有力的智力支持。

为此，我们组织编写了《中国公共管理学科前沿报告》。这套丛书集研究性、资料性、权威性、前沿性和代表性为一体，以年度中国公共管理改革与发展为主线，力图系统、全面地反映公共管理最新理论前沿和重大实践成果，图景式地勾勒中国公共管理理论成长足迹和实践创新经验，为理论工作者提供一份视野宽广、脉络清晰的思想"沙盘"；为实务工作者提供一份实用有效、生动活泼的经验总结；为学习研究者提供一份简明清晰、取舍得当的选题指南。丛书共10本，分别针对公共部门战略管理、公共政策、行政管理、政治学、政府绩效管理、城市管理学、电子政务、公共经济学、社会保障、公共危机管理等重点领域，客观记录年度最新理论前沿和重大实践成果，并展望学科领域未来发展趋势。

这套丛书的主编和作者均是相关领域的专家，也是我国新时代改革发展的见证者。这套丛书集结了他们长期对公共管理学科的跟踪和研究，特别是对年度研究热点的深入思考和把握。经济管理出版社对这套丛书的出版给予了全力支持；作为以推进学科发展、直谏政府改革为己任的战略智库，中国管理现代化研究会政府战略与公共政策研究专业委员会为此书的策划、出版做出了重要贡献。作为丛书的总主编，我对付出艰辛努力的各位编委会成员、作者，对出版社的领导、编辑表示由衷的感谢！

这套丛书力图客观反映公共管理领域的重大进展、理论创新和代表性成果，聚焦我国公共管理理论的重点、热点与焦点问题，展现中国政府改革的时代轨迹，意义重大且任务艰巨，难免有不足之处，欢迎读者批评指正。

赵景华
2018 年 10 月

前　言

政治学是一门古老的学科，而以科学为志向性的政治学学科发展则开始于19世纪末期。在实现了学科自主性并获得了独立的学科范式之后，西方政治学经历了行为主义政治学、理性选择政治学、新制度主义政治学、新古典主义政治学等若干发展阶段。时至今日，不仅政治学本身已经发展成为多方法、多视角、多层次、多科目的成熟学科，而且发展出政治经济学、经济政治学、政治社会学、政治人类学、政治人口学、民族政治学、政治心理学、政治传播学、政治地理学等交叉与边缘学科。1980年底，中国政治学得以恢复和重建。经过30多年的发展，中国政治学在译介、学习西方政治学理论与方法的过程中，强化本土化研究，研究议题日益广泛、深入，研究方法日益规范，与国外学术同行的研究差距日益缩小。

《政治学学科前沿研究报告（2013）》主要包括国内外研究综述、期刊论文精选、出版图书精选、大事记和文献索引五个部分。

第一部分是国内外研究综述。与已有文献研究相比较，本报告首次以2013年国内被外转载或被引用次数较高的政治学论文作为研究对象。依据政治学子学科划分，对中国人民大学复印报刊资料《政治学》收录的、原发表于2013年1月至2013年12月的除书评外的123篇论文，中国政治与国际政治学科下2013年被引用30次以上（2016年7月24日检索）、与中国政治相关的14篇论文，以及SSCI数据库"political science"专业检索（2016年7月24日）到的政治学各学科下被引用次数较多的52篇论文，进行系统分类、梳理、述评和比较。

第二部分是期刊论文精选。在第一部分文献检索与梳理的基础上，考虑到政治学学科发展的均衡性以及学术文献的影响力、系统性、前瞻性、融合性、实用性等方面的要求，评选出14篇中文期刊优秀论文和10篇英文期刊优秀论文。

第三部分是出版图书精选。本书作者通过在中国国家图书馆检索"政治学"关键词，检索到发表于2013年的中文专著190本，英文专著140本（有部分重复与交叉），鉴于政治学各子学科图书数量不均衡，政治行为、比较政治学、政治学方法类图书较少，政治理论类图书偏多，作者以图书质量为标准，评选出12本优秀中文图书（不包括一些再版的经典著作）；以同样方式，同时考虑意识形态差异，评选出8本优秀英文图书。

第四部分是大事记。本报告对2013年国内与政治学科相关的会议进行梳理，并对会议内容进行综述。2013年共召开较为重要的政治学学术会议7次，其中包括中国政治学2013年年会、2013年政治学与国际关系学年会、2013年首届中国政治学30人圆桌会议、第八届中国青年政治学论坛等。

第五部分是文献索引，即本文第一部分文献综述中论及的 134 篇中文文献和 57 篇英文文献。

《政治学学科前沿研究报告（2013）》的创新之处包括：第一，与国内同行研究相比，本报告试图达到对本年度国内外政治学研究现状的全面性把握。为达此目的，报告首先对本年度研究成果进行全景式扫描，然后进行分类，既不拘泥于个别专题，也不局限于某些论文或图书。第二，在全景扫描的基础上重点推介本年度高质量的论文与图书，评价尺度既包括文章被转载、被引用的客观尺度，也包括编者基于专业审视的主观尺度。第三，本报告将 2013 年国内外公开发表的重要期刊论文目录进行索引，为政治学专业的学者及爱好者进一步学习研究提供了较为系统的资料来源。由于编者的时间仓促，水平有限，作为一部反映国内外政治学学科前沿的报告，该著作难免有偏颇或疏漏之处，恳请读者批评指正。

编者

2016 年 9 月 1 日

目 录

第一章　政治学2013年国内外研究综述 ··· 001
- 第一节　政治制度 ·· 002
- 第二节　政治行为 ·· 005
- 第三节　比较政治学 ··· 008
- 第四节　政治理论 ·· 011
- 第五节　经济政治学 ··· 017
- 第六节　当代中国政治研究专题 ··· 019
- 第七节　政治学方法论 ·· 021
- 第八节　总体评价 ·· 023

第二章　政治学2013年期刊论文精选 ··· 027
- 第一节　中文期刊论文精选 ··· 027
- 第二节　英文期刊论文精选 ··· 211

第三章　政治学2013年出版图书精选 ··· 223
- 第一节　出版中文图书精选 ··· 223
- 第二节　出版英文图书精选 ··· 236

第四章　中国政治学2013年大事记 ·· 249
- 第一节　中国政治学会2013年年会 ··· 249
- 第二节　2013年首届中国政治学30人圆桌会议 ··································· 252
- 第三节　第八届中国青年政治学论坛 ··· 255
- 第四节　2013年政治学与国际关系学年会 ··· 256
- 第五节　2013政治学行政学博士论坛 ·· 257
- 第六节　学习中共十八大报告关于政治学理论与现实问题学术研讨会 ······ 259
- 第七节　2013年北京青年政治学论坛 ·· 261

第五章　文献索引 ··· 263
　　第一节　2013年政治学研究主要中文文献 ······································· 263
　　第二节　2013年政治学研究主要英文文献 ······································· 269
后　记 ··· 275

第一章 政治学2013年国内外研究综述

1994年国际政治科学学会在德国柏林召开第十六届世界大会,主题为"学科状况"。会后出版的《政治科学新手册》从政治制度、政治行为、比较政治学、国际关系学、政治理论、公共政策与公共行政、政治经济学、政治科学方法论8个部分来阐述政治学的最新进展,这些方面也构成了政治学学科的基本架构。在中文文献方面,根据中国学科门类的划分,公共政策学与公共行政学已属于公共管理学的范畴,政治经济学属于理论经济学的范畴,国际关系学虽然属于政治学一级学科,但在文献检索中一般单独分类,如中国人民大学复印报刊资料单列《国际政治》专刊。因此,本章初步选取政治制度、政治行为、比较政治学、经济政治学、政治理论、政治科学方法论几个研究方向论述2013年政治科学的研究进展。其中"经济政治学"是中国特色的新兴交叉性政治学学科,也属于最弱意义的"政治经济学"。

本书中文论文文献主要依据被中国人民大学复印报刊资料《政治学》收录的、原发表于2013年1月至2013年12月的123篇论文(书评除外)(《政治学》实际收录时间从2013年第3期延续到2014年第6期),并将它们分别放入各个研究方向部分中。这里仍存在两个风险。

第一,由于政治学不同研究方向的交叉,可能同一篇论文放在不同的部分都是合适的。本书论文分类遵循就近原则,例如一篇讨论民主问题的文章,如果侧重于理论梳理,就将其归于政治理论类,但如果侧重于各国实践比较,就将其归于比较政治学类。同样道理,如果一篇讨论国家问题的文章侧重于讨论的权力性质,可以将其归入政治制度类,而如果讨论一般国家理论,则将其归入政治理论类。

第二,在中国人民大学复印报刊资料的分类中,有《中国政治》专刊,《政治学》专刊未能反映中国政治学研究的全貌。为此,笔者于2016年7月24日进入中国知网,以"中国政治"为主题,在"中国政治与国际政治"学科下搜索到各类文献65861篇,再按"被引用"的次数排序,2013年被引用30次以上的期刊论文14篇,其中研究国内政治的11篇,高居榜首的是发表在2013年11月18日《求是》杂志上的《中共中央关于全面深化改革若干重大问题的决定》,被引用214次。本书将这11篇论文以"当代中国政治研究专题"为题,单独列出。

英文文献方面,作者在SSCI数据库"political science"专业中分别检索得到"political institutions"391篇,引用15次以上的9篇;"political behaviors"273篇,引用15次以

上的12篇;"comparative politics"154篇,引用13次以上的10篇,其中2篇是关于比较政治学方法的,本章将在政治学方法论中论及;"political theories"180篇,被引用15次以上的18篇;"political methodologies"38篇,被引用5次以上的8篇。在上述文献中,重合的论文5篇,纳入综述的英文论文共计52篇。

本章主要综述前述186篇国内外政治学文献。凡是涉及这些文献的,文中均采用夹注的形式,具体文献见第五章"文献索引"部分。

第一节 政治制度

政治制度研究在传统政治学研究中曾经占据中心地位。20世纪50～60年代由美国政治学界发起的行为主义革命改变了这一传统。研究者们的注意力由制度转向个人或群体的政治态度与行为,试图建立一个可验证的、可量化的、价值中立的、动态的政治科学。但直到20世纪80年代,行为主义并未实现最初宏伟的学术抱负。在这一背景下,西方政治学在反思行为主义的基础上出现了制度研究的复兴。西方新制度主义政治学后来形成多种流派,霍尔与泰勒将新制度主义划分为历史制度主义、理性选择制度主义和社会学制度主义,在学术界获得了较多的认同。[①] 但这并不是说,行为主义政治学以后的政治制度研究都属于新制度主义范畴。事实上,罗尔斯关于正义法则的讨论以及他与诺齐克关于国家边界的争论等,仍然带有旧制度主义的底色。

1. 历史制度主义

在三种新制度主义范式中,历史制度主义强调历史因素对当下制度的影响,因其更强的综合能力而颇为流行。闫小波(2013)在分别梳理民本与民主不同的知识谱系后认为,民本是"内圣"之学与君临之术,民主是"共治"之学与平衡之术,民本的美好理念难以转化为社会现实,乃因在中国数千年的政治场域中形成了固化的理念与制度二分的裂口。黄晨(2013)从方法论上认为,历史制度主义的包容性其实在于其学理的多重进路:有的强调理性行为选择,有的强调文化或观念,有的强调制度本身,也有的强调制度、观念与行为之间的结构关系。历史制度主义这种将制度外延扩展到政治研究所有主要变量的做法,既是其全面性所在,也是其问题所在。

2. 作为制度形态的国家理论

新制度主义研究的复兴是与国家理论的复兴联系在一起的。在行为主义政治学时代,社会是研究的中心。国家被视为一个过时的概念,一个争夺基本社会经济利益而展开冲突的舞台。社会结构马克思主义与工具马克思主义在国家与资本主义关系上的辩论首先唤起

---

① Peter A., Hall & Rosemary C. R., Taylor. Political Science and the Three New Institutionalism. Political Studies, 1996: 936 – 957.

了人们对国家自主性问题的关注,而历史制度主义代表人物西达·斯考切波（Theda Skocpol）对国家自主性的重新阐述对将国家带回政治学研究发挥了关键性作用。在斯考切波那里,国家是"一套宏观结构","一套以执行权威为首,并或多或少是由执行权威加以良性协调的行政、政策和军事组织"。① 而在以诺思为代表的理性选择制度主义那里,国家与产权、意识形态一起构成了制度理论的基石。

国家自主性对内表现为对社会不同利益群体的超越。鉴于国家自主性概念在用于理论和实证研究时难以建立将行为体、环境与结果联系起来的因果链条,田野（2013）建议用理性选择理论将微观和宏观联系起来,把国家自主性看作中央政府核心决策者所制定的公共政策与其自身偏好之间的一致程度。袁倩（2013）基于对国家内部复杂性的认知,试图将国家、执行者和社会运动三方纳入分析框架,观察国家的宏观背景和行为者的微观互动如何共同塑造国家行为。在她看来,这样一种中层视角更能良好地描述社会运动中的国家行为,更有益于通过经验研究寻找因果关系。国家自主性对外表现为排他性地行使主权,尽管在全球化时代,国家主权越来越受到了来自国际法、国际责任等权力规范的约束。伊恩·克拉克（2013）认为,责任分担是一种深刻的社会权力形式,它可以理解为一种独特的合法性实践。他以中国的崛起说明,中国与国际社会的互动是围绕责任概念产生的,这种责任概念的内容是中国与国际社会的互动过程中相互塑造的,而不是任何一方单方面决定的。规范的权力限制的不是中国崛起,而是它以自己选择的方式制定规范的潜力。Fabio Serricchio（2013）等的研究证明,即使在高度一体化的欧盟,并不是近年来的经济危机而是国家认同与政治制度才更有力地解释了公众的欧洲怀疑主义。

国家不仅是具有暴力潜能的组织,而且是对暴力的垄断。Greiner（2013）研究了肯尼亚传统牧区由"偷牛贼"引发的暴力在过去几十年里发生的变化,发现这种传统暴力已经被行政边界、排他性的土地权斗争、建立或捍卫单一民族选举等现代政治主张所困扰。Carles Boix 和 Milan Svoliky（2013）提出了这样一个问题：为何一些独裁政权也会建立立法机关、政党等与民主相关的制度呢？他们的解释是：独裁体制下的民主性制度强化了分享型权力的稳定性与体制的延续性,但这些制度只有在得到支持联盟可信的叛乱威胁的条件下,分享型独裁统治才有可能存在。

3. 司法与政党制度

撇开国家不谈,简单地说,政治制度就是对人们的政治行为产生约束力的政治游戏规则②。从司法制度的视角看,在美国三权分立的政府体制下,人们通常认为个人意识形态偏好不会影响联邦最高法院的合法性。Bartels 等（2013）的研究否定了这一观点,他们认为联邦法院在当代政策制定中并非客观的保守派,当面临政策制定与主观意识形态不一致时,强大的意识形态基础支撑着联邦法院的合法性。Epstein 等（2013）则更新了法官

---

① 西达·斯考切波：《国家与社会革命：对法国、俄国和中国的比较分析》,上海世纪出版集团2007年版,第30页。

② 罗伯特·古丁、汉斯—迪特尔·克林格曼：《政治科学新手册》,生活·读书·新知三联书店,第212页。

行为动机的传统解释,认为虽然法官将他们的政治价值转化为法律的政策目标对于理解法官行为是至关重要的,但政策目标并不是唯一的行为动机,更加接近现实的法官决策行为解释框架包括意识形态动机、自利的个人动机以及立法动机等。

从政党制度的视角看,Gerber 等(2013)研究了政治同质性与区域计划网络合作之间的关系,发现在党派及投票行为等方面具有政治相似性的地方政府,比那些没有这些相似性的政府更可能参与地区性的规划网络,因为政治同质性减少了制度化集体行动而产生的交易费用。刘洪凛(2013)认为政党法制是"二战"后政党政治的新现象、新趋势,其主要价值追求在于维护政党政治秩序与政治稳定,但相对于政党政治、民主政治发展而言,政党法制存在一定的政治局限性。

4. 公共政策

公共政策是制度的重要组成部分。在理论层面,Graham 等(2013)依据文献对政策扩散理论在不同亚学科之间的扩散进行梳理后认为,政策扩散研究应当由提高重视程度转向在其他亚学科中的发展,由获得更加系统的方法转向追踪政策是何时以及如何扩散的。胡润忠(2013)比较了西奥多·罗伊(Theodore J. Lowi)的"政策决定政治"分析范式、威尔逊(James Q. Wilson)的政治类型理论、斯奈德(Anne L. Schneider)等提出的目标群体的社会建构理论三种政策理论,认为它们虽然都有不足,但也能够相互取长补短,构成完整的"政治决定政策"范式。陈芳(2013)认为,政策扩散、政策转移、政策趋同是政策学研究下的不同分支,政策扩散关注引起政策变化的条件,政策转移关心发生转移的内容,而政策趋同则把研究焦点放在政策结果上。邓念国(2013)梳理了自新制度主义政治学兴起以来福利制度新政治学的最新进展,认为这一领域研究的理论框架日趋完善,实证研究日益丰富,研究领域不断拓宽。

在实践层面,Aisen 等(2013)讨论了政治不稳定对经济的影响。他们利用 169 个国家从 1960 年到 2004 年的数据进行系统 Gmm 回归,发现政治不稳定主要对全要素生产率的增长发挥负面作用,在更小的范围内减弱人力资本与物力资本的积累。Sarah Babb(2013)讨论了华盛顿共识自产生以来发生的变化,认为共识也塑造了学术与政治力量,共识的核心是国际金融机构以改革为条件向政策改革的政府发放贷款,但共识最终也被其未能预料的后果、来自华盛顿内外的政治力量以及经济学领域知识的变化所减弱。

郭建民(2013)提出,20 世纪 70 年代以来西方国家普遍开启了放松经济性管制、强化社会性管制的政府管制结构转型,从政治学意义讲,它是西方国家开始步入风险社会引发的社会结构变化和新社会运动诉求共同推动的应对社会新风险的制度安排,这一模式提出的基本问题是我们除了努力增长财富之外,是否还有别的手段可以应对越来越复杂的社会风险。周庆智(2013)从社会制约权力的角度分析了中国基层公共权力的范围与边界,认为只有发展和壮大独立的、自主化的社会组织,使基层公共权力功能明确在公共服务、经济社会秩序的维护上,才能构建基层公共权力与社会之间的良性互动的结构关系。

第二节 政治行为

行为主义政治学时代曾经涌现了一批与政治学科相关的新学科与新理论,如政治心理学、政治社会学、政治生态学、政治人类学、政治系统分析理论、角色理论、团体理论、决策理论、精英理论等,这些学科与理论后来也成为政治学新的增长点。随着人类生存环境、生活方式的变化,全球化、网络政治、环境政治也成为政治行为研究的热点问题。从总体上说,政治行为是政治主体同政治环境交互作用的结果。政治主体对利益和政治权力的追求,构成其政治行为的根本动因和直接动因;从政治感受经政治情感、政治意识、政治态度到政治意志再到政治行为,则体现了政治行为主体的复杂心理过程和主观能动性;同时,任何政治主体政治行为的形成也受到一定的政治关系、政治制度和政治文化等环境因素的制约。①

1. 阶层、组织与精英行为

不同的政治行为主体具有不同的行为模式,其中国家与社会、阶级与阶层、精英与大众、组织与个体都是政治学观察人们政治行为的不同视角。德国维尔茨堡大学教授安晓波(2013)尝试以战略性群体分析中国中间阶层的可能性,即从理论上分析这一群体,应当是一种过程导向、顺序分析和非目的论视角。关于组织的利益表达行为在多元主义语境中向来有正反两种作用的争论,黄冬娅(2013)从保持国家自主性与控制国家的角度切入这一命题,提出国家建设与国家逐步开放组织利益表达应当是两个同时推进的发展目标。

针对学界较为流行的公民社会是民主化的前提的观点,谈火生(2013)以西班牙的民主化案例证明,公民社会与民主化不是简单的线性关系。苏力(2013)提出精英政治考量贯穿了中国古代宪制,而其中的难题不是伯乐如何相马,而是如何制度性地、公道、准确和有效地选拔精英。王炎(2013)研究了精英治理的合理性,认为无论从成本、效率与秩序方面比较,精英治理都优于大众治理,而大众民主对精英治理合理性的冲击,能够有效缓解过度精英化及精英治理过程中的目标偏离问题。

2. 政治文化

在行为主义政治学时代,政治学家比较关注人们政治行为背后的心理因素,政治文化、公民文化成为政治科学的关键词,但这一研究进程并非一帆风顺。李路曲(2013)认为,政治文化研究所使用的主观文化概念无法摆脱对经验性研究方法的依赖,难以提供令人信服的因果关系或其他确定性的解释。就政治文化连续性的普遍理论预期而言,它可能会随着变迁而改变或被适调。尽管文化主义认为人们只能在很小的程度上设计变化,但作者认为主观推动的实质性的政治和文化变迁是客观存在的,只不过它是在客观的社会结

---

① 金太军、洪海军:《论政治行为的动因及其制约因素》,《江苏社会科学》2000年第2期。

构发生变化的基础上，通过长期和系统的文化工程来实现的。C. A. Klofstad 等（2013）研究了社会网络冲突对政治行为的影响。他们发现性格越谦卑的人越容易陷入一般性政治争论和党派性政治争论。陷入一般性争论的人往往有更弱的政治偏好，而陷入党派性争论的人则有更强的政治偏好；具有一般性争论特性的网络确实会对很多行为造成影响，而具有党派性争论的网络则不具有这种影响。

关于公民文化的普世性问题，傅慧芳（2013）提出，应当对"西方公民意识"作为一种具有普适性的"现代文明意识"在中国的出现与传播保持警惕，因为它与中国的国家制度、社会性质并不契合。王宗礼（2013）认为族际政治整合是多民族国家中国家建构的重要议题。其核心是各民族成员对公民身份的认同问题，而公民教育是化解公民身份认同与民族身份认同内在张力的基本方向。周庆智（2013）以社会自治文化为标的，思考构建这一政治文化的外部条件，认为社会自治文化的孕育与成长需要对以精英文化为代表的大传统和以民间文化为代表的小传统进行创造性转化。

3. 理性选择与投票行为

以布坎南为代表的政治学公共选择学派普遍接受经济学的经济人假设，认为人们的政治行为也是理性选择的结果。陈尧（2013）认为，20 世纪 60 ~ 70 年代美国政治学家威廉·赖克不但将理性选择方法全面引入政治领域，而且以此为核心创立了实证政治理论流派，这是威廉·赖克不同于奥尔森、布坎南、唐斯、尼斯坎南等其他公共学派学者而做出的独特性贡献。博弈理论研究理性个体之间的策略互动，也是以理性选择为前提的。严俊（2013）梳理了博弈分析政治学试探期、成型期和常规科学发展期三个阶段，认为如何有机地将权力这一政治学核心分析要素纳入分析框架，是博弈分析面临的主要挑战。

投票是公民行使政治权利的一种常见政治行为。自安东尼·唐斯提出投票悖论以来，投票率一直困扰着政治科学家。Smets 和 Ham（2013）对发表于 2000 ~ 2010 年有关投票率的 90 项经验研究进行元分析，发现这些文章共使用了多达 170 个自变量来解释投票率，但只有 8 个自变量被 25% 以上的研究者共同使用。作者认为，理论模型虽然完善，但却漠视显著影响投票率的一些关键因素；除非有充分的理由，研究者至少要控制这些变量而不是把一些关键变量排除在外。投票功能（V - function）与民意测验功能（P - function）是指政府在大选中投票和民意测验中所代表的经济和政治产出功能。Nannestad 和 Paldam（1994）曾经对 VP - functions 研究 25 年的文献进行了梳理，得出了一系列结论①，Lewis - Beck 等（2013）对 VP - functions 研究 40 多年的文献进行了再梳理，重点讨论了经济是如何转化为投票选择的。Adam Bonica（2013）利用政治捐献者数据测量了政治市场上候选人与政治行动委员会的意识形态与利益之间的关系。

Andrew Healy 和 Neil Malhotra（2013）回顾了回溯性投票研究文献，认为回溯性投票

---

① Nannestad & Paldam. The VP - functions: A Survey of the Literature on Vote and Popularity Functions After 25 Years. Public Choice, 1994, 79 (3 - 4): 213 - 245.

研究面临的问题不是投票人对政府绩效是否进行了回应，而是是否进行了正确的回应，在各种情境下，投票人评价政府绩效的错误方式可能选出无效率的政策以及较差绩效的政治家。Fortunato 和 Stevenson（2013）基于欧洲 18 国 54 次选举调查数据，试图发现投票人是如何更新他们对参与联合内阁的各派政党的政策立场的。研究显示投票人在更新立场过程中，更加重视政党的行为而不是承诺；在缺乏政党立法投票记录的条件下，选民倾向使用联合参与这一容易观察到的行为研判政党政策变化；选民们认为联合内阁中的所有政党具有更多的意识形态相似性，但这种观点在更加政治化的选民那里会减弱。Baldwin（2013）的研究证实，在发展中国家政治家需要和地方精英一起将资源分配给投票人。由于这个原因，如果普通投票人发现了政治家与地方精英的合作对于当地发展的重要性，他们的投票意向就会与地方精英保持一致。

4. 环境变化与新型政治行为

关于环境变化对人们政治行为造成的影响，塞兹（2013）等认为，全球化正日益改变着我们对环境政治的认识，并影响着绿色政治理论。生态公民权是由政治生态主义衍生出来的概念，在全球化时代背景下，其特征和目前的发展正趋近于一种新型的公民权。赵闯（2013）提出生态政治在其发展过程中长期被指责带有权威主义的倾向，证据之一是绿色结果与民主程序之间冲突性的判断，作者试图论证生态政治与民主的相容性，从理论上将生态政治从权威主义阴影的笼罩中解放出来。刘建军等（2013）基于网络对人们政治生活的影响，提出了网络政治生态的概念，并对"网上政治"与"网下政治"的互动进行了比较，归纳出参与型、压力型与权力—资本结盟型三种网络政治形态。

Gibson 和 Cantijoch（2013）比较了网上政治参与与网下政治参与，认为网络环境可能孕育着一个新型的、基于社会媒体的政治表达行为。程同顺等（2013）批评了只是将互联网作为意识形态传播载体的研究误区，认为互联网本身也具有多元主义与个人主义等政治属性，而这种政治属性本身同样可以被看作是一种意识形态。张欧阳（2013）在梳理网络民主文献的基础上提出，以高度信息化为基础的新型的民主政治形式是网络民主的未来愿景。Markus Prior（2013）研究了媒体的政党倾向对美国民众的影响，认为虽然小部分美国人可能会受到媒体单边报道的影响，但认为具有政党倾向的媒体会导致政治极化并使民众支持特定政党政策或候选人的观点，缺乏确切证据。

与其他研究兴趣不同，Hegre 等（2013）预测了 2010~2050 年的军事冲突。这一预测是基于 1970~2009 年动态多项分对数模型跨部门数据库的变化做出的。此项预测各国内部军事冲突的比例将会持续下降，从 2009 年的 15% 下降到 2050 年的 7%；未来西亚和北非军事冲突将显著下降，而撒哈拉以南的非洲地区并不明朗，军事冲突可能增加的地区主要集中在非洲东部、中部和南部地区，以及东亚和南亚地区。

第三节 比较政治学

运用比较的方法分析政治现象在政治学的学科发展史上有着悠久的传统，最早可以追溯到亚里士多德。1954年，美国社会科学研究顾问委员会下设比较政治学分会。1980年美国政治学者加布里埃尔·阿尔蒙德（Gabriel A. Almond）出版了《比较政治学：体系、过程和政策》一书，被认为是现代比较政治学研究具有范式意义的开山之作。彼得·梅尔（Peter Mair）认为，比较政治学通常由三个相互关联的要素组成：第一是国别研究，第二是国家之间的系统比较，第三是比较分析的规则与标准，前两个要素涉及比较内容，后一个要素涉及比较方法。

不过，无论从内容还是方法上说，政治学的其他分支学科也都可能涉及比较的成分。为了避免"比较政治学"术语的泛化，梅尔建议："除非比较政治学在实质内容与方法上实现了结合，我们才可以说它是一门独特的学科。"[①] 2013年国内外关于比较政治学研究也涉及比较内容与比较方法，本节仅综述比较内容，Daniel Stegmueller 所著的"How Many Countries for Multilevel Modeling? A Comparison of Frequentist and Bayesian Approaches"一文，以及 Dan Slater、Daniel Ziblatt 合著的"The Enduring Indispensability of the Controlled Comparison"一文主要论述比较方法，本章将在第七节"政治学方法论"中总结。

1. 民主与民主化比较

民主是政治学的一个古老话题，至今仍然是评判各国政治发展和政治文明的重要标志，在比较政治学研究中一直居于首要的议题地位。民主既包含"有没有"的问题，也包含"多或少"的问题。弓联兵（2013）对西方民主测量的理论建构与量化测评进行了文献梳理。黑尔（2013）认为，一些政体并不充分符合民主或独裁的分类，从1800年以来有47%的混合政体持续了至少10年，但政治科学迄今为止还没有形成一种理解混合政体的有效方法。美国学者史蒂文·列维茨基和加拿大学者卢肯·A.威（2013）提出了"竞争性权威主义"的概念，这是一种有选举而非民主的混合型政体，全专制政体的衰败、崩溃以及民主政权的衰退都是通往竞争性权威主义之路。白霖（2013）认为，民主有多重路径，民主政治和原发性民主从它们的演进来说，是不能分开的。王菲易（2013）以韩国民主化转型两条道路的典型案例证明，一国的政治发展是国际和国内两个层次互动的结果。

民主是一种趋势，但民主化并不是一帆风顺的。包钢升（2013）认为，民主崩溃的历史几乎同民主的历史一样久远。他通过对若干国家民主化进程的案例分析证明，一个民

[①] 罗伯特·古丁、汉斯—迪特尔·克林格曼：《政治科学新手册》，生活·读书·新知三联书店，第444-445页。

主国家存在高度的选民政治分裂时,就有可能引发激烈的政治对抗与冲突,如果民主政体下的政治制度安排不能塑造有效的国家能力,民主政体就无力缓解或解决这种政治冲突,这样国内政治危机就会持续恶化,最终导致民主政体的崩溃。斯蒂芬·哈罗德等(2013)重新审视了"第三波"民主转型与民主回潮的数据,发现分配冲突论与民主转型、稳定的关系更为复杂,分配冲突理论是否起作用依赖于集体行动的激励和能力,这些激励和能力事实上并不取决于不平等的水平。陈周旺、申剑敏(2013)将"第三波"自上而下的民主化模式称为"建造民主",认为这种民主化模式不仅使得民主制度难以在社会中扎根,更在于新兴的民主化体制并未兑现它们应有的承诺,但是由于它们赋予了推动民主化的威权领袖更大的合法性和制度基础,使得这些号称民主的政权并未被颠覆,反而在民主化计划严重受挫的条件下维持了稳定,从而给民主化蒙上污点。

2. 中国学者关于西方民主的反思

民主具有普世价值,但民主的生长和发育离不开各国具体的历史与文化环境。自中共十八大以后,质疑西式民主的研究方法、反思选举民主的效用成为中国比较政治学研究的一道亮丽风景线,这一特色早在2013年就已显现。在质疑西方民主研究方法方面,苏长和(2013)提出了民主研究议程的转向问题。在他看来,长期以来民主理论研究的重心一直将发展中国家的民主转型作为研究对象,总是下意识地将西式民主作为唯一参考标杆,所谓发展中国家的民主政治发展方向,就应该奔着西式民主设定的标准走,才是可行之道。这种研究价值取向严重误导了发展中国家的政治制度建设。肃草(2013)则考察了西方民主测量的四种类型及三种数据类型,认为这些测量除了带有意识形态偏见之外,在定义、精确性、数据来源、涵盖范围、专家编码、聚合、效度及可信度方面都存在问题。在反思选举民主的效用方面,王江雨(2013)提出要"好民主",不要"坏民主"。他所说的"好民主"的实现需要具备一定的前提条件:其一,社会需要有一套以法治为导向的政治文化;其二,公民的素质必须能对相关的政客和政治主张、政策议题和议程的设置及替代政策方案等有着基本的了解;其三,大多数公民个人和家庭的财富积累到一定程度,使得他们成为社会稳定基础上的良性变革的利益相关者。柴尚金(2013)认为西方宪政民主陷入了制度困境,已经成为极化政治、金钱政治的代名词。

中国学者反思西方选举民主,有破有立,其中"立"的一个重要方向就是挖掘协商民主潜在价值。有学者考证,"协商民主"的概念最早传入中国是在1990年。当年出版的黄文扬主编的《国内外民主理论要览》一书,已经提到了耶鲁大学利基法特·阿伦的著作《民主:21国的多数人政府模式与协商政府模式》。而在阿伦的这本书中,他已经系统比较了多数人民主与协商民主,甚至有一节的标题即为"协商民主模式",但当时黄文扬的这一引介并未引起学术界其他人的注意。2001年哈贝马斯来华访问,正式将"协商民主"的概念引入中国。① 2012年中国期刊网收集标题中含有"协商民主"的相关文献382篇,2013年这类文献增长到1420篇。在中国学者看来,协商民主的实质是为广大公

---

① 叶娟丽:《协商民主在中国:从理论走向实践》,《武汉大学学报(哲学社会科学版)》,2013年第2期。

民参与公共政治和社会治理提供的渠道和制度平台。① 俞可平认为，选举民主和协商民主是民主政治的两个基本环节，它们是一种互补的关系，而不是一种相互排斥的关系。协商民主既然已经被当作是人民民主的重要形式，我们就应当认真对待，努力健全相关的制度程序，积极探索实现协商民主的有效途径，让协商民主真正发挥作用，让人民群众切实感受到协商民主带来的好处。② 2013年中国学者关于协商民主的讨论，本章将在第六节论及。

3. 政党政治比较

政党政治是现代政治的标识，也是比较政治学研究的热点议题之一。关于政党制度，从投票人的角度看，政党可以划分为保护型政党和项目型政党，前者区分并调节不同的投票人获得公共物品，后者公共物品的受益群体是由公共政策界定的，而独立于政党分配网络。Ernesto Calvo等（2013）以阿根廷和智利为例，研究了公共物品的不同获得类型是如何塑造投票人的分配预期的。Luca Ozzano（2013）将具有宗教倾向的政党划分为保守党、进步党、基要主义党、宗教民族党以及为特定宗教社区谋利的营地党（Camp Parties）。向文华（2013）在梳理西方卡特尔政党理论研究的基础上，也对西方主流政党向国家靠拢、彼此合谋、政策趋同的现象进行了解释。张超（2013）对亨廷顿的一党制研究进行了梳理，涉及一党制的起源和分类、一党制的演化路径、一党制中"领袖—意识形态—党组织"的关系变化、一党制中政党与新生社会力量的关系、一党制的稳定性与前景等。

关于政党制度比较方法，陈霞、王英（2013）基于中国政党功能，试图构建一个新的包含比较、历史、结构维度的比较政党学分析框架。关于国外政党的执政经验，黄位平等（2013）对国外长期执政的政党进行了比较分析，并从理论上将它们划分为家族统治型、法定执政型、有限竞选型和自由竞选型四种类型。从一般性上看，长期执政党的执政方式可以划分为一党通过"暴力专政""文明专政""把持票柜"等方式的显性一党执政，以及由"同源"政党或中庸化政党轮流执政的隐性一党执政；它们也面临腐败的滋生和蔓延、党内分裂的困扰、反对力量的挑战等困境。施雪华（2013）、蒲国良（2013）等研究了"冷战"结束、全球化等环境变化对政党的影响。施雪华将"冷战"后国外执政党执政经验概括为：依照法律与制度从事政党活动，淡化意识形态与建立开放性政党，以经济和社会发展为政党的共同目标，政党、宗教与传统的融合与分离，与社会团体共筑网络化治理结构等方面。姜跃（2013）认为，随着时代的发展，一些执政党为了摆脱意识形态困境，主要采取了诸如更新观念、扩大意识形态包容性、在动员民众时弱化意识形态色彩、注重意识形态本土化大众化、兼收并蓄等措施以应对挑战。由于大多数选民支持福利国家，学术界通常假定如果福利国家收缩他们的福利，所有执政党的得票率都会下降。

Schumacher（2013）对OECD 14个国家从1970年到2002年的选举结果进行了回归分

---

① 包心鉴：《论协商民主的现实政治价值和制度化构建》，《中共天津市委党校学报》，2013年第1期。
② 俞可平：《中国特色协商民主的几个问题》，《学习时报》，2013年12月26日。

析，发现积极主张福利政策的政党在它们收缩福利后会失去选票，而对福利政策持消极态度的政党则不会失去选票。关于政党与政治稳定，瑞典学者维维亚娜·斯蒂恰娜研究了20世纪90年代阿根廷、智利的政党，行政结构以及它们与腐败之间的关系。张弘（2013）研究了乌克兰政党政治与政治稳定之间的关系，认为该国政党制度设计未能考虑到转轨前的政治社会和文化条件，缓慢发展的政党体系制约了政治稳定的实现，极化的政治文化限制了政治稳定的达成。

4. 治理比较

在政府管理、政治秩序、政治发展的比较议题方面，Ferchen（2013）以不同于外部视角的内部视角，重新解读了中国人自己是如何看待北京共识、华盛顿共识以及它们之间的差异的。Krieger（2013）比较了1990~2000年德国和英国对洪水的管理实践，证明了基于风险的治理既不具有普遍性，也不是一种单一管理模式，风险管理概念在不同国家也可以做不同的解读。Lorentzen（2013）使用形式模型证明了威权体制下政府容忍甚至鼓励民众小规模、经济性抗议，对于政府获得官员不作为信息、管控民众不满以至维护政治稳定的意义。李月军（2013）肯定了福山《政治秩序的起源》一书中比较历史分析的视野，认为以"建立、检验和提炼有关民族国家一类的事件或结构整体的宏观单位的因果解释假设"为首要目的的比较历史分析，能使研究者发现每个案例中的刚性宏观结构及其彼此之间的差异性和相近性，不同结构之间及其各自要素排列之间的差异，以及由此导致的政治秩序与结果的差异。

周平（2013）提出，20世纪中后期全球化的加速推进，对民族国家、民族国家构成的世界体系以及世界格局和区域形势产生了巨大而深刻的影响，有必要在新的形势下重新审视民族与国家的关系，确立适应形势需要的民族观、国家观和民族政策观，促进民族与国家关系的协调发展。有相当多的学者认为经济增长能够为政治民主创造条件，白鲁恂等（2013）辨析了文明、社会资本和公民社会三个概念之间的关系，证明文明和社会资本的积累本身并不足以促进向民主的转变。社会关系领域和政治领域之间的真空必须由国家的政治进程来填充，在这样的政治进程中，社会中的不同利益能够得到表达和聚集，从而成为公共政策的基础。

第四节　政治理论

在政治学的各个分支学科中，政治理论应当是最为庞杂也最具包容性的学科，凡是不能归类到其他分支学科的政治学研究，大概都可以划归到政治理论的名下。传统的观点认为，政治理论是系统地思考政府的性质和目的的理论学说，但政治理论的现代发展已经包含多个向度：其一是作为政治思想史的政治理论，被看作是一种深入分析经典政治思想家本身著述的活动，其目的是要确定这些著述的确切含义并据此再现每本著作的政治观；其二是作为概念性说明的政治理论,被看作是一种澄清进行政治论证时所运用的各种术语之含义的方法,如民主、自由、正义等;其三是作为一种形式模式构建的政治理论,被视为以理论经济学的方式构建政治过程的形式模式;其四是作为理论的政治科学的政治理论,被看作是政治科学较为学理化的方面,是一种解释政治现象的一般框架。①

1. 政治理论研究现状

在2013年中外政治学研究文献中,中国人民大学报刊复印资料《政治学》卷收录的政治学理论方面的文献篇数是最多的;SSCI库中检索到的与"政治学理论"相关的论文数量虽然不是最多的,但被引用达15次以上的论文(以2016年7月24日检索为准)篇数仍是最多的,政治理论在政治学研究中的地位由此可见一斑,文献的主题主要涉及政治哲学、全球治理、国家建构、当代政治思想的理论与实践、中国传统政治思想及其当下价值等。

此外,也有学者对中国政治学发展进行了阶段性总结。如陈岳(2013)等总结了西方政治学在中国近30年的译介状况,认为国内学人更多了解美国和英国学者在政治学领域的学术贡献,而不够重视欧洲大陆学者的贡献,以及用德语、法语和其他语种写作的政治学文献。在政治理论、比较政治和国际关系三个分支学科中,一些重要的著作仍没有中译本。张贤民(2013)提出,当代中国政治学创新与发展的逻辑,要以把握马克思主义政治学理论的基本原理和基本特点为基石,以理解中国特色社会主义理论体系的创新历程与创新精神为前提,以凸显政治学学科的学理性和开放性为重心,以注重政治学研究方法的坚守与多元为抓手,以理论建构与现实关照并重为面向,从而以创新推动中国政治学繁荣与发展。张永汀以1993~2012年国家社科基金立项数据的量化分析为依据,考察了中国政治科学研究现状,发现了政治学立项项目总体上呈增长趋势、青年项目增幅较大、项目责任人单位系统分布不均衡、地域分布兼有集中与分散等特征。

2. 政治哲学

"我们从哪里来,要到哪里去?"这样的问题,不仅是哲学家的问题,政治学家也会追问。张文喜(2013)认为,政治哲学主要关注的问题是"什么是最好的生活方式",而在"什么是正确的生活方式"这样的现代性危机的问题上,中国政治哲学的反应敷衍塞责。李猛(2013)考察了从霍布斯、普芬多夫、卢梭到康德的现代历史化政治观的演进过程,认为在政治历史化的进程中,现代自然法学说的"自然状态"概念起了非常关键的作用。黄璇(2013)认为,卢梭作为启蒙情感论者的代表,从反对启蒙理性出发,提出了以同情而不是理性作为人类智识与德性启蒙的动力,形成了政治上的浪漫主义情结。同时,卢梭也体现出一种在想象力中以理性还原事物与建构事物的能力,但其中同情与理性之间的必要联系,并没有得到人们应有的重视及普遍正确的解读。

袁久红(2013)对西方马克思主义政治哲学在当代的复兴路径进行了梳理,并将这一路径从方法论上概括为从经济主义走向政治中心论、从整体主义走向个体分析、从阶级

---

① 戴维·米勒等主编:《布来克维尔政治学百科全书》,中国政法大学出版社2002年版,第622-624页。

分析走向多元分析，认为这种转向也使西方马克思主义政治哲学陷入超越正义或拯救正义的争论之中。张国清认为，国内外学者在传播罗尔斯正义论的过程中，既有解读和批评，也有误译和误读，典型的如以"生存—自由—平等"三个正义原则取代罗尔斯的两个正义原则。罗骞（2013）在阐释德里达解构主义政治思想时认为，解构批评最终是一种政治实践。政治学通常被定义为关于权力的科学，Meehan 等（2013）以美国 HBO 公司推出的《火线重案组》（The Wire）中的剧情为分析对象，解释权力关系与其说是一种社会关系，倒不如说是一种力量关系。权力通常被解释为支配的权力，彭斌（2013）则对"反支配的权力"进行了观念史方面的考察。

1989 年，美国学者弗朗西斯·福山发表《历史的终结》一文，其观点自问世以来一直受到来自世界各国的学者批评。张纯厚（2013）认为，福山的历史终结论是以新面目出现的美化资本主义粗俗的唯心主义历史观和充满虚构的形而上学思想，与亨廷顿的文明冲突论一样应当终结。2012 年，福山又出版了《政治秩序的起源》，将其原来的自由民主观点修正为"良好的政治秩序由国家、法治以及负责任政府三个要素构成"这一核心命题，在章永乐（2013）看来，福山的这一见解是后知后觉，王绍光先生其实早就提出过类似的观点。

美国康奈尔大学政治学教授彼得·乔希姆·卡赞斯坦（2013）则认为，世界政治中的文明应当超越西方与东方，所有文明都具有多元性，文明之间并没有冲突。英国华威大学教授 S. 富勒（2013）提出，现代右派—左派意识形态系谱是 1789 年大革命之后法国国民议会座次安排的产物，这种划分已经因当今投票率过低而变得过时。他建议新意识形态谱系的划分应当依据他们对待现代福利国家的态度的不同，划分为预防性和主动性两极，预防性被标记为"风险厌恶型"，主动性则被标记为"风险偏好型"。

3. 全球治理

全球治理是治理与善治语境下的一个概念，但并没有一个一致的、明确的定义，俞可平曾经对这个概念作出如下描述：所谓全球治理指的是通过具有约束力的国际规制解决全球性的冲突、生态、人权、移民、毒品、走私、传染病等问题，以维持正常的国际政治经济秩序。① 秦亚青（2013）分析了全球治理失灵的问题，认为在实践层面上表现为规则滞后，不能反映权力消长，不能适应安全性质的变化，不能应对复杂的相互依存关系；在理念层面上则表现为理念滞后，依然以一元主义治理观、工具理性主义和二元对立思维方式为主导。庞中英（2013）认为全球治理"新型"最为重要，包括走向有效全球治理的方式、手段和模式创新，而增加新兴大国的规则制定权，发展诸如二十国集团这样的全球框架，在联合国主导下建立一系列针对日益增加的全球问题的新的国际制度，都是实现全球治理的可行路径。

美国国际问题研究专家阿米塔夫·阿查亚（2013）分析了亚洲在全球治理中的角色，认为虽然区域主义和全球主义有时看似对立，但亚洲的区域主义仍有潜力为发展出协同一

---

① 俞可平：《全球化：全球治理》，社会科学文献出版社 2003 年版，第 13 页。

致的、亚洲式的全球主义和全球治理铺平道路。王明国（2013）认为，全球治理机制具有复杂性，这一特性重点关注多重治理安排及其重叠状态对国际合作的影响以及国际社会解决全球性问题的效果。从复杂性的视角思考全球治理，可以通过制度设计对不同治理机制进行选择划分，以提升全球治理机制的一致性程度。

4. 国家理论

国家不仅可以用来比较，也可以用来思考。在国家研究的文献整理方面，陈那波、黄冬娅（2013）从"国家为何""国家何为""国家何以为"三个方面梳理了社会转型与国家建设文献。王海洲（2013）则对中国学者关于国家形象的研究进行了细致的归纳和比较。王海明（2013）认为，政治学自古希腊就创立了国家学，柏拉图的《理想国》就是奠基之作。国家学就是关于国家制度好坏的价值科学，全部对象都是从国家制度价值推导公式推演出来的。

现代国家建设是一个漫长而复杂的过程，任剑涛（2013）提出，现代国家建设必须经历马基雅维利、霍布斯、洛克三个关键时刻，分别完成国家的统一、强大和规范，一切建国者和致力于阐释建国的政治思想家都必须规避将建国限定在某一个时刻的实践陷阱。林尚立（2013）关注的是国家认同建构的政治逻辑，认为国家认同不是简单的国家观念或国家意识问题，而是国家建设本身的问题。在全球化、现代化与民主化的大时代背景下，围绕现代国家建设所形成的国家认同建构，是以民主为基本前提，以国家制度及其所决定的国家结构体系的全面优化为关键，最后决定于认同主体的自主选择。赵洋（2013）认为，在国际关系中，话语建构是国家身份的重要来源。许瑶（2013）提出，发展悖论是新自由主义为先发国家利益而再次踢开梯子的行为，中国经验表明，国家主导的发展模式在新世纪仍旧具有强劲势头，影响发展型国家成功还是衰落的关键，在于国家自主性的发挥。

杨光斌（2013）在评价"当代世界学术名著·政治学系列"时，关注的是国家建构、公民权利与全球化的关系问题，认为在全球化时代，国家权力及其组织结构的完善、公民权利的福祉及其实现是当代政治学研究无法回避的两大议题。林红（2013）关注国家建设中的民粹主义问题，认为其破坏性在于它可能是民主崩溃和法治危机的根源之一，驯服民粹是现代国家建设的一项重要任务。陈明（2013）从儒学的视角反思了国家建设与国家建构问题，考虑在满清王朝基础上重建现代国家的特殊性与复杂性，他主张将儒教作为中国公民共同价值、共同想象的保障与支持。

5. 当代政治思想的理论与实践

在中、微观层面，政治理论研究主要关注社会治理、政党政治、精英政治，以及与个体相关的自由、民主、法治、权利、福利等议题。关于社会治理，Cairney（2013）提出了一个公共政策研究的一般性问题：融合（Combination）多种政策理论具有巨大的潜在价值，但也会产生本体论、认识论、方法论及实践等问题。解决这些问题，作者提出了综合（Synthesis）、互补、比较与反诘三种方法，并使用了大量理论案例证明这些方法的可行性。Ciepley（2013）挑战了自由主义的公司合同理论，试图超越公私边界，以公司政治理论取而代之。

对于如何培育环境公民的问题，Hobson（2013）认为很多研究已经从自由政治理论转向后结构主义分析；Ingolfur Blühdorn（2013）阐释了后生态政治理论关于民主与生态关系扭曲的观点：随着民主价值与分散性创新观念的觉醒，参与型政府被认为是最具合法性、最有效率的治理形式，而环境政策则蜕变为治理可持续生态及社会不可持续性的工具。Elinder 和 Jordahl（2013）以瑞典市级政府教育领域契约外包方面规制能力的不同，证明政治因素而非经济因素决定了政府是否采取公共部门外包政策。Witt 和 Redding（2013）将亚洲 13 个主要经济体的商业制度与西方五个主要经济体的商业制度进行了比较，并将它们归纳为五种类型，发现除了日本类型以外，其他四种类型的资本主义都与西方资本主义存在根本差异。此外，Coaffee（2013）还讨论了城市韧性的再调节与责任化问题。

关于政党与精英政治，Levendusky（2013）、Druckman 等（2013）的研究肯定了党派媒体、精英政党对公众舆论的极化作用。Schumacher 等（2013）则否定了政党立场转变源于环境刺激的一般性观点。他们考察了欧洲 55 个政党 1977～2003 年的变化，发现政党积极分子与政党领袖之间的权力制衡制约着政党对外部环境的反馈。Rovny（2013）认为，极右翼政党在那些被忽视的、次要问题上抓住不放而对确定性的问题保持模糊立场，是为了在多维政治竞争中获得更为广泛的支持。Hafner - Burton 等（2013）讨论了认知革命与精英决策的政治心理问题。过去精英决策实验一般都让没有决策经验的在校学生参加，而在真实世界中精英要作出战争威胁或改变经济政策运行轨道的决策。然而，精英决策也可能过度自信而降低决策技术含量。Hafner - Burton 团队设计了美朝之间核谈判的案例研究，同时让在校学生和有经验的精英参与，以比较他们决策心理机制的不同。

关于民主政治及其后果，Page 等（2013）研究了民主与美国富人政策偏好的关系，发现财富处在美国前十分之一的富人在观念上较普通民众更为保守，并用这一结论解释为何一些公共政策并没有反映大多数期望。Golden 和 Min（2013）以 150 个研究分配政治的文献为基础，检验政府是否在公共物品供给过程中，给予些将选票投给自己的选民以额外的惠顾。佟玉平、佟德志（2013）认为，民主观念在近代传入中国，受中国传统民本观念、现代西方的民主观念和马克思主义的民主观念等影响，表现出复合性特征。张飞岸（2013）提出，近 30 年是民主在全球突飞猛进、民众利益却受损的 30 年，原因在于指导民主化运动的自由民主范式本身存在着遏制民主的动机，应当以"民享"为目标重建民主化理论。陈尧（2013）认为，虽然大多数协商论者坚持协商就是一种参与，协商民主是参与式民主的继承和深化，但协商民主也具有明显的弱点，如受制于社会复杂性、规模问题、操作性问题等。

关于自由与平等，马德普（2013）认为自由主义的基本原则包括人权原则、有限政府原则、法治原则、代议原则、分权原则、政教分离原则、人民同意原则和少数服从多数原则等内容，其基本理念包括个人主义、普遍主义、形式平等主义和价值多元主义。自由主义为现代性的形成做出了历史性贡献。黄新华（2013）认为新自由主义不仅是一种经济理论体系，也是一种政治理论学说。围绕国家与市场、自由与民主、国际关系与全球治理这三个核心范畴，新自由主义建构了一种新的社会政治模型，这种模型勾勒出了遍及全球的政治转变的条件。高景柱（2013）重点分析了阿玛蒂亚·森的可行能力平等理论，认为这一理论以人际相异性为起点，试图超越平等的资源主义和福利主义分析路径。

关于公民社会、公民的权利与义务，王绍光（2013）认为公民社会是新自由主义编造的粗糙的神话，公民社会不是同质的，不是圣洁的，不是独立的，不是与国家对立的，也不是民主的动力，"人民社会"才是更值得追求的社会目标。黄杰（2013）提出，家族制度是中国最基本的社会制度，单位制和社区制恰好对应了国家政权建设的动员与启动两个阶段，从家族制、单位制再到社区制，实质正是国家与社会关系的重构。Pearlman（2013）、Levien（2013）、Tyler等（2013）的研究都涉及社会反抗的议题，其中Pearlman分析了社会叛乱中个体行为的情感基础，试图为个体追求利益最大化和信仰价值两种相互矛盾的解释提供统一的心理分析基础；Levien以印度土地剥夺为例反思了剥夺理论，认为已有政治代理理论并未能抓住政治剥夺现象的实质，土地剥夺过程本身就塑造了反抗剥夺的对象、战略与策略、组织、社会构成、目标及意识形态；Tyler梳理了移民抗争研究的中心议题、主题及相关理论争论，并将移民抗争与公民身份的争论结合起来。公民权利与义务是两个互为前提的概念，王乐理、乔欣欣（2013）梳理了西方近代义务论的产生、演化和特征，认为西方近代权利说占主导地位，但义务论并没有因此被摒弃。伦敦大学学院理查德·贝拉米教授（2013）认为权利需要具备民主的正当性，而且只有通过在其中那些相关者都能兼听其他方面的人和事的民主程序，权利才能获得该正当性。夏瑛（2013）认为当代西方公民身份概念的多样性使其面临"概念延伸"的危险，对公民身份进行界定，需明确区分其概念内核与情境因素。

6. 中国传统政治思想及其当下价值

关于中国传统政治思想史研究的学科地位与整体价值，姚中秋（2013）认为政治思想史研究在中国源远流长，但今日中国政治思想史学科在政治学和整个社会科学体系中的地位仍相当卑微，根本原因在于现代的政治思想史研究范式自形成时起，就被历史主义控制。他主张中国政治思想史学科走出困境的出路在于抛弃历史主义，回归古典政治思想史范式，打破古今之别的迷信，通过激活、转变先人之政治价值、理念、制度，予以新生转进，参与中国现代秩序之构建。张分田（2013）提出，中国传统政治思维的基础框架，由系统回答十大经典问题的十大经典命题组合而成；就其理论功能而言，则可分为"立君为天下""天下为公""天下一统""政由君出""君臣合道"五大制度性命题，以及"君主无为""广开言路""平均天下""孝治天下""法理天下"五大行政性命题。这十大经典命题有机统一，贯穿古代，超越学派，形成了政治学说体系的"中国古典模式"。

林存光、肖俏波（2013）认为，古典儒家系统探讨了政治的目标、主体、途径与方法问题，回答了谁统治、为什么统治，以及如何统治等问题，其政治哲学包含政治境界论、政治主体论、政治道义论与政治本体论四部分。这四部分互证互诊，彼此关联，系统地论证了古典儒家政治哲学的"内圣外王之道"。葛荃（2013）通过比较中国传统社会的社会性与现代公共性的价值内涵、关注问题、实现路径,肯定中国古代政治思想家和统治者具有公共性思维及其政策实践。孙晓春(2013)认为准确解读中国传统政治思想,是发掘有益现代公共生活的传统思想资源的前提。

关于中国传统政治思想的具体观点与当代价值,韩星(2013)认为孔子以前为德政合一的圣王政治形态,其后则圣与王一分为二。内圣外王观念具有以"圣"制"王"、以道抗政、以德抗位的政治意涵,传统文化中的这种道、政关系,对于正确认识和处理权力与真理的关系具有重要意义。成中英(2013)认为儒家对人、文化、社会和天下的认识中潜含着一种根本的宪法与宪政思想,如何赋予它一个外在的理性的规范形式,将其转化为一个现代化国家的基本法典及治理法则,是宪政儒家必须面对的课题与挑战。民本是儒家政治思想的一个重要方面,冯天瑜认为自晚周以至于宋明,"尊君论"与"民本论"并蒂而生,彼此颉颃又互为补充,构成宗法皇权文化的左右两翼,民本论既对尊君论有所制约,然又未能脱出对尊君论的依附,时至近古—近代边际,新民本论逐渐扬弃尊君论,成为迈向民主主义的桥梁。针对民主政体"一人一票"可能存在的问题,白彤东(2013)归纳出"主权在民、治权在贤"的"孔氏中国"的混合政体,作为解决民主问题的出路。关于反腐,2012年,清华大学方朝晖教授写了一篇题为《反腐败从正人心做起》,张绪山(2013)认为,"正心反腐"仍然是官本位政治学,方朝晖又写了《从中国文化传统看"制度决定论"之浅薄》一文,作为对反诘观点的回应。贝淡宁(Daniel A. Bell,2013)认为儒家贤能政治一项重要任务便是挖掘出那些能力超常的领导者,并鼓励尽可能多的人才参政,贤能政治过去一直是,将来也仍会是中国政治文化的中心。

第五节　经济政治学

经济政治学是中国政治学者提出的一个学科概念。1988年刘德厚在《武汉大学学报(社会科学版)》第6期发表《生产力标准与政治学理论研究》,第一次提出"经济政治学概念"。1989年他又在《武汉大学学报(社会科学版)》第1期发表《关于建立经济政治学的几个问题》,对建立经济政治学学科进行初步论证和构想。在他看来,人类社会发展到今天的时代,已经形成了一个全球范围内的经济、政治、文化的综合共同体,为了研究经济政治化和政治经济化而产生的许多新的政治现象,有必要建立一门经济政治学新学科,主要研究对象是经济发展所直接产生的社会政治问题,揭示经济政治化和政治经济化过程中政治发展的规律性,分析经济政治的表现、性质和特点,探索解决经济政治的方法和对策。① 1993年,刘德厚接受《社会主义研究》杂志采访,对经济政治学学科研究对象进行进一步论证。

---

① 刘德厚:《关于建立经济政治学的几个问题》,《武汉大学学报(社会科学版)》,1989年第1期。

2003年，张永桃、范春晖合作发表《经济政治学：政治—经济关系的新视角》，区分了经济政治学与政治经济学、传统政治学不同的研究对象，认为经济政治学以政治与经济之间的互动关系为其研究的出发点和目的，它倡导一种动态平衡的经济政治观。与传统的政治学相比较，经济政治学是思考角度、思维模式的一种转换，是在政治学领域确立经济理性和经济价值的变革，也是综合运用经济政治分析方法研究政治问题的一种尝试。① 2008年，金太军、袁建军发表《经济政治学体系之构建》，认为经济政治学研究内容包括经济体系、经济结构、经济功能、经济资源、经济权力、政治变革、政治结构、政治功能、政治资源、政治权力等。②

1. 国家的经济行为

经济政治学学科建设至今仍在完善之中，研究成果不断涌现，研究国家的经济行为及其意义是其中一个重要研究议题。张慧强（2013）对诺斯提出的"新国家理论"的发展脉络进行了梳理，认为新古典国家理论在今天仍然具有极强的理论生命力，一方面是理论体系本身仍然有许多环节需要打通，另一方面是国家干预、推动的经济发展是许多发展中国家的重要特征。理论逻辑和经验实践两个方面交互激荡着学界对国家理论的反复论证。卫知焕（2013）通过对国家主义比较政治经济学作品的梳理，分析了不同国家在跨越赶超、应对危机、经济转型中的政治经济模式，以寻求对当代政治经济改革的启发，进而认为新政治经济学所提出的理论模式和国家范式为研究开辟了思路。但是目前这些理论都不足以直接应用解释中国的政治经济发展。

叶静（2013）从财政视野研究了国家与社会的关系，认为财政收入与支出是国家的基本功能，也是国家维持存在的必要手段，其征收和使用的对象、规模和方式等方面的不同会对国家—社会关系带来一系列的重大后果。中国的国家财政汲取能力的强大在相当大程度上影响和塑造了中国的国家和社会关系，一方面，国家可以利用财政收入集中支持一些关键产业来推进中国经济的腾飞，另一方面也使得社会更多地依附于国家，对政治权力监督的动力只能更多地指望来自国家内部。2013年，《南洋资料译丛》翻译了美国康奈尔大学教授保罗·哈奇克罗夫特1988年发表的一篇论文，该文以菲律宾为例，分析了世袭制国家与寻租资本主义之间的关系。

2. 经济民主与消费政治

经济民主是经济政治学研究的又一个重要议题。自2008年世界性金融危机以来，资本主义各国采取了一系列自救、自保政策，徐崇温（2013）认为，西方资产阶级曾经把西方民主涂上层层的灵光圈，把它供奉在圣坛上，让人顶礼膜拜，而国际金融危机从根本上抽掉了这种造神运动的物质基础，把西方民主从圣坛上推下来，打回了原形：输出民主，是美国干涉别国内政，推行新殖民主义的战略；竞争性选举导致金钱民主、短视民主、政党恶斗乃至国家机器瘫痪；美国自由、平等和人权的状况与政策，同《独立宣言》

---

① 张永桃、范春晖：《经济政治学：政治—经济关系的新视角》，《江苏社会科学》，2003年第4期。
② 金太军、袁建军：《经济政治学体系之构建》，《江海学刊》，2008年第5期。

《世界人权宣言》的基本精神背道而驰。余少祥（2013）分析了经济民主的政治经济学内涵，认为在资本主义社会，经济民主具有经济自由、经济平等、经济参与和经济分享等含义，其最主要特征是削弱了资本的统治，在形式上使劳动者从经济奴仆变成了经济领域的公民。西方国家所谓的经济民主，实质是对资本主义的改良，其生产关系的性质并没有发生根本性变化。

消费的政治化是经济政治化的一个重要侧面，范广垠（2013）总结了齐格蒙特·鲍曼的消费政治思想，认为在鲍曼那里，虽然生产社会和消费社会有着不同的文化调整和政治控制形式，但消费和政治始终紧密联系，消费社会、消费文化取代了工作伦理的导向角色，重新整合了社会关系，给政治罩上了非理性、差异性、多中心色彩，使消费社会的政治具有后现代政治的特征。

第六节　当代中国政治研究专题

从2012年11月8日中共第十八次全国代表大会召开，到2013年11月12日中共十八届中央委员会第三次全体会议通过《中共中央关于全面深化改革若干重大问题的决定》，新一届中央领导集体施政方针和工作重点基本部署完毕，学习、研究、实施新一届中央领导集体重大战略、方针、政策成为中国政治学研究者的一项重要任务，本专题评论的被引用超过30次以上的文章，突出反映了中国政治学人对这一重大政治议题的密切关注。

1. 中国梦

2012年11月29日，中共中央总书记习近平在参观"复兴之路"展览时，第一次阐释了"中国梦"的概念。自那时起，中国梦逐渐被纳入中国政治学的研究议程。中共中央宣传部部长刘奇葆（2013）在《求是》杂志上发文，认为中国梦是近代以来中华民族最伟大的梦想，哲学社会科学要把研究阐释中国特色社会主义和中国梦作为首要任务，集中骨干力量，集聚优势资源，加强综合攻关，努力推出一批重大理论成果，为增强道路自信、理论自信、制度自信提供坚实学理支撑。梁丽萍（2013）认为，尽管实现中华民族伟大复兴的梦想，凝聚了几代中国人的夙愿，但中国近代以来的民族复兴之梦，也有着深刻的时代烙印和鲜明的阶级内涵。如何实现民族复兴，不同的政治力量在主义指引、道路选择和制度安排上存在着尖锐的冲突，其中不乏血与火的斗争。金元浦（2013）解释了中国梦的文化源流与时代内涵，认为中国梦是充满辉煌、苦难与胜利的民族集体记忆，中国梦也彰显了中国精神，马克思主义的理论和实践为中国梦构筑了最初的框架，实现中华民族的伟大复兴是中国共产党自成立起就自觉肩负的历史责任和崇高目标，中国梦多元汇一，内涵丰厚。

2. 美丽中国与生态文明

中共十八大报告首次提出"美丽中国"概念，它是一个把生态文明建设放在突出地位，融入经济建设、政治建设、文化建设、社会建设各方面和全过程的新的执政理念。许瑛（2013）分析了美丽中国的内涵、制约因素和实现途径，认为美丽中国包括环境美、和谐的社会美、人与人关系友好的人之美，实现美丽中国受粗放经济发展模式、制度建设、生态文明观念及人口压力等条件制约。余谋昌（2013）分析了生态文明建设在建设中国特色社会主义道路中的战略地位，认为生态文明是人类新文明，中共十八大提出"大力推进生态文明建设"战略是深刻融入和全面贯穿经济建设、政治建设、文化建设和社会建设"五位一体"的总体战略。中共实施这一伟大战略，是建设中国特色社会主义之路，是中华民族伟大复兴之路。

吴瑾菁、祝黄河（2013）分析了生态文明与"五位一体"的关系，认为"五位一体"的提出标志着中国共产党对中国特色社会主义本质内涵的准确理解和高度把握，"五位一体"是相互联系、相互促进、相互影响的有机整体，需要把"生态文明建设"融入"五位一体"的社会主义建设事业中。在实证研究方面，冉冉（2013）根据田野调查和文献分析的结果证明，干部考核指标体系是目前中央政府鼓励地方官员进行环境治理的一种制度性政治激励模式，带有明显的"压力型体制"的特征。

3. 协商民主

中共十八大报告强调，在改革开放30多年一以贯之的接力探索中，我们坚定不移高举中国特色社会主义伟大旗帜，既不走封闭僵化的老路、也不走改旗易帜的邪路。中共十八大以来，中国政治学界对"改旗易帜的邪路"表现出更多的警醒，一个重要表现就是在反思西方选举民主的同时，深入挖掘协商民主的价值。

王浦劬（2013）认为，协商治理是政治主体基于政治组织和公民的政治权利，以协商和对话的程序和形式达成共识或者协调分歧，以实现国家和公共治理利益目标的特定政治机制。中国共产党领导下的政党与政党、政党与界别、政府与社会、公民与公民之间的协商共治体系，是中国特色社会主义民主政治的有机组成部分。

陈家刚（2013）从比较的视野讨论了当代中国的协商民主，认为协商民主是现代民主转型发展的重要方向，但中西方协商民主具有不同的历史基础、发展路径和基本特征，中国的协商民主作为国家政治制度的重要组成部分，在选举民主的基础上，对于完善民主制度、推动民主发展起到巨大作用；西方的协商民主主要是为了应对其民主制度面临的危机，力图缓解体制的内在矛盾和困境，西方协商民主对于破解其自由民主的困境存在很大局限。

包心鉴（2013）讨论了协商民主的现实政治价值和制度化建构，认为在当前全面建成小康社会、加快社会主义现代化建设的关键时期，发展协商民主尤其具有特殊的政治功能和政治价值，是切实推进中国特色社会主义民主政治的内在要求和紧迫任务，制度建设的方向在于积极适应当前关键发展时期的多元化政治价值诉求、平等性政治价值期待和包容性政治价值趋向，切实完善与推进政党协商民主、国家权力机关协商民主、国家行政机关协商民主、社会基层协商民主以及大众网络协商民主等。

第七节 政治学方法论

"工欲善其事，必先利其器"。现代西方政治学在其发展过程中，一直伴随着研究方法的递进，所谓行为主义政治学、理性选择主义政治学、新制度主义政治学、新古典主义政治学研究范式的划分，也更多是方法论意义上的。程同顺等以美国三种权威期刊《美国政治学评论》、《美国政治科学》以及《政治学》在 2001~2012 年发表的论文为样本，分析了 21 世纪以来美国政治学研究在方法上的最新特点，有四个发现：其一，统计方法占绝对主导地位，但稳中有降；其二，形式模拟方法使用呈稳步上升态势；其三，实验方法成为亮点；其四，定性方法呈复兴趋势。[①]

中国政治学自 1980 年重建以来，一直关注研究方法的规范性，如 1982 年、1984 年就有人先后在《现代外国哲学社会科学文摘》上介绍罗伯特·伯恩斯坦和詹姆士·迪厄著的《政治学方法导论》以及西方的比较政治学研究方法。冯志峰 2008 年曾经对国内 1979 年以来出版的 86 本有关政治学方法论的教材进行分析，发现我国政治学方法论研究总体上取得了较大的成绩，但在研究规范、体系划分、模型设置、逻辑论证、价值取向五个方面仍存有缺陷，制约了政治学研究的发展与进步。[②] 2010 年，王绍光梳理了中国政治学 30 年从研究内容到研究方法的进展，认为中国政治学应当实现从取经、效仿到本土化的跨越。[③]

2013 年中外政治学者关注政治学方法论的主题可以划分为一般政治学研究方法和比较政治学研究方法。

1. 一般政治学研究方法

关于国外政治学发展趋势，刘杉（2013）注意到，从 2009 年底到 2013 年初，美国国会数次提议，最终有条件地取消了占美国政治学研究经费 90% 的联邦政府研究资助。作者认为，由于科研经费具有规划学科发展方向和决定学科地位的重要作用，这一事件暴露了美国政治学学术研究与实际政治过程的鸿沟问题、政治学在以理性选择为基础的"科学化"发展中指导思想过于超越现实能力的窘况，以及学科内部分裂的现状。

关于中国本土政治学研究的发展与走势，房宁（2013）认为，中国政治学研究经过多年的积累与积淀，将进入一个政治科学与政治哲学适度分家、平行发展的阶段，政治科

[①] 程同顺、邝利芬、孙迪：《美国政治学研究方法的最新进展——基于美国政治学三种期刊的研究（2002-2012）》，《政治学研究》，2015 年第 2 期。

[②] 冯志峰：《政治学方法论 30 年：现状、问题与发展——一项对 86 本有关政治学方法论教材的研究报告》，《政治学研究》，2008 年第 4 期。

[③] 王绍光：《中国政治学三十年：从取经到本土化》，《中国社会科学》，2010 年第 6 期。

学研究要注重"两个层次"和"一个视野",即国家层面的政治实践和基层的政治实践,以及政治学研究的国际比较视野;基于中国社会主义现代化建设和民族复兴的伟大实践对政治学术的呼唤、政治学术发展自身的规律以及国外政治学发展的历史经验等判断,中国的政治学会有一个"经验主义"的阶段,即以实证研究、经验性研究为主,系统研究总结本土社会实践和总结经验的发展时期。

关于政治学具体研究方法,Enns 和 Koch(2013)使用多层次回归与事后分层(multilevel regression and poststratification,MRP)以及调查聚合(survey aggregation)两种方法测量了1956~2010年美国各州的党派倾向、政策情绪及政治意识形态,证明政治态度在一州之内的跨时性差异与各州之间的差异同等重要。Hug Simon(2013)认为,越来越多的比较研究使用由查尔斯·拉金在定性比较分析中所倡导的布尔代数法,这种分析方法建立在测量变量没有误差的基础之上,而这一假定只是一种幻象,许多定性比较分析掩盖了误差。作者用经验事实证明忽略误差可能导致推论错误,并提出了修正建议。Monogan(2013)以2010年美国众议院大选为例,分析了在政治学研究中推行于研究实施前对研究项目进行注册的可行性。Shultziner(2013)对依据双胞胎研究基因与人的政治特性之间的关系给出了新的解释,认为由于受更多相同性环境的影响,同卵双胞比异卵双胞有更多的相似性,而相似性的具体内容也仍然是由特定环境塑造的,这可以用来解释为何人的政治与社会特性比人的身体与医学特性有更强的继承性。Atkins 和 Finlayson(2013)分析了政治修辞在政治沟通与政治思想与意识形态方面的运用。他们以1990年以来英国三个主要政党领导人的演讲为例,说明作为政治修辞手法之一的典故不仅是一般政治认知的增值过程,而且也是一种民粹主义意识形态的暗示。Abrahms(2013)通过一项全国性的抽样试验,发现了一种侵蚀谈判理论中强制逻辑的心理机制,并用它解释恐怖主义中平民伤亡的上升为何未导致政府对恐怖主义的退让。

2. 比较政治学研究方法

国外比较政治学的研究方法主要经历了两次重要的发展,第一次浪潮出现在20世纪60年代末70年代初的美国,所讨论的都是一些比较方法最基本的问题,如比较方法是否具有独特性、比较方法的定义、比较方法与其他方法的区别、比较研究中的概念形成等;第二次浪潮的先潮最早出现在20世纪80年代末,讨论的内容则更为复杂和全面,如因果分析、比较历史分析、分析性叙述、嵌套分析、布尔代数和模糊集合等。概念研究是比较政治学分析的起点。西方比较政治学中的概念研究主要形成了两个重要的派别:一个是以萨托利为代表的本质主义,其倾向于用清晰简明的二分法来界定概念;另一个则是以科利尔和吉尔林为代表的折中主义,其主张在具体情境的基础上调和两分法和分级法(高奇琦,2013)。萨托利(2013)在撰文时认为,比较的目的是为了控制,被比较的两个事物之间应该具有一定的相似性,同时也具有一定的相异性,比较研究者可以比较共性,也可以比较差异。

关于中国比较政治学发展,2012年10月9日,北京大学国际关系学院举办了比较政治学学科建设咨询会,李慎明(2013)在大会发言中强调,在不同意识形态和价值观下,比较政治学研究应该用多数人的根本利益和立场作为根本标准进行比较，比较政治学离不开经济和文化、离不开历史，要贯彻洋为中用原则，要注重前瞻性和战略性研究。徐海燕（2013）梳理了改革开放以来中国比较政治学发展历程，认为中国的比较政治学正在不断走向繁荣，但在理论研究、现实问题的应对、研究方法上仍存在不足。杨光斌（2013）认为，西方比较政治学发展至今呈现出丰裕中的贫困，复兴比较政治学根本之道在于比较历史分析，历史制度主义的基本变量如路径依赖、历史进程、时间顺序、关键点的引入，使得历史分析不但是一种分析方法，还是一种理论体系，是一种探讨因果关系机制的理论和方法。

在比较政治学具体方法层面，耿曙、陈玮（2013）分析了比较政治学中案例方法与定量方法各自的优势，王丽萍（2013）分析了案例研究的方法与策略。朱德米、沈宏波（2013）认为，比较政治学研究的议题具有一定的稳定性，不仅具有方法论意义，更具有本体论特征。Daniel Stegmueller（2013）提出，比较政治学多用多层次模型检验国家层面的因素对个人行为及偏好的影响，这类研究的合理性以大样本数据为前提，而具体比较研究往往只涉及少数国家，这使得人们怀疑多层次模型的适用性。作者以蒙特卡洛实验法证明，多层次模型特别是跨层级互动模型在最大相似估计与置信区间方面会产生严重偏差，而贝叶斯分析法则显示出更好的适用性。在过去一段时间，兼用定性与定量分析的控制比较法在比较政治学研究中同时受到了来自定性分析和定量分析的批评，Dan 和 Ziblatt（2013）认为，大数据方法适合得出一般性结论，而案例分析适合追踪离散性因果过程，而控制比较方法能够将两个方法结合起来，在比较政治学多元方法的转向中占有一席之地。

第八节　总体评价

本章综述的 186 篇论文，无论是因为它们被中国人民大学复印资料《政治学》专辑转载，还是因为它们拥有较高的被引用率，都说明它们在政治学领域获得了较高的学术认同，由它们可以窥见国内外政治学研究的整体趋势与个性差异。

从整体趋势看，无论是在哪个子学科下，政治学的一些传统研究议题都在延续，如国家、政府、政党、社会、民族、种族、阶级、阶层、精英、个体等政治行为主体，权力、利益、权威、民主、民本、自由、法治、公正、秩序、意识形态等政治思想、政治文化、政治价值，选举、投票、遵从、反抗、管理、治理等政治行为，以及规范、实证、定性、定量、实验、调查、比较等政治学研究方法。在众多研究议题中，这些研究成果也呈现出如下趋势：

第一，国家研究的能力转向。如果说国家研究大致可以划分为"国家为何""国家何为"以及"国家何以为"三个方面的问题，则前两个问题都属于老话题。"国家为何"主要是关于国家的起源与本质问题,从亚里士多德、奥古斯丁、阿奎那,到马基雅维利、霍布斯、洛克,再到黑格尔、马克思,古典政治学家已经对这个问题进行了大量、深入的讨论。"国家何为"主要是关于国家的职能、国家与社会的关系问题,这也是古典政治学、古典经济学以及现代经济学共同关注的问题。新制度主义政治学重新找回国家,不单是对老制度主义国家自主性理论的简单重复。斯考克波在总结比较历史学者的贡献时写道:他们"不仅考察了自主性国家行为的基础层面,同时还讨论了一个更具挑战性的问题,即对国家实施其政策的各种能力(capacities)作出解释"①,这正是"国家何以为"要关注的核心问题。

从前文综述的 2013 年与国家有关的研究文献看,虽然讨论的问题颇为宽泛,涉及国家建设、国家建构、国家认同,国家责任、国家治理、国家政策规制等,但它们都无一例外地指向国家能力这一中心议题。作为国家自主性理论研究的一个方向,国家研究的能力转向在事实层面上反映出学者们试图发现国家作为相对独立的政治行为体的特殊行为逻辑,不同的能力将产生不同的后果;在价值层面上反映出人们不再过度强调国家的阶级、阶层的代理人角色,而是期望国家作为超脱的行为主体,在维护社会共同体的整体利益方面能有更大作为。

第二,民主研究的协商转向。自近代以来,民主从未如今天这样受到广泛的质疑,这种质疑不仅是基于"投票悖论""多数人暴政"这样的逻辑困境,也是基于发达国家选举过程中的金权政治、一些发展中国家和地区民主转型后的无效治理等现实困境。有意思的是,尽管有很多人质疑民主的价值与功效,但也很少有人公开宣扬独裁,更多的人不是抽象地否定民主的价值,而是否定某种具体的民主形式,比如代议制民主,选举民主等。王绍光曾经对在"民主"前加漂亮修饰词的方法表示警惕,认为它们是"打着红旗反红旗"。②

而现在看来,质疑民主者可能在协商民主的旗帜下建立最广泛的民主统一战线。协商民主理论源起于西方,至今已经取得了丰硕的理论成果,中国学者在引入这一理论时,也开始了本土化研究。谈火生曾经用中国学术文献网络出版总库的检索结果,证明了民主研究的协商转向③,确切地说,这种转向在中文世界正发生于 2013 年。检索中国知网 2003~2015 年篇名中含有"协商民主"的文章,2012 年只有 382 篇,2013 年激增到 1420 篇(见图 1)。2013 年,在研究各类民主问题的文章中,"协商民主"的文章数量也遥遥领先,其次是参与民主的文章,但也只有 149 篇(见图 2)。

第三,全球化理论的新共识与网络政治研究主题的凸显。在全球化理论中,历来有全球化的"西方中心主义"与全球化的"非西方中心主义"之争。在前述 186 篇文献中,与全球化主题直接有关的中文文献 8 篇,英文文献 3 篇(包括 2 篇论及华盛顿共识和北京

---

① [美]彼得·埃文斯等:《找回国家》,生活·读书·新知三联书店 2009 年版,第 20 页。
② 王绍光:《民主四讲》,生活·读书·新知三联书店 2009 年版,第 32 页。
③ 谈火生:《从民主研究"协商转向"到协商民主"经验转向"》,《联合时报》,2015 年 3 月 31 日。

共识的文章），从这些文章中完全看不到全球化理论的这种争论，即使是西方学者，也认为全球化与区域主义并不冲突。福山在2012年刚刚出版了他的《政治秩序的起源》，部分修改了其"历史终结"的观点，历史不再"被终结"似乎也成为全球化理论家们达成的新的共识。

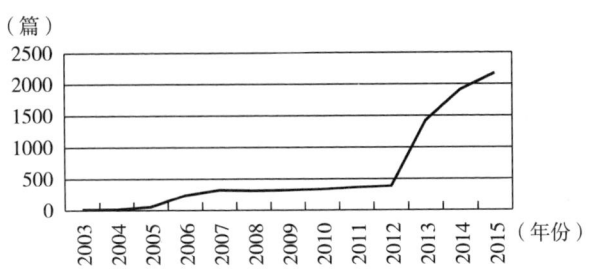

图1　中国知网历年收录的篇名中含有"协商民主"的文章篇数

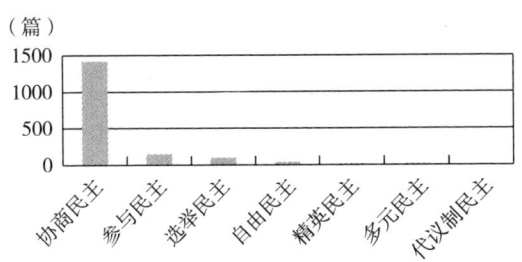

图2　2013年中国知网收录的关于各类民主问题的文章篇数

与全球化研究主题下的文献数量相比，与网络政治直接相关的论文只有4篇，数量有限。网络革命性地改变了当下人们的生产方式和生活范式，而其对现实政治各要素的影响才刚刚显现，一些基于网络而提出的政治理论、政治观点与政治命题还有待证实与证伪。无论如何，网络政治研究都不容忽视。有学者指出："如果说21世纪的政治学发展因为融入了更多新的时代元素而在研究议题或研究方法上发生了诸多颠覆性变革，从而进入了政治2.0时代，那么在探索新政治行为与信息传播的过程中，网络政治学无疑是政治2.0时代研究的核心议题。"①

第四，定性研究方法的回归。20世纪60年代以来，西方政治学研究中定量研究方法的比例逐渐上升，并最终成为主流。有人统计了20世纪末21世纪初《美国政治学评论》部分年度发表的文章，发现定量文章竟高达90%。尽管政治学不同亚科学在研究方法的使用偏好上存在差异，但定性分析方法的日趋边缘化也是事实。2001年4月，美国政治

---

① 臧雷振：《网络政治学：开启政治2.0时代的新议题》，《国外理论动态》，2014年第1期。

学会委员会对学术界质疑该学会出版的两本旗舰型刊物《美国政治学评论》和《政治学研究》的定量偏好做出回应，同意出版新刊物《政治学展望》（Perspective on Politics），以反映研究方法的多样性。① 这一事件也为政治学定量研究方法的回归提供了契机。前述文献大致反映了政治学定性方法的回归。

在134篇中文文献中，没有一篇文章使用了定量分析方法，这当然与《政治学》转载文章的偏好有关，但也在一定程度上反映了中文世界政治学研究方法的偏好。而即便在52篇英文文献中，也有21篇属于数理逻辑、案例分析及其他定性分析的文章，使用定量分析的文章有31篇，占59.6%，说明即使在英文世界，定性研究也存在一定的生存空间。

基于2013年的文献资料，我们也可以发现国内外政治学研究的个性差异。国外高水平的政治学研究一般从个人计算出发，重数据、重演绎、重方法、重发现，国内高水平研究一般从历史人文出发，重文献、重归纳、重案例、重对策，显示出两种不同的研究风格。杨光斌（2013）将国内学者这种重历史人文、轻个人计算的研究方法称为中国政治学的国家性格。因此，国外研究较多关注政党、选举、选情、选民等和西方国家政治生活密切相关的议题，研究目的指向证伪或发展某个学术命题，而并不指向特定的社会问题。比较而言，国内研究较为关注社会发展、政治稳定、政府规制、公民权利等议题，具有较强的社会问题导向和意识。

---

① 臧雷振、黄建军：《美国政治学研究方法发展现状及趋势——新世纪初的新争论、挑战与反思》，《政治学研究》，2014年第4期。

第二章 政治学 2013 年期刊论文精选

第一节

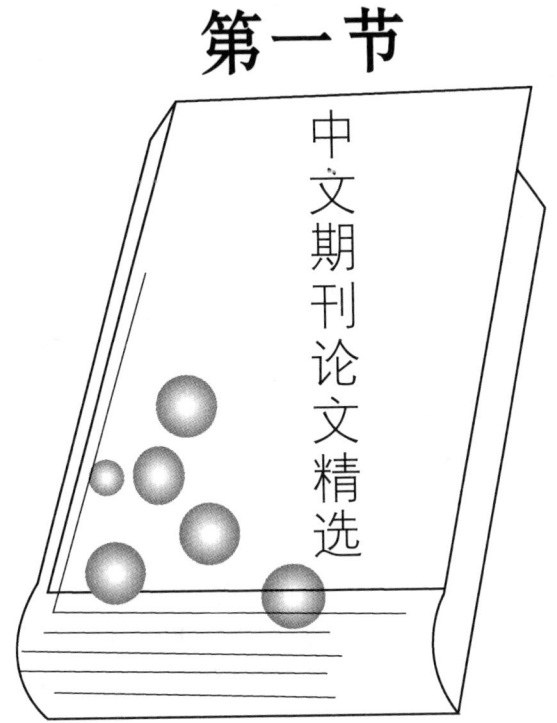

中文期刊论文精选

化理念为制度：民本主义转化为社会公正的路径探索

闫小波

【摘　要】 与很多有着古老传统的民族一样，古代中国并不缺少美好的政治理念，诸如民本主义、大同思想、均富社会、贤人政治、仁政等，也有精深的个人修身与德性之学，凡此均有不朽的价值。但纵观中国数千年的王朝史，时间的恒久与社会的跃迁不成比例。美好的理念为何难以转化为社会现实，究其缘由，乃是在中国数千年的政治场域中形成了固化的理念与制度二分的裂口。理念与制度的二分也成为一种政治习性，这一习性与中国传统的思维特征有关。弥合理念与制度二分的裂口，化民本理念为民主制度，是美好理念转化为社会公正的有效路径。

【关键词】 民本主义；社会公正；民主政治

要达至一种良善的政治生活、一个符合公正与正义原则的社会，美好的政治理念固不能缺，而将理念转化为可赖以运行的稳定有序的政治制度则更为关键。公正社会的实现，当以理念为目标，制度为工具。理念与制度的一致化程度，制约着社会公正的实现程度及社会进步的速率。判断社会公正，取决于人对公正的认知，而人的认知又有其民族性与时代性。社会公正是维系人类社会存续的要件之一，扩大社会公正成为任何一个社会恒久的追求目标。回望有着五千年历史的中华文明，历代先贤对大同时代、天下为公的社会，无不心向往之。从社会成长的角度看，自传统中国政治模式化（"秦汉之制"形成）以后，有关社会公正的知识在不断累积，但在现实社会中公正的增量有限。晚清自中国由"天朝"成为"万国"之一、由农业社会向工业社会转型后，随着国人认知的迅速倍增，对社会公正的诉求不仅越来越多，也越来越强，不公正感及普遍怨恨的积聚成了中国进入革命通道的重要诱因。当下中国，市场化程度与社会的复杂化程度相向发展，财富的快速增长与共享财富的难题并存，构建和谐社会，实现社会公正、分配正义等成为党和政府的核心价值，探讨传统中国公正理念及其实现程度对当下公正社会的构建不无启示。

---

* 原载于《吉林大学社会科学学报》，2013年第1期。

一、民本与君本：传统话语中民本主义的双重面向

在博大精深、绵延不绝的中国传统文化中，其基本精神与文化取向当然是多向度的，但核心都是围绕人而展开。其中，天人合一、以民为本，当为中国文化核心价值之所在。张岱年先生认为，中国传统文化的精华与核心是关于人生的意义、人生的价值、人生的理想的基本观点，可以称为人本观点。所谓"人本"不是说人是世界之本，而是说人是社会生活之本。人本是相对于"神本"而言的。宗教大多宣扬以神为本，人要服从上帝安排。中国古代的儒家和道家不宣扬上帝创世论，而肯定人在自然界中的位置。[1]中国传统文化的基本观念有四：天人合一、以人为本、刚健自强、以和为贵。从王朝治理的角度看，其核心价值当首推以人为本或民本主义，以此来维系王朝的存续。

民本主义大致形成于西周初年，先秦时期有许多为后世传诵的警句。如"民为邦本，本固邦宁""大道之行也，天下为公""天视自我民视，天听自我民听""民为贵，社稷次之，君为轻"。自汉武帝以降，儒学定于一尊，先秦诸子为中国文化构建的核心价值——民本主义，从此更具有正当性甚至排他性，在后世得到历代大儒的续接与推崇，"天下非一人之天下，天下人之天下"[2]。"立天子以为天下，非立天下以为天子。"[3]从贾谊的《新书》到黄宗羲的《明夷待访录》，阐明民本的警句、格言蔚为大观并深入人心，这一民本主义传统，为华夏文明注入了强大的生命力。在中国传统社会，民本主义不只是士大夫的高谈阔论，也是君王对臣属为政的要求，同时还是民对官的期盼，可谓朝野的共识。但人们也不难发现，在王朝体制下，高调的政治口号向来是言说者多，践行者寡。唯其如此，历朝历代总会挑选一些践行民本主义的典型并加以包装，以各种形式进行推介，这从一个侧面印证了民本主义的实现程度其实并不高。由此也不难理解，数千年来，虽然历代王朝都秉持民本主义的执政理念，但并未能推动中国政治的跃迁，哪怕是点滴的突破，自"秦政"至"清政"，并无实质性的变化。唯其如此，黑格尔认为中华帝国仅仅属于空间上的国家，时间对中华帝国来说是停滞的。"中国很早就已经进展到了它今日的情状；但是因为它客观的存在和主观运动之间仍然缺少一种对峙，所以无从发生任何变化"。中国"可以称为仅仅属于空间的国家——成为非历史的历史"。[4]清代以来，国人对此也有共识。谭嗣同断言"两千年来之政，秦政也"[5]。民本主义之所以成为一种高调的政治口号，是因为传统的民本主义还有其隐性的一面，即以君为本。民本主义与君本主义看似矛盾甚至对立，实是一个统一体，其关系表现为：民本主义是表，君本主义是里；民本主义是始，君本主义是终；民本主义是用，君本主义是体。民本主义之"民"，固然与"重民""爱民""利民""恤民""保民""惠民""济民""亲民""裕民"等行政伦理相连，与"贱民""残民""害民""虐民"等暴政行为相悖，但与"用民""使民""畜民""驭民""牧民""弱民""愚民"等治民之术并非不可调和。秦相李斯的老师荀子亦

被后人视为富有惠民、爱民的民本思想。因为在《荀子·王制篇》中说："传曰：'君者舟也，庶人者水也；水则载舟，水则覆舟。'"其实，此处荀子纯粹是站在君王的立场上，探讨的是如何"驭民"，"惠民"是为了"驭民"，求的是"君子安位"。

民本之"民"，更多的是从生命意义来界定的，也是作为君的对应面。民对君来说，有着不可替代的工具意义，即水舟相依或"驭马"逻辑。自秦以降，历朝均奉行愚民政策。"战国纵横，真伪分争，诸子之言，纷然殽乱。至秦患之，用燔灭文章，以愚黔首"。[6]民国时期中央大学吴世昌教授对民本主义有如下的洞见："民本之'本'，亦即近人所谓'政治资本'之'本'，'主'动者仍为统治者，而不是被当着资本的'民'。……在历史事实上中国人民更从未梦见可以作主。杰出的政治家如子产之流，因知尊重'舆论'，但不是他不能禁止，而是他不愿禁止。人民不因骂政府而遭殃，是运气，不是权利。……人民有时以所谓民谣来暗示一种愿望，正在兴起的野心家利用之，以为顺天应人的谶语，统治者则自古到今，一律认为谣言惑众者应杀无赦。……让人民可以活下去的目的是培养税源，而未必真有所爱于人民。这也可以说是民本思想的一部分。"[7]如果说民本主义是中国的政治理念，那么君本主义、王权主义可视为中国的制度安排。以民为本、执政为民，既是民意，也是天意。当君王偏离这一理念，走向暴政，民皆可替天行道，结果是循着"成者为王，败者为寇"的逻辑，产生新的君临天下的天子，如此循环往复，才有改朝换代，但不换制度！"人之所以异于禽兽者"，当超越于生命的意义；民之为贵，在于将民视为天生的政治动物。如此，不仅要鼓民力、新民德，更要开民智、扩民权，而这主题到了19世纪末才由严复提出来，梁启超大力鼓吹。这一主题的提出，使人从比较的视野中对传统的民本主义的缺陷有了一个突破性的认知。传统之民本，是残缺的，唯有赋民权，方能做到完全意义上的以民为本，并使政治过程与政治理念之间的裂口得到弥合，从而增进社会公正，实现社会正义。

二、理念与制度：比较视野中的民主与民本

数千年来，中国的民本主义何以只开花不结果？拓宽认知的视野，比较一下中西方的政治传统，也许能获得有益的启示。近世以来，人类文明的突进是"双轮革命"的结果，即产业革命与政治变革的推动。产业革命导致财富的剧增，政治变革旨在缓和财富剧增后带来的分配不公。政治变革的要旨是民主宪政。民主制度使得资源的配置由少数人主导转变为多数人主导，由此增进了社会的公正感与社会的稳定。与中国的民本主义不同，在西方，民主自始就是理念与制度的结合体，理念与制度的互动促成了民主制的成长。

（一）民主

民主的理念、精神或许并非西方所独有，但民主制确是西方的首创。从近代欧洲政治

制度的思想资源来看，古希腊具有"根"的意义，故西人常将希腊称之为欧洲人的精神家园，但希腊在人类文明史上并不是一个先行者。英国哲学家罗素说："在世界的所有文明体系中，希腊文明应该算是后来者。埃及和美索不达米亚文明就比希腊文明早了好几千年……埃及人和巴比伦人都为后来的希腊人的进步提供了某些方面的知识。但他们谁也没有发展出哲学和科学。"[8]作为后来者的希腊文明，却是人类实践民主制度的先行者。希腊文明的独特之处，不仅在哲学与科学，更有政治学及民主思想与民主实践，唯其如此，它的魅力一直深深吸引着后世的政治思想家与政治行动者。肇始于古希腊的民主主义与中国的民本主义不同，它一直是最富有争议性的一个概念。古希腊的雅典民主不只是一种政治思想或理念，而是整套实践了数百年的制度安排，是当时与君主制和贵族制并存的三种基本政体之一。与处于内陆的华夏世界相比，地中海沿岸的整个希腊世界既不同于春秋战国，也不同于秦汉帝国；而雅典更不同于帝国时期中国的一个郡或县。雅典只是古希腊150个左右"城邦国家"中的一个，其面积与人口还不及帝国时期中国的一个县，在先秦时期的中国人看来不过是一个小国寡民式的政治共同体。与中国古代的民本之"民"不同，雅典城邦的民主之"民"，并非泛指平民百姓，而是专指"公民"，即具有雅典人血统的自由成年男性，约是城邦人口的十分之一。追求民主，其核心就是追求完整的公民身份。雅典的民主制或平民政体又称之为"民治政府"（人民自己管理自己或多数人的统治），但这只是治与被治的一种特殊管理形式，并不能抹杀治与被治的二元结构。雅典之所以被称为民主制，乃是因为城邦是由多数人管理的，这正如亚里士多德所指出的："由多数的意旨裁决一切政事而树立城邦的治权，就必然建成为平民政体。"[9]这里的"多数"其实只是相对于君主"一个人"和贵族政体的"少数人"而言，而在整个城邦仍是少数人。雅典民主制的存在，受益于雅典人智慧地将民主理念嵌入一整套严密的并不断完善的制度体系中。理念与制度在一个合理的张力下得以维持了数百年，直到实行这一制度的外部条件丧失后才终结了雅典的民主制。古典民主制度之所以能在近代复活，一方面是近代某些国家再次具备了实行民主制的外部条件；另一方面政治家与思想家创造性地变通了古典的直接民主制，创制了议会主权的代议制。民主制在近代不断刷新、拓展的过程，也使民主由一个备受争议的名词变成了多数人的共识，从而确立了其牢固的地位。

（二）民本与民主的比较

希腊人对民主精神的追求，导致了民主制的建立，为什么中国人对民本主义的追求，建立的却是君本制？人们在与"他者"交往或师法"他者"的过程中，难免要从自身寻找认同"他者"的资源。自从西方的民主观念与制度进入汉语界，中国人自然而然地启开现代性的寻根之旅。有"根"抑或无"根"的判断是围绕着民本主义与民主主义的关系而展开的。在"你有我也有，我比你更早拥有"的传统思维支配下，在19世纪那些较早开眼看世界的前贤眼中，眼前西方的民主制度，就是由中国上古的民本主义发展而来的或符合民本主义的精神，结论是民主之"根"在中国！进入20世纪，民主主义的信徒对民主与民本的认知发生了严重的分歧。民主革命的先行者孙中山认为传统的民本主义与现代民主主义是相通的："两千多年前的孔子、孟子便主张民权。孔子说：'大道之行也，天下为公'，便是主张民权的大同世界。又'言必称尧舜'，就是因为尧舜不是家天下。……孟子说：'民为贵，社稷次之，君为轻。'……他在那个时代已经知道君主不必一定是要的。……由此可见，中国人对于民权的见解，两千多年以前已经早想到了。"[10]而"五四"新文化运动的精神领袖陈独秀的观点则与此相左："夫西洋之民主主义（Democracy）乃以人民为主体……所谓民视民听，民贵君轻，所谓民为邦本，皆以君主之社稷（即君主祖遗之家产）为本位。此等仁民爱民为民之民本主义……皆自根本上取消国民之人格，而与以人民为主体，由民主主义之民主政治，绝非一物。……以古时之民本主义为现代之民主主义，是所谓蒙马以虎皮耳，换汤不换药耳。"[11]此种对立的判断一直延续到当代中国。如果仅从重视民的角度去寻找民本主义与民主主义的异同恐怕是皮相之见，深入到这两个知识体系的内部进行比对，其差别至少表现在以下几个方面：

（1）"民"之别：民本主义之"民"是泛指与官对应的人，是那些无性别、年龄、身份之别的平民百姓，在政治操作层面是无法也无须加以精确计算的，"民"如载舟之"水"，不可也不必量化。民主主义之"民"从古希腊到现代向来都是特指的、有条件的、有范围的，在政治操作层面必须精确计算。一般来说，民本之"民"具有包容性，而民主之"民"则具有排他性。

（2）"本"与"主"之别：《尚书》中的"民为邦本，本固邦宁"，意谓人民是国家的根本，根本巩固，国家才能安宁。民本主义言说的对象是君主，要求为君者将民视为邦之本。民主主义言说的对象主要是民，强调民拥有不可剥夺与让渡的权利。马克思说过："不是君主的主权，就是人民的主权——问题就在这里！"[12]民主思想强调人民是一切权力的唯一来源，具有排他性。

（3）从静态的官民关系来看，民主主义强调的民是国家的主人，国家权力必须受到民的监督。而民本主义从未将民的政治地位提升到国家主人的高度，也从未设想出能够让民众限制君主权力的制度。民本强调的是作为君主应高度重视民的存在。从统治者与被统治者的关系来看，民本主义认为，君主若无视民的利益与民的存在，将会失去统治的对象，君也就不复存在。民与君是相互依存的，但绝不是对等的，也不可以讨价还价。而民主主义则认为统治者与被统治者事实上存在一种契约关系，两者不仅相互依存，而且是平等的，统治者与被统治者的角色也是可以转换的。

（4）从动态的官民关系看，无论是民本主义还是民主主义皆可视为载舟之水，但运行的机理与过程则迥然不同。民本之民不仅是载舟之水而且还是覆舟之水。民主之民不仅是载舟之水同时还是推舟、护舟之水。民本之覆舟表现为揭竿而起、地动山摇，用暴力的方式完成改朝换代。民主之推舟或护舟则表现为民对政府的监督及用非暴力的方式完成对政府的定期改选，不伤及国本和民生。

（5）从学理的归属来看，雅典思想家以亚里士多德为代表，开始从伦理学中分离出来政治学，从比较政体的角度来讨论民主制与民主主义。而先秦及后来的中国思想家，始终是从伦理学或德性的角度谈论民本主义①，不可能从比较政治制度的角度加以分析。孔子甚至将政法与伦理对立起来。"道之以政，齐之以刑，民免而无耻；道之以德，齐之以礼，有耻且格"。[13]历史上几乎所有关于民本主义的言说都是在提醒为官者应如何恤民、重民、教民、养民以及驭民、牧民等。其实，早在20世纪20年代，梁启超在分析先秦政治思想时就已对民本与民主的异同作了精当的分析："各家所说，虽小有异同，但有一共通精神，他们都认为国家是由事实的要求才产生的，国家是在民众意识的基础之上才成立的。近代欧美人……向来不承认国家为一个君主或某种阶级的利益而存在。所以，他们认革命为一种正当权利。……但（中国）从没有想出个方法，叫民众自身执行政治[14]。"正是从这一意义上讲，梁氏提醒国人，"民权之说，中国古无有也"。今天所要探讨的当是诸子百家对于"'民众意识'其物，作何观察，作何批评，作何因应而已"[15]。

概而言之，民本是"内圣"之学，君临之术；民主是"共治"之学，平衡之术。

三、理念功效的呈现：民本→民主→公正的传导路径

与西方相比，自古以来中国人似乎更擅长张扬理念，靠口号治国，而在理念的制度化、操作的技术化上过于柔性，有好理念而无好制度，甚至可以说"志不在此"。任何美好的理念若止步于口号式的倡导，必将致使政治理念与现实政治之间存在巨大的裂口，虽然主政者不遗余力地倡导某些理念，但最终将因残酷的现实而使执政权威流失殆尽，进而迎来周期性的改朝换代。近代以来关于中西文化的差异、中国为什么没有自动衍生出资本主义等，一直在挑战智者的智慧。中西思维与价值观的差异几乎成了共识。季羡林认为：中西方"两大文化体系的根本区别来源于思维模式之不同。……东方的思维模式是综合的，西方的思维模式是分析的。勉强打一个比方，我们可以说，西方是'一分为二'，而东方则是'合二而一'"[16]。"我并不是说西方一点综合没有，东方一点分析没有，都是有的，天底下没有绝对泾渭分明的事物，起码常识是这样告诉我们的"[17]。林语堂则认为："中国民族之特征，在于执中，不在于偏倚，在于近人之常情，不在于玄虚理想。中国民族，颇似女性，脚踏实地，善谋自存，好讲情理，而恶极端理论，凡事只凭天机本能，糊涂了事。"[18]季、林在情感上虽然对中国人的思维模式有不同的偏好，但都道出了中国人思维模式共有的特征。

"分析"的取向是走向实证化，钟情于形式逻辑与纯粹知识；"综合"的取向是走向模糊化，推崇德性的修炼与个体的内在感悟。"一分为二"的分析思维，使西方的精神世界既有形而上的畅想，移情于超验的存在与终极关怀；也有形而下的求证，催生出科技进

---

① 林语堂认为中国的社会和政治哲学是"将道德和政治混为一谈，是一种道德和谐的哲学，不是一种力量的哲学"。林语堂：《中国人》（吾民与吾土），郝志东等译，杭州：浙江人民出版社1988年版，第180页。

步。"合二而一"的综合思维,既无意于形而上的畅想,"敬鬼神而远之","子不语怪力乱神";亦无心于形而下的证明,"奇技淫巧,典礼所禁"。有的则是"形而中"的"民为邦本"、"天人合一"之类折中式的口号,倡导的是对这些口号的综合体验与心灵的顿悟。钱穆认为:"中国思想,有与西方态度极相异处,乃在其不主离开人生界而向外觅理,而认真理即内在于人生界之本身,仅指其在人生界中之普遍共同者而言。此可谓之向内觅理。"[19]"西方人常把'天命'与'人生'划分为二,他们认为人生之外别有天命,显然是把'天命'与'人生'分作两个层次、两个场面来讲。如此乃是天命,如此乃是人生。'天命'与'人生'分别各有所归"。[20]当下有些学者执着地从西方寻找证明儒学现代价值的思想资源。陈来认为,韦伯早已提出,现代文明的一切成果与问题都是来源于价值合理性与工具合理性的紧张。一方面,形式的合理性产生了理性形态的科学,合理性的法律、行政体系以及合理性的资本主义劳动组织;另一方面,近代文明生活在本质上以工具理性为取向,强烈地受功利主义所支配,从而导致现代化发展的通病:形式的合理性与实质的非理性,或工具的合理性与价值的非理性。为此,作者倡导"以和为用,以仁为体"。[21]的确,价值理性与工具理性的张力,导致了现代资本主义文明的发生与成长,也带来了西方的"通病"。而中国人倡导的修身、体验、天人合一等,使中国在传统社会就克服了天与人的对立与紧张,但导致了中国社会的停滞,科技的不发达以及政治制度(秦汉之制)模式化与停滞状态。

国学家们向来有"为往圣继绝学,为万世开太平"的宏大抱负,且有着洞察"他者"之短,"自我"之长的敏锐目光与思维定式。其实,世上没有绝对完美的文明,文明的发展有赖于文明间的交流、取长补短。20世纪初,英国哲学家罗素在讨论中国问题的时候强调:"我们要向他们学习的东西与他们要向我们学习的东西一样多。"[22]历史上,先秦时期诸子百家的对话促进了儒学的壮大与繁荣,宋明之际佛学的引入促进了儒学的第二期发展——理学的兴盛。晚清以来,西学的进入,为中华文明的更张提供了契机。近代以来,国人发出了诸多以西学救济中学的主张,也有中学挽救西学的设想。立足于当下中国,既要克服理念与制度二分的传统政治习性,又要防止西方价值理性与工具理性的失调;如果说前者是必须改变的已然状态,后者则是防患于未然情形的出现。

民本主义是中国根深蒂固的政治理念与价值取向,也是民族的集体记忆,这无法取舍。问题是如何使民本主义的合理性得到充分的彰显,使得价值与工具相得益彰,以求得民族性与时代性的统一。就时代性而言,虽然在民主的样式及其功效等方面存有分歧,但民主的取向已成为人类的潮流与共识。任何制度都不会导致绝对的社会公正,但民主与社会公正的正相关性已为历史与逻辑所证明。[23]在中国,民本与民主的有机结合就是民族性与时代性的统一,也是价值与工具的统一。对当下中国来说,积极探索构建一个符合民本理念,体现人民主权的具有可操作、可验证的制度,进而有效地扩大社会公正,当是实现从民本到社会公正的有效路径。

从民本到民主,首先是认知系统的调适与转变。民本所处的认知系统是伦理学,是一个模糊的文明概念;民主的认知系统是政治学,是治国理念与治国技术的统一。罗素在

20世纪初就智慧地觉察到中西国家形态的差异："中国与其说是一个政治实体，还不如说是一个文明实体———一个唯一幸存至今的文明。"[22]① 从共时的角度观之，东方的中国是一个悠久而孤独的文明实体，而西方则是诸多的政治实体共时并存；文明实体的形态是少变或固化的，政治实体的形态是多变或求变的；文明实体靠理念治国，而政治实体要靠制度治国。从历时的角度看，传统的文明实体是依存于农业社会之上的天朝，现代政治实体是建筑于工业社会之上的民族国家与民主国家的统一体。比较而言，农业社会之上的天朝是一个简约的结构，而工业社会之上的现代国家必定是一个复杂的结构。帕森斯笃信："社会越庞大越复杂，有效的政治组织就越重要，不仅指它的行政能力，还包括（不限于）它对普遍主义的法律秩序的支持……除民主社会外，任何组织都无法使个人或某个集团在行使权力方面和作出具体某个有约束性的政策决策时能取得共识。"[24] 由此，若运用治理简约社会的理念来治理复杂社会，缺少了民主取向的法律秩序、治理结构，也就无法让全社会对美好的理念取得共识。经验表明，传统的农业社会与完成了现代化的国家，当今世界穷的国家与最富的国家，都是相对稳定的国家；"而正在实现经济现代化的国家，由于经济增长本身推动新的期望与需求，所以在政治上最不安定"[24]。中国作为正在努力实现小康目标的国家，其坐标正处在这两类国家的中间地带，民众对社会公正有着前所未有的敏感与冲动，而要消解民众的不公正感，增进社会共识，仅靠美好的理念与口号不仅无效，而且会误国。由民本到民主，并非替代关系，而是经过调适，达到彼此兼容。民本思想由理念化到制度化的转变，即借鉴西方民主化的实践，在不同的层级、不同的领域，通过精细的可验证的制度安排，将民本理念落到实处，革除止步于口号式的政治习性，如此不仅会增加社会的公正感，且可破解"黄炎培周期律"，将可"覆舟"之水变为"护舟"之水。对当下中国来说，口号不能少，做实口号更重要，也更迫切。

改革开放以来，中国的民主先后从基层（村民自治）与中层（地方党委试行的党内民主）启动。前者已经制度化，后者尚在各个层级摸索。现行的有关民主的制度供给与绩效都不尽如人意。加快与扩大民主已成为全社会的共识，问题是民主进程的路径设计与速度的操控。

公正的社会秩序不是自发生成的。"理性选择在理论关于制度形成方面的一个重要维度，就是有意识的制度设计"[25]。中共十七届四中全会提出的"坚持和健全民主集中制，积极发展党内民主"，"以党内民主带动人民民主"的民主建设路线图，表明中国共产党正以积极主动的姿态去探索中国特色的民主发展逻辑，开辟中国民主发展的路径。历史与经验表明，民主化的进程通常是从精英走向大众，"以党内民主带动人民民主"，可视为中国版的从精英民主到大众民主。要化图为实，尤其需要总结历史的启示，克服两大路径依赖：一是传统的民本主义的双重面向，二是理念与制度二分的政治习性。如此，推动中国民主的要津当是从中国共产党的顶层开始，需要顶层自主地创制并公开党内民主运行的

---

① [英]罗素：《中国问题》。[英]马丁·雅克认为：古典时期的中国是一个文明国家，到20世纪才走向民族国家。参见《当中国统治世界：中国的崛起和西方世界的衰落》，张莉等译，北京：中信出版社2010年版，第11页。

操作规则与流程。制度与理念在顶层的统一，是制度良性运行、制度绩效回报递增不可或缺的权威资源。顶层的示范作用才可能真正成为中国民主化进程的第一推动力。

参考文献

[1] 张岱年：《中国文化优秀传统的生命力》，《中国文化研究》，1993年创刊号。

[2] 吕不韦：《吕氏春秋》，太原：山西古籍出版社2001年版。

[3] 高流水：《慎子、尹文子、公孙龙子全译》，林恒森译注，贵阳：贵州人民出版社1996年版。

[4] 黑格尔：《历史哲学》，王造时译，北京：商务印书馆1963年版。

[5] 蔡尚思、方行编：《谭嗣同全集》（增订本），北京：中华书局1981年版。

[6] 班固：《汉书·艺文志》，北京：商务印书馆1955年版。

[7] 吴世昌：《从中国的历史看民主政治》，《观察》，1947年第18期。

[8] 罗素：《西方的智慧》，崔人元译，北京：世界知识出版社2007年版。

[9] 亚里士多德：《政治学》，吴寿彭译，北京：商务印书馆1996年版。

[10] 孙中山：《三民主义·民权主义第一讲》，《孙中山全集》第9卷，北京：中华书局2006年版。

[11] 陈独秀：《再质问〈东方杂志〉记者》，《新青年》，1919年第6卷第2号。

[12] 马克思、恩格斯：《马克思恩格斯全集》第1卷，北京：人民出版社1956年版。

[13] 杨伯峻：《论语译注》，北京：中华书局1980年版。

[14] 梁启超：《先秦政治思想——在北京法政专门学校五四讲演》，《改造》，1922年第8期。

[15] 梁启超：《先秦政治思想史》（1922年12月），北京：东方出版社1996年版。

[16] 季羡林：《"天人合一"新解》，季羡林、张光编选：《东西文化议论集》上册，北京：经济日报出版社1997年版。

[17] 季羡林：《东方思维模式断想——〈赵元任全集〉序》，《辽宁大学学报》，2005年第1期。

[18] 林语堂：《林语堂评说中国文化》第1集，北京：中共中央党校出版社2001年版。

[19] 钱穆：《中国思想史》，北京：九州出版社2011年版。

[20] 钱穆：《中国文化对人类未来可有的贡献》，《中国文化》，1991年第1期。

[21] 陈来：《儒家思想与现代东亚世界》，季羡林、张光编选：《东西文化议论集》下册，北京：经济日报出版社1997年版。

[22] 罗素：《中国问题》，秦悦译，上海：学林出版社1996年版。

[23] 周光辉、殷冬水：《民主：社会正义的生命与保障——关于民主对社会正义的价值的思考》，《文史哲》，2008年第6期。

[24] 福山：《历史的终结及最后之人》，黄胜强等译，北京：中国社会科学出版社2003年版。

[25] 何俊志等编译：《新制度主义政治译文精选》，天津：天津人民出版社2007年版。

历史制度主义：瓶颈与展望[*]

黄 晨 周宇翔

【摘 要】 历史制度主义发展至今，已成为比较政治学领域最具解释力、也最流行的范式之一。本文归纳历史制度主义几种主要的解释进路，并指出这一范式的发展瓶颈。在近年来演化理论的冲击和启发下，更精准地解释需要探索行为者与制度学习、互动的微观机制，这或许是历史制度主义改进的一个可能的方向，但研究者仍需要注意政治分析与经济分析的天然差别。

【关键词】 历史制度主义；演化理论；微观机制；复杂性

一、四种进路——历史制度主义的经典文本与解释侧重

众所周知，新制度主义在发展中一分为三。其一是继承了新古典经济学预设和公共选择范式的理性选择制度主义；其二是从社会学和政治文化分析中汲取资源的文化制度主义，或者社会学制度主义；其三就是折中于二者之间的历史制度主义。一般认为，正是这一种折中的取向使历史制度主义在比较政治和历史研究中更为流行，然而这也使使用这一范式的研究者面临更复杂的挑战。[1][2]

本文主要处理它们的"研究进路"——即从哪一类变量入手，展开对制度形成过程的解释。如果说理性选择制度主义的进路是行为者及其选择，文化制度主义的进路是观念和政治文化，那么历史制度主义的进路便要复杂得多，既有从行为者和观念入手的，也有从制度本身（即旧有制度）入手的，还有关注三者之间的结构关系的。

下文以历史制度主义的一些经典文本为例，对这四种进路作一概览。

（一）强调"理性行为者"的进路

新制度主义的旗手诺斯（Douglass C. North）在20世纪80~90年代就是这一进路的

---

[*] 原载于《比较政治学评论》第二辑，中国社会科学出版社，2013年。

奠基人，1989 年他和温加斯特（Barry Weingast）合著了一篇解释英国光荣革命前后经济制度变迁的论文——《17 世纪英格兰治理公共选择制度的演进》——并在之后几次修改、发表。他们的论证逻辑很明晰：英国国王面临现有租金最大化和长期增长相冲突的"诺斯第一悖论"；最初查理一世等国王选择的是短期利益最大化，拒绝经济分权；但 17 世纪中叶的内战和议会、商人集团的压力使威廉等人改变了计算方式，认同了降低交易成本、保护产权的宪政制度；从 17 世纪末起，国王的举债能力陡增，接近了长期利益最大化。[3]

显然，在这一分析中英国国王是主要的行为者，他对租金的计算方式变化是制度变迁的主要动力。乍看起来这与理性选择范式并无二致，的确，诺斯早期那种强调君主"计算"的理论适用性并不广，但一项完善的历史制度主义研究不止于此，诺斯对英国经济制度形成的解释也是一个不断修正的过程。[4]在前述的论文中，虽然诺斯和温加斯特开宗明义地限定了分析对象，但他们总不忘提及，在这一过程中行为者是多样的，除了国王，还有所谓的"议会利益集团"以及"有产的和商业头脑的利益集团"等，这些行为者互有同盟和冲突的关系。同时，同一类行为者在不同的时期其"理性"程度又会有变化，例如同为国王，查理一世和威廉夫妇不同的成长环境和观念就带来了巨大的不同——这又涉及观念研究了。制度本身也是需要考虑的变量，早先温加斯特便曾致力于说明，英国议会制度在改变理性行为者的联盟规模上作用巨大。[5]总之，如果我们完整考察两位作者的理论体系，明显可以看到："行为者—制度"的进路，背后连接的几乎是制度研究的所有变量。

（二）强调文化或观念的进路

与上一种进路不同，有些学者试图在历史制度研究中克服新古典"理性行为"范式的局限，首先分析观念对行为者的形塑，进而形塑制度。然而观念的接受群体可能千差万别，由此又分出两类研究：

第一类研究认为，那些广泛流行于大众间的观念才是影响制度形成的关键。经济史名家格雷夫（Avner Greif）也自认为是历史制度主义者，在其代表作《大裂变》中试图解答中世纪之后西方在贸易制度上骤然领先于阿拉伯的秘密。他提出了这样一个核心问题：发达的贸易制度必然要扩展到海外，需要借助贸易中间人。那么，人们如何选择监督中间人、惩治骗子的办法？格雷夫发现，在热那亚，商人们信奉的规则是"受害人惩罚骗子"，在这样的博弈规则下，个人本位的商业制度和法律才是最优的，这样热那亚的贸易才得以扩展到海外，带来长期增长。然而在阿拉伯世界的马格里布，那里的商人普遍认为"骗子应该由所有马格里布人来惩罚"，在这一博弈规则下，培植商人团体内部中的代理是最优的，但是这只能形成一种地方集体本位的商业制度，最终限制了贸易范围，造成阿拉伯的相对衰落。

格雷夫从这两种原始观念入手，运用复杂的博弈论工具说明，无论是热那亚人还是马格里布人，他们的贸易制度都是各自文化内的最优解。他的这一研究实际上是将博弈中的

"理性人"或者"有限信息理性人"变成了某种观念限定下的行为者,是一种"观念—行为者—制度"的进路。值得注意的是,格雷夫自己并不认为这种进路是一种"制度决定人"的结构论或者"人决定制度"的能动论,而是一个演化中的"系统"。[6]

第二类研究着眼于特定时刻政治精英的观念,科利尔夫妇(Ruth Berins Collier and David Collier)的《形塑政治场域》就是一例。他处理的是拉美不同国家对工人运动的处理方式对后来政治体制的影响,在书中特别强调了"关键点"(Critical Juncture)时期政治精英的观念,这类时刻的观念容易留下制度遗产,并在与旧有制度遗产的碰撞中完成政治转型。其逻辑结构如图1所示:

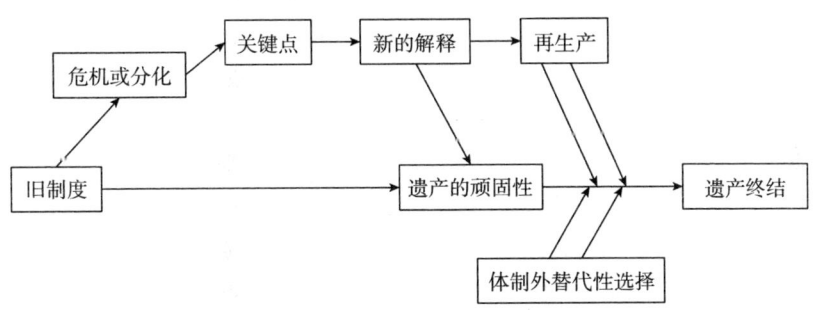

图1 "关键点"时期的制度塑造

注:科利尔夫妇认为,在这一时期旧制度遗产(Antecedent Conditions)与精英再生产(Mechanisms of Reproduction)相互碰撞,决定了新制度的走向(End of Legacy)。
资料来源:Ruth B. Collier, David Collier. Shaping the Political Arena, New Jersey: Princeton University Press, 1991: 30.

不过科利尔夫妇的关键点理论主要是为了修正连续性变迁理论,而在制度变迁的研究进路上,他们与格雷夫同属"观念—行为者—制度"的方式。

(三)强调制度本身的进路

"旧制度—新制度",以制度本身为自变量,可能是历史制度主义最主要的模式,在前两种路径中也多多少少有这样的内容。按照齐布拉特(Daniel Ziblatt)的说法,行为者和观念往往只能说明那时的人们需要什么,是制度变迁的"需求面"(Demand - side),如果要探寻制度的"供给面"(Supply - side),就需要我们从旧有的制度资源入手。[7]

齐布拉特在这一进路上完成了他的著作《建构国家》。他追问的是:同为法西斯国家,为什么德国是联邦制而意大利是单一制。他认为地方上常存的政治"亚单位"是关键所在,普鲁士的小邦国使他们互相拥有可信赖的联邦伙伴,而意大利则没有,这导致了他们在民族国家建构时的制度分歧。[8]

值得注意的是,对于"国家建构"这一过程,齐布拉特的用语是 Structuring(结构化),而非常见的 Constructing(建构)。这一方面是继承迈克尔·曼的"基础性权力"(Infrastructural Power)范式[9],另一方面也反映出他并不在意那种一定需要"主语"的

Construct 过程，而是强调历史制度资源自然而然的影响，旧制度、地方化的制度，甚至内化为地方忠诚理念的制度，都是新国家形成的"供给"。

（四）强调制度、观念和行为者之间的结构关系

显然，上述三种变量都不可能单独作用，他们之间的关系和作用方式也会对新制度产生巨大影响。对于这一类研究而言，旧制度与观念本身可能并不重要。

列伯曼（Robert C. Lieberman）提出了一种观念与制度的二维解释模式，被称为"摩擦论"。他认为，观念和制度间的摩擦力（Friction）是制度变迁的重要动力，新观念与旧制度，或者新制度与旧观念的冲突，促使行动者在两者之间进行融合。[10]

观念与行为者之间的结构关系更是热门话题，戈尔茨坦（Judith Goldstein）和基欧汉（Robert O. Keohane）曾将观念对行为者的形塑方式分为三类：在行为者观念不明确时，主流观念是路线图；在行为者观念冲突时，主流观念是黏合剂；在长期稳定后，观念内化为制度。[11]但如今看来，这样的划分显然是不够精细的，正如温特（Alexander Wendt）所问的：到底是谁的观念在起作用？[12]我们可以很自然地把前述观念研究进路的"分层"问题搬过来：到底是大众的观念，还是政治精英的观念？所谓"主流观念"到底是怎么"内化"到大众心中，让他们心服口服的？如果我们比较一下基欧汉等的国际制度研究和格雷夫等的国内制度研究，不难发现，前者几乎没有后者那样的对个人观念内化过程的分析（晚近的建构主义正是在弥补这一点）。也就是说，制度和观念研究，如果不能深入行为者的内部，就可能流于比附，而不能形成有力的解释。

二、包罗万象的"大杂烩"？——历史制度主义的瓶颈

是比附还是解释？是相似关系还是因果关系？这也正是历史制度主义面临的研究瓶颈。如前所述，四种进路几乎包罗了比较政治学研究的所有主要变量，而且每一种进路的深入研究，都需要同时完成行为者、观念和制度的说明。

这既是历史制度主义的全面性，也是其如今的问题所在。

第一个疑问是：历史制度主义是要穷尽所有政治中的因素吗？

以前述的英国制度变迁为例，诺斯与温加斯特虽然在《现代增长制度的演进》中重点阐述的是把研究综合起来，但是完整的解释既涉及观念变化，又涉及议会制度和地方自治传统。诺斯从早期的"计算"范式到 20 世纪 90 年代的《制度、制度变迁》，再到近年来的《理解经济变迁过程》以及与瓦里斯、温加斯特合著的《暴力和社会秩序》（Violence and Social Order），"制度"已经被他赋予了极广泛的含义：既包括"正式制度"，又包括"非正式制度"（即观念与政治文化），甚至还包括行为者学习与遗传两者内化为观念的过程。因为人们的集体学习形成了信念，而信念和行为反馈到环境中带来了制度变

迁，在这种信念与制度、个人与环境的互动变迁中，很难说"制度"是其中哪一块。[13] 所以有学者总结道，诺斯的制度主义如今已经"彻底转向研究制度变迁中的所有因素了"[14]。

那么我们回过头来看诺斯和历史制度主义当初的命题"制度带来绩效"、"制度最重要"等，当解释变量"制度"被泛化，又何以得到证明呢？历史制度主义为了增强解释力，是否变成了一盘找出所有变迁原因来回答问题的"大杂烩"？著名政治学家彼得斯（Guy Peters）就有此批评："问题是……是否能够把历史制度主义从其他历史的、惯常的解释中区分出来。"[15]也就是说，历史制度主义的归宿难道就是"复述"历史？而且是19世纪式的"全盘还原式"历史——20世纪的史学革命告诉我们，这既做不到，也无助于社会科学。

历史制度主义退化为"历史"，看起来只是损失了学科分化上的价值，但彼得斯认为这种"大历史"最危险的后果在于"其解释是否能够被证伪"[16]。作为一种解释变量，"制度"被泛化到如此程度，不禁让我们联想到波普尔（Karl Popper）大加批判的那些"不科学命题"——逻辑上穷尽了所有可能性，几乎包含了所有对立项。[17]一种社会科学理论的边界如此之模糊，变量内涵如此之大，显然无法证伪，反过来说也就无法证明其有效性，正所谓"全都说"等于"全没说"。

第二个疑问随之而来：这种被泛化的历史解释既然湮灭了单变量关系，是不是也就无法为我们找出有效的因果关系（哪怕是近似的），也就不具备社会科学的价值了呢？

此即所谓历史制度主义"缺乏本体论"[18]的特点。也就是说，我们无法确定到底谁是自变量、谁是因变量，也就难以弄清某项政治变迁的动力。"一切都是动力"听起来更像是庸俗辩证法一般的语言游戏，这等于没有解释。如果我们借助历史制度主义进行决策参考，是否可以分清孰先孰后、孰重孰轻？

当然，批评一种理论"缺乏本体论"可能过于严苛了，因为这首先就预设了社会科学需要有"本体论"、要找到"普适规律"——这并无法证实。反之，在解释上，如果"多因素"更有效力，那么坚持追问"根本因素"就像"鸡生蛋"的问题一样无甚意义，不如将"根本"展现于多重的"再现"中——这正是20世纪下半叶后现代哲学家们反复警示我们的东西。[19]

但这里真正的问题在于研究评判尺度的丧失，因为这样一来，几乎所有的历史制度主义进路都是相似的，那么其研究价值便与范式无关了，完全取决于研究者的观察能力。几乎无主次地处理一堆庞杂的变量，如果是诺斯或者斯考切波（Theda Skocpol）来做，可能会极为细致；换作粗心的研究者，便有可能只是历史材料的堆砌，只是在按制度"讲故事"。许多研究，虽然也冠以历史制度主义的方法论名号，但实际上只是把材料按"制度"（或者只是一些官方文件的颁布时间）的顺序组合起来，"制度"在这里只是叙述的一条主要"线索"而已，显得无关紧要——如国内一些对中国改革开放的"历史制度主义解释"，实际上只是按照政府每年颁发的"重要文件"这一线索，把某地30年来的经济活动和绩效排列了一下。显然这完全没有触及政令文本背后真实的作用机制，如果把这种所谓的"制度"换成"观念",甚至弃之不用,对研究也无甚影响。致力于打破"结构观"与"能动观"的二元对立的格雷夫,对此前的历史制度理论也做过类似的反思,他认为这种错误极易出现:"它(制度)并不是一个解释起点或者重点。""我们必须知道为什么一些行为规则会被遵守,而另一些规则却被人们忽略了"。[20]

如果不能给出令人信服的因果机制,第三个问题又接踵而至:那些最终出现在结论中的"因果机制",往往是研究者对某些因素或关键事件的放大而最后建构出来的结论——而这是有风险的。

风险首先在于解释方面。历史制度主义的基本解释模式,是以一种"顺藤摸瓜"的方式寻找关键因素或时间上的"关键点",然后通过对这些因素的路径依赖分析和系统分析加以放大,直至能够解释当前的制度和绩效——不管是"连续论"还是"断裂论"都是如此。显然这种倒溯式的路子有极强的主观性和"走错"的可能性。[21] 正是由于这种模式,虽然历史制度主义者看起来很反对"必然性",但他们同样容易将自己建构的某些偶然因素当作政治变迁的"核心"与"必然"。

不过这种困境并不只是历史制度主义所独有的,广义地讲,所有的社会科学研究都有此风险。康德(Immanuel Kant)早已证明,人类的知识都源自建构,仅仅对自我关注的那些对象才有普适效力。韦伯(Max Weber)更进一步将社会科学定位为学者们各自带有"价值关涉"的活动,他有些悲观地认为,每一代人都不能达到全面的理解。[22] 这在一定程度上为这种困境构成了辩护,不过这只是一个底线而已,即使所有历史解释都是片面的,其片面的程度也存在差别——这一差别正是研究的价值评判所在。这里担忧的是,历史制度主义"逆流而上"的做法,很可能会加剧这种片面性。

风险还涉及道德方面,亦即,如果制度的稳定状态只是少数行为者的观念、偏好或者偶然行为推动形成的,而历史制度主义者深重的"路径依赖"观念又对变革持保守态度,这自然会引来无数质疑:这种"均衡"有正当性吗?正如拉尔(Deepak Lal)对印度的历史制度分析,只能证明印度"种姓—村社"的制度是一个"均衡解",而非"最优解"。或许这还是一种"伪均衡",因为更多的、更优的变迁可能性被遮蔽了。[23]

三、建立"微观机制"——演化理论对历史制度主义的启示

对象混杂,缺乏因果机制,建构的片面性——前述的三个问题归根到底是一个问题:历史制度主义能不能将制度、观念与行为者作用的微观机制解释清楚。制度如何通过形塑人的观念和动机,继而形成行为,然后带来整个系统的改变?这里的观念、动机和行为能不能尽量摒除预设(如新古典的"理性人"),真正从人的制度和环境上予以解释?无疑这是成功的制度研究和"大杂烩"、"和稀泥"的分水岭。

近十几年来,制度经济学领域已经掀起了一股反思新古典范式、回归旧制度主义和历

史解释的浪潮，即制度经济学的演化理论转向。[24]实际上这与后来回归"时间性"和"积累性变化"[25]的历史制度主义有着同样的问题关切，如前所述，诺斯的"信念认知—行为互动—制度发生"的框架，和格雷夫的演化博弈理论，其用意都是要建立这样一条"微观—中观—宏观"的进路。

然而，演化的、系统的制度理论如何克服新古典的数学假设，又如何与旧制度主义区别开，这显然是问题的关键。科斯（Ronald H. Coase）曾激烈批评旧制度主义经济学："他们留给后人的是一堆毫无理论价值的实际材料。"[26]这样的评论几乎能照搬到前述的那些"大杂烩"的历史制度主义研究上面。而演化制度理论对这一弊病的克服尝试，正是在关于人行为的微观机制上，这对政治学的演化研究不无启示。

按照演化经济学家的总结，如今一项完整的制度分析，应该力图涉及五个层次：

（1）超微观分析到微观分析——激励如何在人脑中产生，从而形成行为？这需要神经元经济学与生物学实验。

（2）微观分析到总体分析——经济行为如何形成产业和组织？即行为经济学。

（3）总体分析到动态变化——产业和组织如何演进？实际上这就是经济制度的变迁，属于宏观经济学。

（4）协同演化——各项制度之间的联系。无疑这要涉及其他社会科学。

（5）宏观历史，也就是最终的整体解释。不过这仍是一个目标预期。[27]

而类似的层次划分被称为"系统层级"，它是连接"个体"和"制度"的逻辑结构，每个层级（如个人、组织或者国家）都既是整体，又是上一层级的部分，每个子整体既有保持其个体自主性的倾向，又有作为更大整体的一部分去运作的依赖倾向。换句话说，每一层级既是对下的制度，又是对上的个体。上一层级决定下一层级的知识，而下一层级在认知基础上通过选择再创造上一层级。演化经济学家们认为，对制度变迁的完整分析，必须是一个"微观—中观—宏观"的集合，如此才能克服微观经济学和宏观经济学各自的困境。[28]

随着学科的发展和融合，旧范式中的敏锐者，比如诺斯，也意识到了这样做的必要性。他从2005年开始不断强调的"环境—信念—制度—环境"这一演化循环[29]，显然与演化理论有异曲同工之妙。

在政治学领域，历史制度主义的宏大理论正与上述后三个宏观层次不谋而合，而其欠缺的微观机制，正是前两个微观层面——脑神经分析和行为动机分析。而几乎与演化经济学兴起的同时，欧美政治学和社会学界越来越强调重视社会机制（Social Mechanism）的研究，其用意之一其实就在于微观层面，把蒂利（Charles Tilly）等的研究继续"做细"——那些社会理论总是以某个层级的机制为起点，但是看起来再小的机制和系统，也不能视其为一个理所当然的社会"本体"，而应对其内部机制进行细化研究。

四、个体与复杂性——制度演化研究必须面对的两难

按照上述要求来衡量,如今制度研究面临的困境就在于:偏向新古典范式和理性选择制度主义研究,着重于微观选择,却缺乏对宏观演化复杂性的意识,而且其微观基础"理性人"是一个预设而非历史实在;而偏向旧制度主义和历史制度主义的研究着重于宏观系统的路径依赖、偶然性和复杂性变迁,却在否定新古典范式之后,没有拿出一个替代性的微观基础。无疑只有两者结合,才可能成为真正全面的演化制度理论,才是历史制度主义的真正前景。

具体说来,前者可称为"无视复杂性的个体研究",其制度演化的基本模式要么是"理性人—博弈论—好(坏)制度",要么是"交易成本低(高)—理性决策—好(坏)制度"。显然,在演化理论看来,这是一种数学形式的乐观主义。个体的行为看似能推导出制度,却忽略了更大整体的系统特征,亦即个体行为的"未意图后果"。而其个体研究也是一种预设,在解释制度变迁的时候存在这样几个问题:

其一是或多或少地假设了人的"完备信息"。虽然"交易成本"的范式假设了获取信息的"衡量成本",但仍然假设了行为者对交易费用和参与者"存在"和"在哪"的完全信息。在实际生活中,每个人常常是连这些选项的一个概率分布都估计不出来,这才是我们真实的"无知"状况。[30]

其二是局限于静态分析。虽然新古典范式有对制度变迁的过程分析,但关键在于,行为者对于产权和交易费用的认识也有一个过程,因而历史上的产权总是"变动"的。[31]诺斯后来也意识到了这一点,在前述对英格兰国王的分析中可以看出动态的学习过程,而自他出版的《理解经济变迁过程》至今,学习和认知心理学被他当作制度变迁的基础加以补充。

还有一个根本的问题,即新古典范式的"利益最大化"假设可能根本就不能涵盖人的常态。即使是基于有限理性而提高了解释力的"次优化"模型,如重复博弈等,其本质假定仍是"最大化",仍然未触及人的本质偏好。比如近年来被重复验证,已成为共识的"最后通牒"实验[32]和"公共账户"实验[33]的利他主义行为,便是更符合实际,却未能得到这种范式解答的。

再来看后一种倾向,可称之为"无视个体的复杂性研究",也就是前面所批评的"大杂烩"。严格地说,这种倾向几乎就没有微观研究,而新古典范式至少还有一些不断修正的预设。在这里制度演化的基本模式是"系统演化—好制度"。值得注意的是,不仅是旧制度主义和历史制度主义的研究,许多新兴的演化制度研究虽然在"方法论"探讨上有所警觉,但在具体案例的分析中,仍然会出现这一问题。我们常常看到,一种泛达尔文主义的乐观主义出现在演化研究中,它们总会描述一项产业、一个社会在宏观上如何进步至

今，现在这种研究对象甚至已经扩展到了国际体系之上。[34]但这种乐观主义却很少能像基因科学和新古典范式一样在微观上回答企业家、领导人和政府部门是如何学习、传递和达成这种进化的。如果不能解决如下微观层面的问题，那么它们就只能被定义为早期生物学系统方法（如生态系统的均衡、大规模的物种涌现）的简单复制：

首先是对人的能动性的遮蔽。人作为制度演化的行为体，有着与生物界区别开的巨大能动性。经济学家奥菲克（Haim Ofek）的研究再次强调了这一点，他认为我们应当重视距今200万年到100万年之间的那段时间，因为正是在那时，人脑体积突增至远超过其他物种，这才使陌生人之间的交换（即所谓"第二天性"）和"制度"的形成有了基础。[35]尤其是按照社会生物学奠基人威尔逊（Edward O. Wilson）的总结，这种能动性的重要性会变大，因为随着文明社会的演进，文化演进的动力已经逐渐超过基因的动力。[36]也就是说，个体选择制度的模式在某种程度上超过了被动自然进化的模式。我们只能说，个体选择的情况比新古典方式所预设的更复杂，而不是可以忽略或者包囊在"系统"之中，严肃的演化分析需要正视这一点。

其次是制度的建立，尤其是最初的合作的形成，与某些个体的偏好是分不开的。比如桑塔费研究所的群体演化实验：只有当群体中存在一类天生愿意付出成本惩罚"自私分子"的人（即"强互惠者"），那些涉及群体公共利益的制度才能稳定演化。[37]不过，这种"强互惠者"的说法最开始只是一个假设，本质上和"理性人"假设没什么不同。直至2004年，脑实验证实了该行为的内生性[38]，这才成为一个在微观基础上站得住脚的理论，利他惩罚近几年来也才成为欧美学界的共识。桑塔费研究所的这一经典工作实验还只是为演化群体设定了八项条件而已，今后的分析，限制条件必然会越来越复杂，对个体行为研究的要求会越来更高，需要越来越多的神经实验证据。那种只依靠一些宏观数据和历史文本，泛泛而谈的进化乐观主义（或者悲观主义），显然是我们需要摒弃的。

由这两方面看来，今后的历史制度分析，即一些学者所期盼的"认知制度主义"或"行为制度主义"，必须同时兼顾"个体性"和"复杂性"，更多地从个体实证而非预设，动态而非静态，多层而非单层，政治过程而非制度文本的视角进入，转向复杂性的"非正式制度+正式制度+组织"的"混沌模式"和"涌现研究"。[39]这诚然是一项"说起来容易做起来难"的浩大工程——目前的"成品"中，抽象的言语探讨远远多于实际社会分析。

五、"暴力"之维——政治制度演化的独特性

此外，还有一个重要的问题有待说明，即政治制度分析与经济制度分析的天然差别。的确在很多时候二者难以区分也无须区分，但如果我们要将演化经济学的一些范式移植到政治学中，有些困难便凸显出来了。

这里举一个简单的例子。经济学家努特鲍姆（Bart Nooteboom）曾提出一个企业由学习到形成组织的演化纲领，其基本逻辑是：市场中的人，其知识源于与环境的交互作用，但获取知识也需要成本——当人组成企业，企业的作用除了降低交易成本，还在于共享知识——于是，企业的行为会随着市场不确定性的增减而改变，当环境不确定时，企业会减少活动（如收购或兼并），或者增加认知（如联盟）——这就形成了企业聚集为产业组织或者恢复独立的循环。[40]

无疑，努特鲍姆对知识成本的界定是对科斯范式的一个补充，它同交易成本一样会影响企业规模，这也与诺斯后来将认知过程纳入"衡量成本"的修正不谋而合。但随即他的演化经济学同行提出了尖锐的批评[41]，其中有两条实际上就是在批评他忽视了政治，完全可以看作对政治制度分析的警示：

第一个问题是：企业会不会不遵循努特鲍姆所认为的"学习—创新—组合"呢？他完全可以购买别人的服务，或者通过政治游说寻租，甚至直接欺诈对手。如果我们把眼光投向政治制度演化，这种保守甚至可以说是"丑恶"的逻辑更常见，除非遇到外部危机，政客们往往不会按照演化的"规范状态"行事。

第二个问题是：企业之上的那些制度不会相冲突吗？例如中央银行的货币政策（紧缩）就可能与企业的认知（贷款）相违背，甚至破坏最优解的演化达成。在政治制度演化中，这种权力性的逻辑可能更强，制度之间的冲突也可能更常见。在经济演化中总会在"有效市场"的预期中进行，而在政治演化中，往往是更具暴力的机构在充当主宰，很多情况下，中央银行之所以能控制或者阻碍企业的演化，正是因为他是"中央"，而不是因为他是"银行"——国家暴力使演化变得不同。

如今，企业和产业的制度演化分析炙手可热，但在更为复杂、变量更"不可分"、暴力逻辑更常见的政治领域，学者们仍然极难形成一个共通的演化分析模式。[42]皮尔逊（Paul Pierson）曾为政治制度给出四个不同于经济制度的特征，可以看作对上述特殊之处的经典总结：

（1）集体性——是集体行动，而不是个体独立的偏好和预期起着主导作用。
（2）密集性——制度的约束更多，作用更强。
（3）非对称性——暴力和意识形态的不平等使既有权威更难被动摇。
（4）不透明性——选举或者政策制定的隐秘和复杂使学习过程变得更难。[43]

在诺斯等以《暴力和社会秩序》为代表的一系列研究中，控制军事暴力的制度与精英的认知和组织制度一道，被视为现代社会由限制走向开放的三个关键门槛。[44]显然这三者中，暴力是经济演化中没有的，也正是诺斯试图整合进来的东西。即使如此，仍有不少同行（如Gintis）批评此书过于狭隘，忽略了政治演变的其他动力，例如下层的暴力抗争和制度配套的政治文化。也就是说，在政治制度分析中，与效率、自由选择和乐观进化相悖的东西，比我们想象的更多。

无论我们引入何种范式，政治活动的特殊性都是不可忽略的限制条件，哪怕它们看起来有违效率进化，甚至在道德上很"丑恶"。但它们使政治演化中的路径依赖比在经济演化中更为强烈，也就是说，在经济学领域风行的低交易成本、多学习途径的演化中，"最优解"模式在政治领域中难以出现，而一旦这样的进步出现，又会比经济制度更难以解释。这或许就是历史制度主义，乃至政治学研究的阿基里斯之踵。

参考文献

［1］［15］［16］［美］B. 盖伊·彼得斯：《政治科学中的制度理论："新制度主义"》，王向民、段红伟译，上海人民出版社 2011 年版，第 69、81、82 页。

［2］［4］［14］杨光斌：《政治变迁中的国家与制度》，中央编译出版社 2011 年版，第 12、25、34 - 35 页。

［3］［美］道格拉斯·C. 诺斯、巴里·R. 温加斯特：《宪法与承诺：17 世纪英格兰治理公共选择制度的演进》，载［美］李·J. 阿尔斯通等《制度变革的经验研究》，罗仲伟译，经济科学出版社 2003 年版，第 157 - 194 页。

［5］Barry R. Weingast A Rational Choice Perspective on Congressional Norms，American Journal of Political Science，1979，23（2）：245 - 262.

［6］［20］［美］阿夫纳·格雷夫：《大裂变：中世纪贸易制度比较和西方的兴起》，郑江淮等译，中信出版社 2008 年版，第 6、197 - 220 页。

［7］［8］Daniel Ziblatt，Structuring the State，New Jersey：Princeton University Press，2006：144，79 - 140.

［9］Michael Mann，States War and Capitalism，Oxford：Blackwell，1988：5 - 9.

［10］R. C. LiebermanIdeas，Institutions，and Political Order：Explaining Political Change. American Political Science Review，2002，96（4）：697 - 712.

［11］［美］戈尔茨坦、基欧汉：《观念与外交政策：信念、制度与政治变迁》，刘东国、于军译，北京大学出版社 2005 年版，第 12 - 13 页。

［12］Alexander Wendt. Review：Ideas and Foreign Policy：Beliefs，Institutions，and Political Change by Judith Goldstein，Robert O. Keohane. American Political Science Review，December，1994，88（4）：1040 - 1041.

［13］Douglas C. North，Understanding the Process of Economic Change，New Jersey：Princeton University Press，2005：4，7 - 9.

［17］［英］卡尔·波普尔：《猜想与反驳：科学知识的增长》，傅季重等译，上海译文出版社 1986 年版，第 51 - 52 页。

［18］C. Hay，D. Wincott. Structure，Agency and Historical Institutionalism. Political Studies，1998，46（5）：951 - 957.

［19］［法］让—弗朗索瓦·利奥塔：《后现代状况：关于知识的报告》，岛子译，湖南美术出版社 1996 年版，第 209 - 211 页。

［21］E. M. Immergut. The Theoretical Core of the New Institutionalism. Politics and Society，1998（26）：5 - 34.

［22］［德］马克斯·韦伯：《社会科学方法论》，李秋零、田薇译，中国人民大学出版社 1999 年版，第 23 - 27 页。

［23］韦森：《可怕的文化与制度均衡》，载［印］迪帕克·拉尔《印度均衡》，赵红军主译，北京大学出版社 2008 年版，第 6 - 7 页。

[24][39][英]杰弗里·M. 霍奇逊：《制度经济学的演化：美国制度主义中的能动性结构和达尔文主义》，杨虎涛等译，北京大学出版社2012年版，第397-409、437-442页。

[25] Paul Pierson. Politics in Time: History, Institutions, and Social Analysis, New Jersey: Princeton University Press, 2004: 87.

[26][美]罗纳德·H. 科斯：《新制度经济学》，载[法]克劳德·梅纳尔编《制度、契约与组织——从新制度经济学角度的透视》，刘刚等译，经济科学出版社2003年版，第10页。

[27] B. Coriat, G. Dosi. Evolution and Regulatory Theories: Similarities and Differences. In Robert Boyer, Yves Saillard. Regulation Theory: The State of the Art, London: Taylor & Francis, 2002: 306-11.

[28] Kurt Dopfer, John Foster, Jason Potts. Micro - Mesu - Macro. Journal of Evolutionary Economics, 2004, 14 (3): 263-279.

[29] Douglas C. North, Understanding the Process of Economic Change, New Jersey: Princeton University Press, 2005: 4, 7-9.

[30][40][澳]约翰·福斯特、[英]斯坦利·梅特卡夫：《演化经济学前沿：竞争、自组织与创新政策》，贾根良、刘刚译，高等教育出版社2005年版，第44-46、52-60页。

[31] 朱海就：《市场的本质：人类行为的视角与方法》，格致出版社2009年版，第208-217页。

[32] J. Henrich, R. Boyd, et al. In Search of Homo Economicus: Behavioral Experiments in 15 Small - Scale Societies. The American Economic Review, 2001, 91 (2): 73-78.

[33] E. Fehr, S. Gchter. Cooperation and Punishment in Public Goods Experiments. The American Economic Review, 2000, 90 (4): 980-994.

[34] 唐世平：《国际政治的社会进化：从米尔斯海默到杰维斯》，《当代亚太》2009年第4期，第5-31页。

[35][美]哈伊姆·奥菲克：《第二天性：人类进化的经济起源》，张墩敏译，中国社会科学出版社2004年版，第170-212页。

[36] C. J. Lumsden, E. O. Wilson. Genes and Culture, Protest and Communication. Behavioral and Brain Sciences, 1982, 5 (1): 31-37.

[37] S. Bowles, H. Gintis. The Evolution of Strong Reciprocity: Cooperation in Heterogeneous Populations. Theoretical Population Biology, 2004, 65 (1): 17-28.

[38] J. Dominique F., U. Fischbacher, et al. The Neural Basis of Altruistic Punishment. Science, 2004, 305 (5688): 1254-1258.

[41] Yves Doz. Review: Learning and Innovation in Organizations and Economies by Bart Nooteboom. Administrative Science Quarterly, December, 2002, 47 (4): 752-754.

[42] Ira Katznelson, Barry R. Weingast. Intersections Between Historical and Rational Choice Institutionalism. in Ira Katznelson, Barry R. Weingast. Preferences and Situations: Points of Intersection Between Historical and Rational Choice Institutionalism, New York: Russell Sage Foundation, 2005: 1-26.

[43][美]保罗·皮尔逊：《回报递增、路径依赖和政治学研究》，载何俊志等《新制度主义政治学译文精选》，天津人民出版社2007年版，第191-226页。

[44] Douglass C. North, John J. Wallis, Barry R. Weingast. Violence and Social Order: A Conceptual Framework for Interpreting Recorded Human History. New York: Cambridge University Press, 2009: 169-181.

组织化利益表达：理论假设与经验争论[*]

黄冬娅

【摘　要】多元主义以美国的利益集团政治为经验模版，将组织化利益表达作为多元民主体制的核心要素。然而，在对非西方转型国家的经验研究中，研究者却对于组织化利益表达的现实影响产生了争论。一些研究者认为，组织化利益表达可以推动组织性社会力量的成长，从而有助于维护弱势群体的利益；进而，它还防止人们通过原子化和非制度化的利益表达方式去寻求利益的实现，从而有助于保持国家的自主性和内聚力，维系政治的稳定；这种组织性的社会力量还有助于提供克服既得利益的改革动力，推动政治改革和经济改革的深化。另一些研究者却认为，对于处于社会经济转型期的非西方国家而言，它们在政治发展和经济改革中面临着更多的挑战和困境。组织化利益表达之中潜藏了不平衡的利益代表所导致的特殊利益集团问题、转型社会政治制度化程度相对滞后和社会不平等的急剧扩大可能带来的政治不稳定问题；组织化的社会力量也并不总能够提供改革的动力，自主的国家更能够在经济发展中扮演关键的角色。这些争论告诉我们，国家建设与国家逐步开放组织化利益表达应该是同时推进的两个发展目标。在转型期的中国，对于两者中任何一者的单方面强调，都不利于社会政治和经济秩序的稳步发展。

【关键词】利益表达；多元主义；利益集团；国家自主性

多元主义关于组织化利益表达的理论假设以美国的利益集团政治作为经验模版，然而，即便在成熟的西方民主政治中，利益集团政治在相当大程度上也只是美国独有的政治生态。在欧洲国家，阶级政治是更为凸显的政治主题；对于非西方国家而言，它们在政治和经济转型过程中面临更加严峻的挑战。因此，与多元主义坚持组织化利益表达的重要性的观点不同，在经验研究中，特别是对于非西方国家的研究中，研究者发现组织化利益表达发挥的并不一定都是积极的作用。不管是新兴民主国家民主化进程中面对的政治稳定问题，还是东亚国家经济腾飞阶段所要处理的政治开放问题，抑或中国发展过程中面对的特殊利益集团等问题，都使得研究者对于组织化利益表达的影响产生了争论。本文以多元主义组织化利益表达的理论作为参照，回顾和评述相关经验研究中有关利益的组织化表达存

---

[*]　原载于《中山大学学报（社会科学版）》，2013年第1期。

在的争论，以期深化对当前中国组织化利益表达的认识。

一、关于"组织化利益表达"的理论假设

"利益表达"是指公民和公民团体向政府表达他们的需要和要求。多元主义者向来假设有组织的利益表达是民主政治的核心内容。阿尔蒙德把利益表达区分为原子化（Anomic）利益表达，比如，通过庇护关系追求个人利益；非团体式（Non-associational）利益表达，比如，松散组织罢工中的工人以及游行中的市民寻求共同利益的实现；制度性（Institutional）利益表达，比如，官僚组织追求本部门的利益；团体式（Associational）利益表达，比如女权组织、环保组织和劳工组织等通过组织化的方式追求其成员的利益。而所谓组织化利益表达主要是指团体式利益表达，即公民通过组成社团或者利益集团（Group）来表达自己的利益[1]。其中有劳工组织、同业协会、农业集团以及诸如医学协会、退伍老兵协会和妇女协会等职业和非职业的团体组织。

可以看到，多元主义对于利益表达的分析有两个层次，即以个人为单位的表达和以组织化的利益集团为单位的表达。相对于个人化的利益表达方式，组织化的利益表达是实现民主政治最重要的途径。在阿尔蒙德看来，最简单的利益表达是个人通过政务官和议员等向政府提出要求或请求，而组织化的利益集团则加强了个人要求的力量和有效性。

在对于组织化利益表达的分析中，多元主义者的根本立场是为利益集团正名。在他们看来，利益集团并非代表了"自私"和"特殊利益"。其重要的理由在于，并没有具有超越不同集团利益的国家整体利益存在。虽然在战争时期，国家利益被用来进行广泛的社会动员，但是，从集团的角度解释政治时，我们就不需要解释一种完全一致的整体利益，因为这种利益并不存在[2]。因此，如本特利（Bentley）所言，民主政府就是平衡社会中各种竞争性的利益，而组织化利益的相互竞争是社会中利益表达的主要方式[3]。组织化利益团体中的多重成员身份是在多元民主政治中的一个平衡因素，它使得没有一个固定的利益集团永远并在任何地方都处于支配地位[4]。

在过去几十年中，多元主义的利益表达理论不断地遭遇挑战。比如，在《集体行动的逻辑》中，奥尔森（Olsen）对多元主义利益集团的可能性发出了挑战，他认为多元主义的利益集团理论忽视了搭便车以及交易费用的存在。事实上，由于这两个因素的存在，现实中的组织化利益团体总是那些人数少而获利大的集团。因而，组织化利益表达最终导致的是特殊利益集团占据支配地位，操纵公众的偏好和官员的行动；而大多数的公众利益则无法组织起来影响政府[5]。所以结果并不是如多元主义所预测的那样，社会各种利益都能够组织起来并相互竞争，而是特殊利益集团统治了国家。美国国内的民意调查也显示，2000年大约60%的公众认为政府由少数大的利益集团所操纵[6]。

同时，被称为"新多元主义"的学者也在尝试对多元主义理论进行修正，以求论证

并坚持组织化利益表达对于民主政治的重要性。为此，他们提出了两个概念：变化性（Variation）和随机性（Contingency），即不把利益的组织化看成是不需任何条件、自然而然发生的现象，也不把其看成是完全不可能的存在，而去分析为什么相似的潜在利益存在，却有完全不同的利益动员和组织的结果。由此，新多元主义聚焦于影响利益的组织化及其成功与否的因素是什么，而变化性和随机性的概念涵盖了在组织化利益完全存在和完全不存在之间的各种情况。同时，它还尝试提出一些控制大利益集团的解决方案，以使得利益表达更具包容性[7]。

总的来说，在多元主义者看来，国家是利益集团相互竞争的舞台，并不存在一个超越利益集团利益的国家整体利益，而组织化的利益表达可以增强社会利益表达的力量，是多元民主政治的基本要素。

二、组织化利益表达的积极作用

多元主义强调了组织化利益表达对于民主政治的重要意义。在对非西方国家政治发展的经验研究中，特别是中国政治的研究中，许多学者也认为，组织化利益表达可以推动组织性社会力量的成长，增强社会弱势群体的力量，从而有助于维护弱势群体的利益；进而，它还防止人们通过原子化的利益表达方式去寻求利益的实现、侵蚀国家的自主性和内聚力；也防止人们求助于暴力和游行示威等方式来表达自己的利益诉求，从而导致政治的不稳定。最后，这种组织性的社会力量还有助于提供克服既得利益的改革动力，推动政治改革和经济改革的深化。

（一）维护弱势群体利益

组织化利益表达最重要的作用就在于可以推动组织性社会力量的成长，以此来增强那些缺乏政治资源和政治影响渠道的社会群体的力量。因此，对于工人、农民以及农民工等缺少现实政治资源的群体而言，畅通组织化利益表达渠道是维护这些社会弱势群体利益最重要的途径。有的研究者明确提出，应将组织农业利益集团作为解决"三农"问题症结的出路[8]。崔大伟（David Zweig）认为，在中国，农民的力量在于其人数的庞大，因而，要使得农民的权益得到保护，就需要创设农民组织[9]。于建嵘对于湖南农民的研究也认为，农民的集体抗争表明了村民们为保护自身利益对"组织"的需要。他认为，这种组织性需求恰恰是重建农村社会秩序所必需的。而对待这类事件，最为现实的对策就是，在树立国家权威的同时，以整合地方政府和村民的利益为前提，将那些体制外的组织力量纳入农村基层政权的运作之中，实现政治整合。其中首要的就是通过国家立法成立能代表农民利益的农会组织[10]。

在中国的经济改革中，随着公有制经济范围的逐步收缩，下岗工人逐步失去了原有通过庇护关系来表达利益的可能性，同时政权体制外的农民工数量急剧增加。在这样的情况下，组织化利益表达成了维护下岗工人以及农民工利益的重要方式。周雪光和唐文方等对于国有企业的研究认为，在中国，改革前的政治运动、就业保障、平均工资、计划经济体制、竞争缺乏、价格统制、投资过剩等都使工人享有较之于改革后更切实的权利保障；而在经济改革后，随着国企管理层的权力随意性增强，工人的利益再难以通过庇护关系网络来表达[11]。在国家庇护网络之外的农民工也难以通过国家开辟的制度化利益表达渠道来有效地保障自己的权益。在诸如人民代表大会等制度安排中，农民和工人等群体只有象征性的代表[12]。在这样的情况下，他们的利益在很大程度上失去了国家的保障。李青蒔（Ching Kwan Lee）提出了"无组织化的专制主义"（Un-organized Despotism）来形容这种状况[13]。所以，从这个思路出发，研究劳工权益问题的学者努力寻找工会可能会发生的转变。有的研究进而提出应该走向合作主义政治，以求通过推动工人的组织化来实现工人的组织化利益表达，维护工人的权益[14]。

（二）保持国家自主性和内聚力

组织化利益表达渠道的缺失会使得人们求诉于原子化的利益表达来追求自己的利益，从而侵蚀国家的自主性和内聚力。在关于中国利益表达的研究中，从白鲁恂（Lucian Pye）注意到中国政治文化中的"关系"开始，庇护关系受到了研究者广泛的关注[15]。魏昂德（Walder）在他经典性的研究中指出：国家权力在社会主义工厂中呈现出来的并不是极权主义的形式，即国家控制一切，工人完全沦为原子化的个人；同时它也并不是多元主义的形式，即社会团体纷纷出现，它们相互竞争并追求自己的利益。魏昂德认为，中国的工厂政治是一种"新传统主义"，即在国家权力对社会资源拥有垄断性的支配情况下，工人通过类似于庇护关系的社会网络来追求自己的利益，寻求策略性的利益表达[16]。

在国家权力集中的情况下，这种以庇护关系网络为主要渠道的利益表达方式为公民打开了表达和追求自身利益的空间，但却带来了两方面的消极后果：其一，虽然庇护关系使得人们从中获取一些边际利益，但它却分割了社会，使得人们不愿意在社会上形成平行的利益同盟，从而难以组织起来进行组织化利益表达以求影响政府决策；其二，人们通过特殊主义导向的庇护关系侵蚀着国家的内聚力，显现出一个貌似强大却很虚弱的国家，即国家垄断了广泛的资源和权力，但实际上却难以实现它[17]。

在经济改革的过程中，这种庇护关系对于国家自主性的侵蚀进一步加剧。研究者发现，与经济改革之前的"依赖性庇护关系"（Dependent Clientelism）加强了国家基础权力不同，经济改革后出现的"共生性庇护关系"（Symbiotic Clientelism）损害了国家基础权力。因为前者在事实上加强了官僚机构中的权威等级，强化官员的向上负责而促使其有效地执行政策，而后者则使得下层官员倾向于在市场中寻求利益，并且通过对于政策执行的扭曲来获得回报，从而使得国家难以自主地制定社会经济政策。中国在经济改革中出现的这种情况，在印度和许多拉美国家都可以看到[18]。

此外，组织化利益表达的缺失不仅使得各种"关系"盛行，而且还使得国家内部的改革派难以获得克服地方和部门既得利益的改革动力，侵蚀了国家的自主性。在被形容为"碎片化权威主义"的体制之下，国家内部不同政府层级之间和不同部门之间的关系建立在一种特殊主义之上，政策的制定和执行中充满了讨价还价。在很多时候，改革者难以克服部门和地方出于维护既得利益而产生的改革阻力，从而使得国家自主性遭到侵蚀，阻碍了改革的深化。而只有来自社会的组织化利益表达，才可以为改革者提供克服既得利益的力量[19]。正是在这个意义上，孙立平认为，在转型期的中国，地方部门利益和庇护关系是蚕食国家自主性的最主要因素[20]。

总之，我们可以看到，在缺乏组织化利益表达渠道的情况下，可能会产生一种零和局面：一方面，公民的利益没有得到充分的表达，难以影响到政策的制定；另一方面，国家的自主性和内聚力在原子化和制度性利益表达的策略中受到损害。因此，我们需要通过畅通利益组织化表达渠道来使国家和社会的关系走向制度化和常规化，进而，使得国家的自主性和内聚力免遭社会和国家内部各种利益的侵蚀。

（三）维系政治稳定

当组织化利益表达遭到压制的时候，人们往往不得不求助于暴力和游行示威等方式来表达自己的利益诉求，从而导致政治的不稳定。在阿尔蒙德（Almond）的系统功能分析中，组织化的利益表达是整个系统关键的输入机制，通过这个机制，社会把需求和要求输入政治系统中，政治系统再输出政治决策，从而实现政治系统的平衡和稳定。在阿尔蒙德看来，在没有实现民主化的政权中，组织化利益表达不被允许，原子化和非团体式的利益表达就会占据完全的支配地位。因此，阿尔蒙德认为，民主并不会如有的学者认为的那样会带来两极化，相反，对组织化利益表达的压制并不能消除实际上的两极化，只是把矛盾掩盖住了，最终会导致政治系统的突变[21]。

在第三世界政治研究中，研究者也发现对利益组织化表达的压制掩埋了政治不稳定的种子。在对拉美国家官僚权威主义（Bureaucratic Authoritarianism）的研究中，奥唐奈（O'Donnell）认为，国家通过诸如"民族"、"公民权"和"公共空间"等"调和"（Mediation）机制来使得它呈现为一种"公域"，而官僚权威主义压制了这种使国家表现为"公"的调和，它对任何组织化的利益都表现出高度的强制力控制，通过恐惧和经济奇迹来进行合法化。这使得它难以得到大众的支持，同时它的统治联盟中也会发生分裂，最终造成它的瓦解[22]。

在中国现实政治中，我们也可以看到，由于缺乏组织性利益表达的渠道，在诸如信访等利益表达渠道难以有效地发挥作用时，集体抗议对政府构成了很大压力，对政权稳定形成了威胁。因而，畅通组织化利益表达渠道可以作为保持政治稳定的解压阀，舒缓社会矛盾，保持有效的政治沟通。

（四）提供改革动力

如果从精英政治的角度分析，改革要么是上层精英派系斗争的结果，要么是上层精英理性选择的结果。在这种分析中,改革完全由上层推动,下层民众的利益表达难以上达,难以构成改革的动力和压力。虽然民众可以通过"关系"来影响改革政策的执行,但是,却难以影响改革政策的制定。

与这种观点不同,一些研究者认为中国的改革并不能完全由精英政治来解释,民众在推动改革中扮演了重要角色。柯丹青(Daniel R. Kelliher)对家庭联产承包责任制改革的研究认为,中国的农业改革并不是上层理性决策或者派别斗争的结果,而是来自农民的底层力量推动。她认为,农民的这种力量来源于两个条件:其一,农民内聚力的形成。在家庭联产承包责任制中,南方农民出于自身利益而不约而同地实行包产到户,这对中央的政策造成了挑战。其二,国家有追求平衡发展的目标。如果国家追求意识形态目标,或者追求社会改造,那么国家就可能不重视农民提出的挑战。相反,国家重视经济目标,这使得国家不得不回应农民的挑战,从而使得农民的力量和利益能够为上层所体察并构成了改革的动力[23]。

与此同时,民众依然缺乏组织化利益表达的渠道,这又使得改革的深化缺乏足够的动力,民众的利益也难以在改革中得到维护。柯丹青认为,由于农民利益的表达是所谓的"日常抵抗",并非是通过组织化和制度化的渠道实现的,因此,它十分脆弱而没有任何强制力。20世纪80年代中后期国家出台的一系列政策,如调低粮食统购价和取消议购超购等,就已经损害了农民的利益。在这样的情况下,农民除了所谓弱者的武器外无能为力。对城市弱势群体利益表达的研究也发现,由于缺少组织化的利益表达渠道,所以贫困群体在过去几十年的改革中难以影响到政策的制定,因而在改革中处于弱势的地位[24]。

在这种分析中,组织化利益表达而非精英决策模式对于改革的深入和公平等价值目标的实现具有决定性影响,它是改变既有利益格局的动力和压力的来源。从这个角度来看,有的学者所提出的只要法治不要民主等观点忽视了民众组织化利益表达对于中国改革的重要性[25]。布尔隆在对于政策制定过程的分析中就指出,政策的分析不能代替政治[26]。

三、组织化利益表达中潜藏的挑战

对于处于社会经济转型期的非西方国家而言,它们在政治发展和经济改革中面临着更多的挑战和困境。组织化利益表达之中潜藏了不平衡的利益代表所导致的特殊利益集团问题;转型社会政治制度化程度相对滞后于组织化利益表达的发展则可能带来政治不稳定,而经济自由化改革中所产生的经济不平等的扩大和社会利益的冲突则可能加剧这种政治动荡;同时,组织化的社会力量并不总能够提供改革的动力,自主的国家更能够在经济发展中扮演关键的角色。

（一）特殊利益集团的问题

通过利益集团的相互竞争实现民主是多元主义建构的理想模型。虽然新多元主义者试图对这种理想模型进行修正，但现实中却似乎更多的是特殊利益集团在影响政府的政策。在一些研究者看来，防止特殊利益集团操纵、维护社会弱势群体利益的关键并不是在于开放组织化的利益表达，以组织性的社会力量来制约它们；相反，由于组织性的社会力量总是属于奥尔森所说的人数多而获利小，往往难以形成切实的行动力量，抗衡大的特殊利益集团，特别是以资本为核心的利益集团，因此，遏制特殊利益集团更重要的是保持国家的自主性。

在中国问题的分析中，萧功秦认为，利益集团在民主政治中发挥作用有一系列的配套因素，如公民社会的成长、契约关系的信守以及包容性的政治文化等。这些社会因素并不是人为的设计结果，而是长期经济发展的历史产物。在中国当前的社会经济环境下，组织化利益表达呈现出来的是以垄断排他性为特征的分利集团化。这种分利集团化又可能与以弥散性腐败为特征的"软政权化"相互结合，并不断地蚕食国家的政治权威力量。在这种情况下实现所谓的西方式民主，其结果就会使垄断性的分利集团在"民主政治"的护身符下如虎添翼，任何有利于大众的结构改革都将会在垄断集团把持的议会中轻而易举地受到否决。拉美国家的情况就是前车之鉴[27]。

提出对这种观点的批驳，正是由于组织化利益表达受到压制，才会导致缺乏有组织的社会力量来遏制分利集团的膨胀。但同时，对于俄罗斯和东欧国家的经验研究表明，组织化利益表达并非总能发挥这种作用。丁学良对俄罗斯转型过程中出现的所谓"国家分封化"进行了反思。他认为，西方民主体制的确立，并没有带来组织性社会力量的成长，相反，被分封了的国有资产成为由政治统治者和财经寡头联手的权势集团随意支配的政治资源，他们窃取了国家的资产，又以这些资产作为政治献金，掌控了国家权力[28]。在东欧，虽然独立工会等社会组织性力量在东欧社会主义国家的瓦解过程中扮演了重要的角色，但是，在新政权建立后，即便开放了组织化利益表达的渠道，工人的力量仍然分散而虚弱，难以对政策有重要影响。对匈牙利的研究表明，随着向多党制民主的转变，匈牙利劳工运动的力量明显减弱，工业重组和私营部门的扩张侵蚀了蓝领工人的内聚力，政治左派的分裂又削弱了工人组织通过政党政治所能获取的政治影响力。在这些国家，组织化的社会力量并未能够真正构成对抗特殊利益集团的强大力量[29]。在许多第三世界国家，这个问题同样突出。这些国家掌有所有的重要资源，却难以执行社会政策和让民众听令于它们，这种情况的出现往往是由于国家为一些特殊的利益集团所支配，而缺乏独立地制定公共政策、实现公共政策目标的自主性。我们一般将这种情况称之为"国家捕获"，即国家成了特殊利益集团的操纵对象，而丧失其超越于社会经济利益的公共性[30]。

因此，遏制特殊利益集团的出路并不是在于组织化利益表达，而是在于保持国家的自主性。这意味着国家拥有不等同于或不混淆于统治阶级或集体集团的利益和目标，它不是多元主义者所假设的争夺社会经济利益的平台，它能够自主地制定公共政策并保证政策的执行[31]。

进而，如前所述，对于组织化利益表达持积极乐观立场的研究者而言，保持国家自主性就需要防止庇护关系、地方利益和部门利益的蚕食，而这就反过来需要畅通组织化利益表达，一方面防止人们通过原子化利益表达方式来侵蚀国家的自主性，另一方面提供克服部门利益和地方利益的改革动力。然而，在另外一些研究者看来，保持国家自主性的根本途径不在于畅通组织化利益表达，而在于国家自身的制度化建设，通过国家建设来重塑一个有效政府，防止特殊利益集团对于国家的支配和操纵[32]。在中国，一些研究者也认为，利益集团的政治化和利益代表的不均衡性，需要加强政府能力建设，提高政府对各利益集团的调控能力、整合能力和自主能力[33]。

（二）保持政治稳定的问题

在多元主义者看来，组织化利益表达是政治系统的解压阀。虽然开放劳工组织和劳工运动之后往往紧接着大规模的劳工抗议，但随后几年，它们就会趋于平静，因而组织化的利益表达是有利于政治稳定的解压阀。但是，另外一些研究者却认为，组织化利益表达的开放需要一定的政治和经济条件，它并非在任何时候和任何情况下都有利于政治稳定。

组织化利益表达常常需要国家的政治制度化程度相应的发展。亨廷顿认为，随着社会经济的发展，以团体意识和组织性增强而带来的组织化利益表达会不断膨胀，而如果以国家的自主性、内聚性和适应性等为特征的政治制度化程度滞后，就会产生所谓的"普力夺政权"（Preatorianism）。在这样的情况下，国家丧失其自身的自主性，而成为特殊利益集团操纵的工具，整个社会生活高度政治化，社会处于高度动员的状态，由此导致政治的不稳定[34]。在他看来，政治稳定取决于团体式政治参与和政治制度化的平衡，许多发展中国家的政治之所以处于风雨飘摇中都是由于政治制度化落后于组织化利益表达的发展。

同时，以经济自由化为导向的市场经济改革完成之后往往才是开放组织化利益表达的最好时机，否则会对政治稳定形成巨大的压力，甚至导致政治系统的瓦解。如波兰尼所言，市场经济的孕育和发展往往会带来社会不平等的绝对扩大和社会的失序。西方民主国家用普选权的扩大、制度化的产业关系调整、社会保障网络的建立和对绝对贫困的救济等方法来解决市场经济发展中出现的这些问题，以避免对于政治稳定的挑战[35]。在新兴民主国家，经济自由化带来了同样的社会问题，但却难以通过同样的方法解决这些问题。研究者发现，在这些国家，经济的自由化对政治稳定有更尖锐的挑战。经济自由化改革无可避免地带来贫富差距的拉大，从而催生了劳工组织和劳工运动，对国家的经济自由化改革构成了强大的社会压力。在这种情况下，国家要么向国内的劳工组织和劳工运动妥协，使得经济改革完全停顿下来；要么政治上对劳工组织和劳工运动进行压制，保持国家的自主性，依靠进一步推进经济改革来获取支持。在这个过程中，为了保持政治稳定，国家必须要恰当地平衡政治势力、达成社会共识、避免政治极化和碎片化以及争取稳定的政治支持。

在韩国和日本等国的经济起步阶段，都存在一定程度的对劳工组织和劳工运动的压制。到20世纪70年代，自由开放的经济体系已经形成，这些国家才慢慢开始放松对劳工组织和劳工运动的压制[36]。对叙利亚、希腊、韩国和中国台湾地区的比较研究也发现，造成这四个地区政治稳定和经济发展绩效不同的原因在于对于大众进行政治吸纳的时机。在叙利亚和希腊，政治精英之间的分裂和冲突导致它们在经济改革前就不得不开放组织化利益表达，吸纳社会其他阶层进入跨阶层联盟，这时候，国家建设也尚未起步，从而造成了政治的不稳定和经济发展的迟滞。中国台湾地区和韩国则相反，对于大众的政治吸纳在经济稳步和快速发展几十年之后，同时政权建设也比较成熟，从而使得开放组织化利益表达并未阻碍经济改革和导致政治不稳定[37]。对于东欧剧变的研究也表明，匈牙利社会主义体制的最终崩溃正是为组织化利益表达和经济改革之间的张力所催生。在经济出现通货膨胀的时候，一方面，组织化的工人和工会通过罢工反对实际工资的下降，不断要求提高工资；另一方面，先前经济自由化改革中在诸如信贷金融等领域存在的问题，使得政府缺乏足够的能力来控制通货膨胀和压制工人的要求。最终国家不得不在通货膨胀十分严重之时仍不断提高工人工资，这又进一步恶化了通货膨胀的形势，使得整个国民经济处于崩溃的边缘，从根本上影响了政治稳定，推动了原有体制的瓦解[38]。

（三）促进经济发展

如果说组织化利益表达是改革动力和压力的来源，那么，在民众利益不能够有效表达的情况下，中国的改革必定中途夭折。在1993年出版的专著中，谢淑丽就认为，由于没有更包容性的政治改革把组织性的社会力量吸纳到改革中来，所以诸如价格双轨制这样的改革遇到强大的既得利益阻碍，就难以得到推行。但是，在现实政治发展中，我们却看到这些研究中认为不可能实现的改革在中国都得到逐步进行。那么，改革是如何发生的？如何可能？这种理论和现实之间的矛盾之所以会出现，因为在理论假设上我们将政府看成是"掠夺者"。从这个假设出发，为了使得政府不沦为自身利益最大化的掠夺者，就需要社会上分散的个体能够集结为利益团体进行利益表达，通过利益聚合把利益传输到决策中心，从而构成一股控制政府的力量。但是，在现实中，与其他许多发展中国家一样，中国的改革事实上由政府主导，一个强有力的国家被认为是促进经济发展、推动经济改革的必要条件，而不是阻碍因素[39]。

有的研究者认为，那些把利益集团的压力作为经济改革动力的观点是站不住脚的，因为人们往往不知道在变动的改革中他们的利益在哪里；并且，人们对自身的利益界定往往是可以被劝说的，意识形态在利益界定中发挥了重要的作用；甚而，在人们知道利益在哪里的情况下，利益集团也是很无力的，因为人们虽然经常批评或抱怨存在的问题，但往往难以通过组织化的形式来支持改革。这是因为改革的收益分布广泛，利在将来而又不确定，而成本和损失却是集中的和近在眼前的。这种改革的公共物品性质，使得改革的动力往往抵不上既得利益反对的力量。因此，不能指望将组织化利益表达作为深化改革的动力[40]。

进而，研究者从"国家自主性"出发，强调发展中国家保持国家相对于社会利益的自主性对于社会经济发展具有重要的意义。国家在国内国际经济生活中扮演着重要的角色,它直接面对世界经济,面对相应的压力;同时,国家还掌握着相应的权力。拉美国家和东亚国家的经济发展经验也都表明了发展型国家能够积极地促进经济的发展。而对于国家如何能够在经济发展中扮演积极的企业家角色,研究者认为,这在于国家在改革的发起阶段是否能够保持"自主性"。并且,他们并不把政权性质作为决定国家是否能够保持自主性的决定性因素。埃文斯(Evans)把韩国和日本作为处理好国家自主性的典范,即韩国和日本在政府主导型的经济发展中,与国内的大资本集团保持了密切却又有选择性的联系,通过为它们提供稀缺的资本和信息等促进经济发展;同时,由于其官僚系统自身的传统、录用系统等的凝聚性和独立性,两国政府都保持了自主性,没有像印度和拉美国家那样为庇护关系和腐败等问题所困扰。针对这种现象,他提出了"嵌入式自主性"的概念。他认为,在经济发展过程中,国家所需要做的不仅是制定正确的政策,而且更重要的是需要持久地推动政治系统的制度化建设。这种制度化建设绝不是要求打碎国家,而是重建国家。在这个过程中,自主性和内聚力是嵌入的前提,它们保证国家不会为社会中的既得利益所统治,也不形成一个单独的利益集团;而嵌入性则是要求国家扮演一个更积极的角色[41]。总的来说,在经济发展过程中,维持国家的自主性意味着要有一个有效的政府来推进经济改革,同时,利益集团力量发展的不均衡性更要求国家保持其自主性,避免成为特殊利益集团操纵的对象,从而使得国家可以克服既得利益的阻力,推动改革的深化。

四、启示与思考

在非西方国家政治和经济转型过程中,组织化利益表达所潜藏的种种挑战,不管是特殊利益集团问题、政治稳定问题还是经济改革动力问题,其中涉及的核心问题都是"国家"。一个成功地应对政治经济转型过程中若干挑战的强大国家并非自然而然地存在,它需要通过持续的国家建设来提升国家的制度化水平,保持国家的自主性、内聚力和适应性,从而遏制特殊利益集团的操纵,并防止政治参与爆炸导致的政治动荡,进而通过有效的政府积极地应对经济发展过程中的社会失序,制定有效的经济政策,推动经济的转型和发展。

然而,强调国家在政治经济转型中的重要性,又必须要面对如何控制国家的问题:如何控制国家自身利益的膨胀?如何能够使得国家拥有改革的偏好和动力?如何处理保持国家自主性与保持政治系统的吸纳性和包容性之间的关系?在现实中,保持国家的自主性有可能不仅遏制特殊利益集团的侵蚀,而且还将公众的参与要求也排斥在外,最终是国家权力的无限扩张。此外,强调国家在经济转轨过程中为了保持政治稳定而对组织性的社会力量进行压制,并将国家作为经济改革的推动力量,最终也有可能带来改革对于弱势群体利益的忽视和改革为事实上存在的特殊利益集团所操纵。

政治学学科前沿研究报告 2013

在转型期中国，一方面，国家的制度化水平仍然有待提高，国家的自主性、内聚性和适应性都远未成熟，政治制度化水平进展缓慢[42]。脆弱的制度和腐化的行政体系更容易受到特殊利益集团的侵蚀和操纵[43]。因此，旨在建立有效政府的国家建设是必需的。在国家自主性建设中，国家需要加强政府机构的能力；提高政府独立于社会中各利益群体的自主性程度，能够在一定程度上抑制大众的消费需求，为经济的持续发展创造条件[44]。另一方面，在市场经济导向的改革过程中，对于下岗工人诉求的压制已经为公有制经济转型奠定了基础，如今进一步的市场改革符合大多数社会群体的利益，民意所向是改革的深化而非反对改革的深化，因此，国家在市场改革过程中面对的社会压力已大大减弱。事实上，深化市场改革需要的是通过畅通组织化的利益表达来提供克服既得利益的改革动力，推动改革的深化，并提供缓和社会矛盾的解压阀，保持政治的稳定。

因此，鉴于这两方面问题的同时存在，以制度建设为核心的国家政权建设需要吸纳社会各种力量的参与，从而达至民主发展和国家建设的有机统一[45]。同时，国家的自主性必须以民主政治作为条件，由此来保证公民利益表达的畅通和对于特殊利益集团的控制[46]。这就是说，国家建设与国家逐步开放组织化利益表达应该是同时推进的两个发展目标。对于组织化利益表达经验研究的争论告诉我们，在转型期中国，对于两者中任何一方的强调都不利于社会政治和经济秩序的稳步发展。

参考文献

［1］Gabriel Almond. Comparative Politics Today：A World View. New York：Longman，2000.

［2］［4］David B. Truman. The Governmental Process：Political Interests and Public Opinion . Westport，Conn. Greenwood Press，1951.

［3］Authur Bentley. The Process of Government：A Study of Social Pressures. New Brunswick，N. J. Transaction，1995.

［5］Mancur Olsen. The Logic of Collective Action. Cambridge：Harvard University Press，1997.

［6］［7］David Lowery and Holly Brasher. Organized Interests and American Government. Boston：McGraw - Hill，2004.

［8］闫威、夏振坤：《利益集团视角的中国"三农"问题》，《新华文摘》2003 年第 12 期。

［9］David Zweig. Contesting Rural Spaces：Land Disputes，Customary Tenure and the State. In Elizabeth J Perry and Mark Selden eds，Chinese Society：Change，Conflict and Resistance. London，New York：Routledge Curzon，2003.

［10］于建嵘：《利益、权威和秩序——对村民对抗基层党政群体性事件的分析》，《中国农村观察》2000 年第 4 期。

［11］周雪光：《西方社会学关于中国组织与制度变迁研究状况述评》，《社会学研究》1999 年第 4 期；唐文方：《谁来做主——当代中国的企业决策》，香港：牛津大学出版社，1996 年。

［12］史卫民、雷兢璇：《直接选举：制度与过程——县（区）级人大代表选举实证研究》，北京：中国社会科学出版社，1999 年。

［13］Ching Kwan Lee. From Organized Dependence to Disorganized Despotism：Changing Labour Regimes in Chinese Factories. The China Quarterly，1999（15）：44 - 71.

［14］安戈、陈佩华：《中国、组合主义及东亚模式》，《战略与管理》2001 年第 1 期。

［15］Lucian Pye. The Mandarin and the Cadre：China's Political Culture. Ann Arbor，MI：University of Michigan Press，1988.

［16］Andrew G. Walder. Communist Neo – Traditionalism：Work and Authority in Chinese Industry. Berkeley：University of California Press，1986.

［17］Vivienne Shue. The Reach of the State：Sketches of the Chinese Body Politic. Stanford，Calif：Stanford University Press，1988；Susan Shirk，The Political Logic of Economic Reform in China. Berkeley：University of California Press，1993.

［18］David L. Wank. Bureaucratic Patronage and Private Business：Changing Networks of Power in Urban China. In Andrew G. Walder ed，The Waning of the Communist State：Economic Origins of Political Decline in China and Hungary. Berkeley：University of California Press，1995.

［19］Kenneth G. Lieberthal and Michel Oksenberg，Policy Making in China：Leaders，Structures，and Processes. Princeton，N. J.：Princeton University Press，1988.

［20］孙立平：《向市场经济过渡过程中的国家自主性可能》，《战略与管理》1996 年第 4 期。

［21］Gabriel Almond. Comparative Politics Today：A World View. New York：Longman，2000.

［22］Guillermo O'Donnell. Tensions in the Bureaucratic – authoritarian State and the Question of Democracy. In David Collier eds The New Authoritarianism in Latin America. Princeton，N. J.：Princeton University Press，1979.

［23］Daniel R. Kelliher. Peasant Power in China：The Era of Rural Reform，1979 – 1989. New Haven：Yale University Press，1992.

［24］陈剩勇、林龙：《权利失衡与利益协调——城市贫困群体利益表达的困境》，《青年研究》2005 年第 2 期。

［25］潘维：《民主迷信与中国政体改革的方向》，《天涯》2000 年第 1 期；康晓光：《再论"行政吸纳政治"：90 年代中国大陆政治发展与政治稳定研究》，《二十一世纪》2002 年第 4 期。

［26］［美］查尔斯·E. 布尔隆：《政策制定过程》，朱国斌译、王瑾校，北京：华夏出版社 1988 年版。

［27］萧功秦：《后全能体制与 21 世纪中国的政治发展》，《战略与管理》2000 年第 6 期。

［28］丁学良：《转型社会的法与秩序：俄罗斯现象》，《清华社会学评论：特辑2》，厦门：鹭江出版社 2000 年版，第 218 – 235 页。

［29］David L. Bartlett. Lodging the Political Initiative：The Impact of Financial Liberalization in Hungary. In Andrew G. Walder ed，The Waning of the Communist State：Economic Origins of Political Decline in China and Hungary. Berkeley：University of California Press，1995.

［30］Joel S. Migdal. Strong Societies and Weak States：State – Society Relations and State Capabilities in the Third World. Princeton，N. J. Princeton University Press，1988.

［31］Peter B. Evans. Dietrich Rueschemeyer and Theda Skocpol eds.，Bringing the State Back in. Cambridge University Press，1985.

［32］Shaoguang Wang. The Problem of State Weakness. Journal of Democracy，2003，14（1）.

［33］汪永成、黄卫平、程浩：《社会利益集团政治化趋势与政府能力建设》，《武汉大学学报（人文科学版）》2005 年第 1 期；杨光斌、李月军：《中国政治过程中的利益集团及其治理》，《学海》2008

年第2期。

[34] Samuel P. Huntington. Political Order in Changing Societies. New Haven: Yale University Press, 1968.

[35] Karl Polanyi. The Great Transformation: Economic Origins of our Time. Boston: Beacon Press, 1985: 1944.

[36] Stephan Haggard and Robert R. Kaufman eds. The Politics of Economic Adjustment: International Constraints, Distributive Conflicts, and the State. Princeton, N. J.: Princeton University Press, 1992.

[37] David Waldner. State Building and Late Development. Ithaca, N. Y.: Cornell University Press, 1999.

[38] David L. Bartlett. Lodging the Political Initiative: The Impact of Financial Liberalization in Hungary. and Akos Rona–Tas. The Second Economy as a Subversive Force: the Erosion of Party Power in Hungary. In Andrew G. Walder ed, The Waning of the Communist State: Economic Origins of Political Decline in China and Hungary. Berkeley: University of California Press, 1995.

[39] Peter Evans. The State as Problem and Solution: Predation, Embedded Autonomy, and Structural Change. In Stephan Haggard and Robert Kaufman eds., The Politics of Economic Adjustment: International Constraints, Distributive Conflicts, and the State. Princeton, N. J.: Princeton University Press, 1992.

[40] Robert H., Bates and Anne O. Krueger. Generalizations Arising from the Country Studies. in Robert H., Bates and Anne O. Krueger eds., Political Economic Interaction in Economic Policy Reform. Blackwell Publishers, 1993; Stephan Haggard and Robert. R. Kaufman. Institutions and Economic Adjustment. In Stephan Haggard and Robert. R. Kaufman eds The Politics of Economic Adjustment: International Constraints, Distributive Conflicts, and the State. Princeton University Press, 1992.

[41] Peter Evans, Embedded Autonomy: States and Industrial Transformation. Princeton, N. J.: Princeton University Press, 1995.

[42] Harvey Nelson. The Future of the Chinese State. In David Shambaugh eds, The Modern Chinese State. New York: Cambridge University Press, 2000.

[43] Kenneth Lieberthal. Governing China: From Revolution through Reform. New York: W. W. Norton, 2004.

[44][46] 孙立平:《向市场经济过渡过程中的国家自主性问题》,《战略与管理》1996年第4期。

[45] 胡鞍钢、王绍光、周建明:《第二次转型:国家制度建设(增订版)》,北京:清华大学出版社2009年版。

社会自治：一个政治文化的讨论

周庆智

【摘　要】 社会自治文化是一种民主的参与型政治文化。社会自治文化的孕育和成长，是以精英文化为代表的大传统和以民间文化为代表的小传统之间进行创造性转化的结果。这个文化转化的完成有赖于完善市场经济、培养公民理性、促进公民政治参与的制度化、社会政治生活的法治化。当今，与公民权利意识不断增强形成对照的是，公民维护其权利和权益依然秉承的是传统伦理政治文化的思维和行为方式，基层自治组织维护其自治权利所依据的价值理念依然是传统依附型政治文化价值理念，同时，国家意识形态中的传统政治文化因素对这个依附型政治文化价值依然起着强化和示范作用。

【关键词】 社会自治；大传统与小传统；个人权利；政治文化

关于社会自治，学术界大多从当下政治经济社会文化转型时期的制度构建上以及法学意义上来讨论，对影响和制约社会自治发展的政治文化因素关注不多。这一方面是因为制度转型或制度创新主导着学术界的研究取向和想象力；另一方面，相对于政治因素、经济因素、社会因素，对人们的政治思维和政治行为所造成的在文化象征、行为准则和价值体系等方面的变化，似乎不那么显著，以至于被有意地忽视了。

本文认为，制度转型或制度创新可以建构一个组织架构或形态，但却不能"设计"一个现代社会自治政治文化。原因在于，任何社会变革都具有适应性、复杂性，不是（也不可能是）一个或几个因素影响的结果。同时，任何政治制度的构建都有一个"文化适应"问题，这个"文化适应"植根于民族性深厚的政治文化土壤之中。"一个国家虽然可以建立一个自由的政府，但它没有自由的精神。片刻的激情、暂时的利益或偶然的机会可以创造出独立的外表，但潜伏于社会机体内部的专制也迟早会重新冒出于表面"。[1] 简言之，对社会自治政治文化的讨论乃是当下中国政治经济社会转型研究的题中应有之义。

一个长治久安的社会是自由民主平等的社会，评价它的标准之一是：深入人心的社会自治政治文化，而这个政治文化价值观念表现在社会自治水平和自治能力上。其逻辑表述是：一种与长治久安的社会相适应的政治结构将是一种适合于政治文化的政治结构，或者

---

* 原载于《政治学研究》，2013年第4期。

说，一种蕴含着自治和平等价值的政治文化促成了一种民主的政治结构的生长。

本文运用人类学的大传统（Great Tradition）与小传统（Little Tradition）概念来讨论和分析中国社会自治政治文化的发展和成长。

一

本文所谓的"社会自治"包含两个层面的含义：一是个人意义上的自治；二是社群意义上的自治。前者是指公民个人所享有的作为公民的自由与权利；后者是指作为社会共同体成员所享有的自治权利。前者的权利是通过公民个人来实现；后者则是通过社群的集合体共同行使。与个人自治权利相比较而言，社群意义上的自治权利与国家权力的关系更为紧密，它的功能是在国家权力与个人自治权利之间起到中介和保护作用，以防止国家权力对公民社会的不当侵入与扩张，形成国家—社会—个人的良性互动关系。

社会自治对于监督与制约政府的权力、社会自身的治理以及公民权利的保障和维护具有极其重要的价值，实际上，社会自治的程度反映着一个国家政治的文明程度，社会自治越发展，民主政治就越发达，社会生活就越有活力，而公民的政治素质和参政能力直接决定着一个国家的社会自治水平。

在政治文化意义上，社会自治的价值内涵蕴于社会自治政治文化之中。所谓"社会自治政治文化"，乃是一种参与型政治文化。社会自治的发展以社会权利的扩展为条件，其核心价值理念是公民自由民主权利和人权的维护和伸张。在这里，个人不仅倾向于参与政治输入，他们还积极地倾向于参与输入结构和输入程序。政治能动性、政治参与和政治理性是社会自治文化的显著特征。社会自治政治文化不是一种现代文化，而是一种处于现代化过程中的传统文化，或者说，社会自治政治文化既带有传统文化的特征，又带有现代化的特征。进一步说，这种文化是一种建立在传统与信仰基础上的多元文化，是一种一致而多样性的文化，是一种允许变革而又节制变革的文化。

显然，上述所谓的"社会自治"，是指现代社会的自治，它不同于中国传统的"乡绅自治"。乡绅自治"不是来自民众的委托，而是政府的委托，作为政府治理民众的工具，秉承政府政令，管理乡村事务"，是"集权行政下的一种土著自治"。[2] 实际上，这样的"自治"只是国家政治控制和行政管理的一种延伸而已。它是传统中国乡土社会"各自保持着孤立的社会圈子"[3] 小国寡民式的自治理念，"对于政府不知有权利，对于人群不知有义务"[4]。而本文要讨论的社会自治，是一种将个人权利灌注其中的社会自治，它面对国家（而不是依附于国家）保护和伸张个人的、团体的权利，它的存在价值前提是，政府并非总是将人民的利益或公民的权利与自由放在其权力运行的目的之上，人民的利益或公民的权利亦并非总是其权力存在与运行的唯一目的或指向，政府的合法性和正当性应当建立在社会契约基础之上。这种公意的聚集和表达，其在政治文化方面表现为一种公民参与的政治文化。

美国政治学家阿尔蒙德认为"政治文化是一个民族在特定时期流行的一套政治态度、信仰和感情","政治文化影响着政治体系中每一个政治角色的行动,同时,由现存的政治结构所造成的机会和压力也影响着那种政治文化"[5],阿尔蒙德解释,一种相适应的政治结构将是一种适合政治文化的政治结构。一般地说,一种地域型、依附型或者是参与型文化分别对一种传统的政治结构、一种中央集权的政治结构和一种民主的政治结构来说,将是最为合适的。一切政治文化都是混合型文化。因此,一种参与型文化中包含着适应作为臣民和地域民的个人;而一种依附型文化也将包括一些地域民。他指出,政治文化并不与给定的政治体系或者社会完全一致,而是超越于政治体系的界限之外。[6]

近代以来的现代化过程是一个世俗化过程,体现在政治生活中,政府权威的合法性来自世俗力量的认可,因为这一合法性基于对公民担负责任。寻求一种适合于自身传统文化及社会制度的民主程序的稳定形式,这种努力的结果是公民文化或曰社会自治文化的成长。

我国改革开放30多年来,在政府、学者、民间的共同努力下,基层自治组织的发展和成长已逾几十载[7],但它们在社会政治生活中并未发挥应有的作用。自治权不完整,自治体还不能成为公民权利的集合体,这与政治制度有一定关系,但也有必须面对的一个问题是,社会自治政治文化并未发展和壮大起来,其形态仍然是"前现代化的",所谓"地域的"、"臣民的"、"参与的"混合其中,或者说参与型的现代政治文化在社会政治生活中还不是主流政治文化样态。

学术界对于中国传统的或现代的政治文化,研究已经足够多,不过这类研究大都把功夫用在历史学者对史料的抽象归纳和社会科学学者的思辨和想象力上。本文尝试把政治文化的讨论确定在"一切政治文化都是混合型的文化"这样一个前提之上,把分析的视角集中在体现人们的观念和行为的情感、认知、价值取向上。

在此,运用美国人类学家罗伯特·雷德菲尔德的大传统(Great Tradition)与小传统(Little Tradition)的二元分析框架,来对当下中国的社会自治政治文化形态做出解释。但必须强调说明的是,本文只是在政治文化的意义上来使用大传统与小传统的概念,因为本文的讨论是集中在社会自治政治文化的价值观念层面上。

雷氏在对墨西哥乡村地区研究时,使用大传统与小传统的二元分析框架,用以说明在复杂社会中存在的两个不同层次的文化传统。所谓"大传统",指的是以都市为中心,社会中少数内省的上层士绅、知识分子所代表的文化;"小传统"则指散布在村落中多数非内省的农民所代表的生活文化。此外,他还将大小传统分别称为"高文化"、"低文化"及"学者文化"、"通俗文化"等。他还认为大传统与小传统是两个对立的文化层面,小传统在文化系统中处于被动地位,在文明的发展中,乡村不可避免地要被城市所"吞食"与"同化"。

其他西方学者对雷氏的概念作出修正。所谓大传统乃指精英文化,所谓小传统乃指大众文化,认为二者在传播上是非对称的。前者通过学校等正规途径传播,是一个封闭的系统，不对大众开放，故大众被排除在这一系统之外，成为一种社会精英的文化；而后者则被非正式地传播，向所有人开放，因此精英参与了小传统，大众没有参与大传统，从而推论出小传统由于上层精英的介入，被动地受到大传统的影响，而地方化的小传统对大传统的影响则微乎其微，是一种由上往下的单向文化流动。

运用雷氏的概念，能够使我们避免笼而统之地讨论所谓中国文化或中国政治文化。以雷氏概念观之，中国从来都有所谓的官方文化和民间文化，比如孔子的"惟上智与下愚不移"（《论语·阳货》）的二元对立的文明结构概念，在语言表达上，官方文化注重优雅言辞的运用、形式的表达和哲理的思辨，自有一套完整语言交流方式（文言文）和话语体系；民间文化是大众通过口传等方式传承的传统、习俗、礼仪等，是一种生活文化。不仅如此，二者的分野亦清晰可辨，"在小传统的中国民间文化上，追求和谐均衡的行为表现在日常生活上最多，而在大传统的士绅文化上，追求和谐均衡则表达在较抽象的宇宙观及国家社会运作上"。"大传统也许较强调抽象的伦理观念，小传统也许较注重实践的仪式方面"。[8]，不同的是，中国的文化传统在民间积淀得更深厚（所谓"礼失求诸野"），这与雷氏讨论的处在工业化过程当中的墨西哥文化形态区别甚大。

用上述关于大传统与小传统的概念来解析中国政治文化，这个概念与中国的国家形态的上层文化（或曰官方文化）和社会大众所秉承的民间文化，有相当的契合之处。然而，它所论述的两者关系则不完全适用，尤其是把二者假定为对立的关系，或者是一种单向的文化同化关系。因为中国文化自有一套完整的文化体系，这个文化体系植根于久远而深厚的小农经济土壤上的乡土观念当中。作为小传统的乡土观念或乡土文化并没有（从来也没有）消失于大传统的国家精英文化对它一轮又一轮的"改造"之中，不仅如此，它的文化内核恰好被国家精英文化一再地体现出来，实质上，大传统与小传统的价值交互渗透在二者的所有面向，而后者是前者的源头活水，两者是合为一体的关系，或者说，大、小传统之间是一种共同成长、互为影响的关系。

在历史学的意义上，中国文化的大传统和小传统从来都是互为表里、互动互补、相互证明的。大传统引导文化的方向，小传统提供真实文化的素材，是代表大多数民众的文化。无论从地域和人口数量上，小传统优势不衰；大传统在面对现代文化的冲撞和挑战面前，会做出适应性的变化，但其占主导地位的价值观念不见得有任何衰竭的征兆。

改革开放30多年来，我国社会主义市场经济对传统政治文化的解构作用之大，前所未有。它把公民权利的观念和价值潜移默化地灌注于卷入经济活动当中的每一个人，权利或权益意识、个人主义的兴起、集体主义的式微、公共生活领域的扩展，这一切，为争讼纷扰的利益冲突、官商冲突、官民冲突注入了新的内涵，即参与公共生活、关注公共利益、维护公民权利已经成为不断累积成势的价值取向。换言之，在政治领域和经济社会生活领域的民主因素都在不断成长，民主的思想和理念日益深入人心。然而，他们所选择的维权方式却是传统的伦理的实用主义的行动方式，他们所依据的价值理念是权威主义的依附型文化[9]。凡此种种，与现代法治社会的政治文化相距甚远，与威权社会的传统伦理政治文化又相距太近，这正是本文要赋予所解释内容的真正意义。

因此，尽管市场经济是推动政治文化变迁的重要力量，但市场经济却不能自动完成现代社会自治政治文化的建构，不能自动地完成从传统到现代的创造性转化。而制度的变革和创新则必须考量传统的、现代的政治文化的掣肘和推进力，否则，要么任何所谓的制度创新都会面临无功而返的尴尬处境，要么"水土不服"而屡试屡败[10]。这其中的深层次原因并非完全归因于体制性的牵制作用。在公民权利不彰的地方，或者说在社会自治程度和水平低下的地方，任何"设计出来的"所谓地方政府创新，由于受到来自国家权力和社会力量的相悖而行，几乎不可能稳步地推进到国家制度的层面上来。这表明，国家还没有能力将新生的价值诉求和社会力量纳入制度之内。换句话说，制度的创新或变革仰赖成熟的社会自治政治文化，而社会自治政治文化的确立则必以中国传统政治文化为依据，融现代公民文化于一体。这种阐释所依据的历史逻辑是：任何民族的社会自治政治文化的形塑必是植根于本民族传统的文化土壤之中。

二

作为一种以政府为支持力量，以社会精英为代表的国家与权力属于"大传统"范畴，而社会基层的乡土性这一地方化的文化特性则属于"小传统"。迄今，作为小传统的乡土文化并没有（也不可能）在国家精英文化所代表的大传统大规模介入中消失，不仅如此，小传统一直与大传统相互交融"纠结"在一起，此乃当今基层社会秩序赖以维持的基础性社会文化条件。

毫无疑问，政治现代化的实现不仅需要国家上层建筑的变革，而且有赖于国家之外的一个具有自治性的社会的形成及其支持。理论上，所谓政治现代化，涉及权威的合理化、结构的分离和政治参与的扩大三方面[11]。在实际的政治发展和变革中，政治现代化往往被看成是社会、经济和文化现代化在政治上的表现和后果。在这个意义上，所谓的社会自治政治文化，乃是一种民主的参与的政治文化。

新中国成立之后，在乡村社会，家族以及个人的生活跟国家政治生活密不可分地联系在一起。由此成长起来的"政治意识"因一次又一次的全民政治运动而得到不断强化，农民被动员参与到政治生活当中。由此形成的依附型政治文化养成一种不负责任的倾向：选举、投票只被当成一种义务，而不被视为公民自己表达意见的不可剥夺的权利。因此，公民参与和公民义务感无从生长。与此互为表里，这种依附型政治文化在一种新型的社会组织形式——人民公社政权组织下，得到巩固和制度化。之前，农民依附宗族权力，在"乡绅自治"的荫庇之下；之后，他们从自立社区进入行政社区，被组织进国家权威的依附形式当中。1983年取消人民公社制度之后，农民失去对行政领导的依附后，由于血缘关系的便利和义务，他们很方便地把一向寄予行政领导的信任转移到同宗同姓的强人身上，从宗族里获得了安全感和某些经济利益，而宗族则把这种依附权势的心态有力地保护起来。不管是在政治权力还是宗族权威之下,农民对官员或宗族族长的期望和要求也不过止步于"清官"或"强人"而已。

在此,依照大传统(Great Tradition)与小传统(Little Tradition)的二元分析框架来对上述政治文化形态做出解释,由此可以梳理出影响政治现代化的大传统和小传统的交融是如何推动和制约着社会自治政治文化的发展和成长。

需要强调说明的是,本文接下来关于大传统和小传统的论述,并不想将其做纵向的历史比较,也不尝试说明两者是因果关系还是其他什么影响关系,也不想辨别清楚(其实根本辨别不清)哪个因素是传统的哪个因素是当代的。一句话,本文的解释,既不是进化论,也不是历史决定论。从解释学的意义上讲,对传统的阐释实质上就是对当前自身处境和状况的阐释,我们摆脱不掉我们的先见或成见,但我们的确是从传统来反观我们自身的处境和状况的,与其说我们在解释传统,不如说我们在解释现在的自己。

所谓"大传统"(亦即所谓的"士绅文化"、"精英文化"、"庙堂文化"等),在政治文化的意义上,其核心内涵是:认为政府或者权力(不管是传统的皇权还是现代意义的权威)应该控制一切,一切经济的命脉、民生的命脉应该掌握在政府手上。它一直是贯穿于中国的国家—社会发展过程当中的支配性观念。这个内涵有三个面相:①全能主义——经济社会文化生活置于权力的全面掌控之下。②民本思想——"以民为本",关注民生、均富和平均主义等。③政治伦理主义——家长制、政治泛道德化、人治观念等。

全能主义的传统内涵是:民众的福祉是皇权或权力赐予的,如果这个福祉获自民间,那会削弱民众对皇权或权力的依附,以至于民不知所向,乃乱世之源。所谓"普天之下莫非王土,率土之滨莫非王臣"是也。在近现代以来的现代国家型塑(State-making)进程中,传统的全能主义观念与国家主义观念结合在一起,并融入国家意识形态内涵之中。事实上,这种全能主义观念依然存在于当代国家的治理理念中。

民本思想的传统内涵是:"民为邦本",核心理念是"以民为本",基本思路是"立君为民"、"民为国本"、"政在养民"[12]。与现代民主社会的"民有、民治、民享"的民主思想本质上不是一回事。前者不具有"民治"的理念,而有"民有""民享"的内容。换言之,民本思想不包含与"民治"原则和制度相关的内容。在此关注两个方面:一方面,民本思想包括养民、民服和民愚三方面的内容[13],是教化民众、控制民众、愚弄民众的政策指导原则,其主要的目标是维护"君为政本"的现存秩序;另一方面,它也蕴含有尊重民意、重视人民地位及安民、保民、养民、教民等内容,即认识到民心向背的重要性,实行一系列关爱民众的政策[14],所谓"仁政爱民"是也。

实质上,民本思想的内在本质是如何"治民",而非"民治"。水能载舟,亦能覆舟,官民相安无事,则天下太平。这种权力至上和均富理想与现代民主政治的"民有、民治、民享"的治理理念有本质的不同。

政治伦理主义,亦称家族政治伦理主义。其核心是把家族伦理常放大为国家治理之道,所谓"以孝治天下"。它贯穿于今的理念是:政治泛道德化,或道德泛政治化。有两个方面:一是期望人皆成尧舜,把对权力的制约寄予个人品质的诉求上;二是"为民做主"的权威主义情怀，只求官之所欲，而不知民之所求。附着在政治伦理主义之上的是等级观念和集体主义价值取向，二者互为表里，与现代政治文化的平等观念和个人主义不相容，而后者恰好是现代社会自治政治文化发展和成长的土壤。

与雷氏解释的墨西哥大传统不同，中国大传统是权力持有者与中国特有的士大夫阶层共谋的产物。它既不是什么"高文化"也不是什么"学者文化"。在不太严格的意义上，它符合其他西方学者所谓的"精英文化"：他经由专门为皇权政治提供统治人才的考试制度（举孝廉、科举制等）训练和培养，日常的政治活动和政治行为就是游弋于权力中心，他的成功意味着为权力当政者所延纳，揽为帐下，既是当政者的牧师，也是当政者的后备役，是大传统的形塑者和捍卫者。而使大传统与小传统气质相通并合为一股的是中国独特的一个阶层：乡绅阶层。乡绅是曾入仕而今赋闲在乡的具有官僚身份的人和未入仕而持有功名的读书人。作为一个阶层，乡绅是一个介于国家与乡村社会的中间力量，即乡绅阶层。乡绅在整个传统社会和政治秩序中发挥着既连接国家又沟通地方社会的作用。因此，中国的大传统与小传统的关系，既不是雷氏所说的是两个对立的文化层面，亦非其他西方学者所说的被动地接受大传统影响的"地方化"的文化。简言之，小传统也是精英与大众合谋的产物。

概括地讲，大传统强调国家至上和国家主宰社会的依附型政治文化价值，而忽视和抑制社会自治的发展与成长，其结果造成这样一种国家—社会治理局面：一是政府不堪其重，将其置于不可为而为之的重负和人民无尽期待的压力之中。二是政治权力变成"像父权一样的权力"（托克维尔语），养成甚至鼓励人民依赖国家的习惯，不利于社会自治能力的发展和成长。三是政治处于人民的掌控之外，而个体则不断屈从于支配着他们的政治权力。

所谓"小传统"（亦即所谓的"乡土文化"或"民间文化"等），其政治文化内涵是：个人以家族为本位，对家族而言，个人只有责任和义务而没有权利，个人的行为和观念限制在家族伦理的种种规范和仪式当中。这种家族本位主义的价值观后来被引申发展为国家为本、君权至上的社会本位主义。在这个文化里，唯老唯上唯尊唯长，没有平等意识和民主理念，没有个人权利的概念。或者说，在小传统里没有以个人权利为本位的社会自治政治文化元素。所谓"天下之本在国，国之本在家，家之本在身"（《孟子·离娄上》），这与现代政治话语的国家、集体、个人三者关系表述，有内在一致的地方。后者的实质是，把国家利益和群体（集团）利益置于个人利益之上。把孝慈友悌之类的家族伦理放大到国家政治治理层面，小传统的家族伦理规范与大传统的家长制国家治理理念在"三纲五常"的政治伦理表述中交融一体，其结果，家族伦理本位与社会政治伦理本位的高度统一。

中国历史上的小传统的政治文化植根在家族核心观念，权威至上观念，文化共同体（基于血缘或地缘）观念之中。有三个方面，分述之：

（1）迷信权威和权力。传统上，有家国而无社会。走出家，就进入了由权力、权威、利益等构成的生存竞争的日常生活世界当中。在社会生活当中，公共领域与私人领域的界限模糊而混乱，公共生活观念并没有完整地确立起来。在政治生活当中，关注私人利益，而非"普遍权利"，遑论自由、民主、平等的诉求。这个小传统不利于社会自治政治文化的培养和社会自治组织的成长：一是对权威和秩序的毁坏作用——仰仗和依赖权力，不信任制度或程序之类的非人格化的东西；二是个人利益诉求与公共利益处于对立和冲突之中，也就是说，个人利益的诉求不是基于公民理性的维护自身权益和权利的行为，个人利益置于公共利益之上。

（2）伦理主义的自治观念。传统的自治，既不是公民个人的自治，也不是社会成员联合体的自治。传统的自治是基于血缘和地缘关系基础上的自治，它不主张权利，只诉诸习惯和传统以及乡情、亲情、友情、邻里之情，是一种文化共同体的自治，是家国同构的产物。这种传统自治观念在当今的基层群众自治组织的制度结构和运行机制当中也有一定的体现：现今的村民自治只有一个《村民委员会组织法》，它规定的只是作为自治体工作机构的村民委员会的产生、组成、职权和运转，仅仅是一部规范自治体管理机构的组织法。也就是说，所谓的村民自治竟没有一个《村民自治法》。《村民委员会组织法》除了规定年满18周岁的村民有选举权和被选举权外，没有规定个体村民的其他自治权利，也没有规定村民自治权利的法律救济方式。村民自治权乃是自治体内所有村民权利的集合，村民自治体在行使村民自治权时，是通过自治机关即村民委员会和村民会议来具体实施，对构成村民自治主体的每一个村民来说，又是一种具有内部管理职能的公共权力。在这个意义上，今天的所谓村民自治，还不能说已经完全建立在一种权利规则和权利分配关系基础之上。

（3）集体主义价值取向。小传统里有现代集体主义的胚胎，这个胚胎就是没有个人权利的伦理文化特质，它基于血缘和地缘的文化共同体的行动逻辑，个人的荣耀来自家族，而个人的成功乃是光宗耀祖的本分，是活跃在生活共同体里的尊严。但把它深化成整个政治社会集体行动的价值取向，则是现代大众革命和威权主义共谋和推波助澜的产物。这种传统社会中的集体主义与基于公民理性的社会自治政治文化并不相同。它与专制政治相连，无视个人权利和少数人的权利。

总而言之，以政治文化视角观之，"大传统"观念要获得和维持一种自上而下的权威和秩序；"小传统"观念建基于敬畏权威（或秩序）和一个追求和谐均衡的"小国寡民"自治状态（基于血缘和地缘）的生活秩序上。

三

讨论至此，并非主张获得（其实也不可能获得）类似西方式的社会自治政治文化，一个根本的原因是中西方制度文化的巨大差异性。但无论东西方，社会自治政治文化在一点上是相同的：社会自治政治文化的本质在于公民权利的保障和扩大，换言之，不是基于公民权利的政治文化，就不可能是一种社会自治政治文化。

比如，大传统里强烈地贯穿着一种家族式的集体主义的价值取向，在政治权力精英看来，它意味着一致性、力量和效率，而小传统里那种小国寡民式的"自治"状态意味着离心离德和无效率，成为集体（共同）行动不能容忍的东西。把以家庭为单位的马铃薯式的社会组织起来的政治文化取向，其结果是基于个人主义的公民权利被集体主义价值取而代之。

小传统里有自治的诉求，但非基于权利，而是基于血缘和地缘的文化共同体意识。这种自治不做一般的权利诉求，基于利益或利害关系而非权利意识，这造成单独的个体在面对外在的社会和国家力量时，习惯于将自己与社会、国家对立起来。

有鉴于此，中国当代社会的自治政治文化的发展壮大就要靠"大传统"与"小传统"的"上下并进"的创造性的文化转化，将权利意识和自由民主人权意识灌注其中：在上，"以人为本"理念确立在"权为民授"上，涉及执政观念的转变和政府对公民权利的重视，由掌控权力的"专制力"走向推进公民权的发展上来；在下，把人们生活共同体的自治的、平等的、民主的价值观念推向社会自治组织的制度建设上来。

要进行上述的创造性的文化转化，在不同的历史、社会、文化条件下，如何促进社会自治政治文化的发展和成长，这种转化的现实基础性条件是什么？

（1）市场经济与个人权利。计划经济（命令经济）时代，经济活动主要由政府掌控。实行市场经济，根本的一点，就是如何处理政府与市场的关系。大传统的全能主义在经济上就是权力经济，它的政治逻辑是：掌握资源意味着控制权力，所有权在多大程度上集中，权力就在多大程度上集中。靠权力来获取利益，不仅为大传统所支持，民间的小传统也深谙此道，所谓"一人得道鸡犬升天"，说的就是权力能带来既富且贵的好处。在今天，一股仍然具有相当基础的思潮总是或显或隐地贯穿于改革开放过程当中，那就是：权力应该主宰经济生活，政府应该发挥资源配置的基础性作用，而反对"充分发挥市场在资源配置中的基础性作用"。[15]在某种意义上讲，这种思潮还在社会思想文化领域中占有一定的空间。如果市场经济仍然是权力主导的市场经济，权力对经济生活具有支配作用，市场的规则和规范就不可能完整而彻底地构建起来。

权利意识、平等意识、政治参与意愿，是民主社会发展的基本文化条件。小传统建立在小农经济之上，它强调个人对文化共同体（血缘和地缘）的忠诚和服从，而个人价值则建立在市场经济之上，它要求所有个体都能自由地、平等地参与市场竞争，表现在公民身份上，那就是以个人自由、个人平等、财产权利等为内容的公民权利的发展和成长。在今天，权力文化已经很难应对日益凸显的社会结构和社会阶层的多元化，已经无法"兼顾"日益分化的不同利益群体的诉求。

（2）社会民主化趋势。所谓的社会民主化，是指人们在社会经济生活领域、思想文化领域以及家庭、学校、工作单位、生产单位和消费单位，等等，一切公共生活领域中，都有平等的参与权利、平等的决定权与管理权利。社会民主化发生在经济体制转轨、社会结构转型过程中，国家与社会开始分离，利益的分化，利益群体的多样性，价值多元化，个人的归属感和认同感在制度上具备了从单一性向多样性变化的条件。社会的自主性日益增强,民主、平等和法制成为社会生活的基本准则。社会自治组织或曰非政府组织（NGO）的发展和不断壮大[16],已经广泛存在于社会生活的各个领域和各种层次。自治是人们实施社会活动和社会组合的一种形式,也是一种社会关系体制。其特征是自治成员的身份主体化。然而,在今天,各种社会自治组织在这一发展过程中表现出与秩序（法律秩序、政治秩序、行政规范、社会惯例）的复杂关系[17]。比如"政治上正确"（政治合法性）对社会自治组织的存在和发展就具有实质性意义。概括地说,社会自治组织的发展依然受到诸多因素——政治上达标、行政上挂靠、社会支持、法律认可的限制,还不能成为真正意义上的社会自治组织,这种现状的改变有赖于政治民主化进程,有赖于自由民主权利的发展和成长。

当今,社会民主化因素不断成长,社会民主化的发展会极大推动政治民主的发展。权力精英阶层在国家意识形态的表述上也在正视社会民主化的诉求,并期望这个民主化要求能够在国家控制的范围和方向发展起来。

（3）自治组织。在当今的政治生活中,自治权利仍然需要增长的空间。所谓"自治权利"一定要落实到村民个人权利保障上。乡村社会是一个经验的、熟人的社会。乡村社会是以几千人的自然村落为单位的,村民对他们的共同利益的关注是直接的,从乡亲当中选出良好的行政管理人员又是完全可能的,也就是说,村民能够做到"由自己来统治自己"。乡村社会自治水平反映一个民族的政治文化倾向;乡村的传统和精神直接影响到一个国家的政治选择。但一个不争的事实是,带有几千年专制政治文化遗产的村民,是绝不可能靠一场"民主选举"或"村民自治"就会使他们成为现代公民的。而那种只靠政府的"令行禁止"来推进乡村政治生活民主进程的努力,实质上仍然是一种"农民的智慧"——权威主义价值观念。总的来看,所谓"村民自治"的结果还不能说总是向着"由自己来统治自己"的方向发展,原因可能是多方面的,如权力操控、家族势力、金钱作用等,但一个更深层的原因则是乡村传统政治文化或乡村的传统和精神的影响作用。

（4）公民政治参与。帝制时代没有民众参与的问题,有的只是对皇权的忠诚和服从。近现代以来的所谓民众参与,也基本上是"动员参与"。传统社会中政治参与发生在武力强制、意识形态、巫术和宗教的束缚之下。现在的民众参与是发生在经济社会转型过程当中,社会结构的变化、社会利益的多元化、社会力量的多样化。"社会和经济的变化,如城市化、文化和教育水平的提高,工业化以及大众传媒的扩展等,使政治意识扩展,政治要求剧增,政治参与扩大。这些变化削弱了政治权威的传统源泉,也削弱了传统的政治体制;这些变化使建立新的政治联系的基础问题,以及创造新的既具合法性又高效能的政治体制问题,都大大复杂化了"。[18]但在我们的传统里,没有民主的平等的文化特质,为官者还不能完全摒弃"为民做主"的传统意识,为民者也不关注一般权利的诉求。在此,体制的僵硬在传统的政治文化上得到解释,压力、骚乱、不稳定,使统治者和被统治者陷入相互不信任、敌视甚至仇视的紧张状态之中。对政治体制改革来讲,如果靠权力获得利益的结构得到同化,改革则意味着（利用权力来发财致富的）失去既得利益和权力地位。

自治组织不能"激活"人民群众政治参与的热情，人民群众就不会徒具名义地参与其中，而更愿意按照传统的权力主宰意识去行动。"即使社会动员和参政范围既深又广，而政治上的组织化和体制化的速度却十分缓慢，其后果便是政治上的不稳定和混乱。政治体制的发展落后于社会和经济的变化，这就是政治上的首要问题"。[19] 政治发展的稳定取决于现行政治体制能否顺应民众的参与诉求并将多元化的社会力量纳入制度之内。

（5）价值观念多元化。新中国成立之后，社会成员进入国家的资源分配体系，一个相对独立的、带有一定程度自治的社会消失，国家与社会的界限不复存在，社会高度政治化，社会成员的价值观高度一致。重平均分配，轻利益差别，重国家利益，轻个人利益；强调一致性，忽视多样性；强调社会成员的服从意识，而忽视其能动性；等等。改革开放30多年来，国家与社会开始分离，社会成员的私人生活领域大大拓展，并越来越明显地区别于公共领域。总之，国家与社会关系的变化，削弱了国家对个人的全面控制，增强了社会的自主性，为社会成员自主合法地谋取物质利益开辟了广阔的空间，一个相对独立的、与国家并列的提供资源和机会的社会逐渐发展起来。但是，作为维护特定社会结构并赋予这一结构合法性的社会心理基础的文化价值观念，并没有如期而至，不仅如此，社会转型所带来的价值多样性还处在不确定甚至混乱当中。

在社会转型时期，人们的行为方式、生活方式、价值体系都会发生明显的变化。在这一巨大而剧烈的变迁过程中，带来两个变化：一是国家意识形态容纳进一些新的因素；二是民间文化范式结构性的变化。数以亿计的农民工[20]进入城市，进入"陌生人社会"，浸染着小传统文化的他们分散到形形色色的现代营利组织当中，其直接后果是：它分裂了传统的文化共同体，瓦解了传统的生活方式和工作方式，随之而来的是：大城市、公司、工厂和车间孕育了一种新的团结方式和集体身份。其文化正在经历裂变和转型，在陌生人的场景当中，利益或利害关系变得如此重要，以至于伦理主义的共同体价值逐渐被个人的权利价值取而代之。

上述五个方面的变化是推进政治现代化的基础性的文化条件。政治、经济、社会的变革，在政治文化上的意义，是改变传统的价值观与行为模式，"把对于家庭、乡村和部落的效忠扩大到对国家的效忠，使公共生活世俗化，使权威结构合理化，促成具有特定职能的组织，以实绩标准取代归属标准，同时推进更为公平地分配物质资源和象征性资源"[21]。在此，要使大传统"权威结构合理化"，是民主和法治的要求；要使小传统"公共生活世俗化"，是社会自治政治文化发展和成长的基本条件。

认识到上述几个方面的现实条件，要进行创造性的文化转化，促进社会自治文化的发展和成长，需要在如下方面做出努力：

一是完善市场经济。市场经济不是（也不能是）权力经济。前者造就在市场活动的个人成为具有平等权利、公平交易、公平竞争的经济行动者；后者与特权、垄断、审批、寻租等非市场的性质和行为连在一起。市场的逻辑或市场的力量对人们的思维方式和行为方式带来根本性的改变：传统的国家观念、社会权力观念、价值观念受到冲击和挑战，个人主义、权利主体意识、公平和正义、平等与效率，等等，这些观念都在潜滋暗长。

改革开放30多年来，一系列将人们区分为不同身份群体的次级社会制度被市场的力量所改变，阶级身份、户籍身份、就业身份、所有制身份，等等，传统的社会结构正在逐渐开放，同时，市场的逻辑在向人们潜移默化地灌注一个观念：不管他（她）出生在哪里、居住何地、门第贵贱、持有何种观念、有什么不同的政治主张和倾向，等等，他都有公平的权利和机会。不仅如此，权利意识促使他从政治的被动和冷漠转向积极的参与活动当中。免于特权的侵害和奴役，确立自由、平等和主体意识，这些观念和价值恰好是社会自治政治文化的内在含义。

同时，政治精英或官方文化的捍卫者应该意识到：铲除经济生活当中的权力意识和权力观念，是完善市场经济的第一步。必须面对和促成这样一个事实：市场经济是建立在权利的基础上，而不是建立在特权的基础上。建立在血缘宗法基础上的人身依附、强制与特权的传统精英政治文化，已经无法应对政治关系、政治制度和政治文化方面的变革要求和压力。

简言之，市场经济（不是权力市场经济）的一个决定性因素在于：它的发展对社会结构、生活方式、社会身份、价值观念所带来的巨大冲击，个人权利意识、契约意识、公共观念等必然会在"民间"成长起来。同时，新时代的"大传统"要顺应和遵循市场的理念，"小传统"的文化特质与现代公民文化也有一个"文化适应"问题。共同塑造一种由大传统与小传统共同创造的新型文化——有"中国特色"的社会自治政治文化。

二是公民理性的训练和培养。自由意志的表达是公民权利表达的前提，是社会自治的基本条件。传统社会没有自由意志的表达，没有民主和人权，公民权利无从谈起。中国一直有"为民做主"的政治文化传统，时至今日，社会自治政治文化也没有培养起来。

实际上，小传统观念里有自治的特质。天高皇帝远，地方性差异大，日常生活逻辑本身就蕴含着自治的倾向。关于这一点，从最初村民自治组织的发生之地——广西宜州合寨村的考察中，能够体会到乡村生活里那种植根于地方传统和习惯当中的有自治文化特质的政治文化取向。这大致包括：①平等观念。在人们的生活世界里，并没有特别强化的上下尊卑、等级严明的权威意识。人们并不特别介意权威的存在以及不可僭越的差序和仪礼，一种基于朴素情感的平等交往使身份特征变得不那么要紧，并且使得人们的互动和谐起来。这反映的是一种人们对待权威的态度，这是一种平等的态度，这种态度有助于一种自治意识的生长。②民主价值取向。有了平等的意识，日常生活中的协商和妥协随处可见。凡民生甚至个体的日常生活矛盾，均可以采取倾听、交流和建议的方式去寻求解决之道。事涉公共利益，也大多采用公开的和平的辩论方式去讨论解决。③文化共同体意识。习惯和传统以及乡情、亲情、友情、邻里之情使共同体获得归属感和凝聚力。这种价值关怀使协作和互惠成为可能，如此，解决共同体所面对的民生和社会问题才可能具备基本的情感认同方面的文化条件。[22]

上述要说明的是，社会自治的能力和发展水平与"民智"（教育程度或文化水平）没有什么实质性的关系。浙江温岭的"民主恳谈会"、江苏太仓的"政社互动"等，这类所谓的"协商民主"、"激活村民自治"的做法，从某种意义上讲，都是培养和训练公民理性的方式方法。说到底,这种做法和方式本身就是一种公民教育和公民自我成熟的过程,它增强了公民的理性,增强了社会的理性,让公民具有更强的表达意愿和能力。

三是公民政治参与的制度化。传统上,政治一直是少数精英的事情,一般民众只是被动地参与进来。国家和社会从来都比个人重要得多,个人只有仰仗和依附权力,才有价值,才能体现尊严。改革开放30多年来,民众的参与逐渐多起来,这一方面是民主化趋势,另一方面是利益群体多元化带来的日益觉醒的权利诉求。现行政治体制正在适应这种民主参与的趋势,并做出许多所谓"地方政府创新"的努力[23]。但这些所谓"创新"并不是都能够上升到制度化水平,或者说,这些所谓"创新"许多都止步于现行体制问题,不具有制度变革的意义。反观民众的参与,并不能完全消除政治冷漠:民众中依然有对权力阶层的不信任、对立甚至敌视的情绪。个体的权利诉求依然秉持那种指望权力的恩荫或者视权势者为寇仇的传统政治思维。这样不断积累起来的民怨,就会最终致使权力合法性处在质疑之中。

总之,对于权力来说,内在的自律只是避免遭受惩罚的戒惧之心,外在的制衡才能将其权力关在制度的笼子里并抑制其越界和恣意妄为;对民众而言,小传统那种只问实质结果而轻视程序、只关注利害关系而放弃权利的人治观念,不可能带来实质性的民主政治参与。进一步讲,不从体制机制上对民众的政治参与进行制度化,那么所谓的政治参与创新的努力就不可能有实质性的意义。

四是社会政治生活法治化。社会政治生活法治化的意义,在于对公共权力加以规范,使其正当性建立在形式理性的基础上。法治的意义,对国家而言,就是控制权力、制约权力,使其在法的范围里行动;对民众而言,就是树立宪法权威,使民众相信制度权威和程序公正,使自由民主权利和人权真正深入人心,使这种法治的政治文化社会化。

现代化的政治必是法治化的政治,而这恰好是传统政治文化(大传统与小传统)所不具备的民主元素。传统的人治政治文化一般表现为两个极端取向:一是政治是少数政治精英的特权;二是泛政治化。在传统的封闭的政治共同体里,政治一直为少数政治精英所垄断。其驭民之策,除了强制力,主要通过控制言论、封锁言论来达到"民可使由之不可使知之"(《论语·泰伯》)的愚民目标。而20世纪以来的大众政治时代乃是"泛政治化"(Pan-politicalization)的时代,政治渗透到社会生活甚至个人生话的方方面面。这两个取向在一个共同点上连接起来:人治——无论是民粹主义式的人格化政治还是威权主义的人格化政治。

就政治的现代性而言,政治不仅关乎国家与社会发展,事实上,任何与权利分配相关的事情都是政治。从公民文化的角度看,社会体制是一种契约,而政治则要确保契约的执行,而这种执行必须建构在法治化基础之上。法治应当被看作一整套遏制权力和培养自由权利的可操作的原则、规则、制度与方法。要保证个人的尊严和自由,就必须防止政治的不确定性,实现政治的规范化、程序化。

参考文献

[1] 托克维尔：《论美国民主》（上卷），商务印书馆1988年版，第67页。

[2] 郭宝平、朱国斌：《探寻宪政之路：从现代化的视角检讨中国20世纪上半叶的宪政经验》，山东人民出版社2005年版，第175页。

[3] 费孝通：《乡土中国》，生活·读书·新知三联书店1985年版，第4页。

[4] 黄遵宪：《黄遵宪致梁启超书》（第35号），《中国哲学》（第8辑），上海三联书店1982年版，第385页。

[5] 加布里埃尔·A. 阿尔蒙德、小G. 宾厄姆·鲍威尔：《比较政治学：体系、过程和政策》，上海译文出版社1987年版，第29页。

[6] G. Almond, Comparative Political Systems [J]. The Journal of Politics, 1956, 118 (3): 391–409.

[7] 中国新闻网（www.chinanews.com）2011年6月16日：民政部在其网站发布2010年社会服务发展统计报告称，截至2010年底，基层群众自治组织共计68.2万个，其中：村委会59.5万个，比上年减少0.4万个，降低0.7%，村民小组479.1万个，比上年减少14万个，村委会成员233.4万人，比上年减少0.6万人；社区居委会87057个，比上年增加2368个，增长了2.8%，居民小组130.7万个，比上年增加1.2万个，居委会成员43.9万人，比上年增长1.9%。

[8] 李亦园：《人类的视野》，上海文艺出版社1996年版，第144页。

[9] 近些年来，"上访"（公民主张权利的方式）愈演愈烈。寻求权势的庇护，一直是中国政治文化的特质之一。个人寻求的是自身利益或利害得失，不是一般意义上的所谓公民权利诉求。这与现代民主政治文化背道而驰。

[10] 俞可平：《地方政府创新成功经验尽快上升为国家制度》，网易财经2008年3月27日，来源：21世纪经济报道（广州）。

[11] 亨廷顿认为政治现代化的内容主要有三个方面。第一，政治现代化涉及权威合理化，并以单一的、世俗的、全国的政治权威来取代传统的、宗教的、家庭的和种族的等五花八门的政治权威。第二，政治现代化包括划分新的政治职能并创制专业化的结构来执行这些职能。第三，政治现代化意味着增加社会上所有的集团参政的程度。亨廷顿认为，要达到政治现代化的三个标准，必须首先满足两个前提：一是国家适应性能力增强，不断地推动社会的经济改革；二是国家有能力将新生的社会力量纳入制度之内。

[12] 张分田、张鸿：《中国古代"民本思想"内涵与外延刍议》，《西北大学学报（哲学社会科学版）》，2005年第1期。

[13] 王得后：《鲁迅心解》，浙江人民出版社1996年版。

[14] 孙广德：《我国民本思想的内容和检讨》，《社会科学论丛（台北）》，1988年3月30日，第36辑抽印本。

[15] 国务委员兼国务院秘书长马凯在《关于国务院机构改革和职能转变方案的说明——2013年3月10日在第十二届全国人民代表大会第一次会议上》提出："着力解决政府与市场、政府与社会的关系问题，充分发挥市场在资源配置中的基础性作用，更好发挥社会力量在管理社会事务中的作用；推进职能下放，着力解决国务院部门管得过多过细问题，充分发挥中央和地方两个积极性。"

[16] 中国新闻网（www.chinanews.com）2011年6月16日：民政部在其网站发布2010年社会服务发展统计报告称，截至2010年底，全国共有社会组织44.6万个，比上年增长3.5%；共有社会团体

24.5万个,比上年增长2.5%;共有民办非企业单位19.8万个,比上年增长4.2%;共有基金会2200个,比上年增加357个,增长19.4%。社会组织业务范围涉及科技、教育、文化、卫生、劳动、民政、体育、环境保护、法律服务、社会中介服务、工商服务、农村及农业发展等社会生活的各个领域,吸纳社会各类人员就业618.2万人,比上年增长13.5%。

［17］高丙中:《社会团体的合法性问题》,《中国社会科学》,2000年第2期。

［18］［19］塞缪尔·P.亨廷顿:《变动社会的政治秩序》,上海译文出版社1989年版,第5页。

［20］中国新闻网(www.chinanews.com)2009年3月25日:根据国家统计局农民工统计监测调查,截至2008年12月31日,全国农民工总量为22542万人。其中本乡镇以外就业的外出农民工数量为14041万人,占农民工总量的62.3%;本乡镇以内的本地农民工数量为8501万人,占农民工总量的37.7%。在外出务工的14041万农民工中,按输出地分,来自中部、西部和东部地区外出农民工数量比例分别为37.6%、32.7%、29.7%。按输入地分,东部地区吸纳外出农民工占外出农民工总数的71%,中部占13.2%、西部占15.4%。在本地就业的8510万农民工主要集中在东部地区,占62.1%,中部地区占22.8%,西部地区占15.1%。而且根据国家统计局《2011年我国农民工调查监测报告》,农民工总量在持续增长:2008年为22542万人;2009年为22978万人;2010年为24223万人;2011年为25278万人(《第一财经日报》2013年3月19日)。

［21］塞缪尔·P.亨廷顿:《变动社会的政治秩序》,上海译文出版社1989年版,第153页。

［22］有关广西宜州合寨村的考察情况,参阅周庆智文《文化传统与制度建设:合寨村村民自治制度考察》,见陈红太主编:《中国民主政治建设创新案例调研》,中国社会科学出版社2010年版,第312－318页。

［23］俞可平:《政府创新的若干关注点——关于1500则地方政府创新案例的分析报告》,社会学视野网,2010年8月2日。

政党政治与政治稳定[*]
——乌克兰案例研究

张 弘

【摘 要】东欧国家的历史经验表明，在由传统社会迈向现代社会转型的进程中，都存在着大量的影响社会政治稳定的矛盾与问题。本文选取转轨国家中的乌克兰为案例，通过对政党政治涉及的三种主要关系来研究政治稳定。指出政党制度设计需要考虑到转轨前的政治社会和文化条件；缓慢发展的政党体系制约了政治稳定的实现；极化的政治文化限制了政治稳定的达成。

【关键词】乌克兰/政党政治/政治稳定

政治稳定是一个内涵极其丰富的概念。亨廷顿指出："政治稳定这一概念占主导地位的是两个因素：秩序和持续性。"[1]现代民主政治在很大程度上就是政党政治，政党在现代国家的政治事务和进程中是最具有影响力的政治载体，政党政治因此成为关系政治稳定的核心要素。政党主要面临着以下三种关系：政党与国家的关系；政党之间的关系；政党与社会的关系。本文遵循这个思路从制度设计与政治稳定、政党体系与政治稳定、政治文化与政治稳定三个角度来讨论乌克兰在转轨过程中政党政治与政治稳定关系。

乌克兰是研究苏联国家政治转型比较典型的案例，在独立后的20年间基本搭建出了现代民主制度的框架，但是实现民主巩固的过程却颇费周折。不仅出现过严重的政治腐败现象，还爆发了闻名于世的"橙色革命"，不同政党围绕国家民主建设和社会改革矛盾不断。

一、制度设计与政治稳定

政党是代议制下的公民参与政治活动的主要方式，因此政党制度的设计也直接影响到

---

[*] 原载于《俄罗斯东欧中亚研究》，2013年第1期。

政治稳定。政党制度内涵主要是指一国政治体制中政党执政参政的形式，主要包括政党在现代国家政治生活中的地位、政党参与政治的形式——选举制度以及政党之间的关系——政党体系[2]。苏联解体后，乌克兰在政治制度的设计上选择了西方三权分立的政治制度，在政党制度上废除苏联时期的一党制，实行多元化的政党制度。在国家政治制度的设计上选择了大总统、小议会、小政府的权力格局。政党在乌克兰没有组阁权，政府不一定要由议会多数党团组成，总理和内阁成员的任命主要取决于总统，这种没有执政党的制度设计也是乌克兰政治的特殊之处。

（一）政党在乌克兰国家宪政制度中的地位和作用

从社会转型期的政治生态出发，乌克兰在制度设计上弱化了政党的地位和作用。苏联解体初期，乌克兰在选择议会制和总统制上面临着两难选择。以苏维埃（议会）为首的政治力量希望将苏联时期形式上的议会制发展为实质意义上的议会制，而总统一方希望实行总统制，议会只是作为立法和监督机关。由于双方一直不能达成妥协，导致乌克兰的制宪过程漫长并充满矛盾，直到1996年库奇马总统威胁发起全民公决才迫使议会通过了总统方案的新宪法[3]。

根据1996年宪法，乌克兰实行的是总统议会制，也叫半总统制。有别于最典型的半总统制国家——法国，乌克兰的半总统制进一步限制了议会的权力，扩大了总统的权力。首先，议会没有组阁权，仅有倒阁权。乌克兰1996年宪法独特之处在于没有赋予议会多数政党的组阁权，只有同意权和倒阁权。由于独立之初的议会中的政党发展水平较低，存在着数量庞大的无党派议员，使得政党对政府总理人员的影响被严重削弱。政府总理不一定来自议会中的多数党团，也可以是来自无党派的地方领导人。虽然由各主要党派组成的议会在制定法律方面有一定作用，但对总统的决策难以形成必要牵制，也无法对政府的组成产生直接影响。这种状况容易导致议会与政府之间立场对立，迫使议会经常行使倒阁权，进而严重影响了政治的稳定与发展。从1991年至2004年乌克兰一共更换了11位总理，他们都不直接来自议会内的多数党团。可见，政党在乌克兰没有直接影响政府的机制，而是总统主导下与议会各派力量之间讨价还价的结果[4]。其次，内阁与议会一旦出现矛盾很难在短时间内化解。在半总统制国家里，当总统和国会的多数党属于不同政党时，总统有可能选择同党或其他非国会多数党的人选为总理。在此情形下，政治运作非常紧张，国会多数党与内阁及总统容易产生对立。内阁对国会提出的法案，常常会受到国会多数党的不信任与严重牵制，迫使内阁与总统对国会多数党妥协。在一些有主动解散权的半总统制国家，总统会通过行使主动的解散权，尝试化解此种僵局；但在一些没有主动解散权的半总统制国家，会造成相当严重的宪政问题。由于乌克兰宪法第90条规定：如果议会在30天内无法正常开展会议，总统有权解散议会。这意味着总统很难通过行使解散议会的权力来化解内阁与议会之间的矛盾，造成严重的宪政危机和冲突。政府提交的法案迟迟得不到批准，同时政党的政策主张也经常不被政府采纳。

"非政党政府"思想的直接后果之一就是寡头干政。由于在民主制度初创时期，在乌克兰国内政治生活中存在的先天不足和历史包袱使得他们不得不选择弱化政党的作用和地位。总统候选人无法有效地利用政党，甚至是排斥政党的支持。这种制度设计思想也导致了没有执政党的政府，弱化了政党在国家政治生活中的作用，不利于健康的政党政治的培育和发展。政党本应具有的利益传输和集中职能不能发挥功效，政党职能的缺失导致社会利益阶层绕过政党直接参与国家政治，特别是金融工业集团（寡头）直接参政。随着个人财富的增长，这些金融寡头开始表现出对政治生活的浓厚兴趣。寡头们的参政意愿在急需政治力量支持的总统那里得到了实现。从此，无论是举行总统选举，还是解决涉及国家经济改革和政府调整等重大问题时，都不乏金融寡头台前的积极活动和幕后的暗箱操作。

"非政党政府"思想直接后果之二就是政党缺乏稳定的社会支持。在独立之初的乌克兰，除了乌克兰共产党在人民中拥有比较稳定的群众支持外，其他的政党组织自身分裂组合不断，选民队伍也经常波动。支持激进经济改革的右翼政党较多，但是由于"休克疗法"给社会造成的镇痛使得选民无所适从。人们宁愿相信一个实实在在的领导人，也不愿意相信某个主义或意识形态的政党。选民往往是跟着领导人走，而不是政党。政治精英之间也由于利益分配或者权力交易而不断转换阵营。库奇马一直以独立候选人的身份参加总统竞选，因为"超党派"形象更有利于他利用个人魅力拉拢选民，更便于他利用党派之间的矛盾。

政党缺乏有效的机制直接影响政府制约了乌克兰政党和政党制度的健康发展。这种对政府职能的错误理解严重影响到建立起受议会主要政党支持的、有政治责任心（即具有政治纲领）的政府。人为地使政党脱离与政府的合作和竞争阻碍了政党政治的正常发展，而议会里的各个党派又缺乏对政府施加直接影响的有效手段，从而进一步妨碍了政党成为权威的、政治上负责的政治行为主体的形成。

（二）选举制度的设计造成的两难境况

民众利益的充分表达、有序整合、有效实现，是政治稳定、社会和谐的反映，也是政治稳定社会和谐的条件。选举制度是实现这一目标的制度基础，也是实现人民当家做主的政治基础。虽然公民的广泛参与是政治社会稳定和谐的必要条件，但参与并不必然带来稳定和谐，无序的政治参与可能危及稳定和谐。乌克兰的议会选举制度改革比较缓慢，在1994年议会选举中沿用苏联后期苏维埃的单一制选举制度（多数代表制）。直到1997年的乌克兰议会第13次会议才通过了新的《乌克兰人民代表选举法》，决定实行多数代表制和比例代表制相结合的混合式的代表选举制度。一般情况下认为，单一选区有利于小党的生存，比例代表制有利于两党制的形成。混合选举制综合了简单多数制和比例代表制的特点，其代表性和政党分化程度介于多数当选制和比例代表制之间。也就是说，混合选举制既吸收了多数当选制和比例代表制的长处，同时，也把它们的先天不足吸纳进来。在混合制选举制度下，一些制度性安排的忽略造成在实践中有些"水土不服"，没有实现造就两党制的初衷，而是在一定程度上给政党政治的培育和发展造成了两难境况。

首先，单一制（多数代表制）选举中出现大量的独立候选人，制约了政党政治的形成和稳固。一般研究认为，多数代表制的好处是能提高政治稳定性，具体表现在能提高政府的持久性，而比例制的好处是能具有更大的代表性。相对多数代表制奉行的是多数全赢的原则，因此对大党最有利，对小党则不利。比例代表制则有利于小党发展而且比较客观地反映了政治组织的实力，但同时容易滋生激进情绪。乌克兰在选举制度的设计上采取了混合制选举制度，也就是在单一选区两票制。一票投给个人候选人，获得单一选区选票最多的人当选；另一票投给政党，一个政党必须在政党名单比例代表制部分获得超过一定门槛[5]，才能获得议会中政党的比例席位。

在乌克兰民主制度建立初期，政治家以独立候选人的身份参与国家政治生活的现象比比皆是。在乌克兰独立以来的1991年和1994年总统大选中，克拉夫丘克和库奇马都不是以政党候选人，而是以独立候选人的身份参加选举。在1994年参与乌克兰独立后的第一次议会选举中的4079名候选人中，独立候选人占到了2873名。在被选举出来的404名议员中，独立议员或者不属于任何政党的议员占到了203名[6]。1998年乌克兰议会选举首次采取了混合制选举制度，国家议会总席位共450名，其中一半的席位共225席，以单一选区相对多数制选举产生，亦即在乌克兰全国划分的225个单一席位选区中，由选民按照相对多数制的方式选出；其余225席则在全国范围的选区中，由选民以政党名单比例代表制选举产生。在参加议会选举的30个政党中，有8个政党的得票率超过了4%的比例代表制门槛，进入议会。没有超过4%门槛的政党或者独立候选人在单一制选区内赢得了145个席位。有34个政党正式参加在2002年举行的议会选举，其中6个政党的得票率超过了4%的比例代表制门槛，而没有超过4%门槛的政党候选人在单一制选区内赢得了9个席位，无党派候选人获得了94个席位。

可见，在刚刚解除党禁的乌克兰，政党政治基础薄弱的情况下，一半的议席采取单一选区相对多数制的选举，不仅没有促进乌克兰形成两大党为主的政党体系，反而造就了大量以地方为支持基础的政党，而在全国层次上形成多党体系。甚至有些地方政治精英未参与政党或组成政党，以独立候选人的身份参选，也能在单一选区相对多数制的选举中获得席次。大量独立与政党之外的候选人在单一制（多数代表制）中的当选制约了政治利益的整合，更为非政党政治的发展创造平台。

其次，比例代表制引发的代表性偏差。为了避免国会政党林立，导致国会决策效率低下。一些国家采用了小选区制或提高政党比例代表制进入国会。在乌克兰议会中一半的席位是按照比例代表制选出。尽管乌克兰议会选举中的比例制选举门槛设定为4%并不高，但是在独立之初的乌克兰政党并没有做好准备。例如，在1998年的乌克兰议会选举中，乌克兰共产党在比例代表制部分的得票率是24.65%，但该党在比例代表制部分的议员席位率却达到了37.33%。"人民鲁赫"在比例代表制部分的得票率是9.4%，但该党在比例代表制部分的议员席位率却达到了14.22%。2002年乌克兰议会选举中，"我们的乌克兰"在比例代表制部分的得票率是23.57%，但该党在比例代表制部分的议员席位率却达到了31%。乌克兰共产党在比例代表制部分的得票率是19.98%，但该党在比例代表制部分的议员席位率却达到了26.22%。2006年，乌克兰修改议会选举法，所有议会450个席位采用政党比例代表制。比例代表制选举的代表偏差进一步扩大。地区党的得票率是32.14%，但该党的议员席位率却达到了41.33%。季莫申科联盟的得票率是22.29%，但该党的议员席位率却达到了28.66%。"我们的乌克兰"的得票率是13.95%，但该党的议员席位率却达到了18%。

比例代表制的运用不可避免会出现误差，但是一旦这种误差超出了民意代表的允许范围就可能导致代议制民主的空转。议会的活动也就脱离了民意的需求，成为政党的工具。特别是当政党的得票率较低的时候，仅有1/4或者1/5支持率的政党能否体现全体民意就成为一种猜想了。采用综合了多数代表制和比例代表制的混合体制的初衷可能是希望从制度上最大限度地避免专制，保障民主的效率，但是实践的效果并不理想。多数代表制（单一制）造成地方精英不需要利用政党就可以获得选民的支持，在议会中形成众多行业性或区域性的小党，不利于大党的形成和整合。因此，在经过十多年的实践后，乌克兰在2004年尝试放弃混合制中的多数代表制，转而采用有得票率门槛的比例代表制[7]。

尽管比例代表制存在着技术上的偏差，但却有利于政党的整合，进而实现两党制。政党制度和选举制度本身不能解决政治稳定问题，但是一个适应国情和政党发展的制度可以降低实现民主政治的成本。乌克兰宪政制度安排使政党在国家政治生活中的作用"被边缘化"，从而造就了没有政权党的政党政治，国家政治制度化程度很低，对政府提出的要求很难或不可能通过合法渠道来表达，也很难在政治制度内部得到缓解和聚合，因而，人们参政意识的超前与政治制度化的滞后就容易造成政治不稳定。

二、政党体系的变化与政治稳定

代议制制度下的政府稳定很大程度上受制于政党体系的格局。不同政党存在的相互竞争对民主政治具有关键性的影响，是检视一国政体是否民主与稳定的重要指标，民主政治就是竞争性的政党政治。因此，我们这里主要讨论的是竞争性政党体系的类型和变化与政治稳定之间的关系。

从苏联后期一直到苏联解体，乌克兰法律上废止了一党制，实行多党制。各种社会阶层和利益集团因此获得通过组织政党参与选举的合法渠道，政党也成为影响国家政治稳定的重要因素之一。乌克兰政党体系的从无到有的发展过程对国内政治生活产生了不同的效应。但是，乌克兰政党体系的演变过程比较复杂和缓慢。苏联的解体让乌克兰社会措手不及，面对突然发生的国家变革，乌克兰社会匆忙组建政治组织来应对多党政治，参与国家政治生活的主要活动。乌克兰的政党体系大致也经历了萌芽阶段、形成阶段和磨合阶段。

（一）独立后至1997年议会选举法的颁布是乌克兰政党制度的萌芽阶段

这个时期的乌克兰政党制度缺乏必要的社会群众基础和法律架构发展十分缓慢。除了乌克兰共产党以外，很少有政治组织能够被乌克兰社会所熟知和认可。与此相对应的是，大量的民族主义精英、地方精英和工商精英占据着乌克兰公众的主要视野。由于上一届乌克兰最高苏维埃的代表没有制定新的议会选举制度，因此在1994年进行的乌克兰议会选举延续了苏联后期的议会选举办法——按照单一选区的绝对多数代表制原则、以不少于投票总数的50%选票的规则进行。

这个时期的乌克兰政党体系还不能被称之为正式的政党政治，独立于政党之外苏联的政治精英和经济精英成为乌克兰政治中的主角。除了乌克兰共产党以外，基本上没有什么成形的全国性的政党组织。当时参加1994年议会选举的政党更像公民组织和政治精英俱乐部。1990年在乌克兰司法部登记的政党只有一个——乌克兰共和党，1991年就有7个新的政党获得登记，1992年获得合法注册的乌克兰政党有13个，1993年则缓慢增长到16个。1994年共有30个政党参加了议会选举，其中14个政党的代表得以进入国家议会[8]。独立候选人在1994年当选的401名议员中达到203名之多，在地方议会选举中表现更加突出。在地方苏维埃里只有较大的或组织性较强的党派获得了代表席位，而属于某个党派代表仅占整个地方议会代表总数的4.7%。从党派的地区分布上看，在1994年议会选举中就已暴露出实际选民的地域性分布与乌克兰政党的"全国性"地位并不相符的特点。左派政党——乌克兰共产党、乌克兰社会主义党以及乌克兰乡村党在乌克兰的东部和南部地区的支持率最高——分别为52.6%和44%，而在中部和西部则只有25.2%和1.3%的支持率，乌克兰中西部是右派和中右派的基地。从政党规模上看，成立之初的乌克兰议会没有形成规模较大的政党，更多的是小而多的政治派别。即便是1994年议会中最大的政党——乌克兰共产党也仅拥有在议会中的85个席位，"人民鲁赫"得到的席位更是少得可怜，仅20个席位。没有一个政党具有构成多数派的实力，只有乌克兰共产党和"人民鲁赫"有足够多的代表可以建立起自己的派别（代表人数不得少于25人），其他议会代表们则组成了10个代表集团[9]。

处于萌芽阶段的小而分散的政党体系阻碍了国家机器运行的效率。以库奇马总统为首的政府与以共产党为首的议会围绕制定新宪法的争论成为当时乌克兰社会的主要矛盾。总统为首的政治力量主张在乌克兰加强总统的行政权力，赋予总统任命总理和内阁部长的权力，议会主要行使立法和监督职责。议会方面主张实行议会制的国家体制。虽然双方矛盾没有激化到俄罗斯式的武装冲突的地步，但是这种利益冲突也造成了乌克兰政府的空转，经济改革停滞不前。可以说，总统与议会长达五年的"制宪之争"使得乌克兰经济转型远比同是苏联国家的俄罗斯要痛苦和漫长得多。

（二）1997~2004年宪法修正案的通过是乌克兰多党制体系的形成阶段

1996年通过的《乌克兰宪法》确定乌克兰国家宪政体系的基本框架。在总统议会制的宪政体制下，总统、政府和议会权力及责任的明确划分标志着三权分立的政治制度在法律上得以确认。1996年宪法的制定和1997年乌克兰议会通过的议会选举法，标志着多党制体系在乌克兰的形成。

首先，在法律上确立了政党在议会政治生活中的规则和作用。虽然当时乌克兰没有成形的政党法，但是1996年宪法规定了政党作为公众参与国家政治生活的主要形式。乌克兰1996年宪法（第36条）虽然没有定义政党，但还是规定了政党的任务是参与选举和促进公民的政治意愿形成和表达。

其次，混合代表制的确立标志着乌克兰多党制体系的形成，政党参与议会选举形式的确立标志政党政治形成。1997年乌克兰最高苏维埃第13次会议通过了新的《乌克兰人民代表选举法》，决定实行多数代表制和比例代表制相结合的混合式的代表选举制度。具有重要意义的是设立了选举组织和选举联盟进入议会得票率的门槛，规定只有获得4%以上选票支持的选举组织才有权分享比例制选区席位。按照1997年的《选举法》，在登记代表候选人时，政党或竞选联盟必须交纳一定数额的保证金，而且每个候选人须征得20万人以上选民的签名，在乌克兰14个选区中的每一个地区不得少于1万人的签名。这些措施促进了政治组织的整合和政党政治的发展，一定程度上限制了独立政治家的空间。

在新的选举法的规范下，参与政党组织和政治联盟的数量得到了迅速增长，单一选区的政党候选人比重也增长明显。在1998年议会选举到2007年议会选举前这段时期内，乌克兰政党的数量呈几何数字式的增长。1998年底在乌克兰司法部登记的政党数量是43个，到2002年议会选举时国内已有合法登记的政党83个，截至2011年底乌克兰合法注册的政党数量已经达到了195个[10]。政党数量的增加显示出，政党逐渐受到乌克兰社会的认同，政治精英开始逐渐选择力量整合。1998年议会中政党的代表性得到扩大，超过4%门槛的政党和选举联盟在这次选举中总共获得了65.79%的选票。独立议员的数量从1994年议会中的203名下降到1998年议会中的145名。同时，政党参与议会选举的热情也不断高涨。1998年议会选举中有30个政党在中央选举委员会登记，其中超过4%得票率门槛的政党和选举联盟有8个。2002年议会选举中合法登记参选的政党数量达到了34个，其中超过4%得票率门槛的政党和选举联盟有6个。

最后，是极化的多党制出现和体制外的冲突。对于乌克兰政党体系而言，极化多党制可能是这个时期内的基本特征。由于政党和政党体制对政治参与的组织化程度和政治过程的制度化程度起着决定性的作用，因而当一个政治共同体中政党众多、政党政治处于无序状态时，任何一个政党都不能真正承担起整合社会的责任，相反会大大加剧社会分裂的程度。这就导致了人们对政党失去信任，致使政治体制发生危机。政党间的竞争很容易越过政党制度的边界，采取非制度化的手段，变成体制外的冲突或对抗，从而对政治体制本身造成威胁。2002年议会选举后，乌克兰政党政治又出现了一些新的变化：政党开始区分为"亲总统"的党派和"反总统"的政党，并且这种分法跨越了原有的意识形态的分化——在"反总统"的政党中既有左派也有与前者意识形态完全对立的右派政党，这种超越意识形态和政见主张的政党竞争已经成为乌克兰民主政治发展的一个障碍。因而

"在处于现代化之中的国家里,多党制是与高水平的政治制度化和政治稳定不相容的。在处于现代化之中的国家里多党制是脆弱的政党体制"[11]。

这个时期的乌克兰政党制度雏形已经形成,政党通过参加选举,向公众宣传自己的政治主张,反映不同社会阶层的利益诉求。同时,乌克兰政党制度仍然处在不成熟的阶段,具体表现在政党的制度化不高。政党规模较小,政党的稳定性较差。

(三) 2004年宪法修正案颁布后的乌克兰政党体系处于调整阶段

作为"颜色革命"的主要成果,2004年乌克兰议会通过的宪法修正案,使议会选举制度发生了质的转变。首先,议会选举中完全取消了单一制选举制度,完全采取了有门槛的比例代表制。使得原来大量存在的独立候选人加快整合,并迅速融入主要政党体系内。尽管选举中的得票率门槛从4%降低到3%,但议会中党团席位出现了明显的集中趋势。2006年议会选举中,共有45个政党和选举联盟参加了这次议会选举,其中超过3%得票率门槛的政党和选举联盟有6个。2007年提前举行的议会选举仍然按照比例制选举制度,有20个政党和选举联盟参加了这次选举,共有5个政党和选举联盟超过了3%的选举门槛。

其次,是责任内阁制的实行。根据2004年的宪法修正案,乌克兰的政治体制由总统议会制转变为议会总统制,在议会中多数政党或多数政党联盟拥有组阁的权力,这对于促进政党向有责任的政治组织演化具有历史意义。由于没有任何一个政党可以获得单独组阁权的过半数席位,这些政党联盟合作也不很顺利,进而造成政府的频繁更迭。2004年宪法修改后的2005~2010年期间,政府还是经历三度更迭。议会不得不进行了两次提前选举。但是议会与政府的矛盾却得到有效的缓解,政党体系中由极端多党制状态开始向温和多党制过渡[12]。

2010年,乌克兰宪法法院裁决认为2004年宪法修正案不合法,恢复使用1996年宪法。乌克兰政治体制重回总统议会制国家,议会也相应地改回混合制选举制度。乌克兰议会又在2011年12月批准了新议会选举法。新法律将议会选举的比例制选举门槛提高到5%,取消了政党联盟参加选举的资格,这弥补了混合选举制可能造成小而散的政党体系的缺陷,有利于政党组织的整合和政党政治的完善和发展。

三、政治文化的变迁与政治稳定

"一个和平有序的政治生活的维持,从政治统治者来说,是政治合法性的功能;从政治被统治者来说,可能就是政治文化的作用"[13]。在当代政治分析中,西方政治学把政治文化作为一个重要范畴,试图寻找政治文化在民主政体与专制政体国家中的地位和作用,寻找政治发展中政局稳定的文化因素。

在任何一个现代国家里，政治文化都不是纯粹的某一类型，而可能是多种政治文化的某种方式或程度的混合。基于这种假设，政治学家根据政治文化在一个社会中可能的分布状态，按照政治文化分布结构提出了不同类型的文化社会类型：文化同质性社会、文化极端化社会和多元亚文化社会[14]。政治文化极端分布的时候，公民行为往往具有极端化对立倾向，这样的社会往往是最不稳定的。相反，政治文化一致性分布的社会，社会成员在参与过程中彼此之间发生政治冲突的可能性低[15]。

当前，乌克兰主流政治文化的批评者和支持者主要采用不同的话语体系来描述其特征，这其实在某种程度上类似"意识形态冲突"，即保守主义、自由主义与社会主义之间的冲突。苏联解体以后，乌克兰国内政治文化的发展经历了自由主义思潮的泛滥以及在20世纪90年代以后多种思潮（保守主义、自由主义、民族主义、社会主义等）并存竞争和激烈斗争的过程。在这些不同意识形态和思想竞争的过程中，最终最大的保守主义和自由主义成为乌克兰社会目前最为普遍的政治文化。

（一）独立之初至2002年：自由主义与社会主义的竞争

苏联的解体标志着社会主义体制在欧洲的暂时终结，但作为一种政治思想带给乌克兰的影响却远没有消失。独立之初的社会变革没有给普通民众带来预期的政治民主和经济繁荣，反倒是政治腐败和经济崩溃。在政治经济美好预期破灭之后，乌克兰社会出现了社会主义思潮的回流，并成为制约激进改革派的重要力量。

在经历了独立之初的最困难的时期后，乌克兰共产党于1993年6月19日得以重新建立。重建后的乌共始终坚持在宪法和国家现行法律范围内开展活动，将议会内斗争和议会外斗争结合起来，在议会中多次联合其他左翼政党挫败总统和内阁的私有化提案，反对针对共产党人进行秋后算账式的迫害，反对极端的乌克兰民族主义。乌共重建以来，便主张积极发展与俄罗斯的外交关系，提出"授予俄语第二国语地位"、"反对加入北约"等特色口号，这些思想与口号赢得了该国俄语地区选民的拥护。因此在1994年和1998年的议会选举中，这些地区的绝大多数选民纷纷将选票投向乌共。在1991～1998年的乌克兰政治生活中发挥了举足轻重的作用。在1994年议会选举中，乌共获得86个席位，成为得票最多的政党，在苏维埃中组成最大的党团。在1998年的选举中，它获得24.6%的选票，有123名共产党人进入苏维埃，一度成为议会中的主导力量。除乌克兰西部外，它在其他所有州也都获得了选举胜利。1996年上半年，围绕制定乌克兰新宪法问题，共产党与"权力党"展开了长达半年的激烈较量。"权力党"提出了一个以扩大总统权力为主要特点的宪法草案，共产党则针锋相对地提出了另一个以取消总统、恢复苏维埃为主要内容的宪法草案。虽然乌共的提案没有赢得足够多数票，但仍获207名议员的支持，使"权力党"的草案迟迟得不到通过。在1999年总统选举中，乌共领导人彼得罗·西蒙年科在第一轮居第二位，获得了22.24%的选票，在第二轮获37.8%的选票，输给了库奇马。左翼政治文化思潮的回流反映出乌克兰独立以后自由主义政治文化冲击下，原苏联情结和社会主义思潮还没有完全消失，这种左右政治思潮的竞争成为独立之初的乌克兰国内政治生活的主要内容。由于两者对立的政治文化之间差距较大,也使得政党政治的竞争很难有序进行,双方达成妥协的可能性也就较低。在这种对立政治文化的支持下,政党行为更具有挑衅性。在这种极化的政治文化影响下,政府议会和总统之间难以形成政治和经济改革的共识,实现政治稳定的可能性也随之降低。

(二) 2002年至今:保守主义和自由主义斗争

进入21世纪,乌克兰社会左翼政治思想逐渐式微,苏联情结在选民中的影响力逐渐下降。在2002年的议会选举中左翼的共产党、社会民主党、乌克兰社会主义党一共才获得了25.1%的选票,而支持市场经济和民主体制的政党得票率超过半数[16]。民众的政治情绪逐渐摆脱意识形态斗争的范畴,关注的重点逐渐转向发展道路问题上。

由于乌克兰在历史、宗教和语言等问题的认同差异具有很大的地域性特点,东西部地区长期以来存在着文化和宗教上的差别。东部地区的居民讲俄语居多,信奉东正教,在经济上与俄罗斯有着密切的联系,在政治文化情感上更加倾向于保守主义。而西部地区的居民主要讲乌克兰语,多信奉天主教,以农业和轻工业为主,对俄罗斯有着较多的敌意,对欧洲的自由主义有着深厚的认同。这种文化认同上的差异也传导至国家未来发展道路和对外关系问题上来。

由于目前的乌克兰国内政治文化处于转型期,传统文化和现代文化交织在一起,政治认知、政治价值观念、政治信仰、政治情感等这些政治文化外在的表现都处于混乱状态。在这样的一个社会中身处不同亚文化社群中的政治认同和价值观处于分散和游离的状态下,因此难以形成稳定的政治文化环境。这些政治亚文化的存在,往往会被某些具有特殊目的的行为体或政治力量所利用,用来挑起各种文化实体之间的冲突以从中渔利,严重时甚至造成社会的动荡乃至国家的分裂。在2004年和2010年的乌克兰总统选举中,候选人在完善民主政治和经济政策上大同小异,争论和冲突的焦点主要集中在民族、文化、历史和语言问题上,这使得选民对于候选人的偏好更多地来源于历史文化认同,来源于对候选人是否是"自己人"的认定。由于缺乏与政党政治相匹配的政治规范的约束,这使不少政治行为主体的政治行为不受约束,或约束很少。人们无所不为,政治斗争处于失控状态,未能在法律框架下有序进行,从而容易达到尖锐的程度,引发街头政治、暴力冲突、流血斗争,使政权处于动荡之中。

四、结论

实现政治稳定不是宪政民主发展的终极目标,而是希望提高国家在民主化和现代化进程中政府的效率,因此问题的关键又回到了民主化进程。只有提升政党政治在国家转型中的地位和作用,才能在制度上和实践中更好地保障国家权力与社会大众的有效连通和稳定关系。首先，政党制度的设计需要兼顾民主与效率的平衡，充分考虑到民主化前的社会政治文化背景条件。过于理想主义的分权和制衡的宪政制度设计会降低社会转型的效率和速度，进而威胁到民主化的稳固。其次，政治家需要兼顾政党利益与社会利益的平衡。在民主化过程中政党不仅要实现自身利益的最大化，还要肩负着领导民众和教育民众的责任。政治家如果为了获得政权而去进行过度动员必将阻碍民主观念和民主秩序的形成，导致社会的动荡和分裂。最后，政党必须根据政治文化的变化坚持或调整自身的运作机制。移植于西方的政治制度需要与本土的政治文化相适应，必须照顾到转型社会中不同政治文化的要求，否则就会损害民众的利益而失去广大民众的信赖和支持，失去合法性基础，进而影响政治稳定。通过在制度设计层面、政党体系层面和政治文化层面的研究分析，笔者认为促进政党政治是现代民主制度完善和发展的必由之路。

参考文献

［1］塞缪尔·P. 亨廷顿、乔治·I. 多明格斯《政治发展》，载格林斯坦、波尔斯：《政治学手册精选》（下），商务印书馆1996年版，第155页。

［2］笔者认为，从法律层面上讲，现代民主国家在制度设计上一般包括：政党在国家政治生活中的地位和作用，政党参与政治的形式。政党体系则是政党政治发展过程中形成的一种力量对比，以及在这种力量对比中的关系。因此，本文在制度设计中讨论前两者，把政党体系单独作为一个章节在后边进行讨论。

［3］乌克兰独立后曾一直没有新宪法，是独联体国家唯一无新宪法的国家。在乌克兰，围绕制宪问题总统与议会一直争论不休，各方分歧严重。最后由于总统威胁进行全民公决，迫使各方作出一定的妥协，终于在1996年6月28日由议会通过新宪法，规定实行半总统制，议会实行一院制。

［4］1991年乌克兰议会主要是继承了苏联时期的苏维埃，不具有考察意义。1994年议会中，无党派议员占168名。1996年宪法通过后，在议会选举法中设定了4%的政党准入门槛，使得在1998年议会选举中无党派议员减少，进入议会的无党派议员仍然有145名。2002年议会选举中，无党派议员有94名。数据来源：乌克兰选举委员会网站，http：//www.cvk.gov.ua/.

［5］乌克兰1994年的第一次议会选举采取的是单一选区两轮选举。1998年乌克兰开始实行混合制选举制度，政党的比例制选举门槛为4%，2006年修宪后的政党比例制选举的门槛降低为3%。

［6］［7］数据来源：乌克兰中央选举委员会，http：//www.cvk.gov.ua/.

［8］乌克兰2004年底总统选举期间爆发"橙色革命"，对立双方经过艰苦谈判，达成相互妥协，推动议会通过所谓的2222号宪法修正案，规定自2006年1月1日起，乌克兰国家政体由总统—议会制过渡为议会—总统制。根据该宪法修正案，议会选举制度采取比例制。2010年，乌克兰宪法法院判决乌克兰议会2004年底通过的"政治改革"宪法修正案违宪。这意味着乌克兰国家政体重归总统—议会制。议会选举制度重新采取混合制。

［9］［10］强晓云：《乌克兰政党制度的变迁》，载《国外理论动态》2005年第3期。

［11］数据来源：乌克兰司法部，http：//www.minjust.gov.ua/parties.

［12］［美］塞缪尔·P. 亨廷顿：《变化社会中的政治秩序》，生活·读书·新知三联书店1989年版，第392页。

［13］意大利学者萨托利依照多党制的复杂态势将多党制区分为有限多党制、极端多党制和粉碎型

体制。参阅：G. 萨托利：《政党与政党体制》，商务印书馆 2006 年版，第 178 页。

［14］毛寿龙：《政治社会学：民主制度的政治社会基础》，吉林出版集团有限责任公司 2007 年版，第 91 页。

［15］阿尔蒙德、鲍威尔：《比较政治学：体系、过程和政策》，上海译文出版社 1987 年版，第 30 - 54 页。

［16］燕继荣：《发展政治学：政治发展研究的概念与理论》，北京大学出版社 2006 年版，第 227 页。

全球化时代的民族与国家[*]

周 平

【摘　要】全球化是一股巨大、深厚且广泛的力量。20世纪中后期全球化的加速推进，对民族国家、民族国家构成的世界体系以及世界格局和区域形势产生了巨大而深刻的影响。在此过程中，作为人类群体的民族也发生了巨大而深刻的改变，不仅生成了新的民族类型，使族类群体趋向于多样化，而且极大地改变了国家的民族构成和族际关系，导致族际关系的复杂化。全球化进程带来的这些变化，有的已经成为现实并日渐凸显，而有的正处于量变的阶段，目前还只能偶见其端倪。今天，人类仍然处于民族国家时代，国家仍然是人类社会最为有效的治理形式。因此，有必要在新的形势下重新审视民族与国家的关系，确立适应形势需要的民族观、国家观和民族政策观，促进民族与国家关系的协调发展。

【关键词】全球化；族类群体；民族国家；族际关系；国家认同

20世纪中期以来，全球化在深度和广度两个方向加速推进并将其触角延伸到全球的每一个角落的同时，也对近代以来民族国家所构建的世界体系、世界格局和地区结构进行了全面的改造和重构，犹如中国城市化进程中对旧城所进行的全面改造和对城市格局的重新安排。如此巨大而深刻的变化，也发生在民族和国家问题上，从而使得现实的状况与历史上形成且我们耳熟能详和深有感情的观念、理论甚至政策主张之间出现巨大的反差。在这样的情况下，依据传统的认识、观念和理论，已经无法对民族和国家问题中不断变化的现实进行合理的阐释，更遑论对现实中日渐凸显的矛盾和问题采取有效的应对措施。在全球化所导致的巨大变化面前，我们必须根据民族和国家问题的现实变化而更新知识，构建新的解释系统，改变传统的思想和行为方式，采取适应形势的应对之策。概言之，传统的民族观、国家观、民族政策观等，都必须与时俱进地进行调整和创新。

---

[*]　原载于《学术探讨》，2013年第10期。

一、民族现象日益复杂多样

在讨论民族现象时，首先必须明确：人类的某种或某些群体形式被界定为民族，或被作为民族现象进行描述和讨论，是以"民族"概念在人类历史上的形成和广泛使用为前提的。而"民族"概念的形成和广泛使用，又与民族国家的构建和影响扩大之间具有不可分割的联系。

"族"这个词表达的是"群"的意思。"民之为族，是人类生活本质的必然产物和表现"[1]。但是，"民族"却是特定历史条件下的产物。"'民族'（Nation）这个词来源于拉丁语'Natio'，意为'一个出生物'（a born creature），后来意指以真实或虚构的同一血统或种族的生活团体为基础的社会集团，这一集团共同体只限于超越于每个家庭之外的部族。在中世纪早期，'Nation'还指代大学里老师和学生按照各自的地区所组成的团体"[2]。但是，随着西欧的一些国家（以法国为典型）为了解决由王朝国家整合国内居民而形成的人类群体与国家之间的二元对立关系而构建民族国家（nation-state）后，由王朝国家整合而成并通过认同于国家的方式而与国家结合在一起的人类群体也被用早期民族主义的"民族"概念来指称。民族这种人类群体随之在人类历史上逐渐凸显。

民族国家的构建，不仅为新兴的民族共同体披上了政治的外衣，也为民族的利益建造了一个坚固的政治屋顶，从而使二者相得益彰并显示优势，进而在产生示范作用的同时逐步扩展到全世界。于是，民族国家逐渐成为具有世界意义的国家形态。在这样的背景下，民族概念也越来越受到重视并逐步被普遍使用。从这个意义上说，民族这种人类群体形式，与民族国家的构建具有不可分割的联系。甚至可以说，它就是民族国家的产物。黑格尔就曾指出："民族不是为了产生国家而存在的，民族是由国家创造的。"[3] 埃里克·霍布斯鲍姆更是强调："民族原本就是人类历史上相当晚近的新现象，而且还是源于特定地域及时空环境下的历史产物"[4]，"并不是民族创造了国家和民族主义，而是国家和民族主义创造了民族。"[4]

民族国家不仅是民族这种人类群体得以凸显的逻辑前提和历史前提，而且构成了民族的概念逻辑基础和理论预设。因此，民族概念在形成之时，便具有十分突出的国家意涵。正因如此，从民族国家的角度定义民族便成为一种主导性的共识。斯大林关于"民族是人们在历史上形成的一个有共同语言、共同地域、共同经济生活以及表现在共同文化上的共同心理素质的稳定的共同体"[5]的定义，指的就是这样一种与国家结合在一起的民族。在斯大林看来，"这些特征只要缺少一个，民族就不成为民族"[5]。在现实中，只有民族国家背景下取得国家形式的民族即国族，才可能具备这样的特征。本尼迪克特·安德森著名的"民族是想象的共同体"的定义，指的就是与国家结合在一起的民族。他说："我主张对民族做如下的界定：它是一个想象的政治共同体——并且，它是被想象为本质上有限的

（limited），同时也享有主权的共同体。"[6]安东尼·吉登斯也有同样的认识，他指出："'民族'指居于拥有明确边界的领土上的集体，此集体隶属于统一的行政机构，其反思监控的源泉既有国内的国家机构又有国外的国家机构。"[7]这样的民族群体，由于与国家的内在结合而具有突出的政治性质，实质上就是政治共同体。

在民族国家数量增多并构建起以民族国家为基本单元的世界体系后，民族国家的示范效应和民族国家世界体系所形成的影响和压力，导致了许多并不具备早先西欧民族国家那种单一民族构成的国家不得不通过将国内各个历史文化群体整合为统一的民族而构建民族国家——这个民族群体取得国家形式或披上国家的外衣后便成为国家民族。但是，这样的国家建立了民族国家的制度框架并成为民族国家以后，组成国族的各个历史文化群体仍然具有较大的独立性，并且往往也被作为民族群体来看待。于是，民族概念便突破了早先的使用范围，不仅用来指称与国家结合在一起的民族群体——国族，也用来指称国家范围内作为历史文化群体存在的人群共同体，进而还用于描述和分析前民族国家时代就已存在的各种历史文化群体。在这样的情况下，那些存在着多个历史文化群体的国家，也就被界定为"多民族国家"①。而且，多民族国家内作为历史文化群体存在的民族及其族际关系，对多民族国家的统一和稳定发展发挥着根本性的作用，进而还影响到地缘政治和国际政治格局，所以更是受到了特别的关注。第二次世界大战后，尤其是在第二次世界大战后日益高涨的民族解放运动中获得独立的国家中，这种现象愈显突出。于是，用"民族"概念加以描述和分析的人类群体中，后一类群体得到进一步凸显。

然而，需要注意的是，后一类民族并不具备国家的形式，本质是国家内的历史文化共同体。这样的民族共同体即便建立或掌握了国家政权，它也没有建立起一套保障民族认同于国家的制度框架，因而它与国家的结合是外在性的。这样的民族群体，因为共同的历史文化凝聚而成，本质上是历史文化共同体，与前一类民族之间存在本质区别。正如菲利克斯·格罗斯所强调的那样："作为由共同文化、共同传统维系的共同体的民族，与以国家形式结合而成的政治社会之间的差别是根本性的。"[8]后一类民族的确认，虽然有效拓展了族类群体的类型，却并未超出或摆脱国家的框架或预设，而是从另一个侧面体现了民族概念和民族现象的国家意涵。

在全球化加速推进的条件下，全球范围内既有的民族类型和民族现象不可避免地受到了全球化的深刻影响，民族群体的形式也发生了根本性的变化：一是形成了特殊的民族变迁过程。随着经济、文化交往的加强，属于某个民族群体的成员跨越国家界限的流动大量增加，并在迁入国之内重新凝聚成族——逐渐族体化进而成为迁入国内特殊的民族群体。这就形成了有别于传统民族迁徙的新的民族变迁过程。这样的民族迁徙，是一种典型的"飞跃"。二是民族意识和族性迅速增强。在民族成员广泛而急剧的流动过程中，民族在

---

① 多民族国家是根据国家的民族构成而划分出来的国家类型，民族国家则是国家发展演变过程中的一种类型或形式，其本质是保障民族（国族）认同于国家的一套制度框架。民族国家与多民族国家是按照不同标准而划分出来的国家类型，多民族国家并不是与民族国家相对的国家类型。因此，一个国家既可以是民族国家，也可以是多民族国家；既有民族国家形态的多民族国家，也有非民族国家形态的多民族国家。

实现共同体利益过程中的作用日益凸显，促成民族成员普遍增强了对民族群体的认识，导致了民族意识的增强。与此同时，民族成员的族性认同也明显加强。一方面，"族性认同在族际人口流迁中被激发或强化起来了"，另一方面，"利用族性寻求慰藉、维护自身也是流迁人口在异文化环境中的本能反应"。[9]三是促成了族性的张扬。"全球化带来的移民社会的扩大造就和强化了族性因素，全球化带来的发展差距问题引发了各类族性因素的增长，全球化中的文化碰撞强化了族性因素，民族观念和民族主义随信息的全球化在世界扩散，现代技术的飞速进步和'冷战'铁幕的拆除促进了族性认同的建立和传布。"[9]这些因素共同作用，促成了民族群体的族性张扬。四是形成了新的民族群体。随着民族成员跨国流动的增加，移民在移入国形成了"移民社群"。"移民社群（diasporas）是指民族属性和文化上跨国的社群，其成员认同于自己的祖国或已不存在的故国"。他们"虽生活和工作于某一地方，但却首先认同于自己的故乡"。[10]在族性趋于旺盛的情况下，移民社群越来越要求被作为族体对待，并要求获得族体的权益，进而逐渐地族体化了。正如霍布斯鲍姆说的那样："在一个多族裔或多部族的社会中，这意味着如何以集体方式和其他族群竞争国家资源，如何保护这个族群免于歧视排挤，如何扩大这个族群成员的机会并降低不利于它们的因素。"[4]当这样的人群共同体得到普遍承认并以一个民族群体的身份活动的时候，它们也成为真正的民族群体。在西方的多元文化主义和差异政治理论中，这样的民族群体也是被作为民族群体来看待的。

对于民族群体来说，全球化不仅是变动性力量，也是解构性力量，还是构建性力量。在全球化加速推进的过程中建构起来的这种新的民族群体，既不同于早先与民族国家结合在一起的民族，也不同于民族国家内部那些传统的历史文化共同体，本质上是一种利益共同体。

这样一来，我们便发现，全球化时代的民族和民族现象与此前相比已经发生了重大的改变：一是族类形式多样化。在"民族"概念指称的对象由与国家结合在一起的国族拓展到国家范围内的历史文化共同体后，"民族"这个概念所指称的其实就是人类稳定的并且追求集体权利的人类群体。随着移民群体或族裔群体在移入国争取群体权利并逐渐获得这样的权利后，这类群体也逐步被作为民族看待，从而使族类形式更加多样。二是族性日渐张扬。"族群的大量出现将原本完整的族体分割开来、扩散开来，它所强调的族性认同又使族性因素得到广泛流散、扩张"。[9]族性张扬成为全球化时代民族现象的一个显著特征。三是主观性质愈加突出。全球化时代出现的许多新民族群体，都是在利益的基础上建构起来的，其间的文化联系是为了利益而建构（或是重新发掘、创造）的。安德森著名的"民族是想象的共同体"的诊断所揭示的民族群体的主观性，在越来越多的新民族群体的建构中得到突出的体现。四是世俗倾向十分明显。全球化时代的民族群体，都有着强烈的民族利益诉求。相当多的新民族群体，就是为了争取、实现和维护群体利益而建构的。传统的民族群体，也在偏居一隅而形成的神秘性和与宗教结合而形成的神圣性逐渐淡化的同时，由于利益诉求的强化而凸显了利益共同体的特征。正是突出的利益共同体属性，将各种民族群体融入世俗群体的行列中，融入现代生活。

在民族群体和民族现象急剧变化的背景下，许多的人群共同体都不是在国家的框架和预设中被界定为民族的，仅被作为普遍性的人类群体看待。对于某些民族群体来说，尤其是族裔群体，它们已经没有了国家的意涵，所具有的只是群体的意涵。随着民族概念和民族现象中根深蒂固的国家意涵的淡化，尤其是这样的淡化渐成趋势，传统的民族观也受到了严重的侵蚀，人们对民族的认识正在一步步地改变。

二、民族国家发生深刻改变

在现在所有社会组织和社会结构中，受到全球化冲击最大的当属国家。随着全球化的持续进行和不断深化，国家的构成要素、组织架构、运行方式等都发生了深刻的变化。在全球化时代，国家的变化是多方面的，也是十分巨大的。从与民族相关的角度来考察，民族国家的深刻变化也是十分突出的。

国家这种政治现象既不神秘也不神圣，它不过是必须以社会方式生存和发展的人类所创造的管理社会的一种政治形式。当然，也是人类迄今为止所创造的最为有效的政治形式。这样的政治形式通过以有组织的暴力支撑的国家权力对社会的管理而将一定地域范围内的人群整合为一个政治共同体。但是，构成国家本质的，是那个在有组织的暴力的基础上建立和维持的国家权力。国家一旦形成，就会根据所处的社会环境的变化同时也依循自身的规律而不断地变化。在这样的变化过程中，国家在不同的社会历史条件下以不同的形式呈现出来，于是便形成了一个国家形态演变的过程。

今天这个时代占统治地位的民族国家这种国家形态，首先出现在西欧，是欧洲国家形态演变过程中的一种形态。欧洲最早的国家形态是古希腊城邦国家，随后依次是罗马帝国、基督教普世世界国家、王朝国家和民族国家。民族国家在西欧形成并显现其优势后，逐步扩展到北欧、南欧、北美，继而扩展到全世界。今天的世界仍然处于民族国家时代——虽然民族国家的不足和缺陷日渐显现，构建超越民族国家的新的政治形式或政治共同体的努力不仅日渐广泛并越来越有影响，但人类至今尚未找到一种替代民族国家的国家形态。民族国家仍然是当今世界主导性的国家形态和政治形式。

作为一种国家形态，民族国家承继了王朝国家末期通过威斯特伐利亚体系建立的国家主权和相应的制度机制，并将其作为自己的重要内容。但是，民族国家最核心和最本质的特性，是民族与国家的统一，即民族取得了国家的形式，国家具有了民族的内涵。民族与国家的结合是通过民族（即国家的全体人民）对国家的认同实现的。而民族对国家的认同又是通过一套制度机制来保障的。所以，民族国家本质上是保障民族认同于国家的一套制度机制。而这个与国家结合在一起的民族，便是国族。正是这个国族支撑着民族国家的制度机制。"民族国家作为一种国家制度框架，其制度内涵的形成、制度优势的发挥，都依托于国族。没有一个强健的国族，民族国家就无法发挥其制度功能，只能是徒具形式，甚至形同虚设"。[11]

在民族国家的制度机制及其民族国家世界体系逐渐完整且有效运行的情况下，民族国家的价值和规范普遍受到尊重。民族国家也努力维持自身的存在，持续进行民族国家建设。其中，最为重要的有两点：一是通过民族国家的主权及其管理机制维持国家的民族构成，防止民族群体的跨国流动对国家民族造成冲击。具体来说，主权机制通过体现国家主权的边界、进出境管理等方式，限制成规模的人口跨国流动。在这样的硬约束之下，跨国移民的人口有限，民族群体的跨国迁徙是不被允许的。二是努力维持国族的稳定和有效运行，将国族建设作为民族国家建设的重要任务。国家普遍弘扬主流文化，实施强化民族同化的政策，形成并保持着强大的同化能力，从而保持了国族的统一，进而巩固了国家认同。塞缪尔·亨廷顿描述的第二次世界大战后的美国，就是这样的状况："美国人成为一个民族，其成员享有平等权利，共有一个主要体现盎格鲁—新教精神的核心文化，忠于'美国信念'的自由民主原则"，"加强了美国人对自己国家的认同"。[10]

当然，尽管移民受到限制，但发达国家内的移民人口也不少，并且在不断地累增。但是，这些移民并不会对移入国的民族构成和国家认同造成重大的影响。因为，移民中的相当多数对移入国充满了向往，甚至是为了实现某种梦想而移民的——移民美国的人口中的相当多数都怀揣着一个美国梦。这些对移入国充满向往的人们，在移民前便形成了对移入国的文化、价值的认同，因此，他们移民后不仅认同于移入的国家本身，也认同于移入国的文化，他们不仅不会对移入国的国家认同构成挑战，也不会在移入国重建民族，进而对移入国的民族构成形成挑战。

然而，在全球化时代，随着全球化广泛而深入的推进，这一切都逐渐地也是根本性地改变了。在这其中，首当其冲的是民族国家的主权制度的变化。在全球化的冲击下，民族国家主权的范围、主权转移、主权行使方式、主权性权利等都出现了重大的变化，以至于引起一场民族国家主权观的讨论和争论。除此之外，全球化还深刻影响着民族国家的民族构成和族际关系。

在商品、资本、技术等深入到几乎每一个角落的全球性流动的同时，全球从事投资、生产和销售的跨国公司的数量和规模迅速增加，各种文化交往日渐频繁，政府、非政府组织和其他各种实体间的国际交往迅速扩展。而且，随着全球治理的形成，超越于民族国家的治理形式越来越突出，全球治理的机制和机构纷纷建立。在这样的背景下，人口的流动在数量、质量、规模、范围方面都在快速地甚至是成倍地增长。从民族的角度来看，民族群体的人员的跨国族际流动成为一种普遍现象。这样的现象不仅出现于发达国家，也出现于发展中国家。不论是富国还是穷国，都有大量的外来人口移入。

在这样的现实面前，全球范围内的民族国家都必须面对一些新问题。尽管这些问题在不同地区的国家（尤其是发达国家和发展中国家出现的先后顺序以及问题的严重程度等）可能会有相当大的区别，但不同国家出现的问题大致是相同的。具体表现在以下几个方面：

第一，成规模增加的大量移民，无法构建起对移入国的认同。大量的移民之所以移入某个国家,是由于工作或生活的需要,与价值选择无关,并不存在对移入国的向往以及由此产生的预先的认同。而且,其中相当数量的人受教育程度不高,与移入国主流社会的交往存在相当大的障碍,即使他们愿意融入移入国的社会和文化环境中,最终也难以达到目的。总体而言,这样的移民并不是归附者,只是定居者或旅居者。因此,全球化时代的大量移民已经无法像以前的移民那样,能够构建起对移入国的认同。

第二,在大量移民涌入的情况下,民族国家的同化能力受到了严峻挑战。通过对移民的同化而保持国族的统一,是民族国家重要的维持机制。但是,面对大量增加的移民,而且其中的相当多数人是聚居的,民族国家的同化能力就显得捉襟见肘了。针对美国和欧洲的情况,亨廷顿说:"现在遇到大量移民,感到同化工作难做了。"尤其是从"20世纪60年代起,来美国的移民增多,使如何同化的问题变得突出了"。[10]

第三,新移民在移入国凝聚成族的现象逐渐凸显,新的民族建构现象日显突出。大量增加的移民难以融入移入国的社会和文化,因此,总是聚居在一起。聚居在一起的这些人,在按照原来方式生活的同时,也将母国的文化带到了新的聚居地,从而相互认同。当这样的结构渐趋稳定的时候,移民群体或"移民社群"的群体利益也日渐显现,进而形成了族群利益诉求和族性身份要求。随着群体意识的觉醒和增强,有意识地挖掘母国文化和进一步凝聚群体就成为自觉的行动。当这样的群体被移入国的社会和政府当作族体来对待的时候,它们便显现为民族——"族"本来就是群的意思,当人们结成一个稳定的群体,他们便成了民族。

第四,日渐凸显的新族际政治的理论和运动,进一步推动了新民族群体的形成。在欧美一些由移民形成的群体激增的情况下,各种基于民族群体利益的族际政治理论纷纷呈现,各种民族建构运动也屡屡出现。在美国,"为了促进这种民族属性感复兴,众议员罗曼·普辛斯基于1970年提出'民族研究法案',主张授权政府为民族活动提供经费"。而且,"这一法案通过了而成为法令"。[10]这样的理论和实践,不仅进一步凸显了民族群体的权益,也加快了民族群体为了争取、实现和维护自身利益而凝聚成族的进程。

随着这些现象的出现,尤其是这些现象日益深化和普遍化,就会导致对民族国家这种国家形态具有显著和深远影响的两大后果:

一是国家民族构成状况的复杂化。最早出现于欧洲的那些原生性民族国家,是为了解决王朝国家将国内居民凝聚为"民族"后随着民族意识的觉醒而出现的民族与国家的二元对立问题才创建的,因此,其民族构成是单一的。那些在民族国家的影响和民族国家世界体系的压力下采取民族国家制度的模仿性民族国家,由于是将既存的多个历史文化共同体整合为民族而构建民族国家的,这些被整合在一起而成为国族的历史文化共同体之间的差异和界限仍然存在,而且这些群体在民族概念的运用范围扩大后也被认定为"民族",所以,这些国家被从国家民族构成的角度划定为多民族国家。但现在的问题是,那些原生性的民族国家,由于上述情况的出现而逐渐"多民族化"了,成了"多民族"的国家;在那些模仿性民族国家原本就存在多个民族共存的状况中,又增添了来自外部的复杂因素。从目前的情况看,几乎没有一个民族国家仍然保持单纯的民族构成,原来民族构成单一的国家都逐渐地演变为多民族国家了。极端民族主义者的"一族一国"的主张，越来越成为不可能实现的幻想。

二是族际政治日益普遍化。"所谓族际政治，实际上就是族际间基于民族利益并诉诸政治权力的族际互动……族际政治也是民族共同体在族际关系中运用政治手段争取、实现和维护民族利益的过程"。[1]在全球化时代，国家的"多民族化"成为普遍现象，各个民族群体在争取、实现和维护自身利益的过程中诉诸政治权力的族际互动日益频繁，不仅越来越日常化，而且对国家和社会影响的程度能够与政权政治、政党政权、集团政治等政治类型相提并论，从而凸显为一种具有特殊内涵的政治类型。

从目前的现实来看，上述这些情况主要出现和存在于美国和欧洲，但随着亚洲、非洲、拉丁美洲的国家越来越融入全球化的进程，以及这些国家受全球化的影响越来越深化和广泛，这样的现象也逐渐在这些国家蔓延。因此，以上这些现象和问题在美欧之外的其他国家出现只是早晚的事情。

三、国家认同面临严峻挑战

快速推进的全球化在深刻影响民族现象和国家现象的同时，也使今天的民族国家普遍面临着国家认同问题。事实上，国家认同问题的凸显，正是全球化对民族和国家造成深刻影响的必然结果。换句话说，国家认同问题凸显，从另一个侧面反映着民族现象和国家现象在全球化中发生的深刻变化。

在国家认同问题日渐凸显的情况下，对国家认同问题的讨论不仅迅速升温，而且渐呈泛化的趋势。而一些研究者对于国家认同问题望文生义地任意拓展，已经使国家认同问题的研究偏离了问题本来的含义。于是，在国家认同问题上的许多讨论乃至争论，并不处于同一平台上，完全无法聚焦。因此，明确国家认同是特定情况、特定语境下的特定问题这一点，是进行该问题讨论的前提。

将"认同"与"国家"结合起来，在国家的层面上讨论国家认同问题，进而将国家认同作为重大的"问题"对待，与政治文化理论的形成和研究直接相关。在开政治文化研究之先河的加布里埃尔·A. 阿尔蒙德看来，"国家的认同意识问题"是政治文化中"体系文化"的重要组成部分。① 不过，国家认同概念的形成和相关问题受到重视，则与鲁恂·W. 派伊在1966年出版的《政治发展面面观》一书提出的国家认同危机直接相关。派伊在该书中指出：在政治发展的诸多危机中，"第一个也是最根本的一个危机是由认同感的获得引发的。一个新国家中的人民必须把他们的国家领土视为家园，他们必须认识到

---

① 在1966年初版的《比较政治学：体系、过程和政策》中，加布里埃尔·A. 阿尔蒙德、小 G. 宾厄姆·鲍威尔首先论述了"国家的认同意识"问题，并将其界定为"对政治共同体的支持问题"。

作为个人，他们的人格认同在某种程度上是被其按领土划界的国家的认同定义的。在大多数新国家中，传统的认同方式都是从部族或种姓集团转到族群和语言集团的，而这种方式是与更大的国家认同感相抵触的。"[12] 于是，便产生国家认同危机。此后，"国家认同"便逐渐成为重要的描述概念和分析概念。

从"国家认同"概念的形成和最早使用来看，它所描述和分析的都是社会政治生活中的负面现象——现实生活中的"冲突"或"危机"，即国家认同问题。阿尔蒙德说："用政治发展理论的语言来表示，对政治共同体的支持问题常常被称为'国家的认同意识'问题。"而这样的问题，会对政治共同体"造成重大的政治危机"；[13]派伊将这样的问题界定为"认同危机"，亨廷顿则将其看作是会导致国家解体的根本问题。[10]

国家认同问题首先出现于第二次世界大战后的新国家。但是，国家认同问题的凸显和普遍化，尤其是成为美欧老牌民族国家的根本性问题，则与全球化时代的民族变迁和族际关系复杂化直接相关，甚至就是这些变化的必然性后果。

首先，在日渐"多民族化"的国家中，国家认同越来越受到民族的挑战。最早提出国家认同问题的阿尔蒙德指出，国家认同问题是一种"集体忠诚冲突"——"对传统的准国家单位的忠诚同对国家的忠诚和国家的目标发生冲突"。[13]这个诊断虽然简要，却是一针见血的。对于一个多民族国家或"多民族化"的国家来说，国家认同之所以成为问题，根源于某些民族群体（主要是少数民族或少数族裔群体）对国家的不认同，或者说，是由于民族群体的自身认同与国家认同之间形成了冲突。具体来说，这样的冲突的发生又有两种情形：

一是原有的非主体民族（少数民族）随着民族意识的增强，尤其是利益意识的觉醒和与国家、其他民族的博弈能力的增强，进一步加强了内部认同，因而不可能在对国家的认同和对民族的认同问题上总是将国家认同置于优先地位。如果某个民族群体的民族意识过于旺盛，对国家或其他民族群体缺乏认同，或者民族群体的自身认同明显高于、强于对国家的认同，民族群体的自身认同就会产生一定的排他性，进而削弱或侵蚀业已存在的国家认同，国家认同问题便随之出现。

二是新建构起来的民族群体虽然逐渐获得了民族的身份，但其所处的国家政治共同体并不是由他们自主建立起来的，它们甚至都没有开展过维护该国家政治共同体的集体行动。因此，国家对它们来说显然是一种外在的存在。尽管他们从国家那里要求权利的时候并不拿自己当"外人"，但它们在认同于该国家政治共同体以及为该政治共同体付出代价的时候，它们也不见得一定会拿自己当"自己人"。对于他们来说，国家认同是建构起来的，需要在实践中逐渐巩固和经受考验。对于这样的民族群体来说，在国家认同方面出现"问题"，往往是难以避免的。

其次，各种基于民族群体利益的族际政治理论严重侵蚀了国家认同。族际政治理论的形成，以族际政治的萌生为前提。但族际政治理论形成后，又加速了族际政治的发展，并在将族际政治凸显为一种常态化政治类型的过程中发挥了重要作用。然而，现今国外有影响的族际政治理论，无论是多元文化主义还是差异政治理论，都是首先产生于西方，尤其是美国。事实上，目前包括中国在内的非欧美国家流行的族际政治理论，基本上都来自西方，或者直接就是西方族际政治理论改头换面后的东西。这些流行的族际政治理论，包括多元文化主义和差异政治理论，都是建立在强调民族群体权利基础上的，都将民族群体的权利置于至上地位。因此，这些族际政治理论虽然在族际政治的形成和发展中发挥了重要影响，但对国家认同来说，不仅没有裨益，而且是一种销蚀剂。在亨廷顿看来，它们都是解构性力量。针对美国以多元文化主义为代表的族际政治理论的论者，亨廷顿说："在他们看来，美国不是一个人人共享共同的文化、历史和信念的民族大家庭，而是一个不同种族和不同亚民族文化的聚合物，其中所处地位不是由共同的国家特性所界定，而是取决于自己属于哪个群体。持这种观点的人指责此前流行的美国熔炉理论或番茄汤理念，而争辩说美国是各不相同的民族镶嵌在一起的马赛克，或一盘沙拉。"[10] 而恰恰是这样的解构性力量，成为导致美国巴尔干化的重要因素。在美国，"鼓吹群体权利高于个人权利的运动，损害了美国的国民身份和国家认同的中心内容"。[10]

最后，族性理论及族性的张扬，对多民族国家的国家认同构成直接冲击。在绝大多数的族性理论中，族性都备受赞扬。在对族性充分肯定的基础上，各种主张张扬族性的观点也纷纷出现。相对来说，理性分析族性的本质和形成机制，以及族性张扬与现实变化之间的理论，远不如张扬族性的主张来得有力、热情和冲动。然而，正如有的学者指出的那样，族性理论本质上是一种族群动员理论。"因为族性是形成群体认同的基础进而会促进群体力量的内聚和群体认知与行动上的一致"。"族性能够将个体的、分散的力量汇集成群体的、集中的力量，而这恰恰是政治精英所希望得到的'动员法宝'和煽动起运动的'廉价成本'"。[14] 在多民族国家内民族意识趋于旺盛、民族的博弈能力增强和民族认同已经对国家认同构成挑战的情况下，族性张扬的理论和主张所产生的动员作用，往往在增强民族认同的同时，对多民族国家的国家认同形成一定程度的直接挑战。这种挑战的程度，则取决于族际关系的状况和族性张扬的主张产生的动员效果。

多民族国家是多个民族群体组成的政治共同体。各个民族群体对国家的认同，是多民族国家政治共同体统一和稳定的基础和必要前提。如果某个多民族国家的国家认同出现了问题，形成了严重的"集体忠诚冲突"。那么，该多民族国家统一和稳定的社会心理基础就动摇了，"全国政治共同体的合法性，即它能否名正言顺地使人们服从，就成了问题，随之而来的就是分裂主义运动"。[13] 曾几何时，美国因为在治理国内民族问题方面的成功而被誉为"民族熔炉"。但是，就是这个公认的模范生，随着国家认同问题的弱化也出现了严重的国家认同问题，以至于面临着解体的危险。塞缪尔·亨廷顿说："倘若到2025年，美国还是跟2000年的美国一个样子，而不是成了另一个或几个国家……那倒是最大不过的意外了。"[10] 美国政治家兹比格涅夫·布热津斯基也认为："具有潜在分裂作用"的多元文化主义"可能使多民族的美国巴尔干化"，这种状况发展下去，"美国的社会就有面临解体的危险"。[15] 不仅美国如此，全球化时代出现的国家认同问题是具有一定普遍性的。这也许是这个时代对民族国家体制构成的最大威胁。

可是，今天却不是抛弃民族国家的时候。人类社会仍要采取国家这样的治理形式，民族国家仍然是最为有效的治理形式,人类仍然处于民族国家时代。从这个意义上说,弱化国家认同而形成的对民族国家体制的冲击,将会影响到人类社会的有效治理,进而影响到全球治理,也必然会削减人类的福祉。

因此,在国家认同面临严峻挑战的情况下,有必要重新认识国家认同对于民族国家进而对于人类社会治理的意义,同时对那些有可能导致民族国家的国家认同受到侵蚀的因素,以及挑战民族国家的国家认同的思想和行动等,保持理性审慎的认识及必要的警惕。

四、民族观念和国家观念须更新

全球化在将人们对民族现象和国家现象的认识放在全球视野的同时,也促使人们从人类发展的角度来看待这些问题。在人类发展的宏大历史时空中审视民族现象和国家现象,不仅可以观察到日益多样的民族群体及其演变,而且有可能在民族问题上突破拘泥于某种论断或以某些特定民族群体为依据的狭窄视野以及在此视域中的不休争论,还能够拓展对国家这种政治形式的认识,进而抛弃民族及国家问题上僵化和不合时宜的认识与观念,增添客观反映现实变化的认识和观念,与时俱进地更新民族观念和国家观念。

首先,应该在一种更加宽广的视野中审视民族日渐多样和复杂的民族现象及其变化,重视民族共同体本来具有但往往被忽视的特性,全面认识民族现象,准确把握民族现象的本质和特点。

民族是一种构建起来的人群共同体。回顾"民族"作为描述概念和分析概念的形成和使用的过程可以看到,"民族"概念的广泛使用,与民族国家的建立、影响和扩张直接相关。随着不具备西欧原初民族状况的国家采取了民族国家的制度框架而构建民族国家后,"民族"概念逐渐用以指称国家内的由历史文化凝聚而成的人群共同体。在全球化时代,由于人口的跨国流动而导致的新的人类群体逐渐凸显。随着这样的群体逐渐取得民族的身份地位,它们也被作为民族看待。"民族"概念的使用范围在逐渐扩大并呈现泛化之势,但这并没有改变民族共同体的构建特性,反而更加凸显了这一点。

如果说,随着民族国家的构建而出现的那些与国家结合在一起的民族即国族,因为其明显的建构性质而被视为"想象的共同体"的话,那么,随着民族概念使用范围扩大而出现的民族群体,其建构的特征和"想象共同体"的性质就更加突出。民族因为"想象"而成群体,核心是主观性的认同。民族成员由于对某种特定价值的认同而凝聚成族,而这种特定的价值的形成却具有"想象"的性质。尤其是共同历史文化中的许多东西,如创世神话、传统习俗等的形成,主观性质是显而易见的。

民族作为人群共同体具有多种类型。"民族"概念指称对象的多样性逐渐显现以后,为了避免同一概念指称不同对象造成的混乱,引入"族群"概念并以其指称区别于传统民族共同体的其他群体的努力得到一定范围的响应。但是,"民族"与"族群"并无本质

经济管理学科前沿研究报告

区别。"族"就是"群"的意思。人类在发展的过程中，因为交往及其有限性而结成群体。其中的若干群体，是长期稳定存在的，并以群体的身份而对社会发生深刻影响。因此，社会科学中需要一个概念来指称它，进而描述和分析它。"民族"这个概念之所以能发挥广泛作用，正是由于它适应于这样的需要。在"民族"指称的人类群体趋于多样化的情况下，可以通过对民族进行分类的办法解决由此引起的混乱。因此，在民族群体日渐多样的情况下，民族群体的类型学研究必须引起高度的重视。

值得注意的是，在诸多的民族群体中，国族由于取得了国家形式而与国家结合在一起，国家又是人类迄今为止创造的最为有效的政治治理形式和国际上的基本行为主体，因此，特定的政治外壳和国际政治的基本主体地位使得它们不能融合在一起，只能按国家的主权原则要求平等相对。其他的民族群体，尤其是同一国家内的民族群体，相互间的影响随着相互间交往的增多而增强，并随着相互间共同因素的增多而产生融合。

民族本身处于不断的发展变化之中。它是在人类发展的一定阶段形成的，是人类交往有了一定发展而又不充分条件下的产物。民族的形成，是一个聚众为族的过程。从本质上说，民族就是人类稳定的群体，即人群共同体。当一个人群认同某个基于共同的政治因素和历史文化因素的族称，相互间也作为群体的"自己人"看待的时候，它便构成了一个稳定的人群共同体；当其他的民族共同体也将其当作民族看待时，它便获得了民族的身份地位。因此，民族不过是人类在发展过程中的一种群体形式，既不神秘也不神圣。

诚然，某些民族因为生活于狭隘的地域而与外界交往不多，因而增添了一些神秘色彩；某些民族因为意识形态的论证和包装，具有了神圣的性质；有的民族由于现实的需要，添加了政治的性质。然而，这些东西都是由于特定的原因被附加上去的。

作为稳定的人群共同体，民族本身也处于发展变化的过程中。而且，在人类历史发展的不同阶段，民族的某些特性或某些类型的民族群体会被社会历史条件凸显出来。这样的事实反映在人类的认识中，便是形成了特定社会历史条件下的民族概念或民族观。但是，这样的认识和观念，不过是对处于流变过程中的民族现象的特定认识。因此，将某个特定的论断作为判断丰富多彩的民族现象的唯一依据，或以对某种特定民族的认识去阐释不同的民族类型或民族现象，都会陷入矛盾之中。一切从实际出发、实事求是和与时俱进，也应该是民族研究秉持的原则。

其次，虽然在全球化的进程中国家也受到冲击并显现出不足或弊病，但人类仍然处于国家时代，国家是迄今为止人类所创造的最为有效的政治形式。在民族共同体国家的关系中，既要充分肯定民族共同体的意义，更要充分肯定国家的至上性。

在全球化的进程中，较之于民族群体，国家受到的影响有过之而无不及，在许多方面都来得更为深刻，并且民族群体演变中的许多方面都是在国家的框架中形成并展开的。从民族与国家关系的角度来看，国家也是发生了很大的变化，需要置于更加宏大的视野中审视。同时，我们也需要在这样的审视中确立对国家的基本认识。

国家并不是人类与生俱来的政治形态，但却是人类迄今为止创造的政治形式中最为有效的一种。人类必须以社会的方式生存和发展，人是社会性的动物。而人类社会要正常地运行并获得发展，就离不开国家这样一种治理形式。人类必须生活于国家之中，并在不同国家中结成有形的政治共同体。与此同时，人类又在交往中结成了作为历史文化共同体的民族，形成了不同的民族共同体。人类由于交往的需要而形成的人群共同体，相对于人类社会由于治理的需要而构建的国家或国家共同体来说，既不具有优先性，也不具有至上性。

不过，这里需要说明的是，国家这种治理形式或政治共同体虽然与具体的政权尤其是某个执政党掌控的政权结合在一起，但它与某个具体的政权是有明显区别的。肯定国家的价值与肯定某个政权之间，也是有着明显的区别的。反对某个政权，并不见得就必须反对国家本身。如果因为不赞同某个政权而否定国家，那就失之偏颇了。

在全球化时代，虽然民族的形态变得越来越丰富，国家的形态也因为受到深刻的影响而不断在改变，但人类社会仍然需要通过国家来治理，近年来逐渐凸显的全球治理也要通过国家治理才能实现。人类社会的发展、国内各民族利益，都要通过国家才能实现。国家的统一和稳定，以及在此基础上的国家治理，直接关乎包括各个民族在内的全体人民的利益和福祉。脱离国家的有效治理，社会就会陷入混乱。离开国家的保护，民族也将会失去利益保障，进而受到伤害，甚至丧失自身存在。

在多民族国家中，多个民族共同体共建或共处于一个国家政治共同体，是历史地形成的。国家是各个民族共同的政治屋顶。在这样的政治共同体中，将民族群体的意义和价值任意夸大或肆意抬高，尤其是不顾国家利益而强调民族群体的利益的思想和做法，不仅缺乏学理依据，也显得不负责任。事实上，如果国家的统一和稳定受到损害，民族群体的利益也将不保。

当然，肯定国家的至上意义和价值，并不是纸上空谈，而必须将今天处于主导地位的民族国家的基本原则落实在国家的政治生活中。其中，有两个与民族群体直接相关的原则显得十分重要：一是充分肯定国族的意义并加强国族建设。因为国族是民族国家制度的载体或支撑，没有一个统一和强健的国族，民族国家的基本价值和制度内涵就难以全部实现。而支撑民族国家体制的国族建设，就要求组成国族的各个作为历史文化共同体的民族群体对国族保持较高程度的认同。二是要建立基于公民身份的平等机制。虽然国内存在着多个历史文化共同体，但国家构成的基本单元或细胞是拥有权利的个人，即公民。因此，基于公民权利的平等，才是真正的平等。或者说，基于公民权利的平等，是国家或社会的基础性平等。民族群体的权利的实现，不应凌驾于公民平等之上，而必须以公民权利平等为基础，并以不破坏公民权利为限度。

最后，在国家内族际关系日渐复杂且突出的情况下，对民族关系的治理成为国家面临的重大课题。在这样的形势下，多民族国家必须根据国家治理的需要，构建恰当的民族政策观，进而制定能够实现民族关系治理目标的政策，协调民族关系。

在民族关系的治理中，民族政策自身的定位具有根本性的意义。在面对着复杂族际关系的多民族国家中，有的国家将民族问题置于国家治理的总体框架中审视，进而将民族政策作为国家治理民族问题的工具；而有的国家过分偏重于民族政策的意识形态功能，将民族政策作为宣示意识形态的工具。从现实层面来看，两种做法都能找到典型的例子来证明其有效性。但是，从长远来看，尤其是全球化时代民族现象和族际关系日益复杂的形势下，在将民族问题纳入国家治理的框架基础上，将民族政策作为国家治理工具的做法，应该是更能产生持久的效果，也更能应对越来越复杂的民族现象和族际关系。

运用政策手段治理多民族国家国内的民族问题，首先涉及的问题便是，确立什么样的价值取向，即民族政策朝着什么样的方向去发挥作用。多民族国家民族政策在价值取向上面临着两种选择：一是立足于照顾处于弱势的民族群体的利益，取向于特定的民族群体；二是取向于国家本身或国家的整体利益，立足于维护和巩固多民族国家政治共同体的统一和稳定。相比较而言，前一种取向不仅更容易获得道义上的支持，也能在实际中发挥巨大的作用。但是，其所蕴含的风险也值得警惕：一是这种特惠制的政策设计，容易唤起受惠对象为获得持久的和更大的利益而与政策制定者展开博弈的意识；二是政策的边际效用会随着受惠对象在低层次需要满足后的更高利益要求的生成而递减，从而导致政策成本的急剧增加，或使原先有效的政策归于失败；三是特惠制的政策在使受惠对象产生满足感的同时，也会使相邻的未受惠对象产生相对被剥夺感和挫折感，从而使族际关系更加复杂，甚至会导致事与愿违的结果。这也是世界上许多的多民族国家不选择此种取向的民族政策的原因。相对来说，取向于国家利益的政策，更有利于民族问题的治理。①

在国家治理的视野中，民族政策是国家治理民族问题的手段，必须根据具体情况而不断调整。从国家治理的角度来看，没有一成不变的民族政策：一方面，国家治理的主体或政策主体自身和所处的形势会发生变化，如革命党和执政党所处的地位和面临的任务有很大差别，其政策的立足点和政策目标不同，采取的政策也必然不同；另一方面，政策调整的对象也处于不断变动之中。对于同样的民族群体，在其发展程度较低时有效的政策会随着其发展程度提升而逐渐失去作用。在解决少数民族发展程度较低时的民族问题有效的民族政策，在少数民族发展程度提高以后就只可能失效，甚至产生适得其反的后果。因此，政策必须根据形势的变化而不断做出调整，并在此过程中逐渐走向完善。

参考文献

[1] 周平. 论族际政治及族际政治研究［J］. 民族研究，2010（2）.

[2] 李宏图. 西欧近代民族主义思潮研究——从启蒙运动到拿破仑时代［M］. 上海：上海社会科学院出版社，1997.

[3] 王缉思. 民族与民族主义［J］. 欧洲，1993（5）.

[4] 埃里克·霍布斯鲍姆. 民族与民族主义［M］. 李金梅译. 上海：上海人民出版社，2000.

[5] 斯大林选集（上卷）［M］. 北京：人民出版社，1979.

---

① 对于中国民族政策的价值取向，作者有专门的分析和论述，可参阅作者的《民族政策的价值取向及我国民族政策价值取向的调整》（载《学术探索》，2002年第6期）、《民族政策的价值取向及类型分析》（辑于《西南边疆民族研究》第二辑，云南大学出版社，2002年版）和《中华民族政策价值取向分析》（载《当代世界与社会主义》，2010年第2期）。

[6] 本尼迪克特·安德森. 想象的共同体——民族主义的起源与散布[M]. 吴叡人译. 上海：上海人民出版社, 2003.

[7] 安东尼·吉登斯. 民族——国家与暴力[M]. 胡宗泽, 赵力涛译. 北京：生活·读书·新知三联书店, 1998.

[8] 菲利克斯·格罗斯. 公民与国家——民族、部族和族属身份[M]. 王建娥, 魏强译. 北京：新华出版社, 2003.

[9] 王希恩. 全球化中的民族过程[M]. 北京：社会科学文献出版社, 2009.

[10] 塞缪尔·亨廷顿. 我们是谁？——美国国家特性面临的挑战[M]. 程克雄译. 北京：新华出版社, 2005.

[11] 周平. 民族国家与国族建设[J]. 政治学研究, 2010（3）.

[12] 鲁恂·W. 派伊. 政治发展面面观[M]. 任晓, 王元译. 天津：天津人民出版社, 2009.

[13] 加布里埃尔·A. 阿尔蒙德, 小G. 宾厄姆·鲍威尔. 比较政治学：体系、过程和政策[M]. 曹沛霖等译. 上海：上海译文出版社, 1987.

[14] 严庆. 冲突与整合：民族政治关系模式研究[M]. 北京：社会科学文献出版社, 2011.

[15] 兹比格涅夫·布热津斯基. 大失控与大混乱[M]. 潘嘉玢, 刘瑞详译. 北京：中国社会科学出版社, 1994.

论"中国古典模式"的政治学说体系*

张分田

【摘　要】 中国传统政治思维的基础框架,由系统回答十大经典问题的十大经典命题组合而成。就其理论功能而言,则可分为"立君为天下""天下为公""天下一统""政由君出""君臣合道"五大制度性命题,以及"君主无为""广开言路""平均天下""孝治天下""法理天下"五大行政性命题。十大经典命题将政制理论与政事理论有机地统一在一起,形成一种模式化的政治学说体系。它源远流长,世代传承,贯穿古代,超越学派,堪称政治学说体系的"中国古典模式"。

【关键词】 政治思维;政治学说;制度性命题;行政性命题;中国古典模式

中国传统政治思维的基础框架,由系统回答十大经典问题的十大经典命题组合而成。就其理论功能而言,则可分为"立君为天下""天下为公""天下一统""政由君出""君臣合道"五大制度性命题,以及"君主无为""广开言路""平均天下""孝治天下""法理天下"五大行政性命题。十大经典命题将政制理论与政事理论有机地统一在一起,形成一种模式化的政治学说体系。它源远流长,世代传承,贯穿古代,超越学派,堪称政治学说体系的"中国古典模式"。

笔者发现,中国传统政治思维的基础框架,由系统回答十大经典问题的十大经典命题组合而成。这个基础框架具有普遍意义,堪称政治学说体系的"中国古典模式"。本文简略谈一点研究心得。

一、中国传统政治思维的十大经典问题与十大经典命题

考察中国传统政治思维的基础框架,强化经典问题及经典命题的解读,可以超越个案研究的局限性,探寻更具普遍意义的理论模式。这里所说的"经典问题",是指一种在中

---

* 原载于天津师范大学学报(社会科学版),2013年第3期。

国传统政治思维中普遍存在的问题意识,即在各种人们耳熟能详的经典文献中,在各种思想流派和著名思想家的政论文章中,在历代的朝堂议政中,都很容易找到的问题意识。在特定的问题意识驱使下,人们会形成特定的思维方式,进而形成对各种重大政治问题的认识模式。具有内在一致性的问题意识、思维方式和认识模式,势必推演出若干获得广泛认同的基本思路提炼出若干被广泛使用的理论命题,并凝聚成具有普遍意义的理论框架。由经典问题导出的并获得普遍认同的理论命题,可以称之为"经典命题"。经典问题及经典命题共同构成的模式化的理论框架,集中体现了中国传统政治思维的总体特征。

想要强化经典问题的解读,就必须重新思考中国政治思想史研究的问题意识和解读模式,以便形成更合理的学术路径。这就涉及如何处理好现代研究者的问题意识与古代思想家的问题意识之间的关系等一系列重大学术问题。对于这些问题,笔者也在不断思考,不断探索。答案之一是:系统检索各种经典文本,寻找中国古代思想家的原初问题,考察经典问题及相关经典命题,为重新理解中国传统政治思维提供新的学术基础。

经过长期的研究,笔者大体圈定中国传统政治思维经典问题的范围。就目前的认识程度而言,中国传统政治思维有十大经典问题,即政治的本原、本体和本质问题,国家元首及政治主体问题,国家形式问题,权力结构及政权组织原则问题,政治关系问题,施政纲领问题,政治过程问题,社会公平问题,社会道德教化问题,制度建设及法律规范问题。这些问题是古今中外各种政治学说所共同拥有的。

中国传统政治思维的特色是:在回答经典问题的过程中,逐步提炼出一批相关的独特理论命题,诸如主要回答政治的本原、本体和本质问题的"立君为天下",主要回答国家元首及政治主体问题的"天下为公",主要回答国家形式问题的"天下一统",主要回答权力结构及政权组织原则问题的"政由君出",主要回答政治关系及其一般规定性问题的"君臣合道",主要回答施政纲领问题的"君主无为",主要回答政治过程问题的"广开言路",主要回答社会公平问题的"平均天下",主要回答社会道德教化问题的"孝治天下",主要回答制度建设及法律规范问题的"法理天下"等。"天下有道""天下有德""天下公平""天下太平""天下和平"等命题则是对全面贯彻上述命题所达到的理想境域的概括与描述。这些命题集中体现了中国古代思想家问题意识的一般特征及其回答经典问题的基本思路,堪称名副其实的经典命题。

在中国传统政治思维中,十大经典命题并不是一种平行的关系。一般说来,国家与君主为何而设是一个总问题,古代思想家称之为"设君之道"。有关"设君之道"的一般结论是立国、设君、命官、施政为天下大众,通常表述为"立君为民""立君为天下"等。因此,"立君为天下"是一个总命题,它是论证其他经典命题的理论基础。在一定意义上甚至可以说,其他经典命题都是从"立君为天下"这个总命题中派生出来的。

但是,中国传统政治思维及其主要命题和重要范畴的重要特征之一是具有整体性、全息性、结构性。因此,研究者切忌简单化地判定每一个命题在整个理论体系中的地位,更不能将任何一个命题仅视为整个理论体系的一个局部。中国古代思想家偏好整体性思维,因而许多政治命题可以通贯乃至统摄整体,各种命题之间也具有内在的相关性。因此,在具体的思想过程中,十大经典命题都有可能被某一部经典著作或某一个思想家用作总命题,借以系统回答各种经典问题,进而论及各种经典命题。最典型的例证莫过于"儒家"以"孝治"为本,而"法家"以"法治"为本,却都以各自的方式回答了十大经典问题,使用了十大经典命题。这就意味着,沿着某一个命题所提供的线索,研究者可以追寻到中国传统政治思维所有的经典命题及其基础框架。

笔者发现:在《周书》中,十大经典命题已经大体形成。在各种内容相对完整的政治理论著作中,诸如《墨子》《孟子》《荀子》《吕氏春秋》《韩非子》《淮南子》《春秋繁露》《白虎通》《太平经》《五经正义》《四书集注》《大学衍义补》等,都系统地回答了经典问题,并在基本思路上具有内在一致性,因而都可以找到与十大经典命题直接相关的内容。这些经典命题共同构成一个具有完整性和基础性的政治理论框架。除少数无君论者外,中国古代思想家的政论普遍使用了这个基础框架。

二、五大制度性经典命题的基本思路

十大经典命题分别侧重回答某一类重大政治理论问题,有各自特定的理论功能。就主要理论功能而言,大体可以分为两组。其中"立君为天下""天下为公""天下一统""政由君出""君臣合道"侧重论说政制之道,属于制度性命题。它们共同设定了君主制度的一般法则。

"立君为天下"命题属于"设君之道"范畴。其核心思路是:立君为公、为民、为社稷、为国家、为天下,即君主(君主制度)为国家(政治共同体)而设,国家(政治共同体)为社会大众而设,因而国家与治者(包括君主及各级官吏)皆为天下群生而设,国家的政治制度也为服务社会和公众利益而设。这类命题旨在回答产生国家政治的原因和设立君主制度的理据,包括国家的起源、统治的本质、政体的法则、政权的职能、君权的构成和施政的原则等政治思想的核心内容。相关的政治理论涉及政治的本原、本体、本质及一批最基本的政治原则,具有政治本体论的性质。

在现存文献中,最先以清晰的话语表达"立君为天下"命题的是《慎子》的"立天子以为天下"。这个思想萌芽于五帝三王传说中的设政以利民、教民思想,滥觞于夏商时期君民相依和立君利民思想,形成于西周、春秋时期的立君为民思想。《周书》的"天作君师"论是这类思想的重要经典依据。先秦主要政治思想流派都对这个思想作出各自的理论阐释。诸子百家的基本思路大体相似,从而形成群体性的政治价值共识。秦汉以来,这个思想属于统治思想范畴,其基本思路获得广泛共识,相关的政治理念是官方学说的最重要的理论基础。因此,除无君论者外,中国古代思想家都把"立君为天下"命题视为其政治理论体系的本原性、本体性的依据。一般说来,中国传统政治思维是围绕"立君为天下"这个命题展开的,相关的各种命题和思路,都是由"立君为天下"命题引申和派生出来的。这个命题可以涵盖中国古代政治思维的全部内容。这就是说,"立君为天下"是中国传统政治思维的核心命题,它贯穿并指导一切重要的政治命题。

"天下为公"是由"立君为天下"引申出来的最重要的政治命题,其功能旨在论证君位传承的一般法则,进而设定理想化的立君之道,推导理想化的为君之道,设定最高权力的基本规范,描述理想政治模式的主要景观。这个命题的核心思路是:"立君为天下",天下乃天下人之天下,国家最高权位乃天下之公器,立君之道是"有道有德",君位传承应体现"天下为公"的原则,因而"圣王贤君"是理想的君主,"天下公平"是理想的治道。这就是说,理想政治模式的主要特征是:国家元首"有道有德",君位传承"圣圣相授",由"至圣至明"王者制定"大公"的制度,推行"平均"的政策,以实现并维护社会公正和分配公平。简言之,以圣王为国家最高政治主体是理想政治模式的主要特征。

在现存文献中,着重论说立君之道、规范君位传承的"天下为公"命题最先见于《礼记·礼运》。这个思想滥觞于早期王制的"革命"观念,并得到有关"五帝官天下"的政治传说的支撑。《周书》的"皇天无亲,惟德是辅"论和《周易》的"汤武革命"论是这类思想的重要经典依据。先秦主要政治思想流派对"天下为公"的基本思路思想都有理论阐释。其中,《墨子·尚同下》的"选择贤者立为天子"、《商君书·修权》的"为天下治天下"和《吕氏春秋·贵公》的"天下非一人之天下也,天下之天下也"等,都用清晰的语言表达了"天下为公"命题的核心理念。《孟子》《中庸》对"禅让""革命""传子"等理想化的君位传承模式作了系统的论证和规范。在其他先秦文献中也多有相关的思路。秦汉以来,这个思想属于统治思想范畴,其基本思路获得广泛共识,相关的政治理念是官方学说重要的理论基础之一。因此,中国古代思想家普遍把"天下为公"命题的基本思路视为其理想政治模式理论的重要组成部分。

"天下一统"是由"立君为天下"引申出来的重要政治命题之一,其功能旨在设计理想化的国家形式。这个命题的核心思路是:"立君为天下",故"天下一家",亦即"天下一统"。因而国家形式必须有利于"天下一统"的维系,权力结构必须契合"天下一统"的法则,君主权势必须具备"天下一统"的特征。这就是说,国家政治统一是理想政治模式的重要特征之一。

在现存文献中,"天下一统"的提法最先见于《史记·李斯列传》,而"一统"的概念显然源于先秦。一般说来,"天下一统""海内一统""中国一统""国家一统"等是同义命题。这类思想滥觞于早期王制的"帝王"观念、"天子"观念和"王天下"观念,并得到有关五帝"监于万国"的政治传说的支撑。《诗经·小雅·北山》的"普天之下,莫非王土"是这类思想的重要经典依据。先秦主要政治思想流派对"天下一统"的基本思路都有理论阐释。理论贡献最为突出的当属《老子》对"一"的哲理阐释、《孟子·万章上》引孔子对"天无二日,民无二王"的论说、《商君书·农战》等对君主"作一"的论证和《春秋公羊传》对"大一统"的弘扬。秦汉以来,这个思想属于统治思想范畴,其基本思路获得广泛共识,相关的政治理念是官方学说重要的理论基础之一。因此,中国古代思想家普遍把"天下一统"命题的基本思路视为其理想政治模式理论的重要组成部分。

"政由君出"是由"立君为天下"引申出来的重要政治命题之一，其功能旨在论证君主权势的基本特征，设定理想化的君臣权力结构，推导理想化的国家政权组织原则。这个命题的核心思路是："立君为天下"，"天下一统"，故君为天下之主，是国家最高政治主体，因而国家最高权力必须集中在君主手中，国家政令必须由君主独断。这就是说，君主独尊独裁是理想政治模式的重要特征之一。

在现存文献中，最先以清晰的话语表述"政由君出"命题的是孔子的"礼乐征伐自天子出"。这类思想滥觞于早期王制时期君主独尊与专断的政治文化。《尚书·洪范》的"皇极"观念、"天子作民父母，以为天下王"和"惟辟作福，惟辟作威，惟辟玉食"等，是这类思想的重要经典依据。先秦主要政治思想流派对"政由君出"的基本思路都有理论阐释。相关的著名命题有《论语·季氏》的"礼乐征伐自天子出"，《墨子·尚同中》的天子"一同天下之义"，《商君书·修权》的"权者君之所独制"，《孟子·梁惠王上》的"定于一"，《中庸》的"非天子，不议礼，不制度，不考文"，《荀子·议兵》的"权出一者强，权出二者弱"，《吕氏春秋·执一》的"天下必有天子，所以一之也"，等等。秦汉以来，这个思想属于统治思想范畴，其基本思路获得广泛共识，相关的政治理念是官方学说重要的理论基础之一。因此，中国古代思想家普遍把"政由君出"命题的基本思路视为其理想政治模式理论的重要组成部分。

"君臣合道"是由"立君为天下""天下为公""天下一统""政由君出"推导出来的重要命题之一。其主要功能旨在设定"君臣之道"（"君臣之义"），进而论证政治等级关系及相关的政治规范。这个命题的核心思路是：在政治等级上，君主与臣民之间有严格的尊卑、主从、贵贱之别，二者同体共生，功能匹配，相互依存。"君臣之道"（"君臣之义"）的属性与特征是由具有本原、本体、本质属性的道（天、天道、天地之道）所规定的。故君有君道，臣有臣道，君主与臣民在政治权力中的地位与功能存在本质性的差异。唯有各种政治角色各尽其道，各种政治关系，特别是君主与官吏的关系处于和谐状态，才能让国家政治步入理想境域。因此，"君臣合道"命题又常常被用于论说"立君为天下""天下为公""天下一统""政由君出"。

在现存文献中，"君臣合道"提法见于《后汉书·爰延传》。隋唐以来，人们多用"君臣道合"、"君臣义合"等表述这个提法。这一类的思想滥觞于有关三皇五帝时期君圣臣贤的政治传说。《尚书》、《诗经》的"君臣一体"观念是这类思想的重要经典依据。先秦主要政治思想流派都对这个思想作出各自的理论阐释。诸子百家普遍认为，道义是最高准则，君臣都必须遵守道义；在君臣有别的政治结构中，君臣和谐是政治关系最理想的状态，因而维护君臣大义、保持君臣和谐是实现理想政治的必由之路，也是理想政治模式的重要特征。秦汉以来，这个思想属于统治思想范畴，其基本思路获得广泛共识，相关的政治理念是官方学说重要的理论基础之一。因此，中国古代思想家普遍把"君臣合道"命题的基本思路视为其理想政治模式理论的重要组成部分。

三、五大行政性经典命题的基本思路

"君主无为""广开言路""平均天下""孝治天下""法理天下"五大经典命题,侧重论说政事之道,属于行政性命题。它们从不同角度阐释了治国为君之道。

"君主无为"是"无为而治"的核心意旨,属于"为君之道"范畴,主要功能是在遵循君主制度一般法则的前提下,设定理想化的为君治国之道的总体纲领。这个命题与"立君为天下""天下为公""天下一统""政由君出""君臣合道"有密切关联,并侧重论证君主施政的基本方略和政治艺术。其核心思路是:在人与自然的关系上,君主应做到效法自然,顺应自然,遵循自然法则,包括自然天道所注定的政治法则。在君臣关系上,君主应做到任贤使能,人尽其才,做到君无为而臣有为。在君民关系上,君主应采取各种措施,尽量减少对广大民众的行政干预。简言之,"无为而治"是处理各种关系的重要法则,"君主无为"是最高明的为君之道。

在现存文献中,最先以清晰的话语表达"无为而治"命题的是《老子》。这个思想滥觞于有关三皇五帝的政治传说。在《尚书》《诗经》《左传》《国语》等文献中,不难找到效法自然、垂拱而治、任贤使能、因人成事的论点,其中各种论证驾驭臣民的政治技巧的思想是"君主无为"论的主要来源和重要依据。先秦主要政治思想流派都对这个思想作出各自的理论阐释,形成若干基本思路大体一致、思想倾向有所不同的理论类型。其中,《老子》《论语》《商君书》的论说具有典型性。秦汉以来,这个思想属于统治思想范畴,其基本思路获得广泛共识,相关的政治理念是官方学说重要的理论基础之一。因此,中国古代思想家普遍把"君主无为"命题的基本思路视为其理想政治模式理论的重要组成部分。

"广开言路"命题与"君臣合道"命题的关系密切,又可以附属于"君主无为"命题。这个命题的主要功能是设定理想化的君臣互动过程。作为其核心内容的君主纳谏思想,主张君主任贤使能、集思广益、兼采博纳,属于"为君之道""治国之道"范畴。"广开言路"命题,要求最高统治者通过各种途径,多方收集政治信息,广泛咨询臣民意见,深入体察民心民意,在兼听博纳的基础上实行独断。从现代政治学的角度看,君主纳谏问题亦即政治决策问题,属于政治过程的核心内容,涉及国家的立法、政策制定与执行等功能活动及其权力结构关系。"广开言路"及君主纳谏,旨在阐释一种正确的决策与执行过程,进而论证相关的政治设置及政治艺术。这个命题实质上是设定理想化的政治过程及相关的政治设置,因而是中国古代一种重要的治国原则和政治方术。

在现存文献中,"广开言路"的提法出现较晚,而相关思想则源远流长。这类思想滥觞于有关三皇五帝的政治传说。从《尚书》《诗经》《左传》《国语》《周礼》等文献提供的材料看,西周、春秋时期的三公四辅、卿士佐官都有谏议的权利和义务,其时已经有一些机构、职官负有采集民意、尽规纳献、监控政情的职责，还形成了许多政治惯例。先秦的主要政治思想流派对这个思想都有阐释，并做出各自的理论贡献。秦汉以来，这个思想属于统治思想范畴，其基本思路获得广泛共识，相关的政治理念是官方学说重要的理论基础之一。因此，中国古代思想家普遍把"广开言路"命题视为其理想政治模式理论的重要组成部分。

"平均天下"命题属于"为君之道"、"治国之道"范畴，而"立君为民"及"以人为本"是其主要理据。这个命题的主要功能是论说维护社会公平的途径和手段，要求君主采取积极的措施，实现一定程度的平、均、齐、同。中国传统政治思维偏爱以平、均、齐、同论治家与国，诸如治理天下称"平天下"，国家大治则称"天下平"。于是论社会和谐，则言"大同"；论赏罚、分配，则言"公平"；论田土、赋税，则言"均平"；论为君之道，则言"平均"。这样一来，"平章协和"、"齐治均平"、"均平之化"等成为论说治国之道的常见词语，"天下太平"、"天下平均"、"天下公平"等成为描绘政治理想的通用语汇。在以"分"为特征的社会中，人们普遍偏爱以"平"为特征的政治，这是有其社会根源的。

在现存文献中，"天下平均"的提法最早见于《庄子·达生》。与"平"相关的政治观念可能与华夏文明同时形成，"平"字很早就用于描述事物的理想状态。《尚书·洪范》的"王道平平"，《周易·谦卦》的"君子以裒多益寡，称物平施"，《诗经·小雅·采菽》的"平平左右，亦是率从"等，都与理想的王道、王政密切相关。这种理想很早就形成了比较完整的意义体系。先秦的主要政治思想流派对这类思想都有理论阐释。《老子·七十七章》的"天之道，损有余而补不足"，《论语·季氏》的"不患寡而患不均"，《墨子·兼爱中》的"兼相爱，交相利"，《孟子·离娄上》的"平治天下"，《荀子·王制》的"公平者职之衡"，《吕氏春秋·贵公》的"公则天下平"，《韩非子·六反》的"论其税赋，以均贫富"和《韩非子·守道》的"天下公平"等，从不同角度阐释理想政治，既充实了"平均"、"太平"理想的各种要素，又形成"平均"、"太平"理想的不同类型。秦汉以来，这个思想属于统治思想范畴，其基本思路获得广泛共识，相关的政治理念是官方学说重要的理论基础之一。"天下太平"、"天下均平"、"天下公平"、"天下和平"是获得广泛认同的社会政治理想。

"孝治天下"命题属于"为君之道"、"治国之道"范畴，主要功能是设定理想化的社会教化途径和手段，并将"孝治"视为重要的治国原则和施政方略。"孝治天下"又称"孝理天下"，全称"以孝治天下"、"以孝理天下"，简称"孝治"、"孝理"。狭义而言，"孝治天下"特指孝理、孝治。广义而言，"孝治天下"兼包孝理、名教、礼治，三者彼此相通，相辅相成，共同构成教化论，又都可以用为教化论的总称。

在现存文献中，"孝治"及"以孝治天下"的提法最早见于《孝经》。儒家把这个命题的发明权归之于孔子，而相关思想源远流长。"孝治天下"的基本思路滥觞于夏、商、西周的家国政治模式和《尚书》等政治文献。先秦的主要政治思想流派对这个思想都有理论阐释。《论语》、《孟子》等夸饰"孝"及相关的"礼"的功能。《墨子》、《吕氏春秋》、

《韩非子》等均提出各自的"孝治"思想。秦汉以来,这个思想属于统治思想范畴,其基本思路获得广泛共识,相关的政治理念是官方学说的最重要的理论基础。因此,中国古代思想家普遍把"孝治天下"命题的基本思路视为其理想政治模式理论的重要组成部分。

"法理天下"命题属于"为君之道"、"治国之道"范畴。从历史过程看,这个命题的主要内容是从商周"孝治"、"礼治"思想的基本思路中衍生出来的。其实质是为以宗法社会为基础的政治制度、社会制度、经济制度及其道德体系提供相应的法律结构。"法理天下"是中国古代一种重要的治国原则和施政方略,而维护符合礼制及礼义的"孝"始终是中国古代的最高法律精神。

在现存文献中,"法理天下"的提法见于《通典》,并用于描述唐太宗的治国理念。"法理天下"的基本思路来自先秦的"以法治国"思想,而"以法治国"的提法最早见于《管子·明法》。实际上,这一类思想的基本思路可以追溯到春秋以前。三代的礼制与礼治原本就包含法制与法治的因素。相关的思想是"法理天下"思想的重要来源。先秦主要政治思想流派对这一类思想的基本思路作出各自的理论阐释。其中被归入"法家"的著名思想家商鞅等人提出了系统的国家与法的理论。"法家"思想被一些政治学家称为世界史上"第一套真正的国家理论"[1]。李悝、商鞅所制定的法典的基本规模也为后世所沿袭。秦汉以来,经过经学的改造和融会,有关礼法之制的理论成为统治思想的重要组成部分,其基本思路获得广泛共识,相关的政治理念是官方学说重要的理论基础。因此,中国古代思想家普遍把贯彻礼法之制及礼法之治视为其理想政治模式理论的重要组成部分。

四、政治学说体系的"中国古典模式"

十大经典命题将政制理论与政事理论有机地统一在一起,全面回答了一系列的重大政治理论问题,由此而形成的基础框架,源远流长,世代传承,贯穿古代,超越学派,从而形成一种模式化的政治学说体系。

从现存史料看,十大经典命题的形成不晚于商周。只要列举一下《周书》的"天作君师"、"天命靡常"、"元后作民父母"、"惟辟作威"、"有乱臣十人,同心同德"、"人无于水监,当于民监"、"保民"以及有关礼治、孝道、刑法的论述和元首股肱等君臣之喻,就可以得出这样的判断:中国传统政治思维的基础框架已经大体形成。先秦诸子中的绝大多数继承了这个基础框架。他们的主要贡献一是理论化,二是系统化,三是类型化。其中,老聃、孔丘、墨翟、商鞅、慎到、孟轲、荀况、韩非等的理论贡献最为突出。

在这里,笔者着重强调一个研究心得,即先秦诸子的类型化发展,亦即人们通常所描述的学派分化,不仅没有导致基础框架的废弃、拆解和再造,反而进一步强化了基础框架的普遍意义。只要全面比较一下"儒家"与"法家",甚至比较一下《孟子》与《韩非子》,即会发现激烈的争论集中在政治理论较浅的层次上,主要是"礼治"与"法治"、

"德教"与"刑政"何者更重要的问题上。这类争论的实质是对"孝治天下"命题与"法理天下"命题在政治理论体系中的地位的认识上存在重大分歧。然而,在"立君为天下"、"天下为公"、"天下一统"、"政由君出"、"君臣合道"等国家政治制度的一般规定性的问题上,"儒家"与"法家"、《孟子》与《韩非子》不仅没有实质性的分歧,而且基本思路大体一致。对"君主无为"、"广开言路"、"平均天下"、"孝治天下"、"法理天下"等,两者的思路也有内在的一致性。这就是说,先秦主要政治思想流派的分化可以用"深层次的同质与浅层次的分歧"来评说。这就必然熔铸成一种更为强韧的政治文化传统。就连被古今众多学者归入另类的秦朝、秦制、秦皇、秦政,也是传承这种政治文化传统的重要环节。

汉魏以来,占主流地位的政治学说以"儒家经典"为主要载体。随着时间的推移,其影响范围扩大到这样一种程度:就连早期道教经典《太平经》别具一格的政治理想,也依然使用了固有的基础框架。就深层次的理念及若干基本思路而言,《太平经》与《白虎通》的政治思想大同小异。任继愈用"儒教的补充和后继者"[2]来评说《太平经》的社会政治观念,这是颇有道理的。

到隋唐,这个基础框架更加牢固。这一点集中体现在钦定经典注疏《五经正义》综合融会以往经学的成果,在经典文本的篇幅上有所扩大,在经典之义的整合上有所推进,在经典思想的阐释上有所提升,使"儒家经典模式"的政治学说达到一个新的高度。与此相应,在一批著名皇帝的著作、言论中,很容易找到他们使用共同的基础框架,论说为君治国之道的事例。于是经学、君道与帝制相匹配,使得"中国古典模式"的君主政治达到鼎盛状态。

唐宋以降,官方学说和主流学术逐步从以"五经"为主的模式,演化为以"四书"为主的模式。然而,仅仅剖析"四书"本身,就不难找到中国传统政治思维的基础框架,更何况"五经"依然属于儒家经典范畴。在宋、元、明、清的著名政治思想家中,几乎没有"儒者"这个大圈子之外的人,且大多与"理学"有渊源关系。这就意味着居于主流文化地位的政治学说只剩下"儒味"极其浓厚的这一种。就连那些著名皇帝也大多堪称大儒。因此,只要证明儒家经典符合基础框架,也就完成了对基础框架的普遍意义的论证。

依据上述分析,可以得出这样的论断:在世界政治学说史上,曾经存在过一种传承了数千年的堪称"中国古典模式"的政治学说体系。这个政治学说体系是诸子百家共同的理论基础和文化基础,也是中国古代政治文明的理论基础和文化基础。深入研究这个具有普遍意义的基础框架,有助于全面认识中国传统政治思维的总体特征,进而准确地评说诸子百家的特性。

参考文献

[1] 罗曼·赫尔佐克. 古代的国家——起源和统治形式 [M]. 北京:北京大学出版社,1998.
[2] 任继愈. 中国哲学发展史(秦汉) [M]. 北京:人民出版社,1985.

现代国家认同建构的政治逻辑[*]

林尚立

【摘　要】 在人成为主体力量的现代社会，国家认同不是简单的国家观念或国家意识问题，而是国家建设本身的问题。在全球化、现代化与民主化的大时代背景下，围绕现代国家建设所形成的国家认同建构，是以民主为基本前提，以国家制度及其所决定的国家结构体系的全面优化为关键，最后决定于认同主体的自主选择。在国家与人、制度与人的有机互动中，国家结构体系的质量决定着其塑造民众国家认同的能力；而国家认同的形成过程也塑造着国家结构体系。因此，国家建设在努力改善国家认同的同时，必须时时从国家认同来检视国家建设面临的问题与挑战，从而将国家制度的健全、国家结构体系的优化与国家认同的深化有机地统一起来。基于此，当代中国国家认同建构的战略议程应在学理上阐释中国现代国家产生与发展的历史逻辑，在理论上阐释国家及其制度的价值合理性与工具合理性，在制度上优化国家结构关系以实现多元化与一体化共存发展，在政策上实践国家发展与治理的基本价值。

【关键词】 国家认同；国家建设；国家结构体系；现代国家；中国国家认同

不论是把人定位为天生的政治动物，还是定位为天生的社会动物，其现实存在一定是在四种力量规范下形成的：一是自然，二是组织，三是制度，四是价值。现实的人是这四大规范力量共同作用的产物，但同时也是创造这些规范的力量。人类社会发展以追求人的自由与解放为核心取向，人类历史从古代迈入现代的根本标志就是：人从一种被决定的力量逐渐解放为一种决定性的力量。于是，人成为现代社会与现代国家的逻辑起点。由此，人的观念、权益与行动，就自然成为社会与国家建构与发展的决定力量。现代国家认同问题就是由此形成的。可见，现代国家对国家认同的需求，不是源于国家的整合性与统治性，而是源于人的独立性与自主性。

简单来讲，国家认同就是人们对其存在其中的国家的认可与服从，其反映的是人与国家的基本关系。对国家而言，它决定着国家的合法性基础，进而决定着国家的稳定与繁荣。在人成为主体力量的时代，人对国家的认可与服从，一定不是国家强力的产物，而是

---

[*] 原载于《中国社会科学》，2013年第8期。

人与国家之间有机互动的结果,其内在逻辑是:人是国家的主体,建设国家;国家最大限度地满足人的生存与发展基本需求。据此,国家认同问题,就不简单是人们的国家观念或国家意识问题,而是国家建设本身的问题。没有合理、有效的国家建设,就不可能形成具有广泛社会和文化基础的国家认同。所以,本文的基本假设是:现代国家认同的建构,在很大程度上取决于现代国家结构体系的内在合理性及其自我完善能力。

一、现代国家与国家认同

认同是基于人的心理、思想与信仰形成的,其逻辑起点源于人的自我认知。所以,"认同"问题最早是由心理学提出的。[1]人的现实存在,不是孤立的,而是社会存在。人的自我认知一定基于其社会存在以及由此形成的社会关系。换言之,人是通过他者来认知自身的,因而,对他者的认知直接关系到自我认知,而认知他者的逻辑起点一定在自我。正是在这种自我与他者所建构的关系中,人们才能判定我来自何方、处于何处、走向何方。对他者的认知,就构成人们的基本认同。这种认同对象可以是个人的,也可以是集体的,如组织、集团与共同体。于是,就有了权威认同、组织认同、族群认同、阶级认同以及国家认同等。可见,认同是人的社会存在必然产生的心理与精神要素,是人的生存与生活之本。至于每个人认同什么,则取决于每个人的实际社会存在及其心理和精神取向。亚里士多德认为,人是天生的政治动物,必须过政治生活。[2]从这个逻辑出发,人们在政治生活中所形成的国家认同,是人们现实存在必不可少的心理与精神要素。

马克思认为,人即使不是政治动物,至少也是社会动物。[3]这表明人的现实存在一定是社会存在;而到目前为止人的社会存在,必然趋向组织国家,从而决定其社会存在的另一方面,即作为国家成员的政治存在,过政治生活。国家认同就是在这种政治存在中形成的。然而,国家作为人类文明的产物,在历史上有一个发展的过程,从而形成了马克思所指出的"古代国家"与"现代国家"之分。在不同时代的国家,国家认同的形成及其对国家的意义是完全不同的。

在马克思看来,"古代国家"与"现代国家"之间的差别,不是历史时期的差别,而是构成国家的人的类本质的差别。"古代国家"是以人的共同体存在为基础的,换言之,构成"古代国家"的人是"共同体人",在马克思看来,这与古代国家的所有制,不论是公有还是私有,都是共同体的公有或共同体的私有直接相关。马克思指出:"在古代,土地是一个大实验场,是一个武库,既提供劳动资料,又提供劳动材料,还提供共同体居住的地方,即共同体的基础。人类素朴天真地把土地当作共同体的财产,而且是在活劳动中生产并再生产自身的共同体的财产。每一个单个的人,只有作为这个共同体的一个肢体,作为这个共同体的成员,才能把自己看成所有者或占有者。"[4]与古代相反,"现代国家"

是以人的独立存在为基础的，换言之，构成"现代国家"的人是"个体人"。马克思认为，随着工业革命以及以自由劳动与资本结合的资本主义生产形态的出现，人摆脱共同体的存在，成为独立的，同时也是"孤立的个人"，并由此构成了市民社会。马克思指出：资产阶级革命所带来的"政治解放一方面把人归结为市民社会的成员，归结为利己的、独立的个体，另一方面把人归结为公民，归结为法人"。[5] 人的类本质从"共同体人"发展为"个体人"，决定了"古代国家"与"现代国家"有天壤之别，集中地体现在人与国家的关系上。对此，马克思有过精辟的分析："在古代国家中，政治国家构成国家的内容，并不包括其他的领域在内，而现代的国家则是政治国家和非政治国家的相互适应。"[6] 因而，在古代国家中，"国家的物质内容是由国家的形式设定的。每个私人领域都具有政治性质，或者都是政治领域；换句话说，政治也就是私人领域的性质。在中世纪，政治制度是私有财产的制度，但这只是因为私有财产的制度就是政治制度。在中世纪，人民的生活和国家的生活是同一的，人是国家的现实原则，但这是不自由的人"。[7] 只有到了现代，人民的生活与国家的生活才实现了分离。所以马克思说，"国家本身的抽象只是现代才有，因为私人生活的抽象也只是现代才有。政治国家的抽象是现代的产物"。[8] 这里所说的"政治国家"就是国家制度，就是现代国家体系，它是基于现代社会发展需求而建构起来的一套用于保障个体与社会权益、维护和推进整个共同体发展的制度体系。由此，我们可以得出结论：在"古代国家"，人与国家是一体的，国家决定人的现实存在；在"现代国家"，人与国家是二元存在的，人的自主性决定国家的现实存在。在马克思看来，具有自主性和独立性的"这种人，市民社会的成员，是政治国家的基础、前提"。[9] 从这个意义上讲，在前现代国家，实际上不存在以国家为对象，以决定国家制度合法性为取向的国家认同问题。

然而，仅从"古代国家"与"现代国家"内在差别来把握现代国家认同是不够的。因为，认同是人得以现实存在的基本属性，生活在"古代国家"的人，也依然存在认同问题。要深入把握现代国家认同问题，就必须辨析古代国家与现代国家在认同上的具体差异。这就需要进一步考察"古代国家"与"现代国家"在组织形态上的差异。从历史发展进程来看，"现代国家"自然是从"古代国家"发展而来的，但从内在属性与组织形态来看，"现代国家"与"古代国家"则完全是两种类型的国家。用吉登斯的观点来看，它们之间的历史关系是一种断裂的关系，现代国家"是一种以特别突出的方式与前现代性国家形成鲜明对照的社会类型"。[10] 它们之间形成鲜明对照的关键点，除了前面提到的人与国家关系有本质不同之外，就是国家的组织形态存在巨大差异。

"古代国家"组织形态形成的逻辑，可以从亚里士多德关于古代城邦形成的历史逻辑中看到影子。亚里士多德认为，"城邦的长成出于人类'生活'的发展"，其背后的逻辑是：男女组成家庭，若干家庭组成村坊，若干村坊组成城邦。[11] 按照这样的逻辑，国家作为一种政治共同体，是人们集聚而成的，换言之，人群的聚合产生国家。实际上，中国人也是按照这样的逻辑来解释国家的，有"集家成国"之说。马克思和恩格斯不否认人群在特定区域内聚合是产生国家的基础，但强调这种聚合之所以产生拥有公共权力的国家，是因为这种聚合在带来发展的同时,也带来冲突,其中包括阶级冲突。国家的使命就是协调冲突,从而使聚合起来的人们能够共存,共同发展。然而,人类最初的聚合往往是基于血缘和地缘关系形成的共同体,要么是"部落",要么是"族群"(ethnic group)。由于支撑"部族国家"的力量直接来自维系部族的共同语言、共同信仰、共同文化传统以及共同心理所形成的文化资源,所以,格罗斯又将这种国家视为建立在"文化—民族"基础上的国家,他认为这个"文化—民族"就是我们今天所说的种族(ethnics)。很显然,在"古代国家"中,人们对国家的认同可以说完全基于人们所秉承的共同文化,人们对自身族群身份的认同与其对国家的认同具有内在一体性。至于被征服的部落和族群对征服国家的认同,则基于征服的政治逻辑而形成,这其中除了强力因素之外,也有文化的因素。

然而,现代国家组织形态形成的逻辑则完全不是如此。它不是基于血缘的或地缘的自然关系纽带而形成的,而是基于特定的制度性安排而形成的,其出发点就是:通过一套制度体制将一定区域的人民整合为一个能够共享制度安排的统一共同体。这与基于人类组织自然演化而形成的"古代国家"不同。"现代国家"具有很强的主体建构性,这个主体就是构成国家的全体人民,其族群结构可以是单一族群的,也可以是多个族群的。在这样的国家建构逻辑中,同一族群的人或不同族群的人,基于对作为共同意志产物的国家主权的认同而会聚在一起,[12] 共同支撑主权下形成的国家制度,并使其成为维护和保障个体与社会的有效力量。人们把在这样国家建构逻辑中会聚在一起的全体人民,称为民族(nation),[13] 并将由此所形成的现代国家称为民族国家(nation-state)。显然,这种民族是基于国家制度的政治安排所形成的,有人将其视为"国家民族",以区别支撑"古代国家"的"文化民族"。[14] 在现代政治逻辑中,这个"国家民族"与拥有现代国家主权的人民是同义语。[15] 在马克思看来,现代社会之所以会出现这样的国家建构逻辑,关键在于经济与社会的发展促进了人的自主,从而使人摆脱了对组织或共同体的依赖,在"纯粹私有制"的基础上成为社会领域独立的个体。由这样个体所构成的"市民社会",马克思也称之为"现代社会"。现代国家就是应这种现代社会而产生的,用马克思的话来说,"现代国家是与这种现代私有制相适应的"产物。[16]

综上所述,现代国家具有这样三大基本特点:其一,它以现代社会为基础,以构成国家的每个人拥有政治平等的政治解放为历史和逻辑前提;其二,它以现代国家主权为核心,以建构全体人民能够共享并获得发展保障的国家制度体系为基本的组织框架;其三,它以公民权的保障为机制,将社会的全体成员聚合为具有共同政治纽带的共同体,即民族或民族国家。现代国家的这三大特点,决定了构成国家的人民的国家认同(national identity),既是现代国家建构的基础与前提,也是现代国家维系和繁荣的保障。由此可以断言,国家认同是现代国家的生命所在,失去了国家认同,现代国家也就失去了所有意义。

二、现代国家认同的建构

在现代政治中，国家认同协调的是人民与国家之间的关系。现代国家的权力来自人民，人民与国家的关系直接决定着国家的合法性，即决定着国家的生存与发展。只有获得人民支持和社会合作的国家政权，才是稳定与有效的国家政权。由此可见，国家认同是现代国家的生命所在。

然而，国家认同不仅是现代国家生存与发展的需求，它同时也是生活于现代国家中的每个公民的需求。在现代化日益将全球社会凝聚成为一个共同体的时代，任何个人虽然可以在全球的空间中安排自己的生活，然而，这种自主与自由是以必须拥有特定国家的公民身份为前提的。同时，拥有独立自主的现代人，不像前现代人那样是以天地自然为其生存的最后底线，而是以特定政府提供的最基本生存保障为其生存的最后底线。这两点决定了当今世界的任何人都必须有国家的归宿。虽然现代人的独立与自主赋予其选择国家的权利，但没有赋予其不选择国家的自由。这种自主选择背后就蕴含着国家认同。从这个角度讲，国家认同也是现代人得以生存与发展的前提所在。正如有些人宣称的那样，国家认同"乃是他们个人安身立命最基本而不可或缺的认同所在，是他们赖以为生的社会价值所系"。[17]与此同时，我们也应该看到，现实中存在的个人，不论其法律上拥有多大的自主与自由，其与生俱来的种族属性及其生命成长的最基本社会形态属性则是无法选择的，而这些属性往往构成每个人建构其国家认同最基本的心理与文化背景。正如马克思所说的历史不可能随意创造一样，每个人的国家认同建构也不是随意的。

强调国家认同对现代国家与现代人所具有的不可或缺性，关键是要表明：对任何社会来说，国家认同的建构，不是单向的行动，而是双向的行动，既有赖于国家对民众的国家认同的建构，也有赖于个人建构自己的国家认同。在这种双重建构中，人的主体性及其所形成的选择是基础，而国家为每个人生存与发展所营造的整个国家结构体系是关键。据此，现代国家认同是个体在接受、参与并分享国家制度体系过程中所形成的对国家制度体系及其决定的自我身份（公民身份）的认同。根据这个定义，可将国家认同分为三个层面：第一个层面是对建构现代国家有决定意义的国家制度体系的认同；第二个层面是对这个制度体系所规定的公民身份和权利的认同；第三个层面是对国家制度体系所建构出来的具有现实社会基础的整个政治共同体本身的认同，简单来讲，就是对人们生活其中的国家这个政治共同体的认同。

这三个层面中，第一个层面的认同最为根本，并由此引出现代国家认同建构的第一个现实政治基础——民主。马克思指出："现代国家同这些在人民和国家之间存在着实体性统一的国家的区别，不在于国家制度的各个不同环节发展到特殊现实性"，"而在于国家制度本身发展到同现实的人民生活并行不悖的特殊现实性，在于政治国家成了国家其他一切方面的制度。"[18]因而,在现代国家打破了人民与国家之间存在着的实体性统一结构之后,现代国家就从具体的社会生活(用马克思的概念讲,就是物质国家)中抽象出来,国家制度就不再直接等同于人们的生活,在超越人们生活自主性基础上拥有相对的自主性,成为在整体上保障社会成员生存、生活与生产的外在制度体系。正是这种抽象和自主性,使得国家制度要获得真正的存在与发展,就必须赢得人民的认同。因为,人民是建构国家制度的主体,是国家权力的唯一来源。所以,现代国家认同的现实政治基础一定是民主。只有基于民主原则发展起来的现代国家,才有现代国家认同问题。在马克思看来,在现代化和民主化过程中,国家本身的抽象所形成的相对自主与私人生活的抽象所形成的个体社会存在的相对自主是相辅相成的共生关系,正是在这样的关系中,现代国家建设才能形成对国家认同的需求。

既然现代国家认同的现实政治基础是民主,现代国家认同的建构,就一定是从民主建构开始的。这意味着任何试图现代化和民主化的国家,要建构一个有效的国家制度体系,就必须牢牢地守住民主的根本:即国家权力来自人民,人民是国家的主人。只有守住了这个根本,现代国家制度体系才能得到确立与巩固。因为,只有在民主的条件下,人们对国家的认同才是内在的和巩固的,其逻辑是:在民主的条件下,人民是真正的主权者,因而,人民对国家主权的认同,实际上就是对人民自身的认同。这意味着国家与人民的相互自主性,只是构成现代国家对国家认同的内在需求;而要真正形成人民将国家放在心中,从而全力支撑与拥护国家制度体系的国家认同,就必须是人民基于人民主权逻辑所形成的国家认同。在卢梭看来,基于主权在民,人民的意志公意化为国家主权,国家主权获得了绝对的权力,当这种权力从全体人民利益出发运行的时候,人民对国家的认同,实际上是对人民共同意志所形成的公意的认同,即对自身整体意志的认同。[19]所以,只有在真正的民主条件下,国家认同才能获得现实的主体性,才能内化为人民的价值与信仰。

真正的民主自然体现为人民决定国家事务,国家保障人民的进步与发展,而其具体体现,不仅是一种价值,更重要的是基于这种价值所形成和运行的一套国家制度。这种国家制度首先保障人民的权利,其次规范国家的权力,使其成为能够维护和保障人民权利的力量。然而,从工具层面来看,这样的国家制度必须既拥有保障人民权利的功能,同时又拥有保证国家保障个体权利、维护公共利益、促进人与社会整体发展的功能。在马克思看来,这样的国家制度将形成于"政治国家和非政治国家之间的妥协,因此它本身必然是两种本质上相异的权力之间的一种契约"。[20]这里所说的非政治国家,实际上就是基于人们的现实生产与生活所形成的社会。这就意味着真正民主的建构,一旦落实到具体的社会与国家,不仅要考虑民主内在价值与原则的要求,而且要充分尊重社会的现实。因而,基于纯粹民主的价值和原则,而不是基于国家与现实社会妥协所产生的"一种契约"的国家制度,一定是无根无源的,能给人们带来幻觉,但不能得到人们最终的认同。

由此,就引出国家认同建构的第二个前提与基础,即国家制度的现实合理性,或者说,国家制度所决定的整个国家结构体系的现实合理性。国家结构体系就是构成国家的各个要素以及国家部分与整体所形成的具有内在一体性的结构安排,而实现这种安排的就是国家制度。国家结构体系借助国家制度而形成，但不等于制度本身；国家制度借助国家结构体系而运行，但不能替代国家结构体系。因而，它们之间是一种辩证统一关系：国家制度必须以一定的国家结构体系，即历史与现实所决定的国家各要素之间的关系为基础；与此同时，国家各要素之间的关系要获得合理化存在，就必须通过合理有效的国家制度来实现。在马克斯·韦伯的理论中，不论是国家结构体系还是其背后的国家制度的合理性，都应该属于工具合理性。在现代化的过程中，对任何一个国家或国家政权来说，只有比较充分地实现了国家结构体系及其背后的国家制度的价值合理性与工具合理性的有机统一，才能得以最终的稳定与巩固。在民主化使民主的价值合理性几乎成为既定选择的前提下，对于各国来说，工具合理性的关键就是解决在一定的社会用什么样的国家结构体系及其背后的国家制度来实现民主。美国人在现代国家建设方面的成功，就在于美国一开始就将国家建设建立在充分考虑美国的国情与民情基础上。《联邦党人文集》开宗明义就向美国国民提出要求："时常有人指出，似乎有下面的重要问题留待我国人民用他们的行为和范例来求得解决：人类社会是否真正能够通过深思熟虑和自由选择来建立一个良好的政府，还是他们永远注定要靠机遇和强力来决定他们的政治组织。如果这句话不无道理，那么我们也许可以理所当然地把我们所面临的紧要关头当做是应该作出这项决定的时刻；由此看来，假使我们选错自己将要扮演的角色，那就应当认为是全人类的不幸。""如果我们的选择取决于对我们真正利益的明智估计，而不受与公共利益无关的事实的迷惑和影响，那就万分幸运了。"[21] 显然，这里所说的"真正利益"，既有美国人的一般利益，也有社会各阶级的利益，更有美国作为一个整体所蕴含的国家利益。

然而，任何利益的形成，其背后都一定有价值选择；同时，任何利益都是在特定的关系结构中存在，并受这种关系结构所决定，如村落的关系结构、族群与宗教的关系结构、阶层的关系结构、地区之间的关系结构等。这决定了任何国家制度建立所需要的深思熟虑，一定离不开这个国家制度所针对族群的社会、历史与文化。无数的历史事实表明，能够得以持久成长，并不断巩固的国家制度，都一定与其所对应的社会、历史、文化形成了内在的契合。在这种契合中，国家制度及其所决定的国家结构体系既是特定的社会、历史和文化产物，同时又是特定的社会、历史和文化得以维系和发展的动力与保障。正因为有了这种契合，国家制度也就能够建构起具有稳固社会心理和文化传统的国家认同。因为，对这个国家的国民来说，这种社会、历史与文化是与生俱来的，交融于他们的生命与意识之中。实践表明，虽然这种契合是现代国家建设的内在要求，但要形成这种契合不是很容易，不仅需要时间，而且需要智慧、勇气与能力。法国大革命是成功的，但大革命之后法国社会与人民却陷入帝制与共和不断交替的痛苦之中，其背后的症结在于法国无法创立一种既能保障集中统一、又能充分满足多元纷争的现代民主制度以适应法国利益取向高度多元化的社会结构。直到1958年，戴高乐创建"超总统制"，[22] 法国才比较好地实现了这种契合性。"戴高乐认为，他的人民过分倾向于分裂。因此，他认为，一个庄重的强迫选举人选择政府的选举制度和一部庄重的责成政府实施统治的宪法，会有助于使法国人民更有凝聚力和更庄重得多。"[23] 戴高乐指出："为了使国家理所当然地成为法兰西统一、实现全国最高利益、全国人民持续进行政治活动的工具，我认为必要的条件是，政府绝不可从议会产生，换句话说，不是从各政党产生出来，而应由全国人民直接委任的一个超党派的元首遴选出来，而这位元首具有计划、决定和行动的权能。如果不是这样的话，那么，由于我们的个人主义、我们的分歧和过去的不幸给我们遗留下来的分裂因素，我国所有的那些无组织的倾向，就会再一次使国家陷入这样一种处境：各种变化无常的思想意识产生对抗，部门间存在竞争，政府对内对外的措施似乎既不能持久又毫无价值。既然事实证明我国之所以能够取得胜利只能依靠这样一种权威——它有能力克服一切分歧，并且考虑那些摆在它面前的有关现在与将来的问题，因而我认为此后我要进行的重大斗争，目的在于赋予法兰西一个能够肩负其命运的共和国。"基于此，"法国人民在拥护第五共和国时，却没有那种暗中的盘算。对群众来说，关键在于建立一种既尊重其自由又有能力行动和负责的制度"。[24] 由此可见，任何一种国家制度要赢得国民认同，根植于人们的心中，首先应该根植于特定的社会、历史与文化，从而孕育和发展其内在的合理性。法国是如此，美国也是如此。托克维尔在分析美国民主时，是从美国最基层的乡镇自治开始写起的，他发现，美国的民主制度是从基层社会生长起来的，有相当厚实的社会与文化基础。

然而，对于许多国家来说，之所以建立现代民主制度，在很大程度上是因为现代化将其卷进了现代化和民主化的潮流，建构现代民主制度已成为其在这个时代和这个世界生存的历史性选择。但在具体的实践中，这些国家一旦触及民主建构，马上就面临如何跨越"建造民主"制度与"运用民主"制度之间存在的峡谷。如果跨不过去，"建造民主"要面临失败，同时"运用民主"也就无从谈起；而跨越这个峡谷的关键，就是如何将民主制度建立在特定的历史、社会与文化之上。实践中，那些凭借某种民众的激情、某种绝对的理念以及某种政治的投机而"建造民主"的国家，最终的命运都是跌入峡谷——不是国家分裂，就是一切从头来过。在这样的境况下，国家认同也就成了一句空话，游荡在人们心中的可能仅仅是最粗浅的民族主义。

可见，对于每个人来说，要建构国家认同，必须还要有第三个前提条件，就是能够享受国家制度所带来的自由、发展与幸福。人是社会的主体，人的生产与生活组成社会。人与社会发展所需要的秩序和保障通过国家来完成。因而，任何国家实际上都是在对现实社会的重新组织和安排基础上形成的。所以，有人把国家视为"'政治上'有组织的社会"。[25] 国家在政治上对社会的组织就是通过国家制度来完成的，其实质就是对人与社会关系的再组织。亚里士多德在两千多年前就十分明确地指出：所谓政治制度，不过是"全城邦居民由以分配政治权利的体系"。[26] 这决定了人的现实存在，不仅有自然的存在，社会的存在，而且有政治的存在，因而，人的生存、生活与发展，不仅取决于自然、社会、历史与传统，而且还取决于当下的国家制度对其实际存在的安排。这种安排直接触及人们的生存与发展条件，关乎人民的自由与发展的空间。现代民主赋予人们所有的自由权利虽然都离不开国家、都依赖国家，但同时也赋予了人们自由选择国家归属的权利。[27] 这决定了任何人都必须有国家认同建构。至于对具体国家的认同，则取决于由其迁徙自由而形成的对具体国家的选择。这种选择除了情感、习惯、信仰与文化因素之外，就是自我利益与发展的需要。换句话说,在现代民主的条件下,对任何公民来说,其对国家制度的认同,一定要考虑国家制度所给予的自由空间、保障条件与发展可能,否则,人们对国家的认同与支持是相当脆弱的。所以,美国学者李普赛特认为,现代民主政治系统的稳定,必须基于这个政治系统所拥有的合法性与有效性的有机统一。在这种统一中,政治系统不仅能在价值上符合社会大多数的人意志,而且能够创造惠及社会大多数人的发展绩效。[28]由此可见,国家制度给予人的自由与发展多大的空间和多少的保障,是人们建构其国家认同的重要依据与基本动力。

综合上述分析,我们可以得出结论:在全球化、现代化与民主化的大时代背景下,围绕现代国家建设所形成的国家认同建构,一定以民主为基本前提,以国家制度及其所决定的国家结构体系的全面优化为关键,最后决定于认同主体的自主选择。从根本上讲,国家认同是人们在与社会、与国家的互动中自我建构起来的,其本质是对自我与国家之间存在的内在一体性的认同。这种一体性,不仅缘于血缘、地缘以及历史传统,而且缘于人们的利益与意志。基于人民主权所建构的现代民主就是强调人民建构国家、国家服务人民,这其中所形成的一体性,正是人们建构国家认同最基本的价值前提和逻辑前提。有了这个前提,人们所形成的具体国家认同,则取决于人们生活其中的国家制度及其所决定的国家结构体系。

三、国家结构体系与国家认同的互相塑造

用于描述或提炼现代国家形态的概念不少,如政治国家、民族国家、政治系统等,这些概念主要用于分析国家与社会关系以及国家运作本身,力图对国家作一个整体性的抽象和把握。因而,这些概念无法用来分析和把握人们基于十分具体、细微、深切感受与认知所积累起来的国家认同。美国学者本尼迪克特·安德森把民族或民族国家视为"一种想象的政治共同体",这表明人们的国家认同多少带有想象的成分。然而,对于每个人来说,其国家认同不仅体现为对国家这个政治共同体及其所决定的自我身份的认同,更重要的是体现为对其所参与的国家结构体系的认同,而这种认同一定是在人们与国家结构体系的具体互动中逐渐形成的。可以说,国家认同不是"想象"的产物,而是人与国家有机互动的产物。在这种有机互动中,人们是通过对国家内涵要素的感知来认知和把握国家的。这决定了人们对国家的感知以及情感,很大程度上取决于人们所感受的国家各构成要素及其相互关系的合理性和影响力。于是,对国家认同的建构及其内在逻辑的考察,就必须引入一个考察维度,这就是国家结构体系。正如前面已经指出的,现代国家结构体系都是通过法律与制度巩固下来的,因而,国家结构体系的背后,必然伴随着国家制度。在国家与人、制度与人的有机互动中,国家结构体系的质量决定着其塑造民众国家认同的能力;反过来,国家认同的形成过程也塑造着国家结构体系。如果这种关系抽象为人与制度

的互动关系,其相互塑造关系也就看得很明白了。实际上,任何具体的国家形态,都是在国家制度与人民的相互塑造中形成和确立下来的。

于是,在民主的前提下,民众的国家认同问题,就可以从一个侧面转换为国家结构体系的质量及其对民众的塑造(或者说对公民的塑造)的问题。从这种转换出发,任何国家要塑造广泛而深入的国家认同,其前提和基础不在于对公民的塑造,而在优化塑造公民的国家结构体系及其背后的国家制度。否则,再强大的公民教育与公民塑造,也维护不了国家的持久统一与稳定。美国教授 Susanna Barrows 认为,民族意识的形成不能刻意用强制的手段,否则负面效果将可能在长久之后爆发,南斯拉夫就是一例。以瑞士及法国的某些地区为例,留给地方某种程度的自我发展空间,并不见得对民族(或国家)的认同不利。而且,民族认同既有由上而下的方式,也有由下而上的途径。[29]她的这种观察在一定程度上说明了国家结构体系对国家认同所具有的独立价值和重要作用。

要把握国家结构体系,就必须首先把握现代国家本身。如果把现代国家视为从政治上重新组织起来的社会(或共同体),那么,就可以从两个面向来把握现代国家:一是将国家视为用于重新组织社会的那套制度体系,也就是马克思所说的政治国家或国家制度;二是将国家视为经过国家制度重新组织之后的政治共同体,也就是作为共同体的实在国家。罗伯特·麦基佛(Robert Maciver)就是从第二个面向来定义国家的:"国家是一个联合体,通过政府用强制力和公布的法律实施自己的行为,在一个疆域划定的共同体内维持社会秩序统一的外部前提。"[30]这两个面向侧重不同,第一个面向侧重现代国家的本质,第二个面向侧重现代国家的实体。但其蕴含的内在逻辑是共同的:首先,都以国家与社会二元结构为前提;其次,都将国家制度视为塑造现代国家这个政治共同体的力量;最后,都将现代国家的成长过程视为用现代国家制度重新将社会聚合为一个有机政治共同体的过程,用马克思的话来说,就是国家与社会达成"一种契约"的过程。[31]所以,如果从现代国家建设来看,完全可以将现代国家视为国家通过一套制度体系将国家内部各个要素重新整合为一个有机整体的过程,而在这个过程中,国家与社会不断互动,以至于具体的国家制度都不过是国家与社会达成"一种契约"的产物。这决定了任何具体的国家制度都是对国家与社会的具体要素所做出的制度性安排,而这种安排的合理性,不仅取决于制度的逻辑,而且取决于所安排要素之间结构关系的现实逻辑。在具体的国家建设实践中,这两个逻辑是相互作用、相互影响的。例如,中央与地方关系的制度安排及其所决定的国家结构形态,与现实存在的中央与地方关系的权力关系、利益关系、认同关系之间就存在着紧密的互动关系。许多时候,现实结构关系及其内在逻辑会迫使既有的制度安排发生变化、甚至摧毁既有的制度安排,如一个国家从单一制结构变成联邦制结构,从联邦制结构变成单一制结构,反过来的逆向变化情形也是存在的。由此可见,作为一个政治共同体存在的现代国家,其呈现给人们的一定是两个层面:一个层面是国家制度,另一个层面就是国家制度所协调、维护的各相关要素之间形成的结构关系,这就是本文所强调的国家结构体系。

对于生活在现代国家之中的人们来说,每个人既在现代国家制度下,也在现代国家结构体系之中。与此相应，国家认同既包含着对国家制度的认同，也包含着对国家结构体系的认同。前者更多的是从价值出发，往往可以超越现实利益考虑来确立认同；而后者更多的是从现实的情感与利益出发，取决于人们对具体国家结构体系的认知与感受。在人们的国家观念与意识之中，这两个层面的国家认同，既可能是一致的，也可能是冲突的。这种冲突是十分复杂的，最基本的是两种状态：一种是认同国家制度，但不满意国家结构体系；另一种是认同国家结构体系，但不完全认同国家制度。最糟糕的情形是，人们对国家制度以及国家结构体系同时存在认同危机，这必将导致国家陷入风雨飘零的境地。由此可见，从国家认同建构的角度看，现代国家建设必须是国家制度建设与国家结构体系的优化的有机统一。在民主化成为国家建设既定目标的前提下，国家制度建设就必须紧扣国家结构体系的优化来展开：以制度合理性与有效性，来优化国家结构体系；以国家结构体系的整体优化来落实和巩固国家制度，民主就是由此巩固下来的。

简单讲，国家结构体系是建构现代国家过程中各相关要素所形成的结构关系总和，是支撑现代国家并保障其稳定与活力的基本结构体系。这个结构体系出发的原点是人。作为国家成员的政治人，首先是现实的存在，即处于社会关系之中；其次是历史的存在，即处于历史的规定性与历史的创造性之中；最后是精神的存在，即处在用自己的价值和理想观照现实之中。人是国家的尺度，基于人的三种存在，国家结构体系就必须从三个维度来安排和优化。这三个维度就是：时间的维度、空间的维度以及超越时空的价值的维度。

从时间的维度看，国家结构体系面临的基本问题就是如何合理安排这个社会与国家的过去、现在与未来的关系。这其中，大而化之讲，涉及传统与现代、现实与理想等问题；进入具体领域，涉及国家对过往历史的逻辑编排、对重大事件的态度、对历史作用和影响的把握，涉及国家对当下的历史定位、对未来取向的把握以及对国家和民族命运的设定等。纵观世界各国，不论国家的意志源自何方，都一定要对其所处的历史与时代做出必要的把握。这一方面为了解决国家从何而来、走向何方，以及国家应该担当的时代使命的问题；另一方面为了解决国家现有制度的选择所具有的历史与时代合理性。国家与制度的诞生有多少的历史合理性基础，直接关系到国家与制度有多少的合法性资源。马克思的伟大作品《路易·波拿巴的雾月十八日》深刻分析了当年欧洲资产阶级国家如何借助历史的资源为其现实的革命建构合理性与合法性，从而创造新历史、新政权、新国家。在马克思的逻辑中，国家政权之所以要这样做，是因为虽然"人们自己创造自己的历史，但是他们并不是随心所欲地创造，并不是在他们自己选定的条件下创造，而是在直接碰到的、既定的、从过去承继下来的条件下创造"。[32] 因而，要建构现实的合理性，就必须建构现实在历史中的合理性。在这个过程中，确实存在让历史为现实政治服务的可能，但这却是国家与生俱来的权力。国家在这方面的能力与水平，直接决定着国家建设的能力与水平。

从空间的维度看，国家结构体系面临的基本问题就是如何合理安排好国家组织与建设所面临的最基本的关系，具体包括：国家与社会（或政党、国家与社会）的关系、军队与国家的关系、立法、行政与司法的关系、政府与市场的关系、政治与宗教的关系、民族与宗教的关系、中央与地方的关系、阶级与阶层的关系、党派之间的关系、国有与私有的关系、国内与国际的关系等。一个国家的具体形态直接取决于国家处理这些关系所确立起来的国家结构体系。国家的根本制度与具体制度都直接参与到这些关系的安排与处理中，并成为整个国家结构体系的制度支撑。细究这些关系的背后，无不与具体的利益相关，因而，国家在空间维度所建构起来的结构关系，实际上是对整个国家利益关系的安排与协调。这种安排与协调将最终决定在这个利益结构体系之中每个公民的权利大小、自由空间与发展资源。现代国家公民身份直接取决于国家对这些关系的安排与协调。现代国家发展的逻辑表明，现代化与民主化使公民身份要素不断充实与丰富。用马歇尔的研究来说，18世纪公民身份要素仅包含公民权利这一层；到了19世纪，增添了政治权利这一层；到了20世纪，又增添了社会权利这一层，从而在今天形成了三大权利要素的有机统一。[33]实际上，伴随着公民身份中权利要素的增加，公民与国家结构体系之间的关系也就更加全面和深入。在当今世界，公民与国家结构体系之间的关系已基本成为国家建设的普遍范式。在这样的范式下，国家结构体系在决定公民身份与权利的同时，也直接决定着公民对国家本身的认知与认同。

从价值的维度看，国家结构体系面临的基本问题就是如何将当代人类基本价值合理地安排进具有特定历史与文化的社会之中，并使其成为社会认同、国家遵从的国家核心价值体系。在这方面，马克思和恩格斯有一段经典的论述得到普遍的认同：[34]"统治阶级的思想在每一时代都是占统治地位的思想……他们作为一个阶级进行统治，并且决定着某一历史时代的整个面貌，那么，不言而喻，他们在这个历史时代的一切领域中也会这样做，就是说，他们还作为思维着的人，作为思想的生产者进行统治，他们调节着自己时代的思想的生产和分配；而这就意味着他们的思想是一个时代的占统治地位的思想。例如，在某一国家的某个时期，王权、贵族和资产阶级为夺取统治而争斗，因而，在那里统治是分享的，那里占统治地位的思想就会是关于分权的学说，于是分权就被宣布为'永恒的规律。'"[35]这里，马克思和恩格斯实际上指出了统治阶级意识形态与价值建构是任何统治的内在要求。这个逻辑放到现代国家认同建构上也是完全成立的。在马克思和恩格斯看来，国家意识形态与价值体系的建构，既是为了思想统治，同时也是为了统治与统治制度本身，即为了统治本身以及统治所需要的制度体系提供有力的价值支撑，从而获得社会认同和牢固的社会基础。所以，任何现代国家都必须建构相应的国家核心价值体系，而任何国家的核心价值体系都必须对基本的价值形成合理的结构安排，明确价值的优先顺序。这对于引导人们的国家认同和协调整个社会的观念与行动具有十分重要的作用。实践表明，核心价值的缺乏或者价值顺序的混乱往往是社会和政治危机的潜在根源。托克维尔指出："为了使社会成立，尤其是为了使社会欣欣向荣，就必须用某种主要的思想把全体公民的精神经常集中起来，并保持其整体性。"[36]显然，这种整体性就来自价值与思想体系内在结构的合理性与有机性，而其内在逻辑，不仅取决于价值本身，更为重要的是取决于社会的现实逻辑。

综合上述分析，国家结构体系对国家认同的影响是极为深刻的，它从人们的历史与文化背景、人们的现实生存与发展状态以及人们的价值观念等方面影响和左右着人们的国家认同。但必须指出的是，从现代国家建设的逻辑来看，由于现代国家的主体是人民，国家权力来自人民，所以从整体上讲，国家结构体系与国家认同之间实际上存在着相互塑造的关系。例如，人们完全可以用公民权利的普遍范式来影响国家结构体系的建构与发展。当然，对于个体来说，在其国家认同形成过程中，国家结构体系所产生的作用是决定性的。

既然国家结构体系与国家认同之间具有相互塑造的关系，那么对国家建设来说，不论是国家认同的强化，还是国家结构体系的优化，都具有同等重要的价值和意义。在这一点上，美国著名政治哲学家罗尔斯关于正义观念与社会基本结构之间关系的理论能够提供很好的理论佐证。罗尔斯指出："一种公开的正义观，正是它构成了一个组织良好的人类联合体的基本条件。""对我们来说，正义的主要问题是社会的基本结构，或更准确地说，是社会主要制度分配基本权利和义务，决定由社会合作产生的利益之划分的方式。所谓主要制度，我的理解是政治结构和主要的经济和社会安排。""社会基本结构之所以是正义的主要问题，是因为它的影响十分深刻并自始至终。在此直觉的概念是：这种基本结构包含着不同的社会地位，生于不同地位的人们有着不同的生活前景，这些前景部分是由政治体制和经济、社会条件决定的。"[37] 可见，正义观念与社会基本结构之间是相互决定、相互塑造的，这与国家认同与国家结构体系之间的关系是完全一样的。所以，正如"一个组织良好的社会是持久的，它的正义观念就可能稳定"[38]一样，一个结构体系合理的国家是稳定的，与其相应的国家认同也自然是深入与巩固的。

四、从国家认同检视国家建设

从古到今的西方政治学基本理论，都将培育与制度相适应的公民作为政体建构与国家建设的关键所在。所以，不论是古希腊的柏拉图、亚里士多德，还是近代的卢梭、孟德斯鸠以及现代的罗素、杜威等，都无不强调任何政体都要守住政体的基本原则，都要建构公民教育的基本体系。在孟德斯鸠看来，所谓政体的基本原则实际上是政体得以支撑和运作的国家价值取向与精神基础，[39] 其现实的承载者就是公民，而配置的途径就是公民教育。在这样的学说和理论下，公民对政权、制度与国家的认同，在很大程度上取决于建构与政体性质相适应的公民教育体系与国家意识形态。这个经典的西方政治理论至今依然成立。但是，任何人都不能因此将国家认同的建构完全寄托在国家意识形态层面的教育与宣传上。实际上，对国家认同建构来说，这种宣传教育不是本，而是末，真正的本在于这种宣传与教育所服务的国家制度是否为创造国家认同提供了可能。托克维尔在分析美国政治的时候就发现，美国国家结构体系中地方分权布局对美国人的国家认同产生具有深刻的影响："我最钦佩美国的，不是它的地方分权的行政效果，而是这种分权的政治效果。在美国，到处都使人感到祖国的存在。从每个乡村到整个美国，祖国是人人关心的对象。居民关心国家的每一项利益就像自己的利益一样。他们以国家的光荣而自豪，夸耀国家获得的成就,相信自己对国家的成就有所贡献,感到自己随国家的兴旺而兴旺,并为从全国的繁荣中获得好处而自慰。他们对国家的感情与对自己家庭的感情类似,而且有一种自私心理促使他们去关心州。"[40]虽然这里多少有点言过其实,但却道出了现代国家建设的一条真理:人们的国家情怀与国家认同,很大程度上取决于国家是否合理地安排了人与社会、人与政府以及人与国家的基本关系。这种安排就是现代国家建设的基本使命与任务所在。

所以,国家认同蕴含在国家建设之中,既是国家建设的出发点,也是国家建设的归宿。国家建设的水准决定国家认同状况,反过来,国家认同状况反映着国家建设的水准。这决定了国家建设在努力改善国家认同的同时,也必须时时从国家认同的角度来检视国家建设面临的问题与挑战,从而将国家制度的健全、国家结构体系的优化与国家认同的深化有机地统一起来。从这个角度讲,现代国家建设实际上是一项系统工程,即实现人、制度与政治共同体有机统一的系统工程。基于此,判定一个国家建设与发展水平的高低,甚至判定一个国家机体的健康与否,显然不是单项的制度标准所能确定的,而是要综合考察这个系统的实际状态。在这种考察中,从国家认同来检视国家建设无疑是一个重要的维度。

本文之所以强调从国家认同来检视国家建设,关键是要表明,任何一个现代国家建设,都不是一种机械性的、模式化的建设,它实际上是一个社会、一个民族在现代化过程中的一种自我实现,是一种新社会、新国家与新文明的创造。在这个过程中,人们顺现代化的潮流而动,接受现代文明的基本原则和精神,但是人们对其理解与把握,都是从人们所处的现实状态与时代背景出发的,因而,其对各国的实际内涵是在不断变化和发展的。所以,现代国家建设实际上是一个持续的历史过程,虽然现代国家基本框架的搭建及实现稳定运转是现代国家建设的基本任务,但并不意味着现代国家建设就终止于这个基本任务的完成。因为,在现代政治逻辑下,人与社会是决定国家的力量,而不同时代的人们都对其所需要的国家有自己的期望和要求,都要求他们所处时代的国家解决他们那个时代人们所面临的困难与挑战。既然每一时代的人们都希望有符合自己时代要求的国家,那么每一时代的人们都自觉或不自觉地用自己的愿望和想象来塑造自己的国家,从而都面临着改造国家与建设国家的任务。经历了第一次世界大战的痛苦之后,英国思想家罗素发表了《社会改造原理》,要求重塑国家,使其成为能够将人民的占有性冲动转化为创造性力量的国家,并由此来抑制战争的危险。[41]当然,正如马克思所指出的那样,这种想象和改造不是随心所欲的,都只能"在直接碰到的、既定的、从过去承继下来的条件下"展开。[42]由此可见,不断地被塑造、被建设是现代国家的内在属性,任何现代国家都处于国家建设的过程中;不同的是,有的国家已经成型,有的国家尚在成型之中。所以,从国家认同检视国家建设,一是要检视现代国家体系是否成型,二是要检视持续不断的国家建设的新趋向与新使命。在这种检视中,关键的视点不是国家认同的强弱,而是国家认同的内在结构体系。这是在国家认同与国家结构体系相互塑造中形成的,与国家结构体系具有内在的对应性。基于这种对应性,从国家认同的内在结构体系出发,人们能够比较准确地把握国家建设实际面临的任务与挑战。这是从国家认同来检视国家建设的根本意义所在。

如前所述,国家认同的出发点是自我,它包括了自我的意志以及生存与发展现实要求。因而，人们是从不同的层面和维度来感受和认知国家及其与自我的关系，从而形成国家认同的结构体系，由此所形成的综合则构成人们整体的国家认同。但必须指出的是，人们实际形成的国家认同，并非完全基于自我以及个体对国家的功利要求。因为，国家认同往往与人们必然拥有的原始族群认同纠缠在一起，而这种族群认同的内在支撑并非自我意志与感受，也不是人们的利益满足，更多的是天然的情感与内在的信仰。[43]但是，在现代国家，基于国家与社会的分离、政治与宗教的分离以及政治与行政的分离，国家与人民都更多地从公民身份出发来建构其国家认同，国家强调的爱国主义一定是以尊重宪法和民主为前提的。所以，人们的国家认同虽然无法脱离出其所在族群的历史与传统，但其对国家生活的参与和评价还是能适度超越族群认同的，从而使国家认同与族群认同有了一定程度的剥离。否则，当年美国比较政治学家阿尔蒙德与维巴进行的公民文化研究就缺乏应有的逻辑前提与现实基础。[44]这也是本文提出用国家认同检视国家建设的前提与基础。

对于每个人来说，现代国家认同是从其所拥有的公民身份出发的。按马歇尔的理论，现代国家公民身份由三大权利体系决定：公民权利、政治权利与社会权利。换言之，公民是在追求与实现这些权利的过程中与国家结构体系及其背后的国家制度进行有机互动，从而确立自己的国家认知与认同的结构体系。与公民权利体系相对应，人们的国家认同结构体系必然包含三个层面：首先是主权与宪法认同层面，这与公民权利相关；其次是制度与法律认同层面，这与政治权利相关；最后是福利与政策认同层面，这与社会权利相关。但必须指出的是，任何国家的公民不仅是一种社会或制度的产物，而且也是一种文化和历史的产物。这决定了公民对国家制度体系所决定的公民身份的认同，不可避免地需要文化力量与信仰力量的支撑，因为，人们对国家制度体系的认同首先是对其秉承的价值、理想与目标的认同。所以，国家认同结构体系中一定还包含作为建构国家认同基础的第四层面：价值与信仰认同层面。对于个人来说，这四个层面尽管有其内在的逻辑联系，但在人们具体的精神与观念中，是以连带、交叠与混合的状态存在的。然而，对于国家建构公民的国家认同来说，其内在的层次性和逻辑性则是十分鲜明的，从上到下依次是：主权与宪法认同层面、制度与法律认同层面、价值与信仰认同层面、福利与政策认同层面。这样的层次结构是现代国家建构与维系的内在逻辑决定的。现代国家建设与发展的实践也充分表明，国家是在从上到下逐层地建构和巩固公民的国家认同过程中走向巩固和成熟的。当国家终于在价值与信仰层面有效地确立起公民的国家认同时，国家制度及其所创造的国家一体性也就真正地深入人心，一种普遍的爱国心与共同信仰也就能得到有效的发育和成长，国家与社会也就因此走向巩固。[45]国家成长到这个阶段，福利与政策影响公民利益所带来的国家认同危机，犹如风吹大树，动摇的不是根本，而是枝叶。2008年金融危机爆发以来，陷入财政与福利危机的一些发达国家民众的表现多少证明了这一点。他们不会拷问国家制度体系本身，而是不停地责难执政的政府，于是，国家认同危机完全变成政府认同危机。

考察当今世界各国的发展，人们常常用民主的巩固与否来判定国家建设与发展的水平，并将实现民主巩固作为国家建设的基本目标。实际上，这个检视与判断模式与从国家认同结构体系来检视国家建设具有内在的一致性。因为，任何一种制度最终得以巩固，不是制度背后的权力以及制度本身的力量，而是人们对制度的认同和信仰。只有根植于人们心灵与信仰中的制度才是最为稳固的制度。相较于"民主巩固"的视角，从国家认同检视国家发展水平，不仅能够判定国家制度体系是否达到巩固状态，而且能够比较好地分析国家建设在任何现代国家所面临的实际问题和挑战及其应对的重点与路径。

国家建设是现代国家的常态，只是不同的国家有不同的任务和使命。正如林茨等指出的，判定一个政体是巩固的民主政体，并没有排除其将来崩溃的可能。[46]制度巩固的国家与制度尚未巩固国家之间在国家建设上的差别，仅仅是国家建设使命的差别。前者的使命是提升和优化国家的能力，后者的使命是不断巩固国家的根本，即根本的制度体系。相比较而言，后者的国家建设是全面性的，往往必须在四个层面同时展开；而前者的国家建设则是专项性的，根据国家发展的实际状态，在某个具体层面展开。在全球化时代，发达国家的国家建设更多的是在福利与政策层面展开。哈贝马斯认为，这个层面的国家建设是战后发达国家解决资本主义经济与资本主义民主之间的冲突，避免国家危机的关键所在。他说："如何解决把经济效率同自由和社会保障，即把资本主义同民主结合起来的问题，关键在于实行某种致力于在高就业水平下比较全面地推行福利和社会保障的政策。"[47]所以，第二次世界大战后发达国家都将建设和维持福利国家作为国家建设的基本任务。

对于必须进行全面性的国家建设的许多发展中国家来说，从国家认同检视国家建设，对于准确把握国家建设战略议程有积极的意义。因为，基于前面提到的国家认同结构体系与国家结构体系之间存在着一定的对应与相互塑造关系，国家就能在这种检视中寻找到国家建设的战略基点，并形成相应的战略安排。例如，仔细考察冷战结束后出现的新兴经济体国家，虽然这些国家都处于经济快速发展的状态，但从国家认同与国家结构体系相互塑造的逻辑来看，不同国家的国家建设战略议程是不同的，有的国家必须解决国家制度的历史与现实合理性问题；有的国家必须解决国家结构体系的内在一体化问题；有的国家必须解决福利与社会政策问题等。和许多发展中国家一样，作为一个新兴经济体大国，中国正处于全面性的国家建设时期，也面临着如何建构合理有效的国家建设战略议程问题。

五、现代国家认同建构的中国议程

中国是一个文明古国，同时又是一个年轻的现代国家；中国是一个正全面融入全球体系的国家，同时又是一个力图创造自己独特制度与价值的国家；中国是一个社会分化与个体化不断增强的国家，同时又是一个正致力于建构制度与推进一体化进程的国家。这是社会转型与国家成长必然经历的一个历史时期。在这个时期，国家建设在成长的同时，面临着各种可能的发展陷阱；与此相应，国家认同在不断建构的同时，面临着认同危机、身份困惑以及价值缺失的挑战。这是国家成长最有活力的时期，但同时也是国家成长的最艰难、最关键的时期。不论是发达国家成长的历史，还是发展中国家的发展经验都表明，把握好这个时期，关系到国家建设与成长的最终质量，从而关系到整个民族的未来。中国要把握好这个时期，最关键的就是整体推进国家建设。具体来说，就是实现国家制度建设、国家结构体系优化与国家认同建构的有机统一。

也许与世界历史上其他的文化与文明相比，在中国传统文化与政治中，人与国家的关系可能是最为紧密的，其基础有三：其一，在中国的传统文化中，家与国具有同构性，国家是集家而成的政治共同体；其二，中国是一个传统文化和制度早熟的国家，在围绕着"修齐治平"的中轴所建立起来的生活体系之中，国家力量深入人们的人生理想与生活实践之中；其三，中国是一个以世俗生活为主体的国家，国家是组织、协调和主宰世俗世界和世俗生活的唯一力量。所以，传统中国所凝聚起来的中华民族虽然是一个"文化民族"，但这个民族却是以"国家"为核心的，尽管这个"国家"不是现代国家。传统中国的这种状态完全不同于其他民族与国家的前现代状态。可以说，在中国迈向现代国家的时候，中华民族就不仅仅是一个"文化民族"，它实际上也是一个"政治民族"，即基于政权与制度力量而聚合在一起的民族。这种"政治民族"与现代国家所形成"国家民族"的不同之处在于：它是用政权，而不是用主权的力量来聚合不同的族群；它靠亲疏与朝贡，而不是靠平等与制度来聚合不同的族群。尽管如此，这种"政治民族"的历史积淀，还是为中国人建构现代民族国家提供了不一般的国家观念。比较鲜明的体现有两点：其一，民众与国家具有相互的依存性。民众将国家视为民之父母，必须关爱民众、为民做主；与此同时，国家视民为国之本，以"民为邦本"为治国原则。其二，虽然人们离不开国家，但国家不是最终目的，最终目的是超越国家的天下。由此，天下就成为国家现实存在的合法性依据所在。[48]而在中国的政治逻辑中，天下之本在人心所向，其境界是共存、包容与交融。因此，尽管中国建构的现代国家与传统帝国在制度形态上没有任何的衔接关系，但中国人在建构现代国家，形成现代国家认同的时候，还是将历史与文化传承下来的国家观念带到现代的实践之中。这种独特的国家观念为中国人建构现代国家认同提供了最重要的心理与文化模板。认识到这一点，就能够理解为什么从千年专制帝国中走出来的中国人能够很快让民主共和的思想在心中扎根，并成为现代国家认同最基本的价值基础。[49]

前面的分析已经表明，现代国家认同的建构，离不开现代国家制度及其所决定的国家结构体系的建构、优化与巩固。以1911年辛亥革命为历史起点，一百多年的中国现代国家建设实践先后经历了两大时代、两大形态：第一个时代就是1949年之前的革命时代，其形态是建设资产阶级民主共和国；第二个时代就是1949年之后的建设时代，其形态是建设社会主义人民共和国。这两个时代、两大形态，虽然差异很大，但还是具有一定的历史与制度的延续性。然而，对于国家认同建构来说，这种延续性的影响十分有限；相反，它们之间的巨大差异性使得中国建构现代国家认同的进程出现了某种历史性断裂。因为，1949年之后，中国人是在中国共产党所建立的新社会、新国家的基础上重新建构新的国家认同的。

中国历史发展的结构和逻辑，决定了当代中国人的国家认同是基于其在三个时空中形成的国家认知和国家观念复合而成的：第一个时空自然是中国千年历史与传统的时空，这个时空建构了中国人对"文化中国"的认同及其独特的国家观念；第二个时空是鸦片战争以来中国从传统帝国迈向现代国家历史的时空，这个时空建构了中国人对现代共和国的认同；第三个时空就是1949年以来中国社会主义革命与建设实践的时空，这个时空建构了中国人对社会主义中国的认同。第三个时空所形成的国家认同对当下的国家建设与发展最为关键，但中国的发展表明，人们在第一、第二时空所建构的国家认同对国家建设也是至关重要的。在第一个时空所形成的国家认同，一方面构成了中华民族的共同心理与文化基础，另一方面维系和保证了国家大一统特性的精神与信念基础。[50]在第二个时空所形成的国家认同，则保证了中国现代国家建设不是衔接在中国的传统帝国之上，而一定是衔接在现代文明之上。正是这两个层面的国家认同使中国在近代曲折进程中，维系了国家的内在统一与现代化、民主化的发展取向。所以，中国人要在第三时空形成稳定的国家认同，就离不开第一、第二时空对国家认同的建构作用。

当下，中国人所要认同的现代国家是社会主义国家。社会主义国家在中国的存在，虽然有历史的必然性，也有制度的合法性与实践的合理性，但依然还是不完善，不成熟的。因此，国家认同依然需要积极的建构与深化。正如前面所分析的，国家认同建构不是孤立的政治行动，作为国家建设的重要方面，它一定与现实的国家结构体系及其背后的国家制度的健全密切相关，需要相互借力、相互塑造。这就需要国家认同建构的战略议程，明确从何入手、建构什么以及行动顺序。基于前面分析的国家认同与国家结构体系相互塑造的原理，中国国家认同的建构战略议程应该从优化国家结构体系入手，其基础则在于国家民主的成长与国家制度的健全与完善。鉴于此，中国国家认同建构的战略议程应聚焦于以下四大方面：

第一，从学理上阐释中国现代国家产生与发展的历史逻辑及其规定。人们认同国家的最重要的前提，就是对其所面对国家的现实合理性的认同。对于任何国家来说，其现实合理性，除了其现实有效性之外，很大一部分还取决于其历史必然性。这就意味着，现代国家诞生的历史必然性以及相应手续的合法性对人们认同现代国家有至关重要的作用。在这方面，中国现有的阐述逻辑与内容的说服力随着时代的发展越发虚弱，原因在于其视角是革命的视角，其范式是意识形态的范式。不能说清楚现实国家从何而来，为何而来以及如何而来，那国家就无法确立其存在的现实合理性。在英国哲学家罗素看来，研究和说明清楚这些，"对任何有关我们自己地位的意识、对任何摆脱于我们自己教育上的偶然境遇，都是不可或缺的"。[51]为此，中国应该从现代化与现代国家建设的视角出发，在学理研究的基础上，科学而严谨地呈现出中国现代国家，尤其是社会主义中国诞生和成长的历史必然性与历史规定性。在中国的国家建设中，这个问题已经超越出学术的范畴，其本质是政治问题，即党和国家以比"革命"更大的范畴与时代逻辑来阐述中华人民共和国得以诞生和发展的内在历史逻辑。解决了国家诞生的历史必然性与合理性，伴随国家诞生而形成的相应现代国家制度，即社会主义国家制度的内在合理性也就有了相应的历史基础。当然，社会主义国家制度内在合理性，除了需要历史基础之外，还需要理论基础。

第二，从理论上阐释国家及其国家制度的价值合理性与工具合理性。理性化是现代文明发展的内在动力与现实追求。民主与法治是现代国家理性化的具体体现。所以，在现代文明的背景下，人们将国家作为理性的产物来看待和评判。要成为理性化的国家，就必须做到价值合理性与工具合理性的有机统一。具体来说，就是在确立大家认可的国家价值取向之后，必须有一套能够达成价值合理性的有效制度安排与制度运行，即工具合理性。显然，价值合理性与工具合理性的有机统一，不仅要体现在理论逻辑上，而且要体现在实践逻辑上。相比较而言，理论逻辑上的解决更具有全局性的价值，因为，它能够为具体的实践提供明确的方向与任务。所以，托克维尔说："建立在一个容易加以界说的简单原则或学说之上的政府，虽然不是最好的政府，但无疑是最强大和最长命的政府。"[52]这个道理对中国国家认同建构是富有启示的。中国虽然在实践中获得了应有的制度自信，但是这种制度自信背后的理论力量仍有待加强。例如，对于人民民主的中国政治制度安排与现代民主价值和制度之间的内在一致性，还缺乏有说服力的理论支撑。这正如马克思所言，理论只要说服人，就能掌握群众，就会变成物质力量。[53]因而，对国家认同建构来说，非常需要能够说服人、掌握群众的国家与国家制度的理论建构。

第三，从制度上优化国家内部的结构关系以实现多元化与一体化共存发展。在现代国家体系中，人们对国家的最真切需求主要有两个：一是自由，实现自主而多元发展；二是平等，从而实现有保障的自由。这种保障来自两个方面：其一是平等，以避免不平等对自由的直接伤害；其二是福利，以保障拥有自由的人能够获得除自然给予之外的最基本生存保障。这两个需求自然形成国家发展的两大趋向：一是多元化，二是一体化。其共存的基础就是合理的制度安排及其对国家内部结构关系的优化，诸如政党、社会与国家的结构关系，其关键是政党的角色定位与功能定位；中央与地方的结构关系，其关键是中央与地方的职能配置；民族关系，其关键是民族平等权利的制度实现方式；城乡结构关系，其关键是城乡一体；等等。实践表明，这其中的任何一种结构关系出现问题，都会对国家认同产生深刻的影响。因为，在整个国家系统中，这些结构关系之间具有深刻的连带关系，某一种关系失衡，就会带来其他关系的失衡。所以，优化国家内部结构关系，固然需要具体的制度设计，但更需要国家整体的规划和安排。这就需要理论和战略。

第四，在政策上体现和实践国家发展与治理的基本价值。国家认同的主体是现实生活中的人，而人对国家的最直接感受就是政策及其所产生的治理，这些关系到人们的切身利益。所以，国家要赢得人们的认同与信任，就必须有高水平的治理与政策能力。对于国家来说，政策水平的高低，不仅取决于它解决老问题的效力，而且取决于它避免引发新问题的能力。这就要求政策既能够平衡好方方面面的利益，同时更为重要的是能够紧紧地守住人们公认的核心价值，使政策不仅体现核心价值，而且实践核心价值。在中国这样地区差异较大、利益多元的社会，政策的简单化，不但不可能解决问题，而且还会引发新的问题，从而导致社会与国家、民众与政府之间的关系紧张。为此，政策制定者应该充分发扬中国的两大民主资源：一是群众路线与群众工作；二是协商民主实践。这两大民主资源，既能拉近政府与民众、国家与社会的关系，也能够最大限度地提高政策的适应性以及体现和实践国家基本价值的能力,减少政策可能产生的负面效应。许多国家在治理中出现的认同危机,往往不是制度引发,而是政策引发,但是,政策引发认同危机到了一定程度,就变成制度问题。到了这个程度,国家认同就会面临巨大的挑战。

六、结 语

现代国家认同是人与国家有机互动的产物。认同出于自我,是情感、观念、信仰与理想的复合体,不论其形成过程多么复杂,都离不开认同的主体与客体之间的相互作用。现代国家认同是在现代与全球化所构成的大时空中存在的,不仅认同的主体拥有这样的大时空,国家实际上也拥有这样的大时空。在这样的大时空中,人与国家都经历了多重的现代化和全球化洗礼,因而不论是认同主体对国家的选择,还是国家对认同主体的接纳,都不再完全局限于特定的族群、文化、宗教、制度所形成的规定性,它们之间是相互开放的系统。"冷战"结束后,网络化的拓展与深化,进一步促进了这种相互开放。在这样的大背景下,任何社会的现代国家认同建构,不论从国家来讲,还是从个人来讲,除了有赖于不可缺少的公民教育之外,在很大程度上还有赖于国家建设的整体水平。对于日益全球化和网络化的现代公民来说,国家内部体系的合理性与国家在全球体系中的独特性与先进性,必然日益成为决定其国家认同取向的重要因素。因而,在 21 世纪的今天,国家认同建构不能脱离国家的建设与发展,对国家认同建构具有重要影响的国家意识形态,也只有充分融合在国家建设之中才能对认同起作用。缺乏应有的国家认同,现代国家必然陷入危机;而在快速变迁的时代,一代人的国家认同已不能完全决定新一代人的国家认同,所以,持续不断的国家建设将是现代国家得以存续和发展的关键所在。从这个意义上讲,具备提升和巩固国家认同的国家建设能力,将成为各国立足当今世界的关键所在。

参考文献

[1] 查尔斯·泰勒:《自我的根源——现代认同的形成》,韩震等译,南京:译林出版社 2001 年版。
[2] 马克思实际上是认同亚里士多德对人的现实存在的这种判断的。
[3] 《马克思恩格斯全集》第 44 卷,北京:人民出版社 2001 年版,第 379 页。
[4] 《马克思恩格斯全集》第 30 卷,北京:人民出版社 1995 年版,第 466 页。
[5] 《马克思恩格斯全集》第 3 卷,北京:人民出版社 2002 年版,第 189 页。
[6] 《马克思恩格斯全集》第 3 卷,北京:人民出版社 2002 年版,第 41 页。
[7] 《马克思恩格斯全集》第 3 卷,北京:人民出版社 2002 年版,第 42 - 43 页。
[8] 《马克思恩格斯全集》第 3 卷,北京:人民出版社 2002 年版,第 42 页。
[9] 《马克思恩格斯全集》第 3 卷,北京:人民出版社 2002 年版,第 187 页。
[10] 安东尼·吉登斯:《现代性的后果》,田禾译,南京:译林出版社 2000 年版,第 11 页。
[11] 亚里士多德:《政治学》,吴寿彭译,北京:商务印书馆 1983 年版,第 4 - 10 页。

[12] 英国学者埃里克·霍布斯鲍姆特别指出:"'民族'的建立跟当代基于特定领土而创生的主权国家（Modern Territorial State）是息息相关的，若我们不将领土主权国家跟'民族'或'民族性'放在一起讨论，所谓的'民族国家'（Nation-State）将会变得毫无意义。"（参见埃里克·霍布斯鲍姆:《民族与民族主义》，李金梅译，上海：上海人民出版社2000年版，第10页）

[13] 关于"民族"这个概念内涵在西方文化中的演变及其在现代民主政治中与"人民"概念之间深刻的内在关系，英国学者埃里克·霍布斯鲍姆在其《民族与民族主义》一书中作了详细的历史考察和学术分析。（参见埃里克·霍布斯鲍姆:《民族与民族主义》）

[14] 德国学者作了这种区分:"除去一些特例，人们可以将民族分为文化民族（Kulturnation）与国家民族（Staatsnation）。前者主要基于某种共同的文化经历而凝聚起来；后者首先建立在一种普遍的政治历史与法则的统一力量之上。"（参见弗里德尼希·梅尼克:《世界主义与民族国家》，孟钟捷译，上海：上海三联书店2007年版，第4页）美国学者菲利克斯·格罗斯与德国学者弗里德尼希·梅尼克都用这种区分来分析现代民族国家。（参见菲利克斯·格罗斯:《公民国家——民族、部族与族属身份》，王建娥、魏强译，北京：新华出版社2003年版）

[15] 埃里克·霍布斯鲍姆:《民族与民族主义》，李金梅译，上海：上海人民出版社2000年版，第21-22页。

[16] 《马克思恩格斯文集》第1卷，北京：人民出版社2002年版，第583页。

[17] 埃里克·霍布斯鲍姆:《民族与民族主义》，李金梅译，上海：上海人民出版社2000年版，第5页。

[18] 《马克思恩格斯全集》第3卷，人民出版社2002年版，第43页。

[19] 卢梭:《社会契约论》，何兆武译，北京：商务印书馆2003年版，第31-42页。卢梭这里的分析蕴含着辩证逻辑。恩格斯对卢梭分析平等问题时所同样体现出来的辩证力量，给予了积极的肯定，认为这种辩证的说法与马克思在研究中所运用的方法，具有"完全相同的思想进程"。（《马克思恩格斯文集》第9卷，北京：人民出版社2009年版，第148页）

[20] 《马克思恩格斯全集》第3卷，北京：人民出版社2002年版，第73页。

[21] 汉密尔顿等:《联邦党人文集》，程逢如等译，北京：商务印书馆1980年版，第3页。

[22] 人们习惯于把法国的体制称为"半总统制"，这主要是因为法国的体制是总统制与议会内阁制的结合；然而，从法国建构这种体制的出发点来看，法国体制中所包含的总统制应该看作是"超总统制"，因为，在这种体制中，法国总统所拥有的超然权力要大于美国总统。

[23] 安吉洛·M.科迪维拉:《国家的性格：政治怎样制造和破坏繁荣、家庭和文明礼貌》，张智仁译，上海：上海人民出版社2001年版，第43页。

[24] 夏尔·戴高乐:《希望回忆录》，《希望回忆录》翻译组译，北京：中国人民大学出版社2005年版，第6-7、34页。

[25] 凯尔森:《法与国家的一般理论》，沈宗灵译，北京：中国大百科全书出版社1996年版，第213页。

[26] 亚里士多德:《政治学》，吴寿彭译，北京：商务印书馆，1965年，第109页。

[27] 齐格蒙特·鲍曼:《免于国家干预的自由、在国家中的自由和通过国家获得自由：重探T.H.马歇尔的权利三维体》，郭忠华、刘训练:《公民身份与社会阶级》，南京：江苏人民出版社2007年版，第320-336页。

[28] 西摩·马丁·李普赛特:《政治人——政治的社会基础》，张绍宗译，上海：上海人民出版社

1997年版，第55－60页。

[29] 台湾"中央研究院"近代史研究所：《认同与国家：近代中西历史的比较》，1994年版，第554页。

[30] R. M. Maciver, The Modern State, London：Oxford University Press，1947：22.

[31] 《马克思恩格斯全集》第3卷，北京：人民出版社2002年版，第73页。

[32] 《马克思恩格斯选集》第1卷，北京：人民出版社2002年版，第669页。

[33] T. H. 马歇尔：《公民身份与社会阶级》，郭忠华、刘训练译，江苏人民出版社2007年版，第3－60页。

[34] 英国社会学家吉登斯在分析意识形态与国家关系的时候，就是以马克思这个论断为参照范式的。（参见安东尼·吉登斯：《民族—国家与暴力》，胡宗泽等译，北京：生活·读书·新知三联书店1998年版，第90－98页）

[35] 《马克思恩格斯选集》第1卷，北京：人民出版社2002年版，第178－179页。

[36] 托克维尔：《论美国的民主》（下），董果良译，北京：商务印书馆1991年版，第524页。

[37] 约翰·罗尔斯：《正义论》，何怀宏等译，北京：中国社会科学出版社1988年版，第3、5页。

[38] 约翰·罗尔斯：《正义论》，何怀宏等译，北京：中国社会科学出版社1988年版，第441页。

[39] 孟德斯鸠：《论法的精神》（上），张雁深译，北京：商务印书馆1963年版，第19页。

[40] 托克维尔：《论美国的民主》（上），董果良译，北京：商务印书馆1991年版，第105页。

[41] 罗素认为，私有财产和国家是现代世界两个最有势力的制度，它们因为权力过大，都已变成对生活有害的力量。为此，罗素提出了改造现代国家的系统设想和建议。（参见柏特兰·罗素：《社会改造原理》，张师竹译，上海：上海人民出版社2001年版，第23－42页）

[42] 《马克思恩格斯选集》第1卷，北京：人民出版社2002年版，第669页。

[43] 美国学者罗伯特·杰克曼认为："作为国家政治制度合法性关键所在的国家认同，只不过是种族认同的一种特殊的情况。"（参见罗伯特·杰克曼：《不需暴力的权力：民族国家的政治能力》，欧阳景根译，天津：天津人民出版社2005年版，第137页）

[44] 阿尔蒙德与维巴认为，公民文化虽然是现代与传统的混合文化，但是基于公民参与政治过程中形成的，而在现代政治体系中，这种政治参与可以视为公民利益输入政治系统的政治过程。（参见加布里埃尔·A. 阿尔蒙德、西德尼·维巴：《公民文化》，徐湘林等译，北京：东方出版社2008年版）

[45] 托克维尔指出："一个没有共同信仰的社会，就根本无法存在，因为没有共同的理想，就不会有共同的行动，这时虽然有人存在，但构不成社会。因此，为了使社会成立，尤其是为了使社会欣欣向荣，就必须用某种主要的思想把全体公民的精神经常集中起来，并保持其整体性。"社会建构如此，国家建设也是如此。（参见托克维尔：《论美国的民主》（下），北京：商务印书馆1991年版，第524页）

[46] 胡安·J. 林茨、阿尔弗莱德·斯泰潘：《民主转型与巩固的问题：南欧、南美和后共产主义欧洲》，孙龙等译，杭州：浙江人民出版社2008年版，第6页。

[47] 于尔根·哈贝马斯：《超越民族国家？——论经济全球化的后果问题》，乌·贝克、哈贝马斯等：《全球化与政治》，王学东等译，北京：中央编译出版社2000年版，第72页。

[48] 赵汀阳：《天下体系》，南京：江苏教育出版社2005年版，第43－62页。

[49] 1954年，刘少奇在《关于中华人民共和国宪法草案的报告》中明确指出："辛亥革命使民主共和国的观念从此深入人心，使人们公认，任何违反这个观念的言论和行动都是非法的。"（《刘少奇选集》（下），北京：人民出版社1981年版，第135页）

[50] 姜义华:《中华文明的根柢——民族复兴的核心价值》,上海:上海人民出版社2012年版,第10-61页。

[51] 罗素:《论历史》,何兆武等译,北京:生活·读书·新知三联书店1991年版,第1页。

[52] 托克维尔:《论美国的民主》(上),北京:商务印书馆1991年版,第185页。

[53] 《马克思恩格斯选集》第1卷,北京:人民出版社2002年版,第9-10页。

经济民主的政治经济学意涵：
理论框架与实践展开[*]

余少祥

【摘　要】 在资本主义社会，经济民主是基于解决贫富分化等社会问题，以缓和劳资矛盾的需要而产生的，政治经济学的发展为其实践提供了理论依据，也为其理论建构提供了分析工具。经济民主具有经济自由、经济平等、经济参与和经济分享等含义，其最主要特征是削弱了资本的统治，在形式上使劳动者从经济奴仆变成了经济领域的公民。经济民主的实现有国家、社会、企业和个人多种形式，其主要目标是保护民生，促进社会平等与公平。西方国家所谓的经济民主，实质是对资本主义的改良，其生产关系的性质并没有发生根本性变化。社会主义社会发展经济民主的基础是生产资料社会主义公有制，基本内容是劳动者参加企业管理，本质是消灭剥削、消除两极分化，为人的自由而全面地发展积累条件。

【关键词】 经济民主；政治经济学；分析框架

19 世纪后，随着国家对经济生活干预日益加强，西方经济学家开始将民主概念引入经济领域，并以社会立法的形式积极推行，以实现从政治民主到经济民主的跨越。此后，一些市场社会主义者对其做了进一步发展，试图以这一概念为核心构筑资本主义改良主义的政治经济学，建立一种有别于苏俄社会主义和传统资本主义的新的价值观和社会经济组织模式。[1]在我国，经济民主作为社会主义优越性的体现，一度是批判私有制和资本主义的有力思想武器。近年来，随着经济改革的不断深入，社会财富越来越向少数人集中，有关我国经济民主的论断不断遭到质疑。究竟什么是经济民主？

一、经济民主的兴起

马克思说："法的关系正像国家的形式一样，既不能从它们本身来理解，也不能从所

---

[*] 原载于《政治学研究》，2013 年第 5 期。

谓人类精神的一般发展来理解，它们根源于物质的生活关系。"[2]经济民主的产生也是如此。在19世纪，欧洲资产阶级民主革命取得了巨大成功。但这时政治上的民主与经济上的独裁形成鲜明的对照：等级森严的控制制度和政治独裁在欧洲遭到了前所未有的批判，在企业中却被认为理所当然——民主在工厂门前停住了脚步。由于经济剥削和不平等现象严重，反抗资本家剥削和压迫的浪潮风起云涌。1848年，马克思和恩格斯发表《共产党宣言》，整个欧洲为之震动。恩格斯明确提出："平等应当不仅是表面的，不仅在国家的领域中实行，它还应当是实际的，还应当在社会的、经济的领域中实行。"[3]同时，各种社会主义思潮，如德国的社会民主党运动、法国的工团社会主义等，纷纷发出实现经济平等的呼吁。这一时期，以德国的施塔穆勒、布伦坦诺等为代表的新历史学派明确提出国家福利思想，因其主张工人福利和社会改良，被称为"讲坛社会主义"。之后，经济改良主义和各种机会主义成为欧洲社会的主流思想，极大地推动了经济民主理论的发展。

经济民主来源于西方传统的工业民主思想，李普塞特在《民主百科全书》中将之界定为"民主理论在工人生活中的运用"。[4]19世纪后，随着马克思主义的传播和工人运动的兴起，工业民主思想在欧洲广为流行。1928年，纳夫塔利在《经济民主》中提出，工业民主是不同于并补充政治民主的一种新的经济结构，它不实行经济上的极权。"二战"以后，西方普遍认为，历史发展到现在，政治民主多少得到了某种程度的实现，今后主要的奋斗目标是经济民主。[5]之后，各国开始了大规模的经济民主化运动，如工人参与管理、劳资协商、共同决策等都是这一时期的重要成果。20世纪70年代以后，西方再次掀起经济民主化热潮，其原因与各国经济民主实践的新进展有关，也是西方学者对当代资本主义和苏联模式社会主义经济结构的缺陷进行理论反思的结果。但总体来说，西方国家所谓经济民主只是对资本主义的改良，生产关系的性质并没有发生根本性变化。

经济民主主要得益于社会主义思潮在欧洲的传播和发展。马克思认为，民主是国家制度"一切形式的猜破了的哑谜"，在我们现代的社会条件下"正日益成为一种不可避免的必然性"；[6]平等的要求"已经不再限于政治权利方面，它也扩大到个人的社会地位方面了"，因此，必须加以消灭的"不仅是阶级特权，而且是阶级差别本身"。[7]他认为，股份公司的成立，使得资本取得了与私人资本对立的社会资本的形式，这是"在资本主义体系本身的基础上把资本主义的私有产业实行扬弃"，"这是资本主义生产方式在资本主义生产方式本身以内的扬弃，因而是一个会自行扬弃的矛盾，那显然只是作为一个过渡点，以便进入到一个新的生产形式中去"。[8]其理论实质是，通过实行包含着经济民主因素的股份公司，资本主义生产方式发生量变，为最终过渡到社会主义生产关系积累了条件。资产阶级保守主义经济学家反对"经济民主"概念，认为民主应该被严格限制在政治范围内，将之扩展到其他领域是错误的，经济民主不仅破坏自由市场和自发秩序，而且导致个人自由的丧失，最终踏上"通向奴役之路"。[9]尽管如此，资本主义社会中的经济民主在19世纪后仍得到了很大的发展，特别是立法上的成功，为其社会实践提供了坚实的依据。

二、经济民主的内涵

乔·萨托利说:"经济民主至今仍是一个内容过于含糊的名称。在一个极端,它仅仅是指某种政策,某种由政治民主在其结构内并通过各种程序而实施的政策。在另一极端,经济民主据设想是要消灭和代替政治民主,成了一个放浪形骸的概念。"[10]那么,经济民主究竟有没有确定的内涵?

经济民主的第一个内涵是经济自由。在资本主义生产关系条件下,经济民主意味着经济自由,即市场主体在不侵害他人自由的前提下,享有做法律许可的一切事情的权利。在经济法领域,经济民主是作为经济垄断或经济专制的对立物存在的,其基本含义是:在充分尊重经济自由的基础上,通过公众平等参与、多数决定、保护少数的机制,在共同体内实现财富、机会、权利的均衡。[11]尽管这种经济民主为工人阶级保护自己的权益提供了渠道,其实质仍然是资本所有者享有法律保护的占有剩余价值的自由。马克思认为,一旦实现劳动对资本的控制和支配,劳工民主将得到极大的弘扬,劳动者的平等和自由也将最终实现。他说:"如果说经济形式、交换,确立了主体之间的全面平等,那么内容,即促使人们去进行交换的个人材料和物质材料则确立了自由。"[12]可见,社会主义社会的经济民主必须以生产资料的社会主义公有制为前提条件。

经济民主的第二个内涵是"自由、平等"的精神,其实质在于给经济主体以更多的自由和尽可能的经济平等。马克思主义认为,自由平等都是历史的具体的。列宁说,资产阶级共和国和现代的平等是谎言,"因为只要剥削存在,就不会有平等"[13],所以"要争取的平等就是消灭阶级","消灭工农之间的阶级差别",这正是我们的目的。[14]经济平等也不是要取消差别,实行"大锅饭式"的平均主义。在《共产党宣言》和《反杜林论》中,马克思和恩格斯批评过"平均主义"的假社会主义。毛泽东也旗帜鲜明地提出:"绝对平均主义的思想,它的性质是反动的、落后的、倒退的、靠不住的,我们必须批判这种思想。"[15]可见,经济平等并不等于平均主义,其目标是重新分配财富并使经济机会与条件平等化,或者是劳动者对企业实行平等控制。

经济民主的第三个内涵是"劳动雇佣资本",企业控制权、经济剩余索取权和生产、分配决策权的基础是劳动而不是资本。这一理念最早出现在德国,与马克思主义的形成密切相关。马克思认为,在一切社会制度中,"占统治地位的阶级是占有劳动的物的条件的阶级","即使在他们劳动的场合,他们也不是作为劳动者,而是作为所有者从事劳动";在社会主义公有制经济中,劳动者作为所有者从事劳动,已经从根本上消除了"劳动条件本身以赤裸裸的形式与劳动相对立",[16]因此"只有在这个阶段上,自主活动才同物质生活一致起来,而这又是同各个人向完全的个人的发展以及一切自发性的消除相适应的"。[17] 不仅如此，"劳动的政治经济学对财产的政治经济学还取得了一个更大的胜利"，这就是"合作工厂"。在马克思看来，合作工厂切断了资本所有权与企业控制权的联系，是"旧的正在崩溃的资产阶级社会里孕育着的新社会因素"，"对这些伟大的社会试验的意义不论给予多么高的估价那都是不算过分的"。[18]

经济民主的第四个内涵是经济分享，它意味着每个国民都有权分享经济和社会发展的成果。其理论基础是，资本在企业中的地位只是一种生产要素，并非分配企业净剩余的依据；在资本主义性质的经济中，经济民主不是要废除资本，也不是要剥夺资本所有权，而是斩断资本所有权与企业控制权和与此有关的生产、分配决策权之间的联系，其目的是"节制资本主义，而不是消灭资本主义"。[19] 按照马克思的观点，按劳分配的劳，仅指一般劳动，不包括资本，经济分享主要是通过按劳分配来实现。在《法兰西内战》中，马克思高度赞扬了巴黎公社剥夺资本收益的举措，认为它"是终于发现的可以使劳动在经济上获得解放的政治形式"。[20] 在《临时中央委员会就若干问题给代表的指示》中，他明确提出："为了避免使合作社蜕化为通常的资产阶级的股份公司，所有从业的工人，不管他们是不是股东，应该一律平等地分享收益。"[21] 因此，在社会主义公有制性质的经济中，资本作为一种生产要素，属于成本的范畴。经济民主所包含的经济分享是平等的劳动者的经济权利。

三、经济民主的原则

佩林卡认为，"经济民主的口号具有能比较自由地解释的优点"，因此"利于各党实践的多样化，使它们在此过程中不会同自己的理论主张发生冲突"。[22] 这是否意味着经济民主没有基本的理论原则呢？

在资本主义社会，由于"看不见的手有时会引导经济走上错误的道路"，[23] 国家不得不改变过去单纯的"守夜人"角色，用"有形的手"对市场进行干预和调节，这就形成了资本主义社会中经济民主的第一个基本原则——国家干预原则。国家干预主要是限制过度市场化，同时对过度竞争产生的不利后果进行矫正。早期福利经济学奠基人庇古有两个著名理论为这一原则提供了支持：一是消除自由市场外部性理论，二是社会财富再分配理论。1936 年，凯恩斯出版《就业、利息和货币通论》，使国家干预经济理论正式确立。但是，资本主义国家所谓国家干预与"国有化"或"国家主义"有很大的不同。按照凯恩斯的理论，如果政府干预存在公共产品供给效率低下、寻租行为、信息偏失等，不仅难以实现经济民主，而且可能葬送自由。毛泽东在早期并不认同苏联的统制经济模式，认为新民主主义经济"不是苏联式的被称为集体农庄的那种合作社"，[24] 而是合作社和国营经济"对私人经济逐渐占优势，并取得领导的地位"的经济形式，[25] 因此它"并不没收其他资本主义的私有财产，并不禁止'不能操纵国计民生'的资本主义生产的发展"。[26] 当然，苏联从生产资料国有化角度推进经济民主化,方向是正确的,只是制度过于僵化,最终导致失败。

在资本主义社会中,经济民主的第二个基本原则是将企业的最高权威给予那些在本企业中工作的劳动者,使之"从一个经济奴仆变成经济领域中的一个公民"。[27]其理论依据是,劳动者与股东在企业利益结构中具有同等重要的地位,都是企业的主人翁和利害关系人。因此保证"劳工在与资方一起的最高决策机构中取得一席之地,这是公平合理的"。[28]经过马克思主义的洗礼和持续的无产阶级解放斗争,很多国家采取立法形式,确保劳动者的企业公民地位。在德国,《企业组织法》等赋予雇员参与决策的权利,这在过去是没有的。20世纪30年代,美国发生"经理革命",经理人员在企业中的地位不断上升,他们拥有的没有财产的权力被不断强化。同时,劳工作为企业公民的身份日益凸显。1964年,在著名的纤维板纸制品公司诉劳工委一案中,美国最高法院认定,雇主以承包形式将部分工作分包出去的做法属于集体谈判的强制性议题,不经与工会谈判就将厂区内的维修工作包出违反了《国家劳工关系法》。美国将与劳动既相联系又相区别的管理问题纳入集体谈判之中,与欧洲国家通过立法扩大集体谈判和集体合同范围的努力实有异曲同工之妙。

一些改良主义学者还认为,经济民主要求每个人仅仅是从劳动中而不是从财产中获得经济收入,而且这种收入不是平均的,是依据其劳动所创造的价值,通过协商、谈判和相互说服来确定。既然劳动是经济收入的唯一源泉,则失业者和无劳动能力的人如何获得生活来源?社会主义者霍尔瓦特提出一种"经济民主+基本收入"的解决方案。所谓基本收入,是指社会中的每一个人,无论其财富、家庭背景以及工作状况如何,都无条件地享有一份特定的收入,这就是按需分配。霍氏认为,基本收入方案解决了经济民主模式的内在矛盾,并从经济、政治和道德方面增强了经济民主的实践操作性,使劳动力市场更富流动性,减轻了资本转移的风险,促进了社会正义。[29]这里所谓按劳分配和按需分配与马克思的学说有所不同。根据马克思的表述,按劳分配是以生产资料全部由社会直接占有为前提的,而且分配对象仅限于个人生活消费品。至于按需分配,只有到了共产主义阶段,即生产力高度发达、社会产品极大丰富、人们觉悟水平极大提高且消灭了"三大差别"才能实现。

四、经济民主的形式

在政治经济学视域,经济民主有国家、社会、企业和个人四个层面的实现形式。

国家层面的经济民主表现为国家对资本主义性质的经济的干预和管理,其目的不是要取代市场,而是排除市场失灵造成的障碍,使市场机制发挥更大功用。在属于资产阶级革命性质的新民主主义革命时期,1948年,毛泽东在西柏坡政治局扩大会议上说,有人称我们的社会经济为"新资本主义","我看这个名字是不妥当的",它没有说明我们社会经济中起决定作用的东西是国营经济、公营经济,这些经济都是社会主义性质的,"我们的社会经济的名字还是叫'新民主主义经济'好"。[30]他认为,民主革命胜利后,"资本主义会有一个相当程度的发展",[31]新中国经济建设的根本方针是"公私兼顾、劳资两利",[32]并非以国有化为必然前提。对于苏联社会主义经济民主的实践,有的西方学者将其概括为"国家主义",认为它虽然有一些经济民主和社会主义的成分,但一个"强大的、集权的、权威的国家成了社会的轴心",最终不是实现而是葬送了经济民主的梦想。[33]有的西方学者认为,如果允许中央权威控制生产体系,则未必是与民主相容的。[34]事实上,苏联在建立社会主义公有制以及职工民主管理企业方面的探索的历史功绩是不容抹杀的。

社会层面的经济民主有两层含义:其一,在某种意义上,它是指一种社会所有制;其二,它着重强调经济公平。霍尔瓦特认为,在所有制关系上,经济民主形成的是一种全新的、完全不同的社会财产制,与资本主义和传统模式的社会主义有本质的不同。马克思认为,在无产阶级夺取政权后,社会"必然把资本变为社会财产","把资本变为公共的、属于社会主体成员的财产",也就促进"生产向一般的、公共的、社会的生产条件"的转化。[35]他还提出了一种"重建个人所有制"的思想,把社会资本看成"直接联合起来的个人的资本","而与私人资本相对立"。[36]恩格斯在《反杜林论》中做了进一步说明,认为"社会所有制涉及土地和其他生产资料,个人所有制涉及产品"。[37]按照恩格斯的解释,社会所有制不仅包括货币资本,也包括一切实物形态的生产资料。在这一所有制形式中,劳动者有权使用共有生产资料从事劳动,决定自己的劳动、劳动条件和劳动成果,并享有其他一切不可剥夺的权利。

根据所有制不同,企业层面的经济民主有不同的表现形式。从劳动者在企业决策中的地位看,有劳动者参与和联合决策制,有完全劳动者决策制。在典型的私营企业,一般实行劳动者参与和联合决策制;在某些股份制、合作制或公有企业,一般实行完全劳动者决策制。

邓小平反对经济工作中不适当的、过分的中央集权。[38]他认为,在社会主义公有制企业,"调动积极性是最大的民主"。[39]不仅如此,他十分强调工厂管理的民主内容,反对官僚主义和命令主义,[40]要求加强工会作用,"扩大各方面的民主生活"。[41]除了决策民主化,企业的经济民主还有一个重要形式是成立企业职工委员会,代表职工参与民主管理。在谈到职工代表在企业中的作用时,邓小平说:"'管理民主化'必须具体地体现在依靠工人团结职员之中,尤其是具体体现到工会、工厂管理委员会、职工代表会这三种组织形式中,否则就谈不上什么民主化,就没有民主的内容。"[42]

劳动者经济民主实现的重要标志是劳动基准立法,其实质是将劳动者的基本利益抽象提升到社会层面,以法律的普遍意志代替劳动者的个别意志,从而实现对劳动者的特别保护。在资本主义性质的经济中,劳动者在劳资关系中处于弱势地位,基准立法克服了弱者交易能力差、其利益常被私法"意思自治"的方式剥夺的局限,有利于实现双方的实质平等。我国《劳动法》确立的雇主"无过错责任原则"同样体现了对劳动者利益的倾斜保护。劳动者的经济民主还有一个重要形式是职工持股制,其理念可以追溯到18世纪末。当时,被誉为职工持股之父的阿伯特·格来丁主张民主不应仅限制在政治领域,而应扩展到经济生活中去。后来,伯恩施坦提出让工人分沾社会财富、变贫者为富者的改革计划。[43] 1958年,凯尔索和阿德勒出版《资本家宣言》,再次复活格来丁的经济民主思想,并将雇员股份制称为民主的资本主义。之后,职工持股制在包括我国在内的很多国家得到了较快发展,被广泛誉为"在扩大经济公正的同时又能刺激经济增长"的"社会发明"。[44]

五、经济民主的目标

在经济民主发展早期,主要强调劳动者保护和社会保障,之后逐渐延伸为经济与社会保护,并最终发展为促进社会平等与公平。正如纳弗塔里所说,这一体制使得"限制资产阶级专政制度并且在经济上实行一定程度的自由已具有可能"。[45]

早期的资本主义,正如马克思所说,"从头到脚,每个毛孔都滴着血和肮脏的东西"。[46] 随着工人运动的不断高涨,资本主义国家不得不推行经济社会改革,以缓和阶级矛盾。19世纪70年代,俾斯麦在一次对国会的著名演讲中说:"对抗社会主义的目的并不仅是压制社会民主势力而已,更重要的应当是积极地促进劳动者的福祉。"[47] 由于资本主义国家在经济上不断推出以保障工人和社会弱者生活为主线的民主措施,使欧洲一度轰轰烈烈的工人运动不断遭遇挫折。进入现代社会以后,一种以"权利"为主导的民主观念逐渐形成,即实行经济民主是劳动者的权利。1919年,德国《魏玛宪法》首次以法律形式确立了现代意义的生存权,即生存权是能够体现人的价值、体现人有尊严地生活下去的权利,这也是经济民主的起点和归宿。

经济民主的社会保护目标主要体现为对劳动者及企业利益相关者的保护、对国家整体经济利益的保护、对环境的保护等,相应的立法体现为劳动法、消费者权益保护法、反垄断法、反不正当竞争法和环境保护法等。19世纪以后,随着工人运动的发展,以保护劳工为目标的社会立法在欧洲取得了很大的发展,如英国1802年的《学徒健康与道德法》,法国1806年的《工厂法》、1841年的《童工、未成年工保护法》和普鲁士1839年的《工厂矿条例》都是较早的劳动保护法。作为企业利益相关者之一,消费者在20世纪也受到了法律的严格保护。在市场层面,经济民主的一个重要目标就是保护国家整体经济利益。在这里,消灭竞争对手的愿望要淡薄得多,由于彼此尊重对方的生存空间,那种你死我活,不择手段相互倾轧的做法遭到摈弃,有利于国家经济秩序稳定与社会和谐。正如恩格斯所说:"正是由于特殊利益和共同利益之间的这种矛盾,共同利益才采取国家这种与实际的单个利益和全体利益相脱离的独立形式,同时采取虚幻的共同体的形式。"[48]经济民主要求企业在追求自身利润时考虑环境利益和公众健康,也是这个道理。

在制度设计上,经济民主的一个重要目标是促进社会公平,促进政治民主更好地实现。维伯夫妇论述了社会进步与经济民主和政治民主的关系,他们认为,在社会正常发展过程中,"废除把人当作动产的奴隶制,政治民主的建立,以及妇女的解放,都必须在任何工业民主普遍实施之前实现"。[49]依其理解,经济民主和政治民主都是社会进步的表现,但政治民主必须走在经济民主之前。赫尔德说:"如果民主想取得胜利,必须把经济领域的关键团体和组织与政治制度重新连接起来,从而使他们成为民主过程的一部分。"[50]近年来,面对多元民主理论的发展困境,达尔和林德布洛姆也转而强调经济民主、经济平等对实现政治民主的意义,如达尔提出一种广泛合作型的所有制,开创了"把民主扩展到车间和一般经济生活中去"的新经济民主理论发展空间。[51]

作为改良主义的西方经济民主理论和实践的目标,与科学社会主义所昭示的剥夺剥夺者、消灭资产阶级所有制,进而消灭剥削、实现共同富裕,最终实现人的自由而全面的发展的目标有着本质的区别。但是,正如列宁所说:"资产阶级革命在实行民主改革方面越彻底,这个革命就越少局限于仅仅有利于资产阶级的范围内。资产阶级革命越彻底,就越能保证无产阶级和农民在民主革命中获得利益。"[52]我们对其进步意义同样需要给予历史的肯定。

六、经济民主的实践

一直以来,几乎所有的社会主义者都支持和赞同经济民主化改革。马克思将合作组织看作"资本主义肌体上发展起来的新社会因素",认为它"是在旧形式内对旧形式打开的第一个缺口"。[53]列宁认为,任何民主"归根到底是为生产服务的,并且归根到底是由该社会中的生产关系决定的"。[54]在其执政期间,他十分重视经济管理方面的民主,比如扩大企业自主经营权,赋予人民对经济生产过程及国家和社会事务的监督与管理权力,集中大多数人的智慧发展经济,发扬民主等。他说:"如果不提出经济要求,不直接而迅速地改善劳动群众的状况,劳动群众是永远也不会同意去考虑什么全国的共同'进步'的。"[55]十月革命后,尤其是"二战"结束后,以苏联、东德、罗马尼亚和匈牙利等为代表的社会主义国家开始全面建立以"生产资料公有制"为核心的经济民主试验。社会主义经济民主的伟大实践,使得社会主义国家的工农劳动群众摆脱了国内外资产阶级的剥削和控制,极大地调动了生产积极性。苏联的生产力获得空前的发展,通过两个五年计划,苏联迅速发展成为欧洲第一、世界第二的强国,为世界反法西斯战争的胜利做出了卓越贡献。同时,在发展社会主义的经济民主方面,高度集中的苏联模式也存在着明显的局限性。

西德、法国、英国、美国和瑞典等资本主义国家，也进行了一系列经济民主改革，以缓和企业中资本和劳动的矛盾，如通过二次分配调节收入差距，提高劳动者的地位，减少食利阶层等，大大地推动了经济民主化进程。普鲁士最早开展经济民主的实践。1838年，普鲁士铁路行业和几个地方率先对工伤责任问题做出原则性规定，形成了最早的雇主责任制。1839年，《产业工人工资收入法》提出建立疾病、死亡救济金，授权地方政府建立特定的疾病保险制度。1861年，普鲁士《商业法典》规定，店员一年内连续生病三个月，期间工资照发。在法国，1793年的雅各宾宪法规定：公共救济是神圣的债务。1850年，法国政府发布《公共救济与预防法》，对退休者及贫困人口的生活予以公共救济。1898年，政府颁布《工伤保险条例》，明确规定雇主对受伤的雇员的补偿责任。在英国，1834年的《济贫法》和1867年、1884年的革新法案是经济民主化的典型标志。在美国，其标志性事件是1890年的反垄断立法和1935年的社会保障立法。应该说，在维护资本主义生产关系的前提下，经济民主实践最成功的是瑞典、挪威等北欧国家，它们因建立完善的社会福利体系而蜚声全球。但这些改革的共同特征是"在维护现有体系，而不是变革体系"，[56]因为"经济民主制度比资本主义更接近民主的理想"。[57]正如福尔默·威斯蒂所说："工会和集体谈判的出现到底在多大程度上改变了民主的资本主义社会的基本结构和基本性能，在这一点上意见分歧。"[58]

有关经济民主的思想在"五四"时期开始传入我国，当时知识界对经济民主的理解呈现出多元化的思想源流，批判资本主义经济不平等现象则成其共通之处。"中华民国"成立后，为践行孙中山的"民生主义"主张，颁布了一些具有经济民主性质的法律，如1936年的"五五宪草"详细规定了节制资本、保护劳工利益和实行社会救济的内容。抗战胜利后，以知识精英为主体的民盟提出"用民主的政治建设民主的经济，以经济的民主充实政治的民主"，一度成为国人的梦想。[59]1947年，国民政府新宪法照抄了"五五宪草"中关于土地及国家对经济调控作用的相关条文，有些新条文还体现了经济民主理念的进一步发展。但因战乱频繁，这些法律并没有得到实施。1949年以后，劳动人民翻身得解放。在人民民主专政体制下，新中国开始了大规模的经济民主试验。此际，毛泽东多次谈到经济民主问题，并明确提出劳动人民管理经济的权利是最大的权利。[60]20世纪50年代初，我国创造性地提出以"两参一改三结合"为核心的"鞍钢宪法"，有力地推进了当时的工业化进程。十一届三中全会以后，邓小平围绕发扬经济民主发表了一系列谈话。他说："现在我国的经济管理体制权力过于集中，应该有计划地大胆下放，否则不利于充分发挥国家、地方、企业和劳动者个人四个方面的积极性。"[61]之后，他一再强调，必须走经济管理民主化道路，应"从制度上保证党和国家政治生活的民主化，经济管理的民主化"，[62]"社会主义的本质是解放生产力，发展生产力，消灭剥削，消除两极分化，最终达到共同富裕"。[63]这些论述明确了社会主义社会中经济民主的内容、形式、特点和发展方向等重要问题。

目前，我国正努力建设有中国特色的社会主义经济民主。因此，必须对近现代西方资产阶级经济民主理论进行扬弃和改造，去其糟粕，吸收其合理内核，以科学社会主义基本原理为指导,根据我国实际情况与时俱进地发展完善社会主义经济民主。其中,最关键的问题是改革不合理的分配制度。在宏观上,要将"人民民主"原则真正应用到经济领域,使国家各项经济制度安排符合绝大多数人而不是少数人的利益。尤其是提高劳动所得,改变资本所得挤占劳动所得的现象。同时,转变政府职能,使之尽快向公共服务职能转型,避免政府作为市场主体牟取利益的行为。在市场运行中,破除市场和行政垄断,防止垄断行业对国民财富、公共利益和消费者利益的侵占,增加社会活力和公共福利。在微观上,继续完善公司治理结构,在保障劳动者和资本所有者双方合法权益的基础上,建设社会主义和谐劳动关系,提高经济效率。具体可通过劳资协议制度确定劳动者的工资待遇,或在某些性质的企业实行"劳者有其股",使劳动者能够有序、有效地参与企业管理和决策。另外就是改革户籍制度,打破身份、地域歧视,赋予农民、农民工和外地人以平等国民待遇,对农民、农民工和城市低收入群体进行优惠乃至免费职业培训等,真正实现同工同酬,保证机会均等和分配公平。

参考文献

[1] 吴宇晖等:《经济民主:一种关于"劳动的政治经济学"》,《当代经济研究》,2008 年第 1 期。
[2] 《马克思恩格斯选集》,第 2 卷,第 32 页,人民出版社,1995 年版。
[3] 《马克思恩格斯选集》,第 3 卷,第 448 页,人民出版社,1995 年版。
[4] Seymour M. Lipset. The Encyclopedia of Democracy. London: Routledge, 1995: 609.
[5] 黄文扬主编:《国内外民主理论要览》,第 340 页,中国人民大学出版社,1990 年版。
[6] 《马克思恩格斯选集》,第 4 卷,第 173 页,人民出版社,1995 年版。
[7] 《马克思恩格斯选集》,第 3 卷,第 357 页,人民出版社,1995 年版。
[8] 《马克思恩格斯选集》,第 2 卷,第 518 页,人民出版社,1995 年版。
[9] F. A. Hayek, Law, Legislation and Liberty. Routledge & Kegan Paul, 1982: 472 – 478.
[10] 乔·萨托利:《民主新论》,第 10 – 11 页,东方出版社,1998 年版。
[11] 王全兴等:《经济法与经济民主》,《中外法学》,2002 年第 6 期。
[12] 《马克思恩格斯全集》,第 46 卷,第 197 页,人民出版社,1979 年版。
[13] 《列宁全集》,第 37 卷,第 75 页,人民出版社,1986 年版。
[14] 《列宁全集》,第 36 卷,第 341 页,人民出版社,1985 年版。
[15] 《毛泽东选集》,第 4 卷,第 1314 页,人民出版社,1991 年版。
[16] 《马克思恩格斯全集》,第 47 卷,第 147 页,人民出版社,1979 年版。
[17] 《马克思恩格斯选集》,第 1 卷,第 130 页,人民出版社,1995 年版。
[18] 《马克思恩格斯选集》,第 2 卷,第 605 页,人民出版社,1995 年版。
[19] 《毛泽东选集》,第 4 卷,第 1479 页,人民出版社,1991 年版。
[20] 《马克思恩格斯选集》,第 3 卷,第 59 页,人民出版社,1995 年版。
[21] 《马克思恩格斯全集》,第 21 卷,第 272 页,人民出版社,2003 年版。
[22] 应克复等:《西方民主史》,第 520 页,中国社会科学出版社,1997 年版。
[23] 萨缪尔森等:《经济学》,第 78 页,中国发展出版社,1992 年版。
[24] 《毛泽东选集》,第 3 卷,第 931 页,人民出版社,1991 年版。

[25]《毛泽东选集》，第1卷，第134页，人民出版社，1991年版。
[26]《毛泽东选集》，第2卷，第678页，人民出版社，1991年版。
[27] 应克复等：《西方民主史》，第519页，中国社会科学出版社，1997年版。
[28] 福尔默·威斯蒂：《北欧式民主》，第316页，中国社会科学出版社，1990年版。
[29] Michael Howard, Self – Management and the Crisis of Socialism. Lanham：Roman & Littlefield, 2000：167 – 179.
[30]《毛泽东文集》，第5卷，第139页，人民出版社，1996年版。
[31]《毛泽东选集》，第2卷，第650页，人民出版社，1991年版。
[32]《中共中央文件选集》，第14册，第737页，中央党校出版社，1987年版。
[33] 霍尔瓦特：《社会主义政治经济学》，第25页，吉林人民出版社，2001年版。
[34] 赫尔德：《民主的模式》，第168页，中央编译出版社，1998年版。
[35]《马克思恩格斯选集》，第1卷，第287页，人民出版社，1995年版。
[36]《马克思恩格斯选集》，第2卷，第516页，人民出版社，1995年版。
[37]《马克思恩格斯选集》，第3卷，第473页，人民出版社，1995年版。
[38]《邓小平文选》，第1卷，第227页，人民出版社，1994年版。
[39]《邓小平文选》，第3卷，第242页，人民出版社，1994年版。
[40]《邓小平文选》，第1卷，第149页，人民出版社，1994年版。
[41]《邓小平文选》，第1卷，第271页，人民出版社，1994年版。
[42]《邓小平文选》，第1卷，第176页，人民出版社，1994年版。
[43] 徐崇温：《民主社会主义评析》，第191页，重庆出版社，1995年版。
[44] 科里·罗森等：《职工股份制设想的缘由及其前途》，载戴敏华编：《股份·分享·证券——国外经济学家论股份制》，第47页，中国财政经济出版社，1988年版。
[45] 徐崇温：《民主社会主义评析》，第187页，重庆出版社，1995年版。
[46]《马克思恩格斯选集》，第2卷，第266页，人民出版社，1995年版。
[47] 黄越钦：《劳动法治》，第45页，（中国台湾）三民书局，1993年版。
[48]《马克思恩格斯选集》，第1卷，第84页，人民出版社，1995年版。
[49] 锡德尼·维伯等：《资本主义文明的衰亡》，第5页，上海人民出版社，2001年版。
[50] 赫尔德：《民主的模式》，第410页，中央编译出版社，1998年版。
[51] Robert A. Dahl. A Preface to Economic Democracy. University of California Press，1985：111 – 136.
[52]《列宁选集》，第1卷，第558页，人民出版社，1995年版。
[53]《马克思恩格斯全集》，第25卷，第497页，人民出版社，1974年版。
[54]《列宁全集》，第40卷，第276页，人民出版社，1986年版。
[55]《列宁全集》，第21卷，第325页，人民出版社，1990年版。
[56] Margaret Kiloh. Industrial Democracy, in David Held and Christopher Pollitt（eds）, New Forms of Democracy. Sage Publications，1986：16.
[57] 施韦卡特：《反对资本主义》，第221页，中国人民大学出版社，2002年版。
[58] 福尔默·威斯蒂：《北欧式民主》，第296页，中国社会科学出版社，1990年版。
[59]《中国民主同盟历史文献（1941~1949）》，第67页，文史资料出版社，1983年版。
[60] 曾明德：《论经济民主》，《探索》，1989年第3期。

[61]《邓小平文选》，第2卷，第145页，人民出版社，1994年版。
[62]《邓小平文选》，第2卷，第336页，人民出版社，1994年版。
[63]《邓小平文选》，第3卷，第373页，人民出版社，1993年版。

财政视野下的国家与社会关系

叶 静

【摘 要】 财政是政治经济学中逐渐兴起的重要研究领域,因为它是国家和社会发生联系的主要层面之一,直接塑造着国家和社会的关系。具体说来,财政征收和支出的规模、对象和方式的不同,会系统地影响国家—社会的四个维度的关系,即国家促进社会财富、国家保护社会、社会限制国家权力以及社会接受现有政治秩序的程度,这些是现代国家在发展过程中都必须面对和回应的重要问题。在这一视角下审视当前中国政治和经济的发展,会获得更加深入的理解,进而带来更多启迪与思考。

【关键词】 财政国家—社会关系;中国政治经济

一、引言

政治经济学的研究对象是政治体系和经济体系的互动,它起始于对国家财政的研究。随着发展,政治经济学研究的主题、对象、范围和方法越来越多元化。[1]即便如此,财政仍然是政治经济学中的一个重要课题,因为它是国家进行治理的基本保障,最直接地牵涉了政治和经济的互动,也最为典型地展现了国家和社会的关系。无论是横向地观察世界各国,还是纵向地追溯各国的历史,都可以发现不同国家或同一国家在不同时段在财政征收和支出的对象、方式和规模等方面存在着明显的差别,而这些差别对国家和社会关系有着重要的影响。

就一般的国家和社会的关系研究而言,往往分两个层面来考察,一是国家影响社会的层面,二是社会影响国家的层面。在国家影响社会的层面,主要从两个角度来看,即国家对经济发展的促进作用,以及国家对社会实行的保护程度。在社会影响国家的层面,也可以分为两个视角来考察,即社会对国家权力施加的限制以及社会对现有政治秩序的接受程

---

* 原载于《比较政治评论》第一辑,中国社会科学出版社,2013年5月。

度。换个方式来说，国家和社会关系可以被简化成以下四个问题：为什么有些国家的经济发展更为快速，而有些国家经济发展困难重重？为什么有些国家更倾向于去保护社会从而减轻市场经济的负面效应，而有些国家却不倾向于这么做？为什么有些国家的权力受到了社会的更多限制，而有些国家的权力所受社会的限制更少？为什么有些国家的社会秩序更为稳定，而有些国家的社会秩序更加动荡？它们是所有现代国家在发展过程中都不同程度面临和需解决的重要问题。

对这些国家和社会关系问题的探讨，对中国有着极其重要的现实意义。早在19世纪末20世纪初，中国在西方国家的侵略和威胁下就开始从古代帝国向现代国家转变。今日的中国和其他现代国家一样，需要去发展经济、保护社会，同时国家的权力也必须受到社会的制约和遵循。在今日中国，国家和社会呈现出怎样的关系？在市场经济的快速推进中，受损的社会力量如何才能得到保护？在促进经济、保护社会的过程中，国家日益扩大的权力如何才能得到限制以至于不被滥用？这些都是中国持续发展首先需要探讨和回答的问题。

通过财政视角考察国家和社会关系，无疑能更加清晰地展示两者之间究竟是如何交互作用的，同时也会给中国政治经济持续发展带来新的更为深入的启示与思考。

财政视野下国家对社会的影响，即国家促进经济和国家保护社会两个方面。在现有文献看来，国家对财政的需求是其推动经济的重要动力和条件，而援助或者资源收入等非挣得型收入不利于国家对经济的推动。同时，财政丰富与否以及财政收入的性质是决定国家是否能有效保护社会的关键因素。而财政视野下社会对国家的影响，一方面体现为社会凭借着自身的资源能够对国家权力有所限制，另一方面体现为社会对国家财政行为的不满会导致对政治秩序的挑战。这些理论对中国的现实政治经济发展而言有着深刻的启迪作用。

二、财政视野下国家对社会的双重影响

（一）财政视野下的国家促进经济

经济发展历来是社会科学的讨论热点。对于第三国家的发展，在20世纪五六十年代持依附论的学者是悲观的，在他们看来第三世界的欠发展是因为核心国家将之锁定在边缘位置。然而，这派理论面临的挑战是东亚新兴工业经济体的经济奇迹：为什么有的边缘国家能够兴起，而有些国家继续被边缘化？

要回答这个问题，一个途径是回到国家本身，即考察国家对于经济的关系。国家对经济的促进作用早为许多学者指出。20世纪40年代波兰尼（Polanyi）就在《大转型》中指出：通往自由市场之路，需要在中央集权和不断干预下得到持续的增强。根据张夏准在《富国陷阱》对西方市场制度的介绍中所言，即使是市场主体也是国家的创造。格申克龙

(Gerschenkron)进一步认为后发展国家面临的问题不同于已经发展起来的国家,后发展国家首先需要发展的产业资本需求量很高,需要强组织的推动,比如德国就通过银行来提供资本,而俄罗斯由国家来承担资本供给。赫希曼(Hirschman)观察了后发展国家后认为,国家的作用不仅局限于提供资本这一职能,它还需要承担企业家的职能,需要创造最大化投资的动机。日本和韩国的经济发展正是与其国家的这些作用密不可分。

如果说有些边缘世界国家能够发展起来,是因为国家发挥了作用,但是没有回答的问题是,为什么其他第三世界的国家没有发挥类似的作用呢?为什么有的国家有动机促进经济发展,而有的国家更多的是在掠夺国内社会?关于这个问题,很多学者提出了自己的解释,比如殖民地遗产论、威胁感知论等。而从财政收入视角出发的这派学者提出了一个简洁也颇具普遍性的解释。

这派观点建立在对经济学中"荷兰病"现象的反思之上。之前经济学家认为自然资源能够帮助后进国家,因为资源可以帮助这些国家获得资本,政府也可以便利地获得财政收入和提供公共物品。但到了20世纪80年代后,这种观点被证伪了,即很多第三世界国家虽有着丰富的自然资源,但是并没有发展起来。经济学家提出的解释可以概括成一种现象,被冠名为"荷兰病",指的是发现石油资源后,导致了相关的服务业、交通业等急剧发展,使得资本从工业和农业中撤出,从而有害一国的长期发展。不过"荷兰病"解释的问题在于:它假设劳动力和资本是固定的,并充分就业。但实际上这两者的供给并非固定,而且发展中国家往往存在劳动力过剩的情况。同时,这种观点也抽象掉了国内政治因素的作用。

政治学学者正是从这个基础上进行思考。在他们看来,丰富的自然资源会扩大那些推行不利于经济发展政策的行为者的权力。这个观点常常用来解释拉丁美洲和亚洲经济发展的不同。由于拉丁美洲有着丰富的自然资源,国家凭此就可以获得大量的财政收入,所以能推行不利于经济发展的进口替代战略时间比较长。但是,如果国家凭借自然资源就可以获得大量的财政收入,而不需要向社会团体征收财政收入,那么国家应该有更强的自主性,能够更加自主地决定政策的走向。那么为什么国家被锁定在既定的发展策略中呢?这是因为在拥有资源租金(rent)的情况下,国家变成了租金分配型国家或是石油国家(petro-state),即这个国家和社会的制度在租金的作用下变得不利于生产性活动,并具有锁定作用。也就是说,资源和发展的逻辑链条中,需要加入"制度"这个变量:即容易获得的财政收入,塑造了不利于生产的制度,最后导致了国家的不发展。这便是"富饶困境"的症结所在。[2]同样,这个逻辑也适用于对外援助对国家的影响上。在这派观点看来,只要国家不依赖于国内生产性部门来获得财政收入,它就不会关心国内的生产状况。租金使得国家可以少收税,从而不需要对社会负责,不需要促进经济发展,也不需要了解国内的经济状况。

如果说财政收入性质通过影响制度来解释不发展的话,那么反过来它是否能够解释发展呢?财政因素是否可以解释发展型国家的兴起呢?在一些学者看来,发展型国家的崛起有两个条件,一是国家面临着严重的外部威胁,二是统治者希望借助经济发展来构建联盟和维持统治。但是这两个条件的存在并不能直接推导出国家是发展型的，因为如果一个国家拥有大量的援助或者自然资源收入时，统治者可以依赖这些容易获得的财政收入来抗击危机和构建联盟。只有一国的财政收入紧缺时，国家才会努力推进经济发展，在发展过程中获得应对危机和构建联盟的资源。[3]所以说，财政可以在一定程度上解释发展型国家的兴起。

上述逻辑不仅适用于全国层面，也适用于地方政府对经济的推动。尤其是在解释中国经济奇迹时，这个财政逻辑为很多学者所强调。相比于俄罗斯的经济发展，中国经济在改革开放之后的迅猛发展变得更加突出。有学者指出，这是因为中国保持了政党国家，它进行了分权改革后，一方面地方的财政收入可以根据经济发展来获得，另一方面地方政府也权向中央申请拨款，所以只能专心搞建设和积累。而俄罗斯因为政党国家瓦解了，所以中央就集中经济资源以图控制地方政府。结果是导致中央向地方拨款，其更注重中央财政的分配，而不是谋求发展俄罗斯的地方经济。[4]换句话说，中国财政分权体制使得地方政府的财政硬化，为地方政府提供了从经济增长中获得额外财政收入的激励。因此改革开放以来，地方政府官员为了增加财政收入，采取了很多有利于经济发展的措施，比如加大对基础设施的投资、扩大规模招商引资。[5]不过，中国地方政府的行为也并非完全一致，不同的地方政府由于财政征收的对象差异有着不同的行为。在一些以农业为基础的不发达地区，地方政府更倾向于扮演掠夺型而非发展型政府的角色。

（二）财政视野下的国家保护社会

国家的作用不仅在于推动国内经济和社会财富的发展，也在于国家为了社会免于市场风险而提供的保护，福利保障的供给就是具体的政策表现。充足福利提供的前提就是国家有着较为充裕的财政收入。"二战"后，国家的急剧膨胀成为20世纪非常明显的一个现象。学者卡梅隆（Cameron）曾这样形象地描绘国家的扩张："随着'福利国家'的成熟，政府日益增加社会服务的供给以及对失业者、病人、老人和穷人的收入转移。而且，政府也变成商品的重要生产者，在一些欧洲国家中石油、汽车和交通产业受到国有企业的主导。此外，通过使用各种财政和货币工具，比如公共支出项目、税收以及贴现率，政府试着调节失业和通货膨胀水平以及弱化商业周期的影响。它们也会通过计划性的制度来指导经济的长期发展……的确，国家的汲取角色得到了如此之大的扩张，以至于熊彼特根据欧洲历史发展、写在半个世纪之前的话到了今天似乎更有道理：'国家手持着税收议案，渗透并主导了私人经济。'"[6]

不过这种保护型的福利国家并不是没有受到挑战：自20世纪70年代中期开始，它便面临着全球化的挑战。全球化的基本理念是自由市场，反对政府对经济的干预。另外，各种要素跨国流动的加快，也限制了国家向这些主体征收财政收入的意愿和能力，于是一个直接的结果就是政府开支面临着被削减的极大压力。如果各国政府竞争性地削减福利开支，那最终的可能是各国福利冲向谷底（race to the bottom）。但与此同时，全球化也带来了社会民众对福利国家的新要求。一方面由于全球化带来的经济波动，受到波动影响的社会民众需要政府提供保障；另一方面也由于工作性质发生了变化，越来越强调对特殊技术的需求，所以雇员希望国家可以通过福利的方式来加大对技术学习的投资。从这个方面来说，全球化进一步要求国家向社会征收财政资源并提供公共服务。那么全球化到底塑造了更为竞争型的国家，还是更为保护型的国家呢？

在一些学者看来，这取决于国内的政治力量，比如福利制度创造的新利益集团倾向、政治家的理性计算、中间选民的偏好等。正是这些利益集团在不同国家的不同分布，导致了各国在压力下对福利提供的选择。但这些政治解释基本上都强调的是社会需求的影响，而忽略了国家何以能够维持高昂的福利支出这个问题，也就是忽略了国家财政这个角度。

从这个角度出发，学者考特（Kato）指出，在更为保护社会的国家中，是国家征收财政收入的方式发生了改变，使得民众对国家汲取不是那么敏感，这样国家就可以继续从社会征收更多的财政收入来维持福利国家。其中最明显的一个变化就是间接税的兴起和传播。通过对增值环节征税而不是对所得收入征税，国家减少了和人们的直接接触，在这种"财政幻觉"之下，获得了大量的财政资源。[7] 因此，顺利实行间接税的国家仍然能够维持以及扩大保护型国家，而在一些无法顺利实行间接税的国家，福利供给面临着全球化的更大压力。

此外，财政征收方式的不同对于福利国家的变革也会产生不同的影响。比如20世纪90年代德国和美国在长期福利保护方面出现了差异：德国制定了新的长期福利保护项目，而美国在这个方面没有进展，尽管两国之前在这个政策领域的经历和面临的社会利益集团压力都是类似的。有学者指出这是因为两国的财政制度不同。在德国，其财政收入的征收权集中在中央政府，地方政府财政收入的获得主要是通过联邦政府的转移支付来满足，而美国的地方政府更加能够财政自给。当地方政府感知到社会的福利需求并面临财政压力时，德国的中央政府会立马感知到，并最终形成全国层面的政策。美国则缺乏这种地方政府的传导机制。[8] 因此，国家财政收入的征收方式的不同，也会影响一国福利制度的发展和变革。

同样，对于提供福利的地方政府而言，不同的财政收入来源直接决定了面对资本要素加快流动的不同反应。有学者指出，如果一个省份大部分的财政收入来自中央政府的话，那么该地政府与地方商业联系不那么紧密。相反，如果一个省份的财政收入主要是来自对商业力量和工人的税收，那么该政府对私人经济更加负责。由于这种差别，拥有不同财政来源的地方政府面对要素流动的压力有着不同的反应：如果地方政府依赖于自己的税收，那么分权化会促进地方政府的缩小。如果地方政府依赖于上级政府的转移支付，那么分权化会扩大政府。[9]

以上这些观点对中国社会保障的发展带来很多思考。和其他发展中国家相比，中国是一个非常碎片化的权威体系。[10] 在社会保障支出方面，同其他财政支出一样，也存在着"碎片化""分散化"的倾向。[11] 目前，中国大部分社会保障项目以地市级，甚至县级为单位建立。[12] 地方政府不仅直接面临着全球化带来的资本流动问题，而且由于政府官员的晋升和财政激励，也导致了中国内部区域间对资本的竞争和抢夺。而中国的财政体制虽然在20世纪90年代初有所变更,但是转移支付的份额依然比较小,而且政治性的考虑更多。这也进一步使得地区对资本需求更为敏感。那么中国地区之间对资本的竞争是否会使得由地方政府提供的社会保障"冲向谷底"？如果中国希望社会保障发挥"安全网"、"社会稳定器"作用,实现保证社会成员底线公平、稳定社会、缓和社会矛盾的效果,那么这些问题必须是值得认真思考的。

三、财政视野下社会对国家的双重作用

(一) 财政视野下的社会限制国家权力

现代国家的典型特征是对暴力的合法垄断,在当代武器的技术和资本含量日益提高的状况下,国家似乎是越来越难以被社会撼动。为了避免绝对的权力必然带来绝对的腐败,除了国家各部分之间横向的制衡之外,社会也需要对国家权力进行一定的控制。有意思的是,现代国家在形成过程之中,即合法垄断暴力的过程中,社会对国家权力的控制在若干国家中已经开始了。这是如何发生的呢？

现在大多数学者都承认,现代国家源于激烈的国际竞争：从1480年到1550年70年间,欧洲发生了48次主要战争,1550年至1600年50年间就有48次,而从1600年到1650年50年间则增加到116次。[13]尽管激烈的国际竞争环境使得各种类型的政治实体都朝着现代国家的方向聚合,但是各国内部的政治制度安排却是不同的。其中,有的国家形成了宪政制度,有的国家变成了绝对主义国家。为什么在类似的国际竞争环境中,有的国家权力受到了更多的限制,而有的国家却没有？财政视角出发的研究给出了很有意思的回答。

蒂利（Tilly）在探讨战争和国家形式间关系时认为：收税的难度、特定军队所需的花费、发动战争抵御竞争者的费用等决定了欧洲国家形式的差异。那么,又是什么决定了"收税的难度"呢？蒂利指出："在汲取方面,在其他情况一样的条件下,资源总量越小、经济商品化程度越低,汲取资源来维持战争和其他政府活动的工作越是困难,于是财政机关延伸地越是宽泛……总体而言,对土地征税成本更高,而相对而言,对贸易征税成本较低,特别是当大笔贸易能够被轻易地监督时。"[14]英国和普鲁士的历史发展较好地印证了其观点。普鲁士更加依赖对土地征税,所以它征税的成本更为高昂。普鲁士努力塑造一个与其周边更大国家相当的军队,所以其汲取资源机构非常庞大。而英国有着大量丰富和商业化的资源,所以它的汲取机构比较小。蒂利的理论贡献是在战争和国家形式之间加入了一个变量,即财政征收对象的特点。根据他的推论,英国避免成为绝对主义国家,是因为其财政资源的丰富和商业化。这个观点受到了其他学者的认同。比如曼（Mann）就明确将不同资源的汲取方式与国家的政权形式联系起来。他认为绝对主义国家采取了集权化的

官僚制度来强制动员国内的货币和人力资源，而像英国这种商业发达的国家，不需要建立这种集权化的官僚制度，从而维持宪政制度。[15]

上述的观点暗含有两个假设，后来的学者便通过修改这些假设对该理论进行了调整和转变。首先，在上述观点中，唯一的行为者是国家，看不到社会和市场利益的力量，这些都被简化成了征收对象的特点，即资源是否丰裕或者是否商业化。但是在面对着战争威胁的情况下，为什么国家对社会商业化资源的汲取会有所节制？为什么不通过绝对主义的制度建设向这些商业化资源征收最大化的财政收入？很显然，资源是否充裕本身不能够解释制度的不同。贝茨（Bates）从财政征收对象的流动性来解释为什么有的国家能够形成宪政制度。在贝茨看来，由于战争期间政府需要财政支持，但是资本家具有规避税收的途径，比如资本流出，所以政府给予他们一定的决策权力，两者可以进行谈判，社会力量也在这个过程中对国家的权力施以限制。[16]

其次，上述观点是把国家简化成单一的行为体，却忽视了国家内部的结构，比如地方政府的不同种类。在珥特曼（Ertman）看来，地方政府相对于中央政府而言可以分为参与型（participatory）和管理型（administrative）。参与型的地方政府体现为以地域为基础组建起来的议会制度，而管理型地方政府表现为以身份为基础组建的议会制度。当中央政府需要财政收入时，参与型的地方政府可以以地方性共同体身份为基础，一方面组织财政收入给中央政府，另一方面能够避免受到绝对主义王权的控制，从而能够保证宪政。而管理型的地方政府却无法为身份导向的议员来提供共同体的身份和资源，从而无法克服绝对主义王权的控制。[17]

以上两点思考对考察中国现实有着较强的启示意义。在一些现代化理论的学者看来，随着一个国家经济发展水平的提高，商业力量的兴起，那么这个国家会走向西方式民主。[18]暂且不论商业力量是不是民主化的充分还是必要条件，中国的经济发展是否造就了独立的商业力量诉求就已经成为问题。中国的改革是渐进式的改革，资本的来源极为多元，造成了中国商业所有者背景不同、企业大小不一样、政治联系不一样，因此商业力量有着不同的社会和政治身份，很难形成一个一致的阶级，他们对政策的偏好也是不同的。[19]同时，中国对商业力量有着统合的制度安排，通过吸收企业家入党、建立组织关系等手段对这些新的商业利益集团进行统合。[20]换句话说，中国的国家和社会关系是交织的，国家不会为了财政需求而向商业力量妥协。相反，社会对国家权力的控制反而是来自国家内部的促动，因此中国的民主化呈现了一条和西方很不相同的道路，即由民政部推动、以基层政府为起点的民主化。[21]

还有一部分学者寄希望于中国的分权能使地方政府约束中央政府的权力。如财政联邦主义的学者就认为在中国财政分权的背景下，地方政府可以避免国家层面的政治干扰。[22]但财政联邦主义忽略的是国家的权力常常是多维度的，财政分权不代表政治分权。政治权力往往更为关键，中国通过党管干部等机制牢牢地控制着地方政府。很明显，中国的地方政府的性质更多的是管理型的，而非参与型的。因此，目前中国国家权力的约束机制仍然需要回到国家内部去寻找，机构内部的权力制衡以及基于合法性的考虑是国家自我限制权力的动机来源。

（二）财政视野下的社会挑战国家秩序

发展中国家除了发展问题外，还面临着随发展而来的社会挑战国家秩序的问题。起初，学者们对经济发展和秩序稳定之间的关系比较乐观，认为发展就会带来秩序。但是很快这种乐观情绪就被替代成学者们口中的"政治衰败"。亨廷顿精辟地指出，快速的现代化并不一定会带来政治发展，相反可能会造成政治衰败，因为动员与参与的快速增长会削弱政治制度的基础。不过，不是所有的第三世界国家都经历了政治衰败。那么，为什么有的发展中国家内部冲突不断，而有的国家的秩序相对稳定？

在一些学者看来，发展中国家内部冲突不断是由结构性因素导致的。第三世界国家都是被强力纳入现代国际体系中的，采取"国家"为国际社会中的基本政治制度单位也是国际竞争的结果。不同于西欧国家建设过程已经成熟、开始针对民族国家的潜在威胁而组建区域共同体的现状，第三世界国家正处在国家缔造的过程之中。国家缔造过程是一个国家针对反对性地方集团的不断的集权化过程，在此过程中国家需要持续地向社会征收财政收入。只要政府能够设计出控制资源攫取、获得财政收入的制度安排，那么国内政治就会趋向于稳定；相反，如果由国内社会秩序的挑战者来掌握资源，那么社会就比较混乱。[23]但是，如果在国家缔造过程中国家过分地向社会征收财政收入，这会引起社会反弹和内乱不断。[24]这个观点和斯考切波研究社会革命的逻辑相一致。她提出革命的条件之一便是在外部威胁的压力之下国家向社会过分扩大对财政收入的征收力度。

除了财政收入的规模之外，财政收入的性质也是解释国内冲突的一个因素。有学者曾探讨过土耳其和伊朗社会秩序差异的财政原因。土耳其的财政来源主要来自国内剩余，国家要征收财政收入，就需要满足社会主体的需求，在这个过程中建立了统合主义结构。因此，国家和社会之间的相互沟通比较流畅，社会秩序倾向于稳定。相反，伊朗的财政收入主要来自石油，伊朗政府与国内社会联系淡薄，国家没有通过经济合法性来建构自己的政治合法性，从而使得国内社会逐渐不满，借助于宗教来挑战国家。[25]但需要指出的是，拥有自然资源的租金并不必然导致国家不回应社会需求，造成社会秩序的不稳定。从逻辑上来说，政府有了大量的租金作为财政收入，就不那么需要直接向公民收税，同时还可以提供很多公共产品，这样就不会引起社会的反弹。所以说，对于国内秩序而言，光是探讨财政收入维度是不足够的，同样需要考察的是财政收入的使用方式。当财政支出的分配是根据人际型的一些关系，比如家庭关系、友谊关系进行分配时，会引起社会的不满，从而导致国内秩序的不稳定。像中东地区一些国家国内秩序混乱，就是因为人际型的财政分配方式。[26]

综上所述，财政的征收规模、征收方式、收入性质、收入使用方式等都会影响到国家和社会的关系，并最终影响到一个政权的合法性和社会稳定程度。社会秩序的财政解释无疑也给理解中国现实带来了很多的洞见。改革开放后随着经济发展水平的提高，中国局部地区也出现了一些影响社会秩序的群体性事件，其中一部分事件就是由地方政府的不当财政行为导致的。从财政收入的角度来看,政府财政收入最大化的一些行为造成了国内社会的不满和反弹。特别是20世纪90年代以来,随着土地作为一种生产要素不断彰显出市场价值,土地逐渐成为地方政府收入的一个重要组成部分。地方政府为了更快的经济发展和获得更多的财政收入,加快了土地的流转工作。它们常常低价征收土地,高价转出,失地农民往往对土地补偿不满意,有些农民就不愿意拆迁。于是,一些地方出现了强拆等现象,直接导致了社会的极大不满。据有些学者指出,土地相关的问题是农民不满和抗争的首要原因,在2006年的头9个月全国就发生了17900件"大规模农村事件"。[27]

从财政支出的角度来看,中国的财政使用往往缺乏透明度。中国农村税费改革之前出现的社会不稳定,部分原因也正是财政支出方面的问题。因为政府对社会的回应性(accountability)不足,财政收入往往没有用在农民所需要的用途之上,农民也往往不清楚自己所缴纳收入的最终用途。农民的公平观念建立在支出和回报的比较上,当他们觉得付出没有得到合理回报时,就产生了对纳税的反感。地方政府官员的征收成本提高,只能通过骗、吼和吓来征得收入,这是税费改革之前农村社会不稳定的原因之一。[28]因此,中国财政的规模、征收方式和使用方向都与国家稳定和社会秩序密切相关。

四、结论

财政的收入和支出是国家的基本功能,也是国家维持存在的必要手段。正如上文展示的那样,其征收和使用的对象、规模和方式等方面的不同会对国家—社会关系带来一系列的重大后果。和其他理论视角一样,它提供了系统理解社会世界的一条途径。财政视角下的研究对我们理解和思考中国的现实有着极为重要的意义。目前,中国的国家财政汲取能力非常强大,很大一部分社会财富集中在政府手中,这在相当大程度上影响和塑造了中国的国家和社会关系。一方面,国家可以利用财政收入集中支持一些关键产业来推进中国经济的腾飞,却使得社会更多地依附于国家,对政治权力监督的动力只能更多地指望于来自国家内部。另一方面,国家集中了大量财政收入可以对社会进行有效的治理和提供更多的保障,却使得社会对国家征收规模和支出方式有所不满和反弹。因此,要有效地调节中国的国家和社会关系,实现"和谐社会"的目标,财政将是一个"牵一发而动全身"的关键改革领域。

同时,中国的现实以及与其他发展中国家的比较也为财政研究带来了大量的研究素材,有利于理论突破和概念创新。比如,财政的制度安排与一国政府治理水平、政体选择、政党体系等有着何种关系?将财政和中国独特的国家缔造和形成过程相联系,在历史中考察财政和国家制度和政治的互动,将是一个极有生命力的领域。而财政本身安排的跨国和跨时差异,还需要进一步系统的研究。比如,就税收而言,为什么经济水平相似的中国和印度的税收结构存在着差异,中国的直接税比例要远低于印度?对于大多数国家而言，分权往往意味着支出的分权，而财政征收权几乎是持续地集中在中央政府手中。为什么中国在计划经济时代的历次分权都伴随着财政征收权的下放？为什么会存在跨时代的变化？无疑，这些都将成为比较政治经济学进一步深入研究的广阔领域。

参考文献

［1］朱天飚：《比较政治经济学与比较历史研究》，《国家行政学院学报》2011 年第 2 期，第 67－68 页。

［2］Terry Lynn Karl, "The Paradox of Plenty: Oil Booms and Petro-States", Berkeley: University of California Press, 1997.

［3］Bryan K. Ritchie and Richard F. Doner, "Systemic Vulnerability and the Origins of Developmental States: Northeast and Southeast Asia in Comparative Perspective", International Organization, Vol. 59, 2005, pp. 327－361.

［4］Michael Burawoy, "The State and Economic Involution: Russia through a China Lens", World Development, Vol. 24, No. 6, 1996, pp. 1105－1107.

［5］Montinola Gabriella, Yingyi Qian and Barry R. Weingast, "Federalism, Chinese Style: The Political Basis for Economic Success in China", World Politics, Vol. 48, No. 1, 1995, pp. 50－81. Jean C. Oi, "Fiscal Reform and the Economic Foundations of Local State Corporatism in China", World Politics, Vol. 45, No. 1, 1992, pp. 99－126. 对于这个解释也存在学术争论，请参见 Hongbin Cai and Daniel Treisman, "Did Government Decentralization Cause China's Economic Miracle", World Politics, 2006, Vol. 58, No. 4, pp. 505－540. 周黎安：《中国地方官员的晋升锦标赛模式研究》，《经济研究》2007 年第 7 期，第 6－50 页。

［6］David R. Cameron, "The Expansion of the Public Economy: A Comparative Analysis", American Political Science Review, Vol. 72, 1978, pp. 1243－1261.

［7］Junko Kato, Regressive Taxation and the Welfare State: Path Dependence and Policy Diffusion, Cambridge: Cambridge University Press, 2003.

［8］Andrea Louise Campbell and Kimberly J. Morgan, "Federalism and the Politics of Old-Age Care in Germany and the United States", Comparative Political Studies, Vol. 38, No. 8, 2005, pp. 887－914.

［9］Jonathan Rodden, "Reviving Leviathan: Fiscal Federalism and the Growth of Government", International Organization, Vol. 57, 2003, pp. 695－729.

［10］Pierre F. Landry, Decentralized Authoritarianism in China: The Communist Party's Control of local Elites in the Post-Mao Era, New York: Cambridge University Press, 2008.

［11］景天魁、毕天云：《从小福利迈向大福利：中国特色福利制度的新阶段》，《理论前沿》2009 年第 11 期，第 5－9 页。

［12］张秀兰、徐月宾、方黎明：《改革开放 30 年：在应急中建立的中国社会保障制度》，《北京师范大学学报》（社会科学版）2009 年第 2 期，第 121 页。

［13］Benno Teschke, "Theorizing the Westphalian System of States: International Relations from Absolutism to Capitalism", European Journal of International Relations, Vol. 8, No. 1, 2002, pp. 5－48.

［14］Charles Tilly, "Coercion, Capital, and European States, AD1990－1992". Cambridge, MA: Blackwell Publiahers, 1992, p. 182.

［15］Michael Mann, "The Sources of Social Power I: A History of Power from the Beginning to

A. D. 1760", New York: Cambridge University Press, 1986, p. 456, 476, 479.

[16] Robert H. Bates and Da‑Hsiang Donald Lien, "A Note on Taxation, Development, and Representative Government", Politics and Society, Vol. 14, No. 1, 1985, pp. 53 – 70.

[17] Thomas Ertman, "Birth of the Leviathan: Building States and Regimes in Medieval and Early Modern Europe", Cambridge: Cambridge University Press, 1997.

[18] 刘瑜:《经济发展会带来民主化吗?》,《中国人民大学学报》2011年第4期, 第16 – 25页。

[19] Kellee S. Tsai, "Capitalists without a Class", Comparative Political Studies, Vol. 38, No. 9, 2005, pp. 1130 – 1158.

[20] Bruce J. Dickson, "Cooptation and Corporatism in China: The Logic of Party Adaptation", Political Science Quarterly, Vol. 115, No. 4, 2000, pp. 517 – 540.

[21] Tianjian Shi, "Village Committee Elections in China: Institutionalist Tactics for Democracy", World Politics, Vol. 51, No. 3, 1999, pp. 385 – 412.

[22] Montinola Gabriella, Yingyi Qian, and Barry R. Weingast, "Federalism, Chinese style: The Political Basis for Economic Success in China", World Politics, Vol. 48, No. 1, 1995, pp. 50 – 81.

[23] Richard Snyder, "Does Lootable Wealth Breed Disorder? A Political Economy of Extraction Framework", Comparative Political Studies, Vol. 39, No. 8, 2006, pp. 943 – 968.

[24] Youssef Cohen, Brian R. Brown, A. F. K. Organski, "The Paradoxical Nature of State Making: The Violent Creation of Order", The American Political Science Review, Vol. 75, No. 4, 1981, pp. 901 – 910.

[25] Hootan Shambayati, "The Rentier State, Interest Groups, and the Paradox of Autonomy: State and Business in Turkey and Iran", Comparative Politics, Vol. 26, 1994, pp. 307 – 331.

[26] G. Okruhlik, "Rentier Wealth, Unruly Law, and the Rise of Opposition: The Political Economy of Oil States", Comparative Politics, Vol. 31, No. 3, 1999, pp. 295 – 316.

[27] Keliang, Zhu and Prosterman, Roy, "Securing Land Rights for Chinese Farmers: A Leap Forward for Stability and Growth", Cato Development Policy Analysis Series, No. 3, October 15, 2007, p. 1. Available at SSRN: http://ssrn.com/abstract = 1066812.

[28] Thomas P. Bernstein and Xiaobo Lü, "Taxation without Representation in Contemporary Rural China", Cambridge and New York: Cambridge University Press, 2003.

生态文明：建设中国特色社会主义的道路[*]
——对十八大大力推进生态文明建设的战略思考

余谋昌

【摘　要】 我们生活的时代是生态文明时代。生态文明是人类新文明。党的十八大提出"大力推进生态文明建设"战略，生态文明建设深刻融入和全面贯穿经济建设、政治建设、文化建设和社会建设"五位一体"的总体战略。中国共产党实施这一伟大战略，领导中国人民建设生态文明，这是中国道路，是建设中国特色社会主义之路，是中华民族伟大复兴之路。中国人民在党的领导下，在世界上率先走向建设生态文明的道路，将是中华民族对人类的又一个伟大贡献。

【关键词】 十八大；生态文明；中国特色社会主义；"五位一体"；中国道路

我们生活的时代是生态文明时代。全球生态危机表明，工业文明已经开始走下坡路，并正在走向衰落；生态文明作为新文明正在兴起，将成为人类的新文明。党的十八大报告和新修改的党章规定，建设生态文明是国家发展战略。大力推进生态文明建设，这是中国道路，是建设中国特色社会主义的道路，是中华民族伟大复兴之路。道路决定命运。它具有重大的现实意义和深远的历史意义。

一、生态文明：从十七大到十八大

21世纪的中国，伴随着改革开放和工业化取得伟大成就，经济社会发展面临突出矛盾和问题，出现资源全面短缺、环境污染持续恶化、生态系统退化和破坏严重的形势，能源安全、食品安全、生态安全问题接连不断。为了应对挑战，在转变生产方式的思考中，全国生态省、生态市、生态县建设全面蓬勃兴起，伟大的中国人民创造建设新时代的"生态文明模式"，走上中华民族伟大复兴之路。

---

[*]　原载于《桂海论丛》，2013年第1期。

(一)"生态文明"第一次写进中央文件

2007年,胡锦涛总书记在十七大报告中总结了生态文明的建设成就,把生态文明作为建设中国特色社会主义的战略目标。他说:"建设生态文明,基本形成节约能源资源和保护生态环境的产业结构、增长方式、消费模式。循环经济形成较大规模,可再生能源比重显著上升。主要污染物排放得到有效控制,生态环境质量明显改善。生态文明观念在全社会牢固树立"。胡锦涛说:"到二〇二〇年全面建设小康社会目标实现之时,我们这个历史悠久的文明古国和发展中社会主义大国,将成为工业化基本实现、综合国力显著增强、国内市场总体规模位居世界前列的国家,成为人民富裕程度普遍提高、生活质量明显改善、生态环境良好的国家,成为人民享有更加充分民主权利、具有更高文明素质和精神追求的国家,成为各方面制度更加完善、社会更加充满活力而又安定团结的国家,成为对外更加开放、更加具有亲和力、为人类文明作出更大贡献的国家。"

2007年12月17日,胡锦涛说:"党的十七大强调要建设生态文明,这是我们党第一次把它作为一项战略任务明确提出来。建设生态文明,实质上就是要建设以资源环境承载力为基础、以自然规律为准则、以可持续发展为目标的资源节约型、环境友好型社会。从当前和今后我国的发展趋势看,加强能源节约和生态保护,是我国建设生态文明必须着力抓好的战略任务。我们一定要把建设资源节约型、环境友好型社会放在工业化、现代化发展战略的突出位置,落实到每个单位、每个家庭,下最大决心、用最大气力把这项战略任务切实抓好、抓出成效来。"这是中国领导人首次发出建设生态文明的号召。

(二)建设生态文明实践的兴起,中国"生态文明模式"的创造

在党的十七大建设生态文明精神的号召下,据不完全统计,现在有14个省如浙江、山东、贵州、海南、河北等建设生态省,1000多个市如宜春、贵阳、杭州、无锡、佛山等建设生态市。据报道,2006年,全国约有300个市、县、区、镇被环境保护部命名为国家级"生态示范区"和"全国环境优美乡镇",截至2011年2月,全国287个地级以上的城市中提出"生态城市"建设目标的有230个,所占比重为80.1%[1]。这是令人欢欣鼓舞的进展。

浙江是生态文明建设的先行地区。2002年12月,习近平主持省委全体会议提出,要"积极实施可持续发展战略,以建设'绿色浙江'为目标,以建设生态省为主要载体,努力保持人口、资源、环境与经济社会的协调发展"。

什么是生态省?他说:"所谓生态省,就是经济社会和生态环境协调发展,各个领域基本符合可持续发展要求的省级行政区域。生态省建设的内涵是,坚持可持续发展战略,运用生态学原理和循环经济理念,以促进经济增长方式的转变和改善环境质量为前提,充分发挥区域生态、资源、产业的机制优势,大力发展生态经济,改善生态环境,培育生态文化,统筹规划和实施环境保护,社会发展与经济建设,实现区域经济社会与人口资源环境的协调和可持续发展。建设生态省是浙江加快全面建设小康社会和提前基本实现现代化

的必然选择"。他强调:"生态兴则文明兴,生态衰则文明衰","既要金山银山,更要绿水青山"。

2003年1月,浙江成为全国生态省建设试点省。同年7月11日,在浙江全面启动生态省建设的"全省生态省建设动员大会"上,习近平作了题为《全面启动生态省建设,努力打造"绿色浙江"》的报告。8月,他指导的全省生态省建设的纲领性文件——《浙江生态省建设规划纲要》正式下发和实施,浙江生态省建设全面兴起。在习近平的重视、关心和指导下,安吉县于2006年6月创建了全国第一个生态县,也是迄今为止唯一的一个国家级生态县。

(三) 安吉人民创造了建设生态文明的"安吉模式"

安吉是一个山区农业县,曾经是一个贫困县。20世纪80年代,为了改变贫困面貌走向富裕的生活,采取"工业强县"的举措,遵循现代"工业模式",引进传统工业如印染、化工、造纸、建材等产业,大干几年虽然GDP上去了,摘掉了"贫困县"的帽子,但是美丽富饶的生态环境却遭到严重破坏。1989年被国务院列为太湖水污染治理的重点区域,受到"黄牌"警告。在太湖治理"零点行动"中,不得不投入巨资,对74家污染企业进行强制治理,关闭33家污染严重的企业,为"工业强县"付出了沉重的代价。

痛定思痛,2001年1月,安吉县政府调整安吉的发展方向,提出"生态立县——生态经济强县"的重大决策,开启生态文明建设进程。这样,安吉人民就站在了时代的高度,创造了建设生态文明的"安吉模式"。

"安吉模式",按安吉人民的总结是,包括安吉县域生态经济建设模式、县域生态社会建设模式、县域生态环境建设模式、县域生态政治建设模式、县域生态制度建设模式、县域生态文化建设模式。它实施的主要途径是,以生态文化观念为指导,以生态工程大项目启动生态环境大建设;以生态环境大建设带动生态经济大发展;以生态经济大发展推动生态文明大跨越。安吉人民创造生态文明的"安吉模式",建设生态文明社会,走向富裕道路,真正改变了面貌[2]。

(四) 十八大大力推进生态文明建设的国家发展战略

党的十七大提出经济建设、政治建设、文化建设、社会建设"四位一体"战略,党的十八大拓展为包括生态文明建设的"五位一体"国家发展战略。这是总结十七大以来生态文明理论的研究成果,总结人民群众生态省、生态市、生态县建设的创造和经验,特别是总结一些地区的"生态文明模式"的创造。

党的十八大报告专辟一章"大力推进生态文明建设",并把它列为国家发展战略。胡锦涛说:"建设生态文明,是关系人民福祉、关乎民族未来的长远大计。面对资源约束趋紧、环境污染严重、生态系统退化的严峻形势,必须树立尊重自然、顺应自然、保护自然的生态文明理念,把生态文明建设放在突出地位,融入经济建设、政治建设、文化建设、社会建设各方面和全过程,努力建设美丽中国,实现中华民族永续发展。"

中国发展战略从"四位一体"向"五位一体"的总体布局发展中，生态文明建设与其他"四个建设"不是简单的并列关系，而是要深刻融入和全面贯穿到其他"四个建设"中，贯穿到各方面和全过程。这是生态文明建设战略的创新性表述。

2012年7月23日，在省部级领导干部专题研讨班，胡锦涛同志作了同样的表述。他说："推进生态文明建设，是涉及生产方式和生活方式根本性变革的战略任务，必须把生态文明建设的理念、原则、目标等深刻融入和全面贯穿到我国经济、政治、文化、社会建设的各方面和全过程，坚持节约资源和保护环境的基本国策，着力推进绿色发展、循环发展、低碳发展，为人民创造良好的生产生活环境。"这里，建设生态文明，基本形成节约资源和保护环境的产业结构、生产方式、增长方式和生活方式。这是中国国家发展战略的新思想。

生态文明深刻融入和全面贯穿经济建设、政治建设、文化建设和社会建设的"五位一体"战略，作为建设中国特色社会主义的新的总体布局实施，这是新的"中国道路"，是中华民族伟大复兴之路。它具有重要的现实意义和深远的历史意义。

(1) 生态文明融入和贯穿经济建设。党的十八大报告指出："以经济建设为中心，是兴国之要，发展乃是解决我国所有问题的关键。""要加快完善社会主义市场经济体制和加快转变经济发展方式。"这是一场硬仗。建立以循环经济为核心的生态经济体系，走新型工业化道路，调整优化经济结构，培育发展循环经济，积极发展生态农业、生态工业、现代服务业，努力倡导绿色消费，走出一条科技先导型、资源节约型、清洁生产型、生态保护型、循环经济型的经济发展途径。这是生态文明融入经济建设的要求。

工业文明的生产方式，以非循环、线性生产为主要特征。它的工艺模式是"原料—产品—废料"。这是一种线性的非循环的生产。虽然它有较高的效率，但是，它以排放大量废料为特征。这种生产大量消耗自然资源、大量排放废弃物，是一种原料高投入、产品低产出、环境高污染的生产。它是不可持续的。这种生产方式以自然资源不是劳动产品因而没有价值为前提，因为它没有价值，生产中不计入成本无须付费，不考虑资源节约的问题。

党的十八大报告第一次提出两个重要的经济学概念：

1)"生态价值"概念。关于加强生态文明制度建设，报告要求生态补偿制度要"体现生态价值和代际补偿的资源有偿使用和生态补偿制度"。这是中央文件中第一次使用"生态价值"概念。现代经济学认为，自然资源不是劳动产品，是没有价值的，它的消耗无须付费，不存在"补偿"的问题。

2)"生态产品"概念。这是中央文件中第一次使用的又一个经济学概念。所谓"生态产品"，不是指我们在商场超市里买到的"绿色产品"，而是指清新的空气、清洁的水源、舒适的环境和宜人的气候。它们来自森林、草场、河湖、湿地等生态空间所构成的大自然；它还包括地下矿产、煤炭、石油和天然气，以及各种金属和非金属矿藏，即不可再生资源；还包括土地、动物、植物和其他生物资源。生态产品是自然物质生产过程创造的产品，是有经济价值的。它在社会物质生产过程中的使用需要付费，对它的破坏或损害需要补偿。

依据新的价值观，投入生产过程的资源是有价值的，它的使用需要付费，必须节约使用或循环使用，因而新的生产方式是"原料—产品—废料—产品……"这是一种非线性的、循环的生产，以物质分层利用或循环利用为特征。这是一种无废料的生产，一种原料低投入、产品高产出、环境低污染的生产。它是可持续的。

（2）生态文明融入和贯穿政治建设。十八大报告提出，建设中国特色社会主义，要大力推进政治体制改革。报告强调保障人权和民主，提出"协商民主"制度，要求"人民民主不断扩大。民主制度更加完善，民主形式更加丰富，依法治国基本方略全面落实，法治政府基本建成，司法公信力不断提高，人权得到切实尊重和保障"；发展社会主义政治文明，实施消除贫困、改善民生的政策；关心人民群众切身利益，不只要解决温饱问题，而且富裕程度普遍提高、生活质量明显改善，人居环境更加美化、人与自然关系更加和谐。这是人民对未来生活的新期待。习近平说："人民对美好生活的向往就是我们的奋斗目标。"这是生态文明的政治要求。为了满足人民群众对于未来生活的新期盼，我们必须建设生态文明，坚持走生产发展，生活富裕，生态良好，人的全面发展的生态文明道路。

工业文明社会的政治不是这样的。它的主要特征是资本专制主义。"资本"的唯一目标是利润最大化，增殖资本是资本主义社会发展的主要动力。为了实现资本的利润最大化目标，它需要维护资本主义的政治制度和经济制度。这是资本的经济和政治的两个主要的根本属性。只要资本及其运行存在，马克思《资本论》揭示的资本性质及其运动规律就存在和继续起作用。为了实现资本增殖，它必然不断加剧对工人剩余劳动的剥削，同时不断加剧对自然价值的剥削；两种剥削同时进行彼此加强，导致工业文明社会的基本矛盾：人与人之间的社会关系矛盾、人与自然生态关系矛盾不断加剧和恶化，最终导致全球性的社会危机和生态危机。也就是说，资本专制主义不仅导致它的社会危机，而且导致它的生态危机。这是当今世界问题的总根源。

生态文明"以人为本"的政治建设，是从资本专制主义向人民民主主义发展。十八大报告强调："人民民主是社会主义的生命，坚持国家一切权力属于人民，不断推进政治体制改革。"为实现最广泛的人民民主确立了正确的方向。

（3）生态文明融入和贯穿文化建设。十八大报告提出："文化是民族的血脉，是人民的精神家园。全面建成小康社会，实现中华民族伟大复兴，必须推动社会主义文化大发展大繁荣，兴起社会主义文化建设新高潮，提高国家文化软实力，发挥文化引领风尚、教育人民、服务社会、推动发展的作用。"

报告强调，全民牢固树立生态文明观念，生态文明融入和贯穿文化建设，大力发展生态文化产业和事业，发展生态哲学，生态伦理学，生态经济学，生态法学，生态文艺学，等等，以及它们在实施生态文明战略中的实际应用，不断提高社会的生态意识、生态价值观念、生态思维和生态生产创造力，使我国文化软实力显著增强。

（4）生态文明融入和贯穿社会建设。十八大报告指出："综观国际国内大势，我国发

经济管理学科前沿研究报告

展仍处于可以大有作为的重要战略机遇期。我们要准确判断重要战略机遇期内涵和条件的变化,全面把握机遇,沉着应对挑战,赢得主动,赢得优势,赢得未来,确保到2020年实现全面建成小康社会宏伟目标。"

工业文明社会实施资本专制主义战略,不仅在人与人的社会关系领域形成社会危机,而且在人与自然的生态关系领域形成生态危机,威胁社会安全,威胁人类可持续发展。我们面临的问题是非常严重的。建设生态文明提供一个重要的战略机遇,实施建设生态文明战略,实现人与人的社会关系和解,实现人与自然的生态关系和解,走向人与人社会和谐、人与自然生态和谐的生态文明社会。

十八大报告对人民高度关切的问题,制定了以人为本,执政为民、重视民生,增加居民收入、发展成果由人民共享、缩小收入差距和社会公平的政策措施;积极发展民主反对腐败的政策措施。报告说:"要坚定不移反对腐败,永葆共产党人清正廉洁的政治本色。反对腐败、建设廉洁政治,是党一贯坚持的鲜明政治立场,是人民关注的重大政治问题。这个问题解决不好,就会对党造成致命伤害,甚至亡党亡国。"期望生态文明建设带来一个人民安居乐业、社会民主公正、政府清正廉洁、国家昌盛强大的太平盛世。

二、目前生态文明建设的主要任务和问题

人类社会经历了渔猎文明、农业文明和工业文明三个阶段的发展。20世纪中期,工业文明达到它的最高成就,伴随成就而来的问题凸显出来,以环境污染、生态破坏和资源短缺表现的生态危机,成为威胁人类生存的全球性问题。马克思在谈到人类历史转变时说:"转变的顶点,是全面的危机。"[3]"危机"表示转折,全球性生态危机,表示一次时代转折的到来。这是世界历史一次根本性变革,人类从工业文明社会到生态文明社会的发展,开启人类文明的新时代。它以20世纪中期轰轰烈烈的世界环境保护运动的兴起为标志。

从工业文明向生态文明发展,是一个长期复杂的历史过程。现在,虽然生态文明的事业已经兴起,中国保护环境和节约资源,作为生态文明的事业,已经被确定为国家的基本国策;但是,社会发展总体上仍然是按工业文明模式运行的。我们的社会实际上是处于从工业文明向生态文明发展的过渡时期。我们面临的问题仍然是非常严峻的。

(一)环境保护问题举步维艰

工业文明社会没有提出"环境保护",因为环境污染只是个别和局部现象。随着世界工业化发展向环境排放大量废弃物污染了环境,逐步积累成为危害人体健康和损害经济持续发展的全球性问题,成为社会的中心问题。20世纪中期在人民反"公害"的社会运动中,第一次提出"环境保护"目标。

1972年，以"环境保护"为目标的第一次世界人类环境会议，发表《斯德哥尔摩人类环境宣言》，宣告"保护和改善这一代和将来的世世代代的环境是人类庄严责任"，开启了世界环境保护事业。40年来，虽然人类作出了巨大努力，投入了最新的科学技术和十分巨大的经济力量，但是并没有扭转环境继续恶化的趋势，或者说是"环境局部有所改善，整体继续恶化"。

为什么会出现这样的局面？因为虽然"环境保护"是生态文明的事业，但是，现在仍然是按照工业文明的思维，用现代工业生产方式来对待。现代工业生产，如果用模式表示是："原料—产品—废料"。这是线性的和非循环的生产，它以排放大量废弃物为特征。排放废物导致环境污染成为威胁人类生存的问题。为了解决这一问题，就在原有模式上增加一个环节——净化废物。生产模式变为"原料—产品—废料—净化废物"。由此发展了一个新的产业——环保产业，生产净化废物的设备，并成为一个新兴的朝阳产业而迅速发展。这样，社会产品生产与环境保护分为两个独立的生产过程，由两部分人完成。

问题在于，净化废物设备的生产、安装和运转是很花钱的，一般占企业投资的20%甚至50%；而且，在实验室条件下可以达到净化目标，但在社会物质生产的条件下，由于废物的量太大、质量太复杂，很难达到净化的目标；问题的实质还在于，这里被净化的"废物"是有价值的，在其他生产中可以找到它的用途，但在某种特定生产中用这样大的代价去"净化"它，是非常不经济的。

这是现行的环境保护道路。它是按照工业文明模式设计的。它不能达到环境保护的目标，转变是必然的。这就是从工业文明的生产方式向生态文明的生产方式发展，它的模式是"原料—产品—废料—产品……"这是非线性的、循环的生产方式，以原料的最大限度利用或循环利用为特征。

生态文明的生产，产品生产与环境保护在统一的生产过程中完成。十八大报告强调坚持节约资源和保护环境的基本国策，坚持节约优先、保护优先、自然恢复为主的方针，着力推进绿色发展、循环发展、低碳发展，形成节约资源和保护环境的空间格局、产业结构、生产方式、生活方式，从源头上扭转生态环境恶化趋势。这样，产品生产与环境保护成为统一的生产过程，由一组人完成。它是真正的"资源节约型"和"环境友好型"的生产，将为人民创造良好生产生活环境，为全球生态安全做出贡献。

（二）资源保护问题任重道远

工业文明时代，人们认为，地球资源是无限的，它取之不尽用之不竭，因而没有所谓"资源保护"的问题。世界工业化发展过早过量过多地消耗资源，20世纪中期第一次出现资源全面短缺的现象。1972年，第一次世界人类环境会议，发表环境宣言首次提出"资源危机"问题，要求人们"在使用地球上不可再生的资源时，必须防范将来把它们耗尽的危险，并且必须确保整个人类能够分享从这样的使用中获得的好处"。1992年，第二次世界人类环境会议，发表《里约热内卢人类环境宣言》，基于资源危机等问题提出世界经济社会可持续发展战略。

40年来，人们对资源问题的严重性，以及解决这个问题的重要性和紧迫性已经有所认识，在科学技术、资金、人力等各方面作出很大投入；但是，问题不仅没有解决，甚至没有缓解，反而是越来越严重了，全球矿产资源面临枯竭，资源"耗尽的危险"不是将来而是现在，我国资源短缺的问题又比世界上大多数国家要严重。

这里的问题主要在于，现在我们的生产方式仍然主要遵循"原料—产品—废料"这一非循环、线性的生产方式。在这样的生产中，发展和运用科学技术提高资源利用率和节约，只能达到局部的效果，或延缓资源全面枯竭时候的到来，但是不能从根本上解决资源短缺的问题。

资源危机的严重性及其进一步恶化已经表明，人类需要从工业文明时代向生态文明时代转变。生态文明时代需要超越这种线性非循环模式，依据矿产资源有价值的观点，遵循生态学整体性思维，创造"矿产—产品—资源再生—产品……"的非线性、循环的生产模式，通过"资源再生"实现地球资源的可持续开发、利用和保护。

从环境问题和资源问题的反思，从生态文明战略思考，我们需要制定新的资源开发利用战略，主要是转变生产方式，在生态文明的社会物质生产中统一解决环境问题和资源问题。

（三）我们现在处于从工业文明向生态文明发展的过渡时期

形势表明，生态文明是应对生态危机而兴起的，它的主要任务首先是解决环境污染、生态破坏和资源短缺对人类生存威胁的挑战。但是，现在的问题是，40多年来，人们对解决环境污染、生态破坏和资源短缺的问题，虽然作出了巨大的努力，投入最先进的科学技术、人力和资金，但问题不仅没有解决，而且还在继续恶化。

这里的问题是，不仅在人与自然的生态关系问题上，而且在人与人的社会关系问题上，当今世界，生态危机、经济危机、信贷危机和社会危机，各种各样的矛盾和纷争层出不穷，人民的生活并不安宁和舒适，世界并不太平，冲突甚至战争多有发生。虽然人们对问题有了认识，具有紧迫感，并作出了巨大的努力，但问题还在恶化中。因而，变革是必然的和紧迫的。

经过反思，我们认为，从工业文明向生态文明过渡，这是一个非常长期和复杂的历史过程。一个社会阶段产生和积累的社会基本矛盾和根本问题，无论是人与人的社会关系矛盾，还是人与自然的生态关系矛盾，必须超越这一阶段的发展模式才能得到根本解决。也就是说，生态危机问题，社会危机问题，这是工业文明社会带来和不断积累的根本问题，现在如果仍然按工业文明的思维方式，在工业文明模式范围内，用工业文明的办法，是不可能获得根本解决的。现在，工业文明已经开始走向衰落，工业文明的道路已经走不通了，生态文明正在成为上升中的新文明。建设生态文明将开创人类新时代，创造新世界。生态危机问题，社会危机问题，等等，只有在生态文明模式范围内，用生态文明的思维方式和方法，才能获得根本的解决。

这是十八大建设生态文明"五位一体"战略的伟大意义。

政治学学科前沿研究报告 2013

三、当前生态文明建设的方针、途径、目标和措施

十八大报告指出：建设生态文明，是关系人民福祉、关乎民族未来、实现中华民族伟大复兴的长远大计。面对资源约束趋紧、环境污染严重、生态系统退化的严峻形势，必须树立尊重自然、顺应自然、保护自然的生态文明理念，把生态文明建设放在突出地位，融入经济建设、政治建设、文化建设、社会建设各方面和全过程，努力建设美丽中国，实现中华民族永续发展。为此，①主要方针是坚持节约资源和保护环境的基本国策，坚持节约优先、保护优先、自然恢复；②主要途径是着力发展生态技术和工艺，推进绿色发展、循环发展、低碳发展，形成节约资源和保护环境的空间格局、产业结构、生产方式、生活方式；③主要目标是从源头上扭转生态环境恶化趋势，为人民创造良好生产生活环境，为全球生态安全做出贡献。

为此，当前建设生态文明的具体措施主要有以下四个方面：

（一）优化国土空间开发格局

优化国土空间开发格局，要按照人口资源环境相均衡、经济社会生态效益相统一的原则，控制开发强度，调整空间结构，促进生产空间集约高效、生活空间宜居适度、生态空间山清水秀，给自然留下更多修复空间，给农业留下更多良田，给子孙后代留下天蓝、地绿、水净的美好家园。加快实施主体功能区战略，推动各地区严格按照主体功能定位发展，构建科学合理的城市化格局、农业发展格局、生态安全格局。提高海洋资源开发能力，坚决维护国家海洋权益，建设海洋强国。

在美丽富饶的中国大地建设中国特色社会主义，必须优化国土空间开发格局，根据自然环境的承载能力，因地制宜地规划经济社会发展。

（二）全面促进资源节约

要节约集约利用资源，推动资源利用方式根本转变，加强全过程节约管理，大幅降低能源、水、土地消耗强度，提高利用效率和效益。发展科学技术，推动能源生产和消费革命，支持节能低碳产业和新能源、可再生能源发展，确保国家能源安全。加强水源地保护和用水总量管理，建设节水型社会。严守耕地保护红线，严格土地用途管制。加强矿产资源勘查、保护、合理开发。发展循环经济，促进生产、流通、消费过程的减量化、再利用、资源化。

（三）加大自然生态系统和环境保护力度

加大自然生态系统和环境保护力度。实施重大生态修复工程，增强生态产品生产能

力，推进荒漠化、石漠化、水土流失综合治理。加快水利建设，加强防灾减灾体系建设。坚持预防为主、综合治理，以解决损害群众健康突出环境问题为重点，强化水、大气、土壤等污染防治。坚持共同但有区别的责任原则、公平原则、各自能力原则，同国际社会一道积极应对全球气候变化。

建设可持续利用的自然资源保障体系。妥善应对气候变化，事关我国经济社会发展全局，事关我国人民根本利益，事关世界各国人民福祉。降低单位国内生产总值能耗、主要污染物排放和提高森林覆盖率等有约束力的国家指标，大力推进节能减排，植树造林，绿化祖国。

（四）大力加强生态文明制度建设

加快建立生态文明制度，健全国土空间开发、资源节约、生态环境保护的体制机制，推动形成人与自然和谐发展的现代化建设新格局。要加强生态文明制度建设。要把资源消耗、环境损害、生态效益纳入经济社会发展评价体系，建立体现生态文明要求的目标体系、考核办法、奖惩机制。建立国土空间开发保护制度，完善最严格的耕地保护制度、水资源管理制度、环境保护制度。深化资源性产品价格和税费改革，建立反映市场供求和资源稀缺程度、体现生态价值和代际补偿的资源有偿使用制度和生态补偿制度。加强环境监管，健全生态环境保护责任追究制度和环境损害赔偿制度。加强生态文明宣传教育，增强全民节约意识、环保意识、生态意识，形成合理消费的社会风尚，营造爱护生态环境的良好风气。

建设生态文明，要更加自觉地珍爱自然，更加积极地保护生态，努力走向社会主义生态文明新时代。为此，要加快建立生态文明制度，健全国土空间开发、资源节约、生态环境保护的体制机制，推动形成人与自然和谐发展现代化建设新格局；加快有利于可持续发展的体制机制建设，进一步健全相关法律法规，为建设生态文明提供制度和法律保障，实行有利于科学发展的财税制度，建立健全资源有偿使用制度和生态环境补偿机制；要完善有利于节约能源资源和保护生态环境的法律和政策，从制度上更好地发挥市场在资源配置中的基础性作用。为了在实践中真正做到谁开发谁保护、谁破坏谁恢复、谁受益谁补偿，要大力推动全社会共同参与生态文明建设，努力形成人人关心、人人珍惜、人人保护生态环境的良好氛围，保障人人享有平等的环境权利；保证人不仅有基本的政治、经济和发展权利，还应当有基本的环境权利，有权获得良好的生活环境，有权不遭受污染的危害，有权参与对影响环境行为的监督和管理。

四、中国建设生态文明将为人类做出新贡献

笔者1986年发表的《生态文化问题》一文，第一次提出"生态文化"概念，开始关

于生态文化和生态文明问题的研究和著述,就这一问题发表了一系列论文,出版了有关生态文化和生态文明的5种专著,以及与生态文明观念相关的《生态哲学》《生态伦理学》等多种专著。学界同人评论说,这是"生态乌托邦"。应当说,这的确是"乌托邦",因为并没有实践。同时,我国学术界不少学者也发表了许多这方面的论文和著作。

30多年的改革开放,我国工业化迅速发展,鉴于环境污染和资源短缺问题特殊的尖锐性、严重性和复杂性,在学界推动下中国把环境保护和资源保护列为国家基本国策,提出建设资源节约型和环境友好型国家的政策。同时,许多地方按工业文明的途径和方法发展经济付出沉重的代价走了弯路,开始生态省、生态市、生态县建设的探索。浙江的安吉于2006年建成全国第一个生态县,创造了建设生态文明的"安吉模式"。这是人民的伟大创造。

2007年十七大把建设生态文明作为建设小康社会的目标,进一步推动生态文明的理论研究和伟大的社会实践。2012年十八大提出"五位一体"的总体发展战略,明确生态文明建设与其他"四个建设"不是简单的并列关系,而是要深刻融入和全面贯穿到"四个建设"中,贯穿到各方面和全过程。实施建设生态文明的总体战略,中国将走上建设生态文明的道路,这是新的中国道路。

(一) 西方发达国家失去率先建设生态文明的机会

笔者曾经以为,人类新的文明即生态文明,会在发达国家首先兴起,因为:①工业文明率先在发达国家兴起、发展和达到最高成就和最完善的程度。②发达国家首先爆发生态危机,它是新文明诞生的强大动力。③发达国家首先爆发轰轰烈烈的环境保护运动,它是生态文明时代到来的标志。美国学者说:"20世纪60~70年代的社会运动代表着上升的文化——生态文化。"④生态文明的重要观念,如生态哲学,生态经济学,生态伦理学,生态法学,生态文艺学等生态文明观念,是由发达国家的学者反思生态危机问题首先提出的。⑤"只有一个地球"呼吁,《人类环境宣言》《生物多样性公约》等环境保护的文件,国际性公约和协定,是由西方国家主导制定的。

但是现实表明,这种形势并没有出现,发达国家的领导人没有提出建设生态文明的发展战略,生态文明没有在发达国家率先兴起。也许,这是由工业文明模式的历史和文化惯性决定的。大概有这样一些原因。

(1) 工业化国家运用强大的科学技术和雄厚的经济力量,建设庞大的环保产业,进行废弃物的净化处理,环境质量有所改善;同时在产业升级过程中,把污染环境的肮脏工业和有毒有害的垃圾转移到第三世界发展中国家,他们的环境问题(生态危机)有所缓解,环境质量有所改善,从而失去生态文明建设的迫切性和强大动力。

(2) 他们的工业文化有巨大的惯性,包括价值观和思维方式惯性、生产方式和生活方式惯性。这种由历史和文化形成的惯性,有的学者概括为"道路惯性"。这是很有见地的。它形成强大的历史定式。惯性作为一种巨大的力量,它是很难突破和改变的。现在环境问题和资源问题,虽然作为生态文明的事业启动,但作了极大的努力仍然不见好转的趋势，也是这种惯性作用的结果。

问题的实质在于：工业文明已经"过时"了。西方发达国家沿用线性思维，运用传统工业模式发展经济和对待环境问题。这样，他们就失去向新经济、新社会转变的机会。

现在，中国崛起是生态文明的崛起。它令美国惊讶和不安。美国学者扎卡里亚认为，现在是美国之外的世界在崛起，他说："在世人的记忆中，做开路先锋的似乎第一次不是美国。美国发现一个新世界即将产生，但担心塑造这个新世界的是外国人。"

即将诞生的新世界是生态文明的世界，塑造新世界的是中国人。

（二）中华民族可能率先开启走上生态文明的道路

当今世界是面临一次根本性大变革的时代，世界从工业文明的社会向生态文明的社会转变。这是我们宝贵的战略机遇，把握住这个千载难逢的机遇是时代的使命。现实进程已经表明，走老路按西方工业文明模式发展，已经没有出路，需要依靠自己的经验，不要跟着西方工业文明模式走，需要实现社会发展模式的转变，建设生态文明。

也就是说，建设生态文明是中华民族复兴和崛起的需要，又是破除制约中国经济社会发展障碍（环境和资源危机以及社会问题）的需要。中国道路是建设生态文明的道路。

（1）中国具备建设生态文明的物质条件。改革开放30多年来，我国社会主义建设事业取得伟大成就，综合国力大大增强，为建设生态文明提供了雄厚的科学、技术和经济的物质基础，准备了建设生态文明的物质条件。

（2）中国问题严重性的挑战，实际需要变为强大的动力。我国经济高速发展迅速实现工业化。当发达国家依靠环保产业、产业升级和污染转移，一个又一个地解决环境污染问题，环境质量有所改善，从而丧失了从工业文明向生态文明转变的强大动力时，我国环境污染和生态破坏的种种问题，能源和其他资源短缺的种种问题，同时并全面综合地凸显出来，成为经济进一步发展的严重制约因素；同时，社会和民生的种种问题，又与之错综复杂地交织在一起。这些问题交织在一起，成为一个非常复杂的问题，形成一种巨大的压力，向社会发展提出一种非常严重的挑战。

人们注意到了这点。例如国外媒体评论说，现在中国现状的复杂程度，是世界上任何一个国家都无法比拟的。从东部沿海到西部内陆，从繁华的都市到贫困的乡村，从政治到经济，从社会到文化，从民生到环境，凡是19世纪以来西方发达国家所出现的几乎所有现象，在今日中国都能同时看到。由于中国发展现状和复杂性极其特殊，世界上没有任何一个国家的成功经验可以帮助中国解决当前的所有问题。因为中国目前所要应付的挑战，是西方发达国家在过去200年里所遇困难的总和。中国在一代人时间里所要肩负的历史重担，相当于美国几十届政府共同铸就的伟业。

这种复杂性和历史使命的特殊性是一个巨大压力、一种严峻的挑战。如何应对这种压力和挑战，怎样化解我们面临的问题？中国试图用工业文明的方法解决问题，付出巨大代价但问题却在继续恶化。压力和挑战成为一个伟大的动力，理性地回应挑战，负责任地履行我们的使命,我们逐步认识到,走老路按西方工业文明模式发展,这已经没有出路,需要依靠自己的经验走自己的路,不要跟着西方工业文明模式走,我们的使命是建设生态文明。

(3)中国共产党和政府领导中国人民建设生态文明。中国共产党在设计建设中国特色社会主义纲领时,提出建设生态文明的战略。十七大在"中国特色社会主义伟大旗帜"上写明"生态文明"的目标;十八大提出,"大力推进生态文明建设"的"五位一体"的国家发展战略,领导中国人民建设新社会。新一届党和国家领导人,被美国学者评价为引领中国崛起的"梦之队"[4]。这种评价是正确的。

十八大党章总纲规定:"中国共产党领导人民建设社会主义生态文明。树立尊重自然、顺应自然、保护自然的生态文明理念,坚持节约资源和保护环境的基本国策,坚持节约优先、保护优先、自然恢复为主的方针,坚持生产发展、生活富裕、生态良好的文明发展道路。着力建设资源节约型、环境友好型社会,形成节约资源和保护环境的空间格局、产业结构、生产方式、生活方式,为人民创造良好生活环境,实现中华民族永续发展。"

一个大国的执政党,把建设生态文明作为国家发展战略写进党纲,并由执政党和政府最高领导人在神圣的场合发布,作为最高执政理念和历史使命,成为党和政府实际行为,领导许多地方的生态省、生态市和生态县建设;这是前所未有的,世界上没有任何一个国家、一个地方这样做。只有正在崛起的大国——中国,建设生态文明成为建设中国特色社会主义的伟大实践。

(4)中华文明的悠久历史和灿烂文化是建设生态文明的深厚根基。在人类历史上,中华文明曾经达到农业文化的最高成就,中国在2000多年的时间里成为世界的中心,对人类文明做出了伟大的贡献。习近平在十八大上说:"我们的民族是伟大的民族。在五千多年的文明发展历程中,中华民族为人类文明作出了不可磨灭的贡献。近代以来,我们的民族历经磨难,中华民族到了最危险的时候,自那时以来,为了实现中华民族伟大复兴,无数仁人志士奋起抗争,但一次又一次失败了。"

中国没有率先走上工业化的道路,并"历经磨难"。因为成熟和完善的农业文明模式的强大惯性,完善和高稳态的封建社会制度结构,遵循农业经济社会强大的历史定式,这种"道路惯性"使中国失去率先向工业文明发展的机会。进入21世纪,中华民族在建设生态文明中重新获得复兴和崛起的强大动力和生机。这是重大的历史战略机遇。这次我们一定要成功。

最近,国外评论者指出:"中国所拥有的实力深深扎根于其传统、理念和习惯之中。"[5]我国工业文明发展启动时期滞后、时间很短,又是不够成熟和不够完善的,因而工业文明的"道路惯性"力是较弱的。中国人民比过去富裕了,高档商品热销体现的高消费已有所表现,但时间较短而且只是一小部分人,并没有成为习惯,大多数人仍然保持勤劳节俭的优良传统。

中国哲学的历史和文化传统提供了建设生态文明的深厚基础。中国哲学思想的核心和精髓是"和而不同""天人合一""和为贵"。2000多年前孔子说："大道之行也，天下为公。选贤与能，讲信修睦，故人不独亲其亲，不独子其子，使老有所终，壮有所用，幼有所长，鳏寡孤独废疾者皆有所养。男有分，女有归。货恶其弃于地也，不必藏于己；力恶其不出于身也，不必为己。是故谋闭而不兴，盗窃乱贼而不作，故外户而不闭，是谓大同。今大道既隐，天下为家。各亲其亲，各子其子，货力为己。大人世及以为礼，城郭沟池以为固，礼义以为纪；以正君臣，以笃父子，以睦兄弟，以和夫妇，以设制度，以立田里，以贤勇智，以功为己。故谋用是作，而兵由此起。禹、汤、文、武、成王、周公，由此其选也。此六君子者，未有不谨于礼者也。以著其义，以考其信，著有过，刑仁讲让，示民有常。如有不由此者，在势者去，众以为殃，是谓小康。"以此"天下国家可得而正"（《礼记·礼运》）。求大同奔小康，是今天生态文明建设的目标。

"和而不同""天人合一""道法自然"的哲学，"以人为本"的政治传统，为中国率先走上建设生态文明的道路打下浓厚的根基。总之，全民建设生态文明的自信心和伟大实践已经发动，重新崛起的民族使命感和责任感已经涌起，中华民族伟大复兴的战斗已经打响。中华民族悠久和优秀的历史文化，伟大的智慧和创造力，曾经以伟大成就对人类的贡献，以及改革开放取得的成就，成为鼓舞我们的伟大力量，开始激发我们的行动。现在，转变经济发展方式和生活方式变革，建设资源节约型社会，建设环境友好型社会，发展低碳经济和循环经济，正在成为潮流，成为广大民众的社会实践。

中国人民正在把握新时代世界历史性变革的伟大战略机遇，生态文明建设作为新的历史起点，加快生态社会主义建设进程，创造新的社会发展模式。中华民族的伟大智慧和强大生机，有能力率先点燃生态文明之光，点燃人类新文明之光。中国人民建设生态文明的"中国道路"已经起航，正在乘风破浪加速前进，美好的前景正在显现。

用生态文明点燃人类新文明之光，以生态文明引领世界的未来，这是中华民族伟大复兴的历史使命，将是中华民族对人类的新的伟大贡献！

参考文献

[1] 李迅，刘琰. 机遇与挑战并存希望与压力同在——中国生态城市发展现状、问题与对策（上篇）[N]. 中国建设报，2011-05-30.

[2] 王旭烽，任重，周新华. 生态文明建设的"安吉模式"研究 [R]. 浙江省生态文明研究中心，2011.

[3] 马克思. 资本论：第一卷 [M]. 郭大力，王亚南译. 北京：人民出版社，1975.

[4] 斯蒂芬·罗奇. 中国的"梦之队"[N]. 参考消息，2012-11-30.

[5] 汤姆·韦尔克. 中国这个精明的超级大国 [N]. 参考消息，2012-11-27.

论协商民主的现实政治价值和制度化构建[*]

包心鉴

【摘 要】 协商民主的实质是为广大公民参与公共政治和社会治理提供广阔渠道和制度平台。在当前全面建成小康社会、加快社会主义现代化建设的关键时期,发展协商民主尤其具有特殊的政治功能和政治价值,是切实推进中国特色社会主义民主政治的内在要求和紧迫任务。要积极适应当前关键发展时期的多元化政治价值诉求、平等性政治价值期待和包容性政治价值趋向,切实完善与推进政党协商民主、国家权力机关协商民主、国家行政机关协商民主、社会基层协商民主以及大众网络协商民主等制度化建设,进一步发挥协商民主在扩大公民参与、推进民主政治中的重要作用。尤其要着眼于提升党的执政能力,充分发挥人民政协作为协商民主主渠道作用,这对于改革与加强党的领导、推进中国特色社会主义民主政治具有特殊的意义。

【关键词】 党的十八大报告;协商民主;政治价值;制度构建;人民政协

党的十八大着眼于进一步坚持和拓展中国特色社会主义政治发展道路,把社会主义协商民主制度建设提到更加突出的位置。十八大报告明确指出:"社会主义协商民主是我国人民民主的重要形式。要完善协商民主制度和工作机制,推进协商民主广泛、多层、制度化发展。"把"协商民主"明确写入党的代表大会报告,这在我们党的历史上还是第一次;把"协商民主制度化"建设作为中国特色社会主义政治发展的一项基本建设,这是一个重大的理论创新。在中国特色社会主义政治发展进程中,协商民主所以具有不可或缺的重要地位,协商民主制度化建设所以具有不可逆转的发展趋势,归根结底是因为协商民主在实现人民当家作主、推进中国特色社会主义民主政治建设中具有特殊的政治价值。深入揭示协商民主的现实政治价值,在高度政治自觉的基础上推进协商民主走向制度化,是当代中国政治生活和政治发展中一项根本性任务。

---

[*] 原载于《中共天津市委党校学报》,2013年第1期。

一、协商民主的现实政治价值

协商民主的基本含义是指各协商主体通过自由平等的对话、讨论共同参与公共决策和国家治理,从而最大程度地缩小政治差异、减少政治冲突、增进政治共识、凝聚政治合力。协商民主的实质是为广大公民参与公共政治和社会治理提供广阔渠道和制度平台。20世纪70年代,西方学术界逐渐兴起协商民主的研究,并日益受到西方民主政体的关注。这是对自由主义民主或选举民主过于强调自由而忽视平等倾向的一种补充或纠正。改革开放以来,我们党在总结和传承我国历史上协商对话优良传统的基础上,积极借鉴和吸纳西方现代协商民主理论,将"协商民主"作为社会主义民主的一种重要形式引进我国政治生活领域,并在实践中不断扩大和推进协商民主,从而逐步形成了具有中国特色的社会主义协商民主。

党的十三大报告明确提出要建立社会协商对话制度,强调"必须使社会协商对话形成制度,及时地、畅通地、准确地做到下情上达,上情下达,彼此沟通,互相理解","进一步发挥现有协商对话渠道的作用,注意开辟新的渠道";明确把建立健全社会协商对话机制作为我国政治体制改革的重要内容和社会主义民主政治建设的重要目标[1]。1991年3月,江泽民在全国"两会"中共党员负责人会议上第一次提出我国社会主义民主的两种形式:"人民通过选举、投票行使权利与人民内部各方面在选举、投票之前进行充分协商,尽可能就共同性问题取得一致意见,是我国社会主义民主的两种重要形式。这是西方民主无可比拟的,也是他们所无法理解的。两种形式比一种形式好,更能真实地体现社会主义社会里人民当家作主的权利。"[2]2006年2月《中共中央关于加强人民政协工作的意见》进一步明确界定:"人民通过选举、投票行使权利和人民内部各方面在重大决策之前进行充分协商,尽可能就共同性问题取得一致意见,是我国社会主义民主的两种重要实现形式。"这些重要论断,是对中国特色社会主义政治发展理论的创造性贡献。在党的协商民主理念、方针指导下,我国社会各领域民主协商机制和实践在不断丰富发展,效果和影响也在不断提升扩大,愈益成为中国特色社会主义政治发展不可忽视的制度形态和重要环节。党的十八大报告对社会主义协商民主概念的明确理论界定和制度化建设的明确部署,标志着中国特色社会主义协商民主理论的正式确立。

作为现代民主政治发展的两种基本形式,选举民主和协商民主既具有共同的政治价值与政治目标——两种民主形式都以实现和保障人民民主权利为宗旨;又具有各自不同的政治功能和政治优势——选举民主以少数服从多数为原则,强调决策之前各种利益的表达与整合,突出决策的民主效力;而协商民主以尊重多数、照顾少数和求同存异为原则,既强调决策前也注重执行中各种利益的博弈与融合,突出决策的民主共识。可见,这两种民主形式均有各自的合理性和必要性,不能相互取代,更不能相互对立。两种民主形式相互补充、有机结合，共同发挥作用，才能有效地推进我国民主政治建设，充分体现中国共产党领导、人民当家作主和依法治国的有机统一。

首先，与选举民主相比较，协商民主具有鲜明的特点和不可替代的优势。第一，发展协商民主，有利于最广泛地发展政治参与。协商民主坚持广开言路、畅所欲言，使社会各方面的意见和要求都能够得到充分表达，从而保证社会各界和广大人民群众有效地参与政治建设，确保人民民主权利得以充分实现。第二，发展协商民主，有利于最大限度地吸纳各方面利益诉求。协商民主坚持求同存异、合作包容，参与协商的各方面人士在宪法和法律范围内可以自由发表意见，在充分民主平等的基础上作出决策，既尊重大多数人的共同意愿，也照顾少数人的合理要求。第三，发展协商民主，有利于最大程度地促进民主决策和科学决策。协商民主不仅可以在决策之前，而且可以在决策执行过程之中，使民主参与贯穿决策的全过程，从而可以弥补选举民主只能在决策之前对不同意见进行选择而无法参与决策全过程的不足，以使民主决策、科学决策的机制更加完善。第四，发展协商民主，有利于最大可能地实现和谐团结。民主协商的过程，也就是加强沟通、增进理解、扩大共识的过程，从而可以有效地化解政治发展过程中的矛盾，避免不同政治价值取向的冲突，形成生动活泼而又和谐团结的政治局面。

在当前全面建成小康社会、加快社会主义现代化建设的关键时期，发展协商民主尤其具有特殊的政治功能和政治价值，是切实推进中国特色社会主义民主政治的内在要求和紧迫任务。协商民主契合了当前关键发展时期多元化政治价值诉求。随着社会主义市场经济改革的深入和市场化进程的加快，我国经济成分、组织形式、分配方式以及人们活动方式愈益多元化，与此相适应，社会成员政治价值和政治参与的多元化趋势愈益凸显，对国家治理和社会事务，人们会作出不同的价值评判，也希望更广泛更深入地参与对国家和社会事务的管理，以更充分地表达自己的民主企望和民主权利。这样一种多元化政治价值诉求和政治参与行为，是发展中国特色社会主义民主政治不可或缺的宝贵政治资源。如何将这种来自社会各界和各个领域的多元政治资源凝聚成共同的政治合力，是当前我国政治建设与政治发展面临的最迫切任务。通过广泛性、多层面、制度化的协商民主，可以使多元政治资源在有效的政治平台与载体上得以合理表达，汇聚成共同推进民主政治和民主生活的强大动力。

其次，协商民主契合了当前关键发展时期平等性政治价值期待。平等是民主的前提。民主即意味着人人享有平等的权利，在国家治理、公共事务、法律地位面前人人平等。没有平等的地位和平等的权利，社会主义民主无从谈起。因此，在社会成员的政治价值期待上，民主和平等是完全一致的。在当前关键发展时期，社会成员多元化价值诉求突出地表现为平等性价值期待——人们不仅期待结果平等，希望从国家与社会的民主发展中享有更多更加平等的民主权益；而且期待过程平等，希望有更多平等的机会参与国家政治生活和社会公共治理。平等的要求与期待，既是社会主义民主的本质体现，也是推进社会主义民主的重要动力。协商民主的一个重要特征就是平等对话。协商民主制度正是从本质上契合了这种平等期待与平等要求。通过广泛性、多层面、制度化的协商民主，使执政党、参政党、国家权力机构、政府组织、社会团体、社会各界人士以及人民大众在共同的民主协商平台上进行平等交流和坦诚对话，无疑可以极大地增进政治共识，最大程度地确保人们平等期待的表达和平等权利的实现。

最后，协商民主契合了当前关键发展时期包容性政治价值趋向。社会主义民主是绝大多数人的民主。在人民当家作主这一共同价值目标下，最广泛地凝聚一切政治团体和社会力量，形成最广泛的爱国统一战线，促进政党关系、民族关系、宗教关系、阶层关系、海内外同胞关系的和谐，是社会主义民主的内在优势和本质体现，也是夺取中国特色社会主义新胜利的重要法宝。实现与巩固这样一种生动活泼的政治局面，就要正确处理一致性和多样性的关系，大力发展和推进包容性民主。协商民主从其实现路径和表现形态来说就是包容性民主。我国协商民主的主体涵盖各党派、各团体、各民族、各阶层、各界别和各方面人士，通过广泛性、多层面、制度化的协商民主，围绕国计民生的重大问题以及群众生活中的热点难点问题进行广泛协商，广开言路、广求良策、广谋善举，最大限度地兼容各方面的利益、包容各方面的诉求、吸纳各方面的建议，无疑可以形成为社会各方面均可接受与采纳的公共政策与公共措施，共同推进民主政治和社会和谐。

总之，中国特色社会主义协商民主，既坚持了现代民主政治的普通特质，又坚守了中国式民主的鲜明特性；既坚持了社会主义国家民主集中制的组织原则和领导制度，又体现了广大人民当家作主的民主地位和民主权利；既坚持了中国共产党的核心领导地位与领导作用，又发挥了各党派、各团体、各民族、各阶层、各界人士的重要作用。这样一种民主政治形式，具有鲜明的多元性、平等性和包容性，不仅极大地丰富了中国特色社会主义民主政治理论及实践，而且也对人类政治文明发展作出了创造性的贡献。

二、切实加强协商民主制度化建设

坚持和发展中国特色社会主义协商民主，关键在于使协商民主制度化。制度化是制度的常规化、长效化和稳定化；制度化的关键在于制度的完善与实施。随着改革开放的深入和经济社会的发展，我国各方面协商民主制度及其工作机制得到逐步建立与完善，在中国特色社会主义民主政治进程中发挥越来越重要的作用，但是也不可否认，我国协商民主还存在着严重的制度化不足的问题。一方面，有些协商民主活动还存在着随意性、零散化现象，缺乏健全的、稳定的制度保障；有关协商民主立法还不够健全，还缺乏相应的法律法规保障。另一方面，一些领域民主协商重形式、轻内容，甚至存在"走过场"现象；尤其是在关系国计民生重大问题决策过程中如何切实发挥协商民主的作用，确保科学决策，纠正决策失误，还是一个亟待从制度化层面解决的重大问题。这些现象与问题表明，健全与完善协商民主的制度与机制，切实推进协商民主制度化，不啻于是发展中国特色社会主义协商民主最为重要最为关键的环节。

总结我国民主政治建设的经验,着眼于中国特色社会主义协商民主制度化,当前亟须进一步完善与推进五个方面协商民主制度及其工作机制建设。

第一,进一步完善与推进政党协商民主制度化建设。中国共产党领导的多党合作制度,是充满生机活力、具有中国特色的政党制度,是中国特色社会主义协商民主制度的主体内容和主要支撑。党的十八大报告指出,要"加强同民主党派的政治协商。把政治协商纳入决策程序,坚持协商于决策之前和决策之中"。政党协商民主制度主要包括两种基本方式:一是中国共产党与各民主党派进行直接政治协商,就国家治理和社会建设的重大决策进行制度化协商;二是通过人民政协这一制度平台实现中国共产党与各民主党派之间的政治协商,从而形成政党民主和党际民主的制度化机制。我国政党协商民主有优良的传统和宝贵经验,但在全面建成小康社会的关键时期,仍然面临着制度化构建的新问题和新任务。

第二,进一步完善与推进国家权力机关协商民主制度化建设。人民代表大会是我国的根本政治制度,是国家权力机构。能否就国家治理重大问题进行广泛性、多层面、制度化民主协商,直接关系能否充分而真实地将社会各界和人民群众的意见、建议带进国家权力机关,从而直接关系能否确保人民代表大会切实代表人民大众利益的性质与功能。人大立法协商是国家权力机关民主协商的主要内容,是中国特色社会主义协商民主制度的重要环节。近年来,全国人大和许多地方人大实行开门立法,建立立法论证和听证制度,鼓励公众参与立法调研和论证,从而使各方面的利益和要求都能得到充分的法律体现和表达。立法的目的是为了执法,更好地实现依法治国方略,而有法不依、执法不严是当前我国社会治理中存在的突出问题。通过广泛开展立法协商,一方面增强立法的民主性、公开性和科学性,另一方面培养公民的法律意识、锻炼公民的执法守法能力,这不啻于是当前加强我国权力机关协商重大而深远的意义所在。

第三,进一步完善与推进国家行政机关协商民主制度化建设。各级人民政府是国家主要行政机关,直接关系到广大人民群众利益的维护与实现。政府决策协商是协商民主制度的重要环节。近些年来,在全国各地涌现出许多政府与社会协商对话的形式,比如决策听证会等,这是吸引广大公民参与政府决策的重要制度渠道,对提高决策的科学性和有效性发挥了重要作用。面对人民群众日益增长的利益诉求和参与政府决策的热情,应当在不断总结经验的基础上将国家行政机关协商民主制度化进一步推向前进。其中,关键在于进一步调动公众参与决策协商的热情,扩大公民参与决策协商范围,特别是对直接涉及人民群众利益、人民群众普遍关注的重大决策,要通过制度化的民主协商,平衡各方面利益诉求,提升决策的民主化程度,增强决策的实际成效。

第四,进一步完善与推进社会基层协商民主制度化建设。在广阔的农村和城市社区扩大人民民主、实行群众自治,是中国特色社会主义民主的最扎实基础和最广泛实践。积极开展基层民主协商,是健全与发展中国特色社会主义协商民主制度的基础性工程。近些年来,在我国基层治理和群众自治中涌现出许多协商民主的有效形式,包括民主议事会、民主恳谈会、民主理财会、民情恳谈会、民情直通车、社区民主论坛、民主听证会、平安协会等，这些生动活泼且卓有成效的制度和形式，进一步扩大了民众制度化参与渠道，丰富了协商民主制度化内涵。在中国现实国情条件下，在推进工业化、城镇化、农业现代化过程中，这些基层协商民主形式无疑具有极其重大的作用和极为深远的意义，必须进一步丰富完善，使之逐步走向制度化、规范化和长效化。

第五，进一步完善与推进大众网络协商民主制度化建设。在科学技术日新月异、信息化和网络化迅猛发展的今天，大力发展网络民主，已日益成为协商民主制度建设不可忽视、必须予以高度重视的内容。互联网具有开放性、公开性、互动性、多样性、超时空性等鲜明特点，这与现代协商民主理论所倡导的公共协商精神是完全一致的。当前中国网民已近3亿人，如此众多网民以网络论坛、网络社区、网络社团以及网络博客为载体，广泛参与对国家治理和社会事务的讨论，对公共权力进行网络化监督，有力推进了中国特色社会主义协商民主发展，成为发展社会民主的重要基础和广泛力量。国家应当适应这样一种协商民主的大趋势，进一步加强互联网硬件设施建设，扩大互联网的覆盖面，同时制定和完善相关法律规范，切实保障公民利用网络资源参与政治生活、进行民主协商、开展民主监督的权利，建立公共信息及时公开客观发布制度，建立党委、政府与网民平等协商对话制度，积极引导网民科学理性地参与民主协商和讨论，促进和保障网络协商民主制度化健康发展。

三、充分发挥人民政协作为协商民主主渠道作用

人民政协是我国一项基本政治制度，是中国特色社会主义协商民主的重要渠道和主要载体。党的十八大报告明确要求："要充分发挥人民政协作为协商民主重要渠道作用，围绕团结和民主两大主题，推进政治协商、民主监督、参政议政制度建设，更好协调关系、汇聚力量、建言献策、服务大局。"从一定意义上说，人民政协的工作，就是发展协商民主的工作。首先，人民政协是中国共产党领导的多党合作和政治协商的重要机构。人民政协的根本职能就是组织参加政协的各党派、各团体、各民族以及各界代表人士开展民主协商活动。人民政协在本质上就是一个实行协商民主的组织载体。其次，开展民主协商是人民政协的基本工作方式。民主协商、求同存异是人民政协的基本工作原则，广泛征求意见、尽可能达成共识，是人民政协工作的基本目的，这些都体现了协商民主的基本特征和基本要求。再次，团结和民主是人民政协的两大主题。人民政协的一切工作都要围绕这个主题，体现民主精神，包括民主的程序、民主的方式、民主的作风、民主的氛围。人民政协发展协商民主的过程，就是在充分民主的基础上寻求共识的过程，也是在充分民主的基础上加强团结的过程。最后，人民政协为发展协商民主提供了最重要的制度保证。通过人民政协组织的政治协商活动，可以把协商民主提升到国家政治制度的层面，真正形成中国特色社会主义民主政治的一种基本制度渠道。总之，人民政协与协商民主不可分割地联系

在一起，协商民主赋予人民政协工作以更深刻的政治内涵。当前，应当进一步加强人民政协组织开展协商民主的制度化建设，增强协商民主制度的实效性、稳定性、持续性和政协组织在协商民主中的主动性、组织性，通过专题协商、对口协商、界别协商、提案办理协商等具体协商制度和工作机制，使协商民主更加广泛深入、更加卓有成效。

充分发挥人民政协在协商民主中的主渠道作用，当前一个重大现实任务是要处理好人民政协的政治协商与加强执政党建设、提高党的执政能力的关系。

加强党的执政能力建设，是党执政后的一项基本建设。党的十八大报告进一步强调："新形势下，党面临的执政考验、改革开放考验、市场经济考验、外部环境考验是长期的、复杂的、严峻的，精神懈怠危险、能力不足危险、脱离群众危险、消极腐败危险更加尖锐地摆在全党面前。不断提高党的领导水平和执政水平、提高拒腐防变和抵御风险能力，是党巩固执政地位、实现执政使命必须解决好的重大课题。"在经济全球化、政治多极化、文化多元化、科技信息化日益凸显和社会主义市场经济改革日益深入的条件下，着力提高党的领导水平和执政能力，切实解决好"能不能执政、如何执政"的问题，坚持科学执政、民主执政、依法执政，是党的建设重中之重。加强党的执政能力建设，既需要依靠党自身的清醒与自觉，又需要依靠整个政治制度和政治体制的健全与完善。作为中国共产党领导的多党合作和政治协商制度的重要组织机构和政治形式，人民政协是加强党的执政能力建设的重要促进力量。认真履行人民政协的政治协商职能，尤其对加强党的执政能力建设发挥着无可替代的重要作用。

政治协商是人民政协的首要职能，也是最能直接体现人民政协性质、地位和作用的最基本职能。人民政协的政治协商，是中国共产党领导的多党合作的重要体现，是党和国家实行科学决策、民主决策的重要环节，是党提高执政能力的重要途径。把政治协商纳入党的建设范畴和决策程序，就国家和地方的大政方针以及政治、经济、文化、社会和生态发展中的重要问题，通过人民政协这一主渠道在决策之前和决策执行过程中进行广泛民主协商，不仅对于完善中国特色社会主义基本政治制度，具有至关重要的意义，而且对于提高党的执政能力和领导水平、促进党科学执政、民主执政和依法执政，具有事关全局的重大意义。

第一，发展人民政协的政治协商，有利于拓宽党的决策视野，促进党科学执政。科学即规律。所谓科学执政，就是党的路线方针政策要切合实际、符合规律。科学执政的水平从哪里来？只能来自于各级党委和主要决策者对社会实际的深入了解和对客观规律的悉心探索。而要做到这一点，既离不开各级党委和领导干部深入实践、调查研究，也离不开对各种智力资源、政治资源、社会资源的虚心求教和积极吸纳。人民政协会集了一大批高层次人才和各界代表人士，是优秀智力资源、政治资源和社会资源的重要积聚平台，通过人民政协的政治协商活动，就事关经济社会发展全局的重大问题在决策之前广泛听取各民主党派、人民团体和各族各界代表人士的意见，着重深化决策之前的分析论证工作，共同探讨政治、经济、文化、社会发展以及生态文明规律，无疑可以极大地拓宽我们党的决策视野，有力地促进对社会实际的深入了解，提高对所需解决问题的深刻认识，从而增强决策

经济管理学科前沿研究报告

的科学性,提高党和国家决策的质量与水平,促进党在尊重规律、尊重科学的基础上为人民用好权、执好政。

第二,发展人民政协的政治协商,有利于强固党的决策基础,促进党民主执政。中国共产党是执政党,党的执政地位不是孤立的,更不是"孤家寡人"。党的执政基础是广大人民群众和社会各界人士,党的执政能力深深地根源于社会机体之中。各级党委和领导干部只有虚心听取人民群众和社会各界人士的意见,并将来自于民间的意见作为制定党的路线方针政策的重要依据,才能真正做到依靠人民、民主执政,有力增强党决策的民主化和实效性,人民政协是中国共产党领导的特殊的政治群体,具有组织上的广泛代表性和政治上的巨大包容性,通过人民政协的政治协商活动,在决策之前和决策执行过程中就事关经济社会发展全局的重大问题广泛听取各民主党派、人民团体和各族各界代表人士的意见,本身就是一种公民有序参与政治行为,可以使不同阶层、各方群众的意见和主张得以充分表达,进入党的决策视野和国家政治生活领域,显然这有利于增强党的决策的民主化,促进党在尊重民意、代表民声的基础上为人民用好权、执好政。

第三,发展人民政协的政治协商,有利于避免党的决策失误,增强党执政的权威性和凝聚力。党的执政能力和领导水平不是一蹴而就的,更不可能一劳永逸,而是不断地总结经验、完善决策的过程,其中包括对某些决策失误的及时避免和纠正。坚持真理、修正错误,是马克思主义政党的特有品质,是提高党的执政能力、巩固党的执政地位的重要保证。中国共产党执政60多年的历史,从一定意义上说就是不断坚持真理、修正错误的历史。人民政协的政治协商是促进党科学执政、民主执政的重要环节,通过人民政协的政治协商活动,不仅在决策之前广泛听取各民主党派和各族各界代表人士的意见,增强重大决策的科学依据,尽量避免决策失误,而且在决策执行过程中及时征询各民主党派和各族各界代表人士的意见,加强对重大决策的民主监督,尽量减少某些决策失误所造成的损失。这样一种政治协商过程,无疑是提高党执政的科学性和民主性的极为重要的环节,有利于确保党和国家事业健康发展,促进党在坚持真理、修正错误的基础上为人民用好权、执好政。

充分发挥人民政协的政治协商在提升党的执政能力、促进党和国家科学决策和民主决策中的重要作用,要求对人民政协的政治协商工作进行深入改革,使之不断完善,切实发挥作用。一是以加强制度化为主要方向,切实将政治协商纳入各级党委和政府的决策程序,作为各级政协的一项基础性工作,建立健全规范化和常态性的政治协商制度,切实克服把政治协商仅仅当作一种形式和"临时动议"、"临时安排"的随意性倾向。二是以发挥主动性为关键环节,切实发挥人民政协在党和国家重大事务协商中的主动性作用,主动出题目、作预案,主动围绕协商议题开展调查研究,主动组织和安排各种协商活动,而不能总是停留在被动状态,使政治协商活动有名无实、名重实空。三是以增强有效性为根本目的,把政治协商活动真正变成党和国家重大决策中不可或缺的重要环节,把政治协商成果真正转化为实现科学决策、民主决策和依法决策不可替代的重要依据,切实改变那种把政治协商活动仅仅当成一种"政治表态"和"必要形式"的倾向。实现以上三方面要求,既需要各级党委对政治协商工作的高度重视和认真组织，又需要各级政协对政治协商职能的切实履行和不断改进。而无论是党委对政治协商的高度重视，还是人民政协对政治协商的不断改进，都需要站在国家政治制度和政治发展的层面，着力推进协商民主制度化，这是充分发挥协商民主的决策功能和政治功能的基本前提。

参考文献

［1］中共中央文献研究室：《十三大以来重要文献选编》（上），人民出版社1991年版，第43－44页。

［2］江泽民：《江泽民论有中国特色社会主义（专题摘编）》，中央文献出版社2002年版，第347页。

比较政治分析中的概念研究[*]

高奇琦

【摘 要】 概念研究是比较政治分析的起点。西方比较政治学中的概念研究主要形成了两个重要的派别。一个是以萨托利为代表的本质主义，其倾向于用清晰简明的二分法来界定概念。另一个则是以科利尔和吉尔林为代表的折中主义，其主张在具体情境的基础上调和两分法和分级法。西方的概念研究对于中国的比较政治学发展有重要的启示意义。西方相对成熟的概念分析框架对构建中国本土意义的比较政治学概念具有方法论上的指导意义。同时，本质主义的概念观提醒我们要重视概念的主体性和一致性，而折中主义则提醒我们要关注概念的情境性和复杂性。

【关键词】 比较政治分析；比较方法；概念研究；概念生成

比较政治研究方法对比较政治学学科具有非常重要的构成意义。譬如，美国政治学家乔万尼·萨托利（Giovanni Sartori）和阿伦·利帕特（Arend Lijphart）都明确指出，比较政治学是一个用方法来界定其边界的学科。[1]然而，国内的比较政治学研究更多关注国别研究和地区研究，真正加以比较的成果相对较少，而在科学意义上使用比较政治研究方法的成果则更少一些。究其原因主要是国内关于比较政治的方法论研究和训练相对薄弱。近年来，国内比较政治学界已经意识到这一问题，并开始逐步加深对比较政治研究方法的译介和讨论。[2]本文首先对比较政治研究方法作简要的描述。其次对作为比较分析起点的概念研究加以重点讨论。本文将对西方概念研究的学术史和最新进展进行梳理。最后就西方概念研究对中国比较政治学发展的启示进行简要分析。

一、比较政治研究方法的两次浪潮

国外比较政治研究方法的第一次浪潮出现在20世纪60年代末70年代初的美国。[3]在

---

[*] 原载于《欧洲研究》，2013年第5期。

政治学学科前沿研究报告2013

20世纪60年代中后期，在美国已经有一些关于比较方法的讨论，并且一些重要的政治学家也参与其中。例如，亚瑟·科尔伯格（Arthur L. Kallberg）在1966年的《世界政治》（*World Politics*）上发表的"比较的逻辑：对政治系统比较研究的方法论评注"、哈罗德·拉斯韦尔（Harold Lasswell）和塞缪尔·比尔（Samuel Beer）在1968年《比较政治》（*Comparative Politics*）创刊号上分别发表的"比较方法的未来"和"比较方法与英国政治的研究"等论文。[4]但是，这些成果主要是对比较政治方法的简要评述，并且其对后续研究的影响相对有限。所以，笔者将这些成果的出现看成是第一次浪潮的前潮。高潮真正出现是在20世纪70年代初期，代表人物是乔万尼·萨托利（Giovanni Sartori）和阿伦·利帕特（Arend Lijphart）。萨托利于1970年在《美国政治科学评论》（*The American Political Science Review*）上发表《比较政治中概念误构》（*Concept Misformation in Comparative Politics*）一文。在这篇文章中，萨托利指出，"在过去的十年中，比较政治作为一个实质性内容的领域得到了快速的扩展。这种范围的扩展引发了关于研究方法的一些前所未有的困难和问题。我们看起来是在进行一些比较研究的努力，但是却缺乏比较方法（例如在方法论的自觉和逻辑技巧上都是很缺乏的）"。[5]鉴于这种比较研究方法的缺失，萨托利从理论系统中最基本的概念这一元素入手，分析了概念构成和概念抽象等问题。利帕特在1971年《美国政治科学评论》上发表的《比较政治与比较方法》一文，是比较方法史上另一篇开创性的文献。在这篇文献中，利帕特对比较方法的内涵与外延进行了较为清楚的界定，对比较方法与实验方法、统计方法以及案例分析方法之间的异同做了较为深入的比较，并且对比较方法的优势和劣势进行了深刻的剖析。[6]亚当·普沃斯基（Adam Przeworski）和亨利·图纳（Henry Teune）在1970年出版的《比较社会研究的逻辑》是这一时期最重要的一本比较政治方法著作。在此书中，普沃斯基和图纳在密尔的求同法（method of agreement）和求异法（method of difference）的基础上提出了"最具相似性系统"（most similar system）和"最具差异性系统"（most different system）的比较研究设计。[7]求同法和求异法在研究中对被控制变量的条件要求比较苛刻，而最具相似性系统和最具差异性系统方法则通过放宽条件大大增加了其在社会科学中的应用性。这三篇文献是第一次浪潮中最具代表性和开创性的成果。之后的一些成果可以看成是这次浪潮的继续。[8]

第二次浪潮的前潮最早出现在20世纪80年代末。前潮的代表性成果是查尔斯·拉金（Charles C. Ragin）在1987年出版的《比较方法：在质性和定量策略之外》一书。在这本书中，拉金明确界定了质性研究与定量研究之间的分野，并且尝试将布尔代数等一些新方法运用到比较政治研究之中。[9]第二次浪潮来临的标志性事件是加里·金（Gary King）、罗伯特·基欧汉（Robert Keohane）和西德尼·维巴（Sidney Verba）合著的《社会研究设计：质性研究中的科学推理》一书的发表。在这部书中，作者指出："好的定量研究和好的质性研究的逻辑之间并不存在根本意义的差别……我们写这本书的目标是希望鼓励质性研究者认真对待科学推理（scientific inference）并把这一点整合到他们的研究工作中。我们希望，这种一致的推理逻辑以及我们展示这种逻辑的努力（以证明这种逻辑可以对质性研究者有用），可以促进这一领域的研究工作，同时也可以帮助其他社会科学领域的

183

研究。"[10]简言之，这本书的三位作者希望把科学推理作为质性研究和定量研究共同的基础，并以此来沟通两种路径的研究。这本书出版之后激起了一系列关于它的争论。其中最重要的是1995年发表在《美国政治科学评论》上的一组评论文章。[11]之后，有两本重要著作都是以《社会研究设计》为对话蓝本出现的。一本是亨利·布拉迪（Henry E. Brady）和戴维·科利尔（David Collier）主编的《重新思考社会研究：多元工具与共享标准》，[12]另一本是拉金所著的《重新设计社会研究：模糊集合及其他》。[13]需要说明的是，此时《社会研究设计》一书的三位作者名字的首字母缩写KKV已然成为了这一研究的标识。KKV的研究对比较政治研究方法的影响是巨大的。正如詹姆斯·马洪尼（James Mahoney）所评述的："没有人可以否认，《社会研究设计》对这个学科产生了巨大的影响……这本书推动了政治科学领域中方法论的自觉，而且这一遗产完全可以看成是有益的。"[14]迄今为止，这一浪潮仍然在向前发展。

二、作为比较分析起点的概念研究

在比较政治研究方法的两次浪潮中，概念研究都是核心问题。在第一次浪潮中，萨托利关于概念的讨论几乎是作为比较政治研究的标志性成果出现的。在第二次浪潮中，概念分析仍然是比较方法中非常重要的一支。比较方法的新一代重要人物中许多都在概念分析方面中有重要著述，这些人物包括科利尔和约翰·吉尔林（John Gerring）等。而科利尔和吉尔林主编的《社会科学中的概念与方法：萨托利的传统》一书被看作是第二次浪潮中的经典作品之一。

由此我们不禁要问：为什么概念研究对于比较政治学如此重要呢？笔者认为主要有如下几点原因：第一，比较的实质是概念的跨案例适用，或者用萨托利的表述是"概念旅行"（concept traveling）。当人们进行比较时，往往是从某一起点类型出发的。人们总是在一定特殊经验的基础上对某个起点类型进行概念化，然后再用新的案例来验证原来的起点类型（或者是其总结后的概念），这样便产生了跨案例的比较。由于许多概念在产生时并不是为普遍性适用所设计的（很多概念是基于特定的经验生成的），所以当概念生成后来进行跨案例的适用时，就出现了萨托利所言的"概念拉伸"（concept stretching）问题。[15]

第二，几乎所有的比较方法都把概念分析作为其研究的起点。最常见的比较方法是相似案例比较，即在相似的国家中发现它们的重要差异点，并用这些差异来解释所观察到的政治结果。[16]这一方法要求我们需要保证所比较的对象在绝大多数特征上都是一致的。那如何可以确定这些对象在多数特征上保持一致呢？这就涉及一个概念界定的问题。我们需要在已有成果的基础上对这些特征进行概念界定，并将其操作化，然后再进行相关特征的比较。同理，在另一种常见的比较方法——相异案例比较中，[17]同样需要首先界定这些案例如何在多数特征上不一致。

在20世纪末期，比较政治研究方法又出现了一些新的进展，如比较历史分析（comparative historical analysis）和质性比较分析（qualitative comparative analysis）。这些进展同样高度依赖概念分析。譬如，比较历史分析目前有两个最重要的分支发展。一个是过程追踪（process-tracing）分析，即力图通过对自变量X的变化如何导致因变量Y变化的过程和方式的研究，打开统计分析在变量X和Y之间的解释黑箱。[18]在实际操作过程中，过程分析的关键是在X与Y之间找到新的、中间性的解释性概念。另一个是时序分析法（temporal analysis）。这一方法的使用者注意观察各个事件在历史中的位置、持续时间以及先后顺序，并力图发现这些因素对特定结果的影响。这种分析方法实际上在传统的历史分析中一直就存在，而时序分析的发展就在于它引入和构建了一整套完整的历史分析概念，如路径依赖（path dependence）、初始条件（initial conditions）、偶发事件（contingent event）、关键节点（critical juncture）、自我强化（self-reinforcement）、顺序（sequencing）、持续时长（duration）以及时机（timing）等。[19]同时，在时序分析中，对历史进程中的事件性质的定义以及对历史分割点或门槛的确定都需要在概念界定的基础上来实现。

再如，质性分析方法的进展主要体现在布尔代数法（Boolean algebra）和模糊集合法（fuzzy sets）上。这两种方法都是比较研究中的编码方法，但这两种方法却分别基于不同的概念界定模式。布尔代数法所基于的是清晰集合（crisp sets）理论。其中，作为原因（cause）与结果（effects）的诸"变量"只能取0和1这两个值，[20]其运用的最佳对象是那些可以明显进行两分的概念，如市场与计划、男性与女性、穷国和富国等。与之相反的是，模糊集合理论和基于其的比较方法则针对那些相对模糊的、程度性的概念进行更为细化的赋值。在模糊集合中，"变量"可以在1和0之间的连续区间内取任意值来表明不同程度的隶属度（如0.2、0、75等）。每一个对象与相关概念之间都存在一定程度的隶属度，而这种隶属度可以进行定量的赋值。简言之，布尔代数或清晰集合分析基于的概念界定模式是本质主义的两分法，而模糊集合则基于程度主义的分级法。模糊集合的发展与分级法在概念分析中的进展密切相关。

总之，概念分析是比较政治研究的起点。当人们对某项比较的结果争执不休时，这时最好的办法可能是回到起点，从概念界定开始重新审视已有的研究。正如萨托利和利帕特多次强调的，比较方法是在"变量太多、案例太少"的情况下使用的一种特殊的控制方法。[21]这种控制的逻辑不是统计性控制，因为多国比较时的案例数量非常有限，同时在比较时，这类系统内部的变量非常多，涉及政治、经济、文化、社会等多个方面，而且这些变量还包括许多非常庞杂的次级变量。比较性控制主要通过变量特征的相似或相异来实现。例如，如果某一特征在多个案例中的表现都一样，那我们可以在比较分析中将这一特征视为常量。或者说，这一特征便被控制住了。这种控制特征使得比较方法更接近质性研究，同时，质性研究与概念分析具有天然的亲缘关系。

三、概念研究的萨托利传统

1970 年的《比较政治中的概念误构》是萨托利关于概念分析的第一篇经典文献。在这篇文章中，萨托利与当时非常流行的定量分析和结构功能主义展开辩论。萨托利把沉溺于调查技术与社会统计的研究者称为"过度自觉的思考者"（over-conscious thinker）。[22] 萨托利反对那种把所有的定性问题都转化为程度问题的定量分析，并且特别强调了分类研究在比较分析中的重要性。[23] 同时，萨托利也反对结构功能主义对概念过度功能化的定义。萨托利认为，结构功能主义虽然声称其会从结构和功能两方面来对概念进行界定，但是在操作过程中几乎所有的概念都是在功能化的意义上进行表达。在萨托利看来，结构功能取向的分析家成了跛脚的学者。[24] 在萨托利看来，定量分析的绝对论和结构功能主义都犯了一个同样的错误，即低估了概念形成后的"旅行"（travelling）问题。以参与和动员这两个概念为例，参与和动员本来是体现了独特的西方经验的、限于特殊文化的概念。参与并不是任何形式的"参加"，而是指一种自动的参加，而动员则表达一种在强大政府说服力的基础上消极地、被动地卷入的状态。因此，在西方意义中，参与恰好是动员的反面。然而，在比较政治的背景下，参与和动员在很大程度上变成了重叠性的概念。在萨托利看来，这是一件极具讽刺性的概念运用。

萨托利在此文中的另一个重要贡献是提出了抽象阶梯（ladder of abstraction）这一分析工具。萨托利界定了抽象的三种范畴：第一，普适性的概念化（universal conceptualization）是概念抽象的高级范畴，其可以在异质的背景下进行跨地区的、全球性的比较。这一概念形成的特征是外延最大化且内涵最小化。对概念外延的界定往往通过否定性定义来实现。第二，一般性的概念化（general conceptualization）是概念抽象的中级范畴，其可以在相对同质的背景下进行地区内国家的比较。这一概念形成的特征是在外延与内涵之间保持某种平衡。对概念的界定主要通过属加种差（per genus et differentiam）来实现。第三，轮廓性的概念化（configurative conceptualization）是概念抽象的低级范畴，其主要用于国别分析。这一概念形成的特点是内涵最大化且外延最小化。[25] 在抽象阶梯的基础上，萨托利给出他所钟意的概念分析方法："①沿着具有更好中间范畴的中等抽象水平来发展这一学科；②沿着抽象阶梯，既向上又向下，且按以下方式进行演练：把相同与差异、相对较高的解释力和相对准确的描述性内容、宏观理论和经验验证等内容统一起来。"[26] 当然，萨托利的办法也并不完全是完美的。譬如，萨托利指出，通过减少属性来实现概念的进一步普遍化。但这会产生一个属性选择的问题，即到底应该减少哪些属性呢？这些减少是否会受到研究者个人喜好或价值判断的影响呢？西方学者在将民主的内涵在向上抽象时，基本上将其内涵削减为选举，这明显是有问题的。当然，萨托利也意识到这一问题的存在："在这一意义上，只要沿着梯子攀爬，就总会有得有失。"[27] 如表 1 所示。

表 1　萨托利的抽象阶梯

抽象阶梯	主要的比较范围及目的	概念的逻辑及经验特点
高级范畴： 普适性的概念化	在异质背景中，进行跨地区比较 （全球性理论）	外延最大化，内涵最小化， 通过否定来下定义
中级范畴： 一般性的概念化	在相对同质的背景内进行地区内的比较 （中程理论）	外延与内涵之间保持平衡，通过 分析即属加种差来定义
低级范畴： 轮廓性的概念化	国别分析（狭隘理论）	内涵最大化，外延最小化，背景性定义

在1984年主编的《社会科学的概念：一个系统分析》一书中，萨托利撰写了最为重要的一章"概念分析指南"。在这一部分中，萨托利从整个社会科学的角度出发对概念所涉及的各种问题进行了非常详尽的讨论。萨托利先是讨论了术语（term）、意义（meanings）和指称（referent）之间的关系，并指出了概念的缺陷是由术语和意义之间的歧义（ambiguity）和意义与指称之间的模糊（vagueness）造成的。萨托利重点区分了陈述性定义（declarative definition）和指涉性定义（denotative definition）。陈述性定义旨在减少或消除歧义，而指涉性定义可以帮助人们较为容易地找到相对应的指称。萨托利还区分了界定概念的两类属性：决定性属性（defining properties）和伴随性属性（accompanying properties）。萨托利强调说，一定要确保概念定义是充分和简洁的：充分指的是定义包含足够的属性去确认其指称的对象和边界，简洁则是指决定性属性中间不包含任何伴随性属性。[28]

萨托利非常感慨社会科学中在概念使用上的混乱。[29]他总结了目前社会科学研究中概念使用所存在的几种谬误：①认为必须在上下文中才能消除歧义；②认为概念精确是个虚假的理念；③认为文学语言可以展示一种诗化的力量；④认为概念可以被随意地使用；⑤认为稳定的词汇对于尚在起步阶段的科学是有害的；⑥认为尝试给语言确立标准的努力是错误的。[30]萨托利强调说，概念的界定一定要清晰，即在术语和意义之间要避免歧义，要消除一词多义和多词一义，同时也要简洁，即在意义和指称之间使用决定性属性来界定。总之，萨托利在该文中表露出一种"早期维特根斯坦式"的雄心，[31]即希望通过给概念确立标准，然后为社会科学厘定出一组经过清晰界定的概念，并以此来推动社会科学的发展。萨托利的努力无疑是非常重要的，但是其主张也面临很大的困难。在目前社会科学研究中，几乎还没有人可以确立一整套标准化的、被人们普遍接受的概念。一个可以用来佐证的事实是，维特根斯坦在后期转向语言游戏说在某种程度上也宣告了其早期努力的失败。[32]同时，萨托利建议用决定性属性来界定概念，而这一点的问题在于究竟如何界定区分决定性属性和伴随性属性。这种属性的区分又可能会把某种价值倾向或个人偏好卷入其中。

萨托利的这种本质主义立场在之后的一些文献中有更为充分的表述和强调。在其1987年的名著《民主新论》中，萨托利以民主为对象对其本质主义概念观做了进一步的阐发。萨托利强调说，民主是一个客体概念（object concept），是政治系统中的一个具体类别，因此对其的逻辑处理应是二分法的分类处理。[33]萨托利反对将民主看成是一个属性概念（property concept），即将民主看成是一个政治客体的属性特征。在属性概念中，逻辑的处理不再是二分的"是与否"，而是连续性的"较大—较小"。[34]在1991年的《比较与错误比较》一文中，萨托利用"猫—狗组合"的例子来批评概念的错误组合与使用。萨托利以"美国的联盟政府"（coalition government）为例来批评这种现象。萨托利认为，联盟政府仅会出现在议会制政体的国家中。在议会选举中，没有获得足额选票的政党可以联合其他政党组成联盟政府。而美国的总统制国家是不会出现联盟政府的，因为美国的总统竞选只可能是由一个政党获得，而不可能联合获得。萨托利批评说，詹姆斯·桑奎斯特（James L. Sundquist）关于美国联盟政府的研究实际上是一种类似于"猫—狗组合"的概念误用。[35]在该文中，萨托利进一步批评了他所总结为程度主义（degreeism）的观点。[36]总之，萨托利反复强调说，那种将种类差异与程度差异相混淆的观点是极其错误的。

四、科利尔的实用主义：在两分法和分级法之间

在概念研究中，另一个重要的研究者是科利尔。科利尔与他的合作者们完成了一系列重要的论文来对萨托利的观点做出回应。在1993年的《再议概念拉伸》一书中，科利尔针对萨托利在《比较政治中的概念误构》一书中的核心观点进行了批驳。[37]科利尔先是在一定程度上肯定了萨托利的贡献，然后又指出了萨托利分析框架的不足。科利尔认为，萨托利所依据的是古典分类法，即根据分类层次（taxonomic hierarchy）确定各种概念或范畴（categories）之间的关系。[38]古典分类法强调，每个概念或范畴都有明晰的边界，其成员具有相同的属性。然而，20世纪的语言哲学和当代认知科学认为，许多概念并不具备上述属性，因此这从根本上对萨托利的观点形成了挑战。科利尔用家族相似性范畴（family resemblance category）和辐射型范畴（radial category）这两种非传统的范畴类别，来质疑萨托利的传统框架。家族相似性范畴所描述的是如下情形：①研究者在原初的个案研究中界定了一个具有理论意义的新范畴，在该个案中，该范畴有五个定义属性；②原初个案是六个共享家族相似性范畴案例的一个；③该家族相似性范畴有六个共享属性；④每个个案只是其中五个属性的不同组合；⑤没有一个属性为所有案例共享。[39]运用对家族相似性的考察，我们可以发现，有些概念可能并不具有在所有案例中都存在的、可以作为定义标准的明确属性。换言之，在家族相似性的案例中，用某个或某些明确的属性来界定概念的做法是很难奏效的。正是在这一意义上，科利尔对萨托利建立明确属性框架的做法进行了较为温和的批评。

与家庭相似性范畴一样，辐射型范畴中的个案也可能不具备定义属性的所有特征。不同之处在于，辐射型范畴的所有含义都体现在核心子范畴（central subcategory）上。核心

子范畴对应于该范畴的最佳个案或原型,由共同理解以及共同认知的一组属性构成。"非核心子范畴"(noncentral subcategory)是核心子范畴的各种变体,只具有核心子范畴中的部分属性。[40]譬如,根据皮埃尔·奥斯蒂盖(Pierre Ostiguy)对"民主"的界定,"民主"这一核心子范畴的构成要素可以是:①广泛有效地参与统治过程;②限制国家权力,保护个人权利;③基于某种方式的平等主义的经济社会关系。具备要素①可构成"参与型民主",同时具备要素①、要素②可构成"自由型民主",而同时具备要素①、要素③则构成"大众型民主"。这三种民主形式都是非核心子范畴。[41]运用辐射型范畴,科利尔试图说明在现实中映射某一概念的相关案例往往只具有理想类型的部分特征,而非全部特征。这一观点同样可以看作是科利尔对萨托利在理想类型上构建明晰概念标准的一种软性批评。

在1999年的《民主与二分法》一文中,科利尔则主要是同萨托利在《民主新论》中的核心观点进行对话。科利尔指出,在关于"民主"的概念界定上,存在两分法和分级法两种。两分法的代表包括萨托利、普沃斯基(Adam Przeworski)、迈克·阿尔瓦雷兹(Mike Alvarez)等,其界定主要集中在竞争性选举和政党轮替等关键要素上。[42]分级法的代表包括罗伯特·达尔(Robert A. Dahl)和肯尼思·博伦(Kenneth Bollen),其界定主要集中在国家权力与社会权力博弈的程度上。[43]科利尔认为,简单地争论应该采用哪种方法是没有意义的,而在具体研究中应该采用一种基于情境来选择概念界定方法的实用主义路径,即聚焦于整体进程的民主研究适合使用二分法,而关注具体事件的民主研究则适合用分级法。[44]

在2009年的《比较研究中的民主概念等级》一书中,[45]科利尔则进一步发展了萨托利关于"沿着抽象阶梯向上或向下的分析策略",并以等级(hierarchy)、亚类型(subtypes)和总括性概念(overarching concept)等为基础构建了一个新的概念分析策略图。科利尔将概念分为本源概念(root concept)、总括性概念和亚类型三种。然后,科利尔将萨托利的概念"阶梯"调整为概念"等级",并提出"种类等级"(kind hierarchy)和"局部—整体等级"(part-whole hierarchy)两种等级类型。种类等级所描述的情况是,下级概念是上级概念的一个种类,其对应的亚类型是"经典亚类型"(classical subtypes)。局部—整体等级则描述下级概念是上级概念(整体)的一个部分,其对应的亚类型是"缩减亚类型"(diminished subtypes)。[46]

然后,科利尔以民主为例展示了他处理概念延伸危险的综合分析策略。从民主的本源概念出发,科利尔的第一步"下移种类等级"、第三步"精确化民主的本源概念"和第四步"上移种类等级至政体的经典亚类型"实际上是对萨托利策略的继承。第三步与萨托利所强调的"要尽量在中级范畴上讨论概念"类似。第一步和第二步则与萨托利"向下和向上攀爬阶梯的策略"类似。科利尔的主要贡献是第二步"使用缩减亚类型"和第五步"转化为总括性概念"。[47]下面以民主为例来解释科利尔的各个步骤。民主的本源概念主要来自于西方经验,所以避免概念拉伸的最容易方法是在欧美等西方国家的情境中讨论民主,并对民主的概念进行精确化(第三步)。如果将这种西方经验的民主(譬如自由式民主）运用在东方国家中，就会出现概念拉伸问题（第一步）。而将民主的内涵上移为某种政体的经典亚类型（如责任政体形式）并运用在其他国家中，则可以避免概念拉伸（第四步）。科利尔的缩减亚类型是指，可以将民主缩减一些内涵后界定自由式民主（缩减平等主义的诉求）或大众式民主（缩减保护个人权利），这样通过提高概念的差别化，然后再界定说某一国家的民主究竟是自由式民主还是大众式民主，这样也可以避免概念拉伸。同时，也可以采用总括性的概念，如降低民主标准，那么一些低度民主的国家也能被界定为民主国家，这样可以避免概念拉伸问题。或者提高民主标准，很多低度民主的国家就不会被界定为民主国家，这样也不会产生概念拉伸问题。需要说明的是，科利尔的总括性概念方法有非常明显的分级法特征。如图1所示。

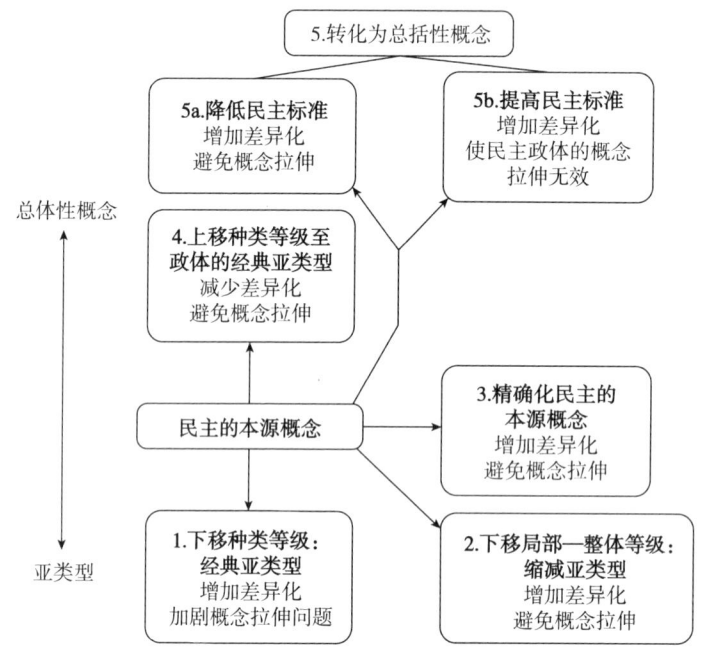

图1 科利尔的概念等级策略图示

在2012年的《使类型学更有效》一文中，科利尔完整地审视和梳理了一些关于类型学研究的质疑。一些建立在定量研究方法基础上的意见认为类型学以及类型学得以建构的类别变量都是粗糙的，而科利尔却认为，这些观点是站不住脚的。然后，科利尔重新考察和检验了类型学在概念形成、完善测量、拓展维度与组织解释性要求等方面的积极作用。[48] 在这四篇文献中，科利尔都一直在与萨托利对话。当然，每次对话的侧重点有所不同。在1993年的论文中，科利尔尝试用认知科学中的新发展来挑战萨托利的本质主义。在1999年的论文中，科利尔试图在本质主义和程度主义之间开辟出一条实用主义的折中路径。在2009年的文章中，科利尔则尝试在萨托利的抽象阶梯基础上发展出更为复杂和完整的概念分析路径。在2012年的论文中,科利尔则更多地向萨托利的本质主义类型学回归。

五、吉尔林的概念审美标准与综合分析策略

吉尔林是西方概念研究中新生代的领军人物。在1999年的《怎样才算一个好概念》一文中,吉尔林尝试与萨托利的概念审美标准进行修正。在《概念分析指南》中,萨托利将评价概念好坏的标准简化为一组规则,并特别强调了清晰和简洁等内涵。吉尔林不太赞同萨托利的简化标准,并提出了一组界定概念恰当(conceptual adequacy)的综合标准。这组标准包括:①熟悉(familiarity),即让普通学术观众也要感觉到这个概念不那么生疏和遥远。这一点强调要尽量少创造新词(除非已有词汇不能表达某种特定含义)。②音韵(resonance)。譬如,押韵的一词词汇会使人们容易记住它们(如 makers, breakers, takers)。③简约(parsimony)。譬如,同样表达意识形态的含义,ideology 比 political belief-system 更简约。④一致(coherence),即概念的外围特征与其核心含义要啮合起来,这一点是针对内涵而言的。⑤差异(differentiation),即该概念要容易与其他不同的概念相区分开来,这一点是针对外延而言的。⑥深度(depth),即概念也要具备比较丰富的伴随性属性。⑦理论功效(theoretical utility),即概念的提出要实现推动理论构建的目的。⑧现实功效(field utility),即概念要对现实世界的现象有清晰和对应的投射。[49]吉尔林批驳了萨托利关于概念构建的早期维特根斯坦式的雄心,并认为概念构建需要在其表述的八个标准之间进行折中。与萨托利明确批评情境主义的概念生成完全不同,吉尔林特别强调了情境对于概念界定的重要意义。[50]

在2003年的《让普通语言运转起来》一书中,吉尔林提出了界定概念的一种综合策略。在该书中,吉尔林指出了界定概念的三个步骤:①抽样性使用(sampling usages),即对一个概念的代表性用法和定义进行抽样检查;②类型化属性(typologizing attributes),即把非特殊的属性(non-idiosyncratic attributes)整理到一个单一类型中;③构建最小—最大定义(min-max definitions),即首先通过识别一个概念的本质要素来确定其最小定义,然后再通过识别最大集合的相关属性来界定其理想类型定义(最大定义)。[51]最小定义仅需要辨别出该概念最为本质的要素,同时这些要素要足以在外延上构成一个概念。理想类型定义试图包括最大集合的属性,而这些属性可以共同以最完整和最理想的方式定义这个概念。理想类型尽管总是有一个理想的指涉对象,但它不需要有一个真实的经验指涉对象。[52]需要说明的是,在吉尔林界定概念的三个步骤中,"抽样性使用"是吉尔林自己的贡献。这是一种经验性做法,但吉尔林从统计学那里借鉴了一个更为科学的形式。"类型化属性"是萨托利的传统路径,即通过类型学来对概念的属性进行分类界定。"最小—最大定义"则整合了科利尔的关于辐射型范畴的讨论。吉尔林的理想类型类似于科利尔的核心子范畴。区别在于,吉尔林试图从科利尔的非核心子范畴中抽取中最小定义。以奥

斯蒂盖对民主的界定为例，从"参与型民主""自由型民主""大众型民主"三个非核心子范畴中可以抽取最小定义，即要素一"广泛有效地参与统治过程"。总而言之，吉尔林所提出的是一种新的整合方案，同时这一方案也建立在之前萨托利和科利尔等重要成果的基础之上。

六、结语：西方概念研究对中国比较政治学发展的启示

在西方比较政治学的概念研究中，实际上基本形成了两个重要的派别：一个是以萨托利为代表的本质主义立场，另一个是以科利尔和吉尔林为代表的折中主义立场。本质主义更倾向于用二分法来界定概念，并尝试构建一个关于概念评价的清晰和简明框架。折中主义则力图调和二分法与分级法的矛盾，并希望在分析情境的基础上构建一个较为复杂但却完整的概念分析框架。折中主义对分级法的吸收一方面可以看作对本质主义的批评，另一方面也可以看作是对萨托利质性传统的拯救和发展。整体来看，西方的概念研究对于中国的比较政治学发展有如下几点启示：

首先，西方相对成熟的概念分析框架对构建中国本土意义的比较政治学概念具有方法论上的指导意义。目前中国的比较政治学处于一种蓄势待发的状态。许多研究者都提到了中国比较政治学的自身建设问题，即从中国经验和中国知识出发构建中国的比较政治学理论、议题和方法。而所有这一切的基础则是概念研究。中国目前正在经历复杂而深刻的政治社会变迁，这为比较政治学研究提供了丰富的素材和内容。同时，中国几千年绵延不绝和丰富多样的文化积淀也为概念研究奠定了知识基础。我们目前的不足是在概念分析的方法论方面比较欠缺，而西方在概念研究方面的进展可以帮助我们提出反映中国特质的比较政治学概念。譬如，萨托利和吉尔林关于概念审美标准的讨论会帮助我们提出一个好的概念。再如，萨托利的抽象阶梯和科利尔的概念等级可以帮助我们将生成的概念如何适用到案例的情境当中。

其次，本质主义的概念观提醒我们要重视概念的主体性和一致性。具体而言，相关启示如下：①对科学主义和定量至上的观点保持冷静的认识。正如萨托利多次强调的，比较政治学研究中更为重要的特征是质性研究特征，即要更多地针对事物的一些本质性变化展开比较分析。②要严肃地对待比较政治研究中的概念。在使用概念时，要尽量靠近其本源含义。同时，在进行比较之前，要在已有知识的基础上对涉及的核心概念进行较为清晰的界定。反对轻率和随意地使用概念。③对一些经常争论的、重要的概念要逐步达成共识，否则许多后续的讨论将会失去意义。譬如，民主目前是最具争议性的一个概念。许多与政治学相关的国内外学术研讨会讨论到最后就会发现，在争论背后最本质的问题是，对民主的内涵缺乏共识。因此，如何在已有知识的基础上达成关于民主概念的共识是政治学界面临的一个非常重要的任务。

最后，折中主义则提醒我们要重视概念的情境性和复杂性。具体启示如下：①对于一些重要的有争议概念可以采取吉尔林的"最小—最大定义策略"。最小定义是学界关于某争议概念达成的最低共识，而最大定义（理想定义）则是某争议概念最丰富内涵的集合体。最低共识的达成可以避免我们在不同的概念范畴中进行非逻辑性对话，而理想定义的达成则有助于为我们的概念发展和实践推动设定一个远景目标。②概念的生成和使用要考虑其情境因素。这其中有两层含义。一方面，如科利尔的忠告，要根据情境来选择概念分析方法。譬如，在概念分析之初或者在概念共识尚未形成之时，两分法应该是最重要的方法。而在基本共识达成之后，分级法便逐渐会成为更主导的概念分析方法。另一方面，如吉尔林的提醒，要根据情境来理解和评价概念。概念不可能仅仅被培育在社会科学家的头脑实验室之中。概念要获得生命力，则需要与情境结合，发挥出其强大的现实功效。

从某种意义上讲，比较是一场争夺概念的知识战争。西方的比较政治学从西方经验出发总结出一些概念模式，然后用这些模式来分析非西方国家，并以某种文化霸权的形式来指导非西方国家的知识发展。整体来看，非西方国家在目前的世界性概念竞争中处于劣势。非西方国家接下来需要做的工作是，需要从本土的经验和知识出发，或者在西方主流概念的基础上对其内涵与外延进行调整，并逐渐与西方达成某种概念共识，或者生成新的概念，然后通过概念旅行证明新概念的价值和功用，并最终为世界性的概念生产贡献自己的力量。

参考文献

［1］萨托利指出："比较政治作为一个研究领域的独特性应该主要体现在其方法上。"Giovanni Sartori, "Comparing and Miscomparing," Journal of Theoretical Politics, Vol. 3, No. 3, 1991, p. 243. 利帕特也指出："在政治学的几个次级领域中，比较政治学是唯一一个具有方法意义而非实质内容意义的学科。'比较政治'一词主要表明其如何进行比较，而非具体针对什么内容进行比较。"Arend Lijphart, "Comparative Politics and the Comparative Method", The American Political Science Review, Vol. 65, No. 3, 1971, p. 682.

［2］譬如，《社会科学》杂志在2013年第5期了组织了一期"比较政治学研究方法专题"，围绕"比较政治研究方法综论""比较政治的议题设定""比较政治的案例研究""比较政治的模糊集合方法"等问题展开讨论。

［3］美国是推进比较政治研究中的主要国家。而在比较政治研究方法方面，美国学者几乎完全主导了这一过程。比较政治研究方法更为偏重科学的部分，而这种科学研究是美国社会科学的主要特色。相比而言，欧洲的社会科学研究则更加偏重哲学思辨。

［4］Arthur L. Kallberg, "The Logic of Comparison: A Methodological Note on the Comparative Study of Political System", Word politics, Vol. 19, 1966, pp. 69 – 82; Harold Lasswell, "The Future of the Comparative Method", Comparative Politics, Vol. 1, No. 1, 1968, pp. 3 – 18; Samuel Beer, "The Comparative Method and the Study of British Politics," Comparative Politics, Vol. 1, No. 1, 1968, pp. 19 – 36.

［5］Giovanni Sartori, "Concept Misformation in Comparative Politics", The American Political Science Review, Vol. 64, No. 4, 1970, p. 1052.

［6］Arend Lijphart, "Comparative Politics and the Comparative Method", The American Political Science

Review, Vol. 65, No. 3, 1971, pp. 682-693.

［7］Adam Przeworski and Henry Teune, "The Logic of Comparative Social Inquiry", New York: John Wiley, 1970, pp. 31-35.

［8］例如，利帕特和图纳的两篇论文：Arend Lijphart, "The Comparable-Cases Strategy in Comparative Research", Comparative Politics Studies, Vol. 8, No. 2, 1975, pp. 158-177; Henry Teune, "Comparative Research, Experimental Design, and The Comparative Method", Comparative Politics Studies, Vol. 8, No. 2, 1975, pp. 195-199.

［9］Charles C. Ragin, "The Comparative Method: Moving beyond Qualitative and Quantitative Strategies", Berkeley and Los Angeles: University of California Press, 1987.

［10］Gary King, Robert O. Keohane and Sidney Verba, "Designing Social Inquiry: Scientific Inference in Qualitative Research, Princeton", NJ: Princeton University Press, 1994, p. viii.

［11］David D. Laitin, "Disciplining Political Science", American Political Science Review, Vol. 89, No. 2, 1995, pp. 454-456; James A. Caporaso, "Research Design, Falsification, and the Qualitative-Quantitative Divide", The American Political Science Review, Vol. 89, No. 2, 1995, pp. 457-460; David Collier, "Translating Quantitative Methods of Qualitative Researchers: The Case of Selection Bias", The American Political Science Review, Vol. 89, No. 2, 1995, pp. 461-466; Ronald Rogowski, "The Role of Theory and Anomaly in Social-Scientific Inference," The American Political Science Review, Vol. 89, No. 2, 1995, pp. 467-470.

［12］Henry E. Brady and David Collier, eds., "Rethinking Social Inquiry: Diverse Tools, Shared Standards, Lanham", MD: Rowman and Littlefield, 2004.

［13］Charles Ragin, Redesigning Social Inquiry: Fuzzy Sets and Beyond, Chicago: University of Chicago Press, 2008.

［14］James Mahoney, "After KKV: The New Methodology of Qualitative Research", World Politics, Vol. 62, No. 1, 2010, pp. 120-121. 马洪尼指出，"它（KKV 的研究）使得诸多方法论的名词和观念——描述性推理（descriptive inference）和原因性推理（causal inference）、可观察的暗示（observable implications）、单元同质性（unit homogeneity）、选择偏差（selection bias）、平均因果效应（mean causal effect）等变得流行。并且，它对研究设计中每一步骤的系统化——从形成问题、到产生可检验的理论、到选择具体的观察、到检验理论、再到汇报结果——激发了关于方法论的每一个方面的讨论。"James Mahoney, "After KKV: The New Methodology of Qualitative Research," World Politics, Vol. 62, No. 1, 2010, pp. 120-121.

［15］对概念拉伸的理解，可以举一个例子来说明。一个概念好比一件衣服。一个理论家在提出某一概念时，往往针对某一国家的经验而言的。就好像一个裁缝在设计一件衣服时，总是按照某个人的身材来的。所以，当一件为某甲设计的衣服穿到某乙的身上时（假设某乙的身材比某甲大），那么穿到某乙身上的这件衣服一定会出现一种拉扯或拉伸的现象。这个例子受惠于与清华大学景跃进教授的交流。

［16］相似案例比较在密尔那里被称为"求异法"。在利帕特那里，这种方法则被称为"可比案例策略"（comparable-cases strategy）。Arend Lijphart, "The Comparable-Cases Strategy in Comparative Research", Comparative Political Studeis, Vol. 8, No. 2, 1975, pp. 158-177.

［17］这一方法在密尔那里被称为"求同法"。普沃斯基和图纳则将这一方法改良为"最具相异性系统"设计。Adam Przeworski and Henry Teune, "The Logic of Comparative Social Inquiry", New York: Wiley-Interscience, 1970, pp. 34-39.

[18] Alexander L. "George and Andrew Bennett, Case Studies and Theory Development in the Social Sciences, Cambridge", MA: MIT Press, 2005, p. 206.

[19] James Mahoney, "Path Dependence in Historical Sociology", Theory and Society, Vol. 29, 2000, pp. 507-548; Paul Pierson, "Increasing Returns, Path Dependence, and the Study of Politics," American Political Science Review, Vol. 94, No. 2, 2000, pp. 251-267.

[20] 严格来说，在布尔代数法和模糊集合法这样的（小样本）质性比较方法中，只有"原因"和"结果"，而无"自变量"与"因变量"一说，后者应用于基于大样本的统计分析中。

[21] Arend Lijphart, "Comparative Politics and the Comparative Method", The American Political Science Review, Vol. 65, No. 3, 1971, p. 684; Giovanni Sartori, "Comparing and Miscomparing," Journal of Theoretical Politics, Vol. 3, No. 3, 1991, pp. 244-245.

[22] 萨托利批评道："我最为不满的是，（除了极少例外）政治科学家显然缺乏逻辑训练，……，这些人除非手头有温度计，否则就拒绝探讨冷热问题。" Giovanni Sartori, "Concept Misformation in Comparative Politics", The American Political Science Review, Vol. 64, No. 4, 1970, p. 1033.

[23] 萨托利指出："只有当它们都具有这一特征，这两个项目才能在孰多孰少方面进行比较。因此，分等的逻辑（the logic of gradation）隶属于分类的逻辑（the logic of classification）。" Giovanni Sartori, "Concept Misformation in Comparative Politics", The American Political Science Review, Vol. 64, No. 4, 1970, p. 1038.

[24] Giovanni Sartori, "Concept Misformation in Comparative Politics", The American Political Science Review, Vol. 64, No. 4, 1970, p. 1047.

[25] Giovanni Sartori, "Concept Misformation in Comparative Politics", The American Political Science Review, Vol. 64, No. 4, 1970, p. 1044.

[26][27] Giovanni Sartori, "Concept Misformation in Comparative Politics", The American Political Science Review, Vol. 64, No. 4, 1970, p. 1053.

[28] Giovanni Sartori, "Guidelines for Concept Analysis", in Giovanni Sartori, ed. Social Science Concepts: A Systematic Analysis, Sage, 1984, pp. 22-34.

[29] 萨托利指出，"我们急需概念重构用以挽救当今大多数社会科学呈现的混乱状态……如果没有概念重构在先……他所做的无非是在既有的50种意义的基础上再给出第51种意义罢了" Giovanni Sartori, "Guidelines for Concept Analysis", in Giovanni Sartori, ed. Social Science Concepts: A Systematic Analysis, Sage, 1984, p. 50.

[30] Giovanni Sartori, "Guidelines for Concept Analysis", in Giovanni Sartori, ed. Social Science Concepts: A Systematic Analysis, Sage, 1984, pp. 57-63.

[31] 在其早期著作《逻辑哲学论》中，路德维格·维特根斯坦（Lndwig Wittgenstein）力图以接近于几何严格性的定义方式界定各个基本概念。在序言中，维特根斯坦自信地说道："在这里所阐述的真理，在我看来是不可反驳的，并且是确定的。因此我认为问题基本上已经最后解决了。"[奥]维特根斯坦:《逻辑哲学论》，郭英译，商务印书馆，1985年版，第21页。

[32] 这一特征在其后期著作《哲学研究》中有明确的表达。Ludwig Wittgenstein, "Philosophical Investigations, trans., G. E. M. Anscombe", London: Blackwell, 1968, pp. 10-14.

[33] 萨托利强调说，"我们要确定某个政体是不是民主政体。这也使得由这样的处理而产生的不同是类的不同，而不是程度的不同。" Giovanni Sartori, "The Theory of Democracy Revisited, Chatham", NJ:

Chatham House, 1987, p. 183;［美］乔万尼·萨托利:《民主新论》，冯克利、阎克文译，东方出版社，1998年版，第206页。

［34］萨托利批评道，如果按照属性概念的逻辑，那么"一切现存的政治制度都是民主制度，不管其程度如何小之又小，或者相反，一切现存政体都是非民主政体，不管——比如说——柬埔寨或阿尔巴尼亚与英国相比多么不民主。姑且不论这样的结论多么愚蠢可笑，这种程度至上论或者连续性至上论完全忽略了政治系统是一个系统，是一个受着结构性机制和原则制约的整体"。Giovanni Sartori, The Theory of Democracy Revisited, Chatham, NJ: Chatham House, 1987, p. 184;［美］乔万尼·萨托利:《民主新论》，冯克利、阎克文译，东方出版社，1998年版，第207 – 208页。

［35］James L. Sundquist, "Needed: A Political Theory for the New Era of Coalition Government in the United States", Political Science Quarterly, Vol. 103, No. 4, 1988, pp. 613 – 635.

［36］Giovanni Sartori, "Comparing and Miscomparing", Journal of Theoretical Politics, Vol. 3, No. 3, 1991, pp. 247 – 249;［美］萨托利:《比较与错误比较》，高奇琦译，《经济与社会体制比较》，2013年第1期，第131 – 132页。

［37］科利尔关于概念的重要论文都是与不同的合作者完成的。在这些论文著作中，科利尔基本上是主要的贡献者，因此笔者在下文表述这些作者时，简化为"科利尔"，而不再表述为"科利尔等"。这一表述调整是为了文章讨论的方便，因为笔者把科利尔看成是概念研究中的一个标志性人物。

［38］需要说明的是，科利尔在文章中更多使用范畴一词。科利尔认为，范畴与概念（concepts）的作用相似。科利尔指出，之所以使用"范畴"一词，是因为这一概念更直接地指称出边界的问题，同时这一概念也符合乔治·莱考夫（George Lakoff）的用法。莱考夫的研究是科利尔文章的基础。David Collier and James E. Mahon, Jr., "Conceptual 'Stretching' Revisited: Adapting Categories in Comparative Analysis", The American Political Science Review, Vol. 87, No. 4, 1993, p. 853. 笔者将categories译为"范畴"，以同type（类别）相区分。

［39］家族相似性这个概念来自维特根斯坦。这一概念所描述的事实是：我们可以观察出人类基因家族成员中的某些共有属性，这些属性可以与不具备此类属性的非家庭成员区别开来。即使不存在所有家族成员都共有这些属性的情况，但家庭成员之间的共通性（commonalities）也是十分明显的。Ludwig Wittgenstein, Philosophical Investigations, trans., G. E. M. Anscombe, London: Blackwell, 1968, pp. 65 – 75.

［40］莱考夫以普通语言中的"母亲"一词为例，说明了辐射型范畴的特点。在这个例子中，"母亲"的核心子范畴所对应的是一个在性别关系中被称为"真正"母亲的个体，其具备以下几个特点：①是个女人；②提供了孩子一半的基因构成；③生孩子；④是孩子父亲的妻子；⑤抚养孩子。当上述组成元素逐一出现，或两个及两个以上同时出现，就会出现非核心子范畴。这个例子中，若特征逐一出现时，就出现了相似的概念类型："基因母亲""生母""继母"和"养母"。George Lakoff, Women, Fire, and Dangerous Things: What Categories Reveal about the Mind, Chicago: University of Chicago Press, 1987, pp. 83 – 84.

［41］David Collier and James E. Mahon, Jr., "Conceptual 'Stretching' Revisited: Adapting Categories in Comparative Analysis", The American Political Science Review, Vol. 87, No. 4, 1993, p. 848.

［42］阿尔瓦雷兹和普沃斯基等将民主的要素确定界定为：对行政首脑和立法机关人员的挑选要经过竞争性的选举，要拥有超过一个政党，以及在一个合理的间歇后在任者会产生实际的轮替。Mike Alvarez, José Antonio Cheibub, Fernando Limongi, and Adam Przeworski, "Classifying the Political Regimes", Studies in Comparative International Development, Vol. 31, No. 2, 1996, p. 19.

[43] 达尔将民主概念聚焦在"政府与其反对者之间的反对、对抗或者竞争上"。Robert A. Dahl, Polyarchy: Participation and Opposition, New Haven, CT: Yale University Press, 1971, p. 1. 博伦则将民主定义为"精英最小化政治权力和非精英最大化政治权力的程度"。Kenneth Bollen, "Issues in the Comparative Measurement of Political Democracy", American Sociology Review, Vol. 45, No. 3, 1980, p. 372.

[44] David Collier and Robert Adcock, "Democracy and Dichotomies: A Pragmatic Approach to Choices about Concepts", Annual Reviews Political Science, Vol. 2, 1999, pp. 561 – 562.

[45] 该文是其1997年《带形容词的民主》一文的修正版。David Collier and Steven Levitsky, "Democracy with Adjectives: Conceptual Innovation in Comparative Research", World Politics, Vol. 49, No. 3, 1997, pp. 430 – 451.

[46] 在这里,笔者以国家的分类为例来解释科利尔的这两种等级。从中央和地方关系来看,国家可以分为单一制国家和联邦制国家。因此,"单一制国家"是"国家"的一个种类。那么,"单一制国家"与"国家"的关系就是种类等级。从其内部权力来看,国家可以分为立法机关、行政机关、司法机关、军队等部分。因此,"立法机关"是"国家"的一个部分。那么,"立法机关"和"国家"的关系就是局部—整体等级。

[47] David Collier and Steven Levitsky, "Democracy Conceptual hierarchies in comparative research", p. 281.

[48] David Collier, Jody LaPorte, and Jason Seawright, "Putting Typologies to Work: Concept Formation, Measurement, and Analytic Rigor", Political Research Quarterly, Vol. 65, No. 1, 2012, pp. 217 – 232.

[49] John Gerring, "What Makes a Concept Good? An Integrated Framework for Understanding Concept Formation in the Social Sciences", Polity, Vol. 31, 1999, pp. 357 – 384.

[50] 吉尔林明确表示,概念构建是基于"情境"的工作。在不同的情境下,概念构建的任务会大为不同。John Gerring, "What Makes a Concept Good? An Integrated Framework for Understanding Concept Formation in the Social Sciences", p. 391.

[51] 这篇文章是吉尔林与Paul A. Barresi的合作作品。鉴于吉尔林在概念研究方面的持久贡献以及他在署名上以第一作者出现,可以说吉尔林对这篇文章的贡献更大。因此,为了在文章中讨论方便,与之前对科利尔作品的处理类似,本文略去"吉尔林等"的表述,而直接使用"吉尔林"。John Gerring and Paul A. Barresi, "Putting Ordinary Language to Work: A Min – max Strategy of Concept Formation in the Social Sciences", Journal of Theoretical Politics, Vol. 15, No. 2, 2003, pp. 205 – 206.

[52] 吉尔林还以文化为例讨论了最小—最大定义。文化的最小属性包括两部分:在生产和传播(production and transmission)上表现为社会的(social),在具体特征上表现为理念型的(ideational)或符号型的(symbolic)、模式化的(patterned)、分享的(shared)。文化的理想类型属性也包括两部分:在生产和传播上表现为社会的和人文的(human),在具体特征上表现为理念型的或符号型的、模式化的、分享的、持久的(enduring)、累积的(cumulative)、一致的(coherent)、差异的(differentiated)、广泛的(comprehensive)、整体的(holistic)、并非基于利益的(non – interest – based)、默认的(implicit)、因果的(causal)、构成的(constitutive)。John Gerring and Paul A. Barresi, "Putting Ordinary Language to Work: A Min – max Strategy of Concept Formation in the Social Sciences", pp. 210 – 218.

比较政治研究中的案例、方法与策略

王丽萍

【摘　要】 经验性社会科学研究的过程是一个在理论与经验材料之间进行对话的过程。对于比较政治学这一以比较方法作为其重要特征的学科而言，这一过程更是一个在不同案例、方法和策略间进行选择的过程。其中，案例的选择以及建立在案例基础上的不同研究类型和研究策略等形成了不同的研究方案，也代表着经验材料（证据）与相关理论（观念、假设）间对话的不同形式。案例、方法和策略等一系列选择之间的逻辑关联所要研究的问题，以及与研究者相关的诸多因素等，在不同程度上为比较政治研究中案例、方法与策略的选择设定了限度，也提示研究者比较政治研究中不可能有完美的研究方法和研究方法的完美运用，而在这一问题上的反完美主义立场就是一种方法论理性。

【关键词】 案例选择；研究方法；研究设计；比较政治学

评估、检验和发展理论是经验性社会科学的重要使命，因而社会科学研究的过程也是一个在理论与经验材料之间进行对话的过程。比较政治学因其在方法论（比较方法）方面的重要特性，这一过程更是一个在不同案例、方法和策略之间进行选择的过程。比较政治研究中案例、方法与策略的选择，本质上还是一个与研究方法和方法论有关的重要问题，同时也受到与研究者相关的诸多因素（如知识储备和积累，特别是对经验案例的掌握情况、理论素养以及研究兴趣）、所要研究的问题和研究目的（包括方法论目的）以及不同的思考和推理逻辑等诸多方面问题的限制，不同案例、方法和研究策略的选择之间，也存在不同程度的相互制约。规范的学术研究要求明确的方法论意识，而正视并接受研究方法及其运用限度的方法论理性同样不可或缺。

一、案例选择与选择偏差

案例选择是比较研究的重要起点。在研究过程中，选择怎样的案例（经验材料）以

---

* 原载于《北京大学学报》，2013年第6期。

及选择多少案例,只是确定不同研究类型的一个维度,而如何运用所选案例进行研究,或以怎样的方式在经验材料(证据)与理论(观念、假设)之间建立起符合逻辑的联系来,以实现理论(观念、假设)与经验材料(证据)之间的有效对话,则涉及与研究相关的几乎所有方面。在这种意义上,与社会科学研究方法相关的诸多问题都与案例及其选择有关。案例的选择影响着研究的走向和结果。"糟糕的案例选择甚至可能在后来的研究阶段摧毁作出可靠的因果推论的最具天才的努力。"[1]在这种意义上,随机抽取样本似乎是比较研究中一个理想的案例选择方法,但在小样本研究中则并不普遍适用。于是,样本的非随机选择就为各种各样的案例选择偏差开启了大门。选择偏差(selection bias)是在特定研究背景中产生的系统错误[2],在研究过程中具体表现为选择那些能够支持研究者希望得到的研究结论的自变量和因变量组合的案例。由于大多数定性研究中的案例选择标准并不明确,选择过程也常常缺乏研究者评估潜在偏差的自觉努力,因而各种选择偏差被带入案例选择过程的机会就大大增加了。

在比较研究中,案例一般表现为具体的国家或某种经验观察。案例选择的一个重要条件是案例的可比性,即选择可比案例。虽然比较方法更有助于次国家案例的比较[3],但国家的比较更常见于比较政治研究。不同国家在地理上的接近是可比性的重要基础,但却不是可比性的必然基础。事实上,可比性并不是内在于所有给定对象的一个特征,而是由观察者的视角所赋予的一种特征。[4]因此,比较研究中的案例选择不仅应遵循和符合一般思考和研究逻辑,还应体现比较的逻辑,甚至在比较思考中发现和创造比较的基础,以确定进行比较的案例。

在比较政治学研究中,研究假设或初始理论的提出往往基于某些经验观察或案例。因此,用于检验假设和初始理论的案例的选择,应避免重复使用从中产生了研究假设和初始理论的案例。这可以看作案例选择的一个重要标准。案例选择的另一个重要标准是,在研究者所要检验的初始理论的适用范围内,应当选择具有代表性的案例。这两个标准实际上就是案例选择的一般逻辑。

案例选择是在"无知之幕"后进行的。在各种各样的经验观察的混沌和迷雾中选择案例并不是一件轻松的工作。由理论来引导案例的选择就被认为是一条可行的"救赎之路"。[5]理论不仅影响着研究路径的选择,也指导着案例的选择。理论选择或研究路径的确定,在很大程度上已经决定了哪些案例(国家)或观察可作为研究案例。因此,理论本身就是指导案例选择的一个重要原则。

理论对于案例选择的影响,可能体现于不同方面,或可以从不同角度加以理解。对于理论的适用问题,在比较政治学研究中,作为分析基本单元的案例常常就是指国家。对理论的准确理解和对经验现象的深入而系统的把握,在很大程度上可以为选择哪些国家或观察作为研究案例提供直接和具体的引导。譬如,如果确定了将法团主义现象作为所要研究的问题,法团主义的相关理论就是最适合的理论和研究路径选择。在这一研究中,具有法团主义传统的国家(如伊比利亚国家、奥地利、拉美国家等)以及一般被认为没有多元主义、自由主义传统的其他国家和地区都构成了法团主义研究的良好案例,其中具有法团主义传统的国家更成为这一研究的最佳案例。在最消极的意义上，理论和研究路径的确定已经将一些国家（如英国[6]、美国）排除在案例选择范围之外了。

由理论所识别和引导的概念和变量的确定及其不同关系构成了类型分析的不同维度，并使研究者获得有关潜在的案例总体的一个清晰印象。确立多维分类体系或类型（multi-dimensional classification scheme or typologies）是案例选择的一个有用的出发点。由理论所引导的类型一旦确立，研究者即可选择有望能最好地回答所要研究的问题的案例。[7]仍以法团主义研究为例。国家法团主义（state corporatism）与社会法团主义（societal corporatism）是施密特（PhilippeSchmitter）基于法团主义的制度基础而提出的法团主义的两种重要类型。[8]其中，国家法团主义指表现出由上而下或威权主义组织特征的政权或制度。这种国家法团主义主要见于南欧和拉美国家；社会法团主义也可称为新法团主义（neo-corporatism），则代表了一种较为民主的由下而上的制度安排。北欧国家以及奥地利、德国、瑞士等欧洲民主国家的法团主义制度就体现了典型的社会法团主义特征。

研究假设或初始假设的内容实际上决定了案例的选择范围，或者说理论的适用范围也就是案例的选择范围。譬如，有关政治文化与民主转型的研究假设或理论的检验，就可以从所有民主转型国家这一样本总体中抽取样本以检验假设或理论。根据因变量选择研究案例是政治学和比较政治学研究中的一种常见方法，并已在研究实践中产生了丰富的成果，但这种研究无法检验自身提出的理论并可能损害研究的推理逻辑。

选择"硬"案例（"hard" cases）是避免案例选择偏差的一个重要途径。"硬"案例就是可以为理论提供严格检验的案例。如果一个理论得到了硬案例的检验，它在更为普遍的意义上也是成立的。通过硬案例检验理论的逻辑也被称为"纽约推理"（New York inference），即"如果我在那里（纽约）能够成功，那么我在哪里都会成功"。硬案例也被称为"更加确定的案例"（"a fortiori" cases）：如果一个理论能够在特别困难的环境中击败各种与其形成竞争的理论，那么它在有利的环境中更容易得到检验。[9]

比较政治学研究中的案例选择并没有统一的规则。如果说有的话，这个统一规则就是在检验研究假设和初始理论时，以不损害推理逻辑即不损害推理质量的方式选择案例，避免案例选择偏差。

二、不同的研究逻辑，不同的研究类型

在经验性社会科学研究中，似乎案例和观察"越多越好"。对于定性研究而言，"多少观察足够"是定性研究中的一个定量问题。案例选择的多少，与推论的可靠性直接联系在一起，因而在很大程度上取决于研究者试图得到的因果推论。此外，变量特征特别是未被作为控制变量的变量特征，对于研究所需要的案例和观察的数量具有重要影响。具体而言，因变量的变异性（variability）越大，就需要越多的案例以获得可靠的因果推论；

研究者对推论确定性水平的要求也影响着选择案例的数量。如果可以容忍某种不确定性，研究者只需要较少的案例；在一些人们所知甚少的领域，任何新知识的获得都非常重要，对确定性的要求也会相对低一些，而在人们已经积累了较多知识的领域，增进知识所要求的较高的确定性则提出了需要较多案例的要求；原因解释变量与控制变量之间的相关水平和共线性（collinearity）越高，就越可能浪费案例和观察。原因解释变量赋值方差（variance）越大，研究者则需要越少的观察以达到特定确定性水平的因果推论。

尽管在经验性社会科学研究中，案例和观察对于获得可靠的研究推论似乎"多多益善"，但考虑到不同研究设计的具体情况，特别是研究中涉及的具体变量的不同特性，以及获取案例和观察方面的诸多问题（如时间、资金及其他问题），有时更多的案例并不是一个有意义的选择，甚至是一种浪费。原因解释变量与控制变量之间存在较高共线性时尤其如此。理论评估的逻辑强调"使杠杆作用最大化"（maximizing leverage），即"以尽可能少的案例作出尽可能多的解释"。这也是好的社会科学研究的一个目标或标准。[10]

依据所选择案例或观察的多少这一数量特征，可将不同研究类型简单区分为大样本研究和小样本研究。对较多国家和案例的研究称为大样本（large-n）研究；与之相对应，对较少国家和案例的研究称为小样本（small-n）研究。其中，n代表所要研究的国家和观察的数目。

大样本研究一般指研究者通过充分且具有差异性的案例对变量之间的关系进行检验，其中涉及的变量就是不同案例之间存在差异的维度。因此，大样本研究也是"变量取向的"（variables-oriented）研究。大样本研究试图通过增加案例和观察以获得和提升因果推论的可靠性，非常接近于科学的实验方法。

大样本研究在今天通常被称为统计学研究。在比较政治研究领域，普热沃斯基（Adam Przeworski）与其同事对1950～1990年世界范围内不同类型国家（民主国家、非民主国家和转型国家）所做的统计学研究，是较为晚近的具有重要影响的一个大样本研究，并且获得了超越"仅仅掌握事实"的比较研究结论，即在处于经济发展任何阶段的国家都可能引入民主。[11]

小样本研究是经验性社会科学研究实践中更常见的一种研究类型。其中除了研究技术、资金及时间等方面的条件限制外，一些方法论方面的目的（如为了更好地把握因果关系过程或机制）也促使研究者选择小样本研究。[12] 小样本研究通过对特定案例内以及为数不多的案例比较来检验假设提出的因果关系过程并作出推论，也被称为"案例取向"的（case-oriented）研究。在比较研究中，研究的焦点往往在于国家间的相似性和差异性，而不是变量之间的分析关系。对相似性和差异性的比较意在揭示每个国家的共同点，以解释所观察到的结果。小样本研究通过深入分析数量有限的案例和增加因果过程观察的数量来增进因果推论的可靠性。

小样本研究可以使研究者深入案例内部，发现其特殊性，从而对可能的因果关系的每个环节进行检验，进而更可能回答"为什么"的问题。对于一些现实社会中相对较少的现象（如革命），则更需要就每个案例进行详细的分析，也只有选择较少的案例才可能使研究富有成果。斯考切波（Theda Skocpol）的《国家与社会革命：对法国、俄国和中国的比较分析》（States and Social Revolutions：A Comparative Analysis of France, Russia, and China, 1979）就是对革命现象所做的小样本研究。政治学领域许多有影响的研究都产生于小样本研究。阿尔蒙德（Gabriel A. Almond）和维巴（Sidney Verba）的《公民文化：五个国家的政治态度和民主制》（The Civic Culture：Political Attitudes and Democracy in Five Nations, 1963）、罗伯特·贝茨（Robert Bates）的《热带非洲的市场与国家：农业政策的政治基础》（又译为《市场与国家：发展政治经济学》，Markets and States in Tropical Africa：The Political Basis of Agricultural Policies, 1981）等都是小样本研究的经典。

从科学哲学的角度看，小样本研究倾向于被定位于对必要和充分的因果条件的分析，并至少隐晦地蕴含着对因果关系的某种决定论（和非线性的）观点。大样本研究（也包括某些小样本研究）则对因果关系采取了一种或然性观点。政治世界的不确定性在事实上使得小样本研究内在的决定论逻辑偏离了现实，特别是在识别所谓"反常"国家（"deviant" countries）或离群现象（outliers）方面，大样本研究表现出了明显的优势。[13]

更好的数据收集方法比更好的数据分析方法更可取，被认为是在大样本研究与小样本研究之间作出选择的基本原则，因而也使大样本研究与小样本研究之间的平衡似乎偏向了大样本研究一边。当充分量化的可比信息能够获得时，大样本研究设计就会被采纳。但是，案例和观察数量的增加并不是"免费午餐"：新增案例与原有案例之间是否具有可比性，概念在为数众多的案例间"穿行的问题"（the travelling problem）[14]，所使用的指标是否适用于新的案例等问题，都可能使大样本研究变得不可取、不可能。

在研究结论的广度和深度之间，小样本研究反映了深度优先的研究逻辑，而大样本研究则将广度放在第一位。因此，小样本研究可能会以牺牲普遍性为代价追求解释的准确性和详细的因果过程描述；而大样本研究常常以使具体个案隐形的方式，甚至是以无法解释任何单一个案为代价，以强化人们对普遍性和因果效应强度的信心。

大样本研究和小样本研究的互补性已被广为认识。大样本研究与小样本研究的结合，在很大程度上使建立在二分法基础上的这两种不同研究类型之间的界限模糊了。

三、研究策略的选择与运用

在经验性社会科学研究中，定量研究与定性研究[15]是一种传统的二元类型认识。传统上，研究者倾向于将大样本研究与定量研究相对应，而将小样本研究与定性研究联系起来。这种传统认识事实上只是一种部分正确的认识。具体而言，大样本研究与小样本研究之间的差异一般与抽样总体、抽样以及统计的变化倾向有关，而定量研究与定性研究之间的差异则是围绕概念的构建和测量。无论在研究逻辑上，还是如研究实践所表明的，小样本研究常常是定性的,但并不必然是定性的,而大样本研究也有可能是定性研究。[16]

如何运用所选案例进行研究,或以怎样的方式在经验材料(证据)与理论之间建立起符合逻辑的联系,实现理论与证据之间的对话,代表着趋近证据的不同路径,即不同的研究策略——定量研究与定性研究,以及不同的比较研究策略。

定量研究主要运用数字和统计方法,以所要研究的问题和现象的数字测量为基础,并强调从对特定案例的抽象中寻求一般概括或检验因果假设,而相关测量和分析可由其他研究者重复进行。定量分析的出发点体现了这样一种观念,即通过许多案例所进行的模式的考察和分析是理解基本模式和关系的最佳途径。研究者通过考察许多案例可以从中概括出具有一般意义的结论,从而提供有关社会政治现象的"全景式观点",而对任何单一案例或较少案例的研究,则只可能获得有关社会生活的一个扭曲的图像。[17] 一般地,也是在上述意义上,定量研究常常与大样本研究相联系。

定量研究对社会生活的理解常常建立在对许多案例进行考察的基础上,并通过表明许多案例间两个或更多特征(变量)的共变关系来构建所研究问题或现象的概念。其中,变量是定量研究者构建其概念的关键要素,定量研究常常使用相关性一词来描述两个可测量变量之间的共变关系模式。定量研究因其通过浓缩许多案例以获得有关复杂的社会生活的图像而具有非常明显的普遍性特征;同时,因案例较多而不可能考察较多的变量,还使定量研究具有同样明显的简约特征。这些特征在很大程度上使定量研究契合了社会科学研究的若干基本目标,如发现一般模式和关系、检验理论并作出预测。相对于定性研究,定量研究还具有适宜理论检验的特点。由研究者的理论观念或所要检验的理论转化而产生的分析框架,可以明确与理论相关的案例并描述其主要特征,使研究者发展对于相关变量的测量,采集数据,评估相关变量之间的关系,进而对理论或假设进行检验——支持或否定。

在定量研究的诸多环节中,分析框架的确定对于后续研究工作具有重要的基础作用。在不以理论检验为目的的定量研究中,分析框架仍然主导着诸如确定案例和变量、采集数据、测量变量、检验相关关系等工作。这些不同环节基本构成了定量研究的一个完整过程。定量研究在研究中所展示的多方面特点,使其与其他研究策略相比似乎更为"科学"。在一些定量研究者看来,定量研究所进行的系统的统计分析是社会科学领域通向真理的唯一道路。

定性研究实际上是多种不依赖于数字测量的方法和路径的集合。定性研究一般集中于为数不多的案例,通过深度访谈或对历史资料的深度分析,在研究方法上具有推论的特性。宏观历史研究、深度访谈和参与式观察以及被称为阐释主义解释学和"厚描法"(interpretivism hermeneutics, and "thick description")的研究方法,是比较政治研究常用的三种定性研究方法。定性研究方法试图识别和理解研究对象的属性、特征与性质,因而也必然要求只对数量较少的国家予以关注。[18] 基于这样的研究取向,定性研究一般与小样本研究联系在一起。

定量研究在提供有关社会政治现象的"全景式观点"的同时,却可能对某个(某些)

特定案例所知甚少。因此，定性研究者认为，只有通过对特定案例的深度考察才可能获得对社会现象的恰当理解。在这种意义上，定性研究更重视对社会政治现象的系统认识，尽管其在某些方面不及定量研究方法"科学"。值得注意的是，在历史上的大部分时期，社会科学中的大部分专门知识都产生于定性研究。[19]

定性研究很少以检验理论为目标，解释具有重要历史或文化意义的现象并推动理论发展是其主要目的。定性研究的步骤或研究环节大致可表述为，在初步的或模糊构建的分析框架中明确案例范围，确定案例和概念，厘清所使用的概念和类型，进行因果关系评估，并在研究过程中完善或重构分析框架，对假设进行验证，或提出新的解释。

在经验性社会科学研究中，有关定量研究与定性研究两种不同研究方法及其差异，以及两种方法之间孰优孰劣的长期争论，还使社会科学研究中出现了以不同研究方法为核心的两个分支：定量的系统概括性分支（quantitative - systematic - generalizing - branch）和定性的人文主义推论性分支（qualitative - humanistic - discursive - branch）[20]。不仅如此，定量研究因其更"科学"而日益受到重视，并在一定程度上导向了定量研究帝国主义（quantitative imperialism），而定性研究也被认为应遵循与定量研究同样的逻辑；另一种情形则被称为定性研究分裂主义（qualitative separatism），即坚持认为定量研究与定性研究之间很难对话和交流，也无从相互学习和借鉴。[21]

事实上，大多数研究都不能精确、严格地被归类为定量与定性两种研究中的某一种类型而不具有另一种研究类型的某些成分。定量研究常常离不开一些定性的概括和归纳，而在定性研究中往往也可以看到定量研究被当作一种辅助手段，与定性研究结合在一起。更有一些学者认为，定量研究与定性研究遵循共同的推理逻辑，两者之间的差异只是研究形式的不同，在方法论和实质上并不重要。[22]

尽管如此，二者之间的差异却是实实在在的，试图将二者联系起来的研究也被称为牵强的"和解方案"。[23]在研究中选择哪一种方法或策略，所要研究的问题是一个非常重要的影响因素甚至是决定性因素。一般而言，社会、政治或经济行为的模式与变化趋势较适于量化分析，而有些问题并不能够以量化数据通过假设检验而得到阐释，从而在根本上排除了将量化研究作为一个选项。

选择定量研究还是定性研究，还常常与大样本研究或小样本研究联系在一起，尽管这种联系并不是严格的一一对应关系。一些研究也的确打破了方法论类型的刻板模式。譬如，一些研究虽是大样本研究，但却表现出定性研究的特点；也有研究则表现出相反的特征，是小样本研究与定量研究的结合。前者如查尔斯·梯利（Charles Tilly）在《欧洲革命：1492～1992》（European Revolutions, 1492～1992, 1993）中就涉及了数以百计的案例；后者如一些以预测美国总统及国会选举为目的的研究常常只选取十多个样本来进行统计分析。詹姆斯·坎贝尔（James E. Campbell）的《美国竞选：美国总统竞选与全国投票》（The American Campaign: U. S. Presidential Campaigns and the National Vote, 2000）就是此类研究的典型。

样本量的大小虽然不直接影响研究策略的选择，即选择定量研究还是定性研究，但样本量的大小在很大程度上影响了不同研究策略的选择。定性研究通常运用厚分析或深度分析（thick analysis）的方法。定性研究者往往沉浸于案例的具体细节中，从中构建其概念、变量以及基于知识的因果关系理解，排除具有竞争性的其他解释并确立经得起检验的解释。定性研究所要求的丰富的信息层次和对具体案例的深入了解，使得大样本研究非常困难。相反，定量研究所要求的对假设的统计检验又常常是小样本难以支持的。统计检验是定量研究强有力的分析工具，定性研究的力量则源于厚重的分析。当然，有时厚分析也在定量研究中发挥重要作用。[24]

大样本研究与小样本研究、定量研究与定性研究，是有关经验性社会科学研究不同研究策略与类型的两个不同维度，不仅定量研究或定性研究两种不同研究策略的选择可能受到样本量的影响，而所要选择的样本总量也在很大程度上受到定量研究或定性研究间不同选择的影响。

"最相似体系"设计（"most similar systems" design，MSSD）和"最不同体系"设计（"most different systems" design，MDSD）是普热沃斯基和特纳（Henry Teune）在其被奉为比较社会科学研究圣经的关于比较研究价值的分析中所讨论的两种一般性研究方法，也被看作两种比较研究策略。在他们看来，大多数比较分析者都相信，"在尽可能多的特征方面尽可能相似的体系构成了比较研究的最优案例"。最相似体系设计特别适合于专注于区域研究的研究者。[25] 这种比较策略以约翰·密尔（John Mill）的差异法（method of difference）为基础，试图识别相似国家中可以解释观察到的政治结果的关键的差异性特征。研究者在研究中大多选取相似的政治体系，然后分析其差异，并观察这些差异对其他政治或社会现象所产生的影响。最不同体系设计以约翰·密尔的契合法（method of agreement）为基础，旨在找出不同国家的共同特征以解释特定的结果。这种研究策略允许研究者选择两个或更多在本质上具有差异性的国家，对这些国家的研究集中于寻找这些国家的相似之处。最不同体系设计尤其适用于找出一个需要解释的特定结果的比较研究。

在进行比较研究时，最相似体系设计是更常被使用的研究策略，其原因就是为了控制尽可能多的变量。这一点既是最相似体系设计的优越性，也使这一研究策略面临风险，即由于具有相似性的国家数量毕竟有限，要控制所有可能的解释变量是非常困难的，因而很容易使研究遭遇"许多变量，很少案例"（many variables, small number of cases）的问题。为了弥补最相似体系设计的缺陷，普热沃斯基和特纳提出最不同体系设计作为替代策略。就两种比较策略的运用而言，当研究者关注体系层面的变量（variables at a systemic level）时，最相似体系设计尤其有用；当研究者关注次体系层级的变量（variables at a sub-systemic level）时，最不同体系设计更适用，并使"许多变量，很少案例"的问题在次体系背景中得以补救。[26] 在研究实践中，还可以看到将两种不同比较研究策略结合使用的混合设计。胡安·林兹（Juan Linz）和阿尔弗雷德·斯泰潘（Alfred Stepan）在《民主转型与巩固问题》（Problems of Democratic Transition and Consolidation, 1996）中，先是运用最相似体系设计来比较南美、南欧和东欧等不同区域内的民主巩固经验，又运用最不同体系设计来对这三个区域进行比较。

无论是定量研究与定性研究,还是最相似体系设计与最不同体系设计,案例选择的多少在不同程度上对研究策略的选择以及研究结果都可能产生影响。尽管如此,多少样本/案例的研究适于采取某种研究策略的问题,在研究实践中仍是一个不确定的问题。实际上,用尽可能少的案例获得尽可能可靠的推论,始终是研究者选择研究策略的重要思考。

大样本研究常常涉及50个以上的案例,有的调查数据涉及数以千计的样本;小样本研究一般是对一个或为数不多的几个案例或观察的研究。数量范围不同的案例都有其相应的研究策略选择。譬如,比较方法主要运用于对适当数量的案例的考察,几个案例到50个左右的案例被认为是这一方法运用的适当范围;10~20个的某一点应是定性研究与定量研究的分界点;等等。[27]那么对于10~50个的案例和观察而言,应使用关注于深度分析的小样本研究还是倾向于广泛概括的大样本研究,却并不明确。譬如,少于15个案例/样本的选举预测模型仍然可以使用大样本统计常用的统计方法。学者拉金(Charles C. Ragin)提出的定性比较分析(qualitative comparative analysis,QCA)和模糊集合(聚类)(fuzzy - set analysis)分析,不仅为介于小样本与大样本之间的中等数量(规模)样本(intermediate - n 或 moderate - n)研究提供了有用的方法和分析工具,也在很大程度上在定性研究与定量研究之间架设起了桥梁,从而有助于观点与证据之间更加富有成果的对话。

定性比较分析运用布尔代数(布尔逻辑)来实践定性研究者的比较原则,逻辑比较的布尔方法将每个案例看作原因和结果的一种组合。这种研究技术通过使定性分析的逻辑形式化,将定性研究的逻辑和实证强度与包括更多案例的研究结合起来,而后一种情形通常需要运用变量取向的定量研究方法。[28]被认为将会带来社会科学研究方法论革命的模糊集合(聚类)分析,是定性比较分析的改进和发展。其中,对模糊集合(聚类)的理解常常需要借助于与其相对应的明确集合(crisp set)的概念。明确集合指一个案例属于或不属于某一集合,只涉及两种明确的情形——属于还是不属于。明确集合实际上反映了人们对于集合的一种常规认识。与此不同的是,模糊集合(聚类)则是在属于或不属于某一集合之间设定了从0到1的一个区间,从而在一定程度上使0和1两个性质不同(属于和不属于某一集合)的两极之间形成了具有程度差异的案例序列。这种方法可以使研究者抛弃有关案例和原因的"同质化假设",从而提供了理论与数据分析之间的强有力联系。更为重要的是,这一方法可适应不断变化的理论概念。

比较研究策略的确定,远不是在诸如定性研究与定量研究、最相似体系设计与最不同体系设计等一系列二元选项中作出非此即彼的选择,而需要根据所要研究的问题和研究目的再由不同研究策略所构筑的选择空间制定灵活和务实的研究方案,其中不同研究策略的融合也是一种常见的选择。

四、有限度的选择与反完美主义的立场

在比较研究中,围绕所要研究的主题,与案例相关的诸多问题,如选择怎样的案例,选择哪一种研究类型(如大样本研究或小样本研究,定量研究或定性研究等),以及确定怎样的比较研究策略(如最相似体系设计或最不同体系设计),都与案例的选择密切相关并形成不同的研究方案,而不同的研究方案则代表着经验材料(证据)与相关理论(观念、假设)间对话的不同形式。

在这些不同形式的对话中,案例的选择具有多方面的意义和影响。其中,案例的选择早已超越了选择哪个(哪些)国家或观察作为研究对象和基础的单一问题,而与更为广泛的研究目标和思考逻辑联系在一起。比较研究中的大样本研究或小样本研究、定量研究或定性研究等选择,看似不同维度上的不同研究类型,实际上却存在着由一般推导逻辑所决定的内在关联。最相似体系设计和最不同体系设计这两种比较策略则较为明显地反映了研究者不同的推导逻辑和研究抱负。

作为一门学科,比较政治学在吸收其他学科(包括自然科学)的概念、理论和研究方法等方面表现出开放性的特征。同时,在使政治学趋向科学化的努力中,比较政治学因其方法以及建立在方法基础上的经验研究特征而具有重要的优势。但是,比较政治学终究不是自然科学,其研究逻辑和研究方法最终仍必须服从于社会科学的一般研究逻辑和规律,而不可能因袭自然科学的研究模式。

有限的信息是社会科学研究的必然特征。在比较政治学领域,研究过程中案例、研究方法及策略的选择等诸多环节,都是在有限的信息环境中甚至在"无知之幕"后进行的。因此,比较政治学所适用的研究方法与策略常常会受到诸多限制,研究所获得的结论也可能是不确定的,其适用范围更常常是有限的。这种状况应理解为比较政治学学科研究的一个常态。

重视方法、有明确的方法论意识,将会有助于研究者成为有意识的思考者(conscious thinkers)。在比较政治学研究中,从不同案例的选择,到不同研究方案的选择和确定,都需要研究者具有明确的"方法论意识"(methodological awareness),而在实际研究过程中贯彻并及时调整和修正研究设计所确定的研究方案,则有助于进一步强化和提升研究者的方法论意识。但是,要避免成为萨托利(Giovanni Sartori)所说的以源于自然的、"范式性的"科学理论和方法原则为标准的"意识过度的思考者"(overconscious thinkers),除了重视方法之外,还必须接受研究方法的局限性。[29] 充分认识和重视比较政治学领域研究方法及其运用方面的种种问题,将使学习者和研究者理性认识这一学科——它的特性以及由其特性所决定的各种限度,从而成为一个有意识的思考者,而不是一个意识过度的思考者。

在比较研究中,研究者既要有方法论意识,还应有方法论理性,对学科研究在不同维

度上的限度保持清醒的认识，包括对方法作出必要的改进。选择怎样的案例，选择大样本研究或是小样本研究，定性研究或是定量研究等，是比较研究者在进行研究时必须面对的问题。不同研究方法和策略各有优点，相对于所研究的具体问题也表现出各自的劣势。于是，探索不同方法和策略间的结合就成为改进方法论的重要突破口。譬如，研究者为了在定量研究与定性研究之间建立联系已经进行了不懈努力，其中既包括试图将定量研究的逻辑运用于定性研究以使定性研究的结论更为有效的尝试，也有将案例研究与统计分析结合在一起的嵌套分析（nested analysis）[30]等。在这种意义上，采取一种折中的方法论观点被认为是政治学和比较政治研究取得进展的最大希望所在。[31]规范、科学的研究离不开有关方法运用的明确意识，但比较政治学是一门充满或然性的科学，在这一学科领域追求完美的研究方法和研究方法的完美运用，不仅是困难的，也是不可能的。因此，在方法论意义上，一个有意识的思考者也应是一个清醒的反完美主义者。

参考文献

[1] 芭芭拉·格迪斯：《范式与沙堡：比较政治学中的理论建构与研究设计》第三章，陈子格、刘骥等译，重庆：重庆大学出版社2012年版。

[2] D. Collier and J. M. ahoney, "Insights and Pitfalls: Selection Bias in Qualitative Research", World Politics, 1996, 49 (1): 56 – 91.

[3] Arend Lijphart, "The Comparable – Cases Strategies in Comparative Research", Comparative Political Studies, 1975 (8): 158 – 177.

[4] Dankwart A. Rustow, "Modernization and Comparative Politics: Prospects in Research and Theory", Comparative Politics, 1968, 1 (1): 37 – 51.

[5] [7] [9] See Dirk Leuffen, "Case Selection and Selection Bias in Small – n Research", in Thomas Gschwend and Frank Schimmelfennig, eds., Research Design in Political Science: How to Practice What They Preach, New York: Palgrave Macmillan, 2007: 145 – 160.

[6] 事实上，英国在一段时间内也曾存在类似的现象。塞缪尔·H. 比尔（Samuel H. Beer）对可上溯至20世纪50年代的英国类似现象的研究，与拉帕隆巴拉（Joseph LaPalombara）对意大利的研究、斯坦·罗肯（Stein Rokkan）对挪威的研究等，一起被看作法团主义早期研究中欧洲阵营（the European Camp）的重要组成部分。See Paul S. Adams, "Corporatism and Comparative Politics: Is There a New Century of Corporatism?", in Howard J. Wiarda, ed., New Directions in Comparative Politics (3rded.), Boulder, CO: Westview, 2002: 17 – 44.

[8] Philippe Schmitter, "Still the Century of Corporatism?", in Philippe Schmitter and Gerhard Lehmbruch, eds., Trends Towards Corporatist Intermediation, London: Sage Publications, 1979.

[10] See Gary King, Robert O. Keohane, and Sidney Verba, "The Importance of Research Design in Political Science", American Political Science Review, 1995, 82 (2): 475 – 481; Gary King, Robert O. Keohane, and Sidney Verba, Designing Social Inquiry: Scientific Inference in Qualitative Research, Princeton: Princeton University Press, 1994: 29 – 31.

[11] See Adam Przeworski, Michael E. Alvarez, Jose Antonio Cheibub, Fernando Limongi, Democracy and Development: Political Institutions and Well – being in the World, 1950 – 1990, Cambridge: Cambridge Universi-

ty Press, 2000; Gabriel A. Almond, Russell J. Dalton, G. Bingham Powell, Jr., and Kaare Strom, eds., Comparative Politics Today: A world view, (8th ed.), New York: Pearson, 2006: 33 - 34. 普热沃斯基与其合作者所使用的数据截止到1990年，许多新兴民主国家并没有被纳入其研究，如有着极为不同的经济与社会状况的后社会主义国家。尽管大约30个后社会主义国家在人均收入与民主化之间实际上存在相关性，但在其特定背景下，民主化的最好指标似乎是经济改革。Valerie Bunce, "Comparative Democratization: Big and Bounded Generalizations", Comparative Political Studies, 33 (6/7) (2000): 703 - 734.

[12] 尼考劳斯·扎哈里亚迪斯：《比较政治学：理论、案例与方法》，宁骚、欧阳景根等译，北京：北京大学出版社2008年版，第20 - 21页。

[13] See Thomas Gschwend and Frank Schimmelfennig, "Introduction: Designing Research in Political Science - A Dialogue between Theory and Data", in Thomas Gschwend and Frank Schimmelfennig, eds., Research Design in Political Science: How to Practice What They Preach, New York: Palgrave Macmillan, 2007, 1 - 18; Todd Landman, Issues and Methods in Comparative Politics: An introduction (2nd edition), London and New York: Routledge, 2003: 27.

[14] Giovanni Sartori, "Concept Misformation in Comparative Politics", American Political Science Review, 1970 (4): 1033 - 1053.

[15] 定性研究近年似乎越来越多地被称作质性研究，尽管也有研究者在二者间作了一些区别，但大多数研究者仍坚持质性研究就是定性研究。这里仍使用"定性研究"这一术语，以与中国政治学研究以及其他社会科学研究中长期习惯使用的定性研究概念保持一致。

[16] See Henry E. Brady, "Doing Good and Doing Better: How Far Does the Quantitative Template Get Us?" in Henry E. Brady and David Collier, eds., Rethinking Social Inquiry: Diverse Tools, Shared Standards, Lanham, MD: Rowman & Littlefield Publishers, 2004: 53 - 67.

[17] See Charles C. Ragin, Constructing Social Research: The unity and diversity of method, Thousand Oaks, CA: Pine Forge Press, 1994: 81 - 131.

[18] Todd Landman, Issues and Methods in Comparative Politics: an introduction (2nd edition), London and New York: Routledge, 2003: 19.

[19] Larry M. Bartels, "Some Unfulfilled Promises of Quantitative Imperialism", in Henry E. Brady and David Collier, eds., Rethinking Social Inquiry: Diverse Tools, Shared Standards, Lanham, MD: Rowman & Littlefield Publishers, 2004: 69 - 74.

[20] Gary King, Robert O. Keohane, and Sidney Verba, Designing Social Inquiry: Scientific Inference in Qualitative Research, Princeton: Princeton University Press, 1994: 4.

[21] See Thomas Gschwend and Frank Schimmelfennig, "Introduction: Designing Research in Political Science - A Dialogue between Theory and Data", in Thomas Gschwend and Frank Suhimmelfennig, eds., Research Design in Political Science: How to Practice What They Preach, New York: Palgrave Macmillan, 2007: 1 - 18.

[22] Gary King, Robert O. Keohane, Sidney Verba, "The Importance of Research Design in Political Science", American Political Science Review, 1995, 89 (2): 475 - 481.

[23] See James A. Caporaso, "Research Design, Falsification, and the Qualitative - Quantitative Divide", American Political Science Review, 1995, 89 (2): 457 - 460.

[24] See David Collier, Henry E. Brady, and Jason Seawright, "Sources of Leverage in Causal Inference: To-

ward an Alternative View of Methodology", in Henry E. Brady and David Collier, eds., Rethinking Social Inquiry: Diverse Tools, Shared Standards, Lanham, MD: Rowman & Littlefield Publishers, 2004: 229 – 266.

[25] See Adam Przeworski and Henry Teune, The Logic of Comparative Social Inquiry, New York: Wiley, 1970: 32 – 33.

[26] Arend Lijphart, "Comparative Politics and the Comparative Method", American Political Science Review, 1971, 65 (3): 682 – 693; Carsten Anckar, "On the Applicability of the Most Similar Systems Design and the Most Different Systems Design in Comparative Research", International Journal of Social Research Methodology, 2008, 11 (5): 389 – 401.

[27] Charles C. Ragin, Constructing Social Research: The unity and diversity of method, Thousand Oaks, CA: Pine Forge Press, 1994: 105; David Collier, Henry E. Brady, and Jason Seawright, "Sources of Leverage in Causal Inference: Toward an Alternative View of Methodology", in Henry E. Brady and David Collier, eds., Rethinking Social Inquiry: Diverse Tools, Shared Standards, Lanham, MD: Rowman & Littlefield Publishers, 2004: 229 – 266.

[28] See Charles C. Ragin, The Comparative Method: Moving beyond Qualitative and Quantitative Strategies, Berkeley: University of California Press, 1987; Charles C. Ragin, Fuzzy – Set Social Science, Chicago: University of Chicago Press, 2000; Charles C. Ragin, Redesigning Social Inquiry: fuzzy sets and beyond, Chicago: University of Chicago Press, 2008.

[29] See Giovanni Sartori, "Concept Misformation in Comparative Politics", American Political Science Review, 1970 (4): 1033 – 1053.

[30] Even S. Lieberman, "Nested Analysis as a Mixed – Method Strategy for Comparative Research", American Political Science Review, 2005, 99 (3): 435 – 452.

[31] See David Collier, Henry E. Brady, and Jason Seaweight, "Sources of Leverage in Causal Inference: Toward an Alternative View of Methodology", in Henry E. Brady and David Collier, eds., Rethinking Social Inquiry: Diverse Tools, Shared Standards, Lanham, MD: Rowman & Littlefield Publishers, 2004: 229 – 266.

第二节 英文期刊论文精选

1. The Foundations of Limited Authoritarian Government: Institutions, Commitment, and Power – Sharing in Dictatorships

期　刊　名：JOURNAL OF POLITICS
作　　　者：Carles Boix; Milan W. Svolik
出版时间：2013
内容摘要：Why do some dictatorships establish institutions that may constrain their leaders? We argue that institutions promote the survival of dictatorships by facilitating authoritarian power – sharing. Specifically, institutions such as parties, legislatures, and advisory councils alleviate commitment and monitoring problems between the dictator and his allies caused by the secrecy in authoritarian governance. However, because authoritarian power – sharing succeeds only when it is backed by a credible threat of a rebellion by the dictator's allies, institutions will be ineffective or break down when an imbalance of power within the ruling coalition undermines this threat's credibility. Our arguments clarify the complex interaction between collective action, commitment, and monitoring problems in authoritarian governance. We use both historical and large – N data to assess new empirical predictions about the relationship between political institutions, leader survival, and the concentration of power in dictatorships.

文　章　名：《有限专制政体的基础：独裁政权中的制度、承诺与权力分享》
期　刊　名：《政治学杂志》
作　　　者：卡尔斯. 鲍什；M. W. 斯沃力克
出版时间：2013
内容摘要：为何一些独裁政权会建立限制其领导者权力的制度？我们认为制度会促进专制政府的权力分享，从而延续了独裁政权。特别是政党、立法机构和咨询委员会等制度减轻了独裁者与其联盟者之间由于专制政权的保密习惯而产生的承诺与监督问题。不过，仅当其联盟者以叛乱造成可信的威胁时专制政权的权力分享才会成功，所以当统治联盟内部的权力不平衡损坏了这种威胁的可信度时，制度就会低效或失灵。我们澄清了专制统治下集体行动、承诺与监督问题之间的复杂互动。笔者使用历史数据及大数据评估独裁政权下政治制度、领导生存、权力集中之间关系的经验性新预测。

2. Euroscepticism and the Global Financial Crisis

期 刊 名：JCMS – JOURNAL OF COMMON MARKET STUDIES
作　　者：Fabio Serricchio；Myrto Tsakatika；Lucia Quaglia
出版时间：2013
内容摘要：This article explores the link between the financial crisis and Euroscepticism at the level of public opinion, building on and developing further the literature on the impact of economic, identity and institutional factors on Euroscepticism. It argues that the economic crisis did not substantially bring economic factors back in as an important source of Euroscepticism, even though the most pronounced increase in Euroscepticism has taken place in the countries most affected by the crisis. By contrast, national identity and political institutions play an increasingly important role in explaining public Euroscepticism.

文 章 名：《欧洲怀疑论与全球金融危机》
期 刊 名：《共同市场研究杂志》
作　　者：法比奥·塞利奇奥；米尔托·察卡提卡；露西亚·夸利亚
出版时间：2013
内容摘要：本文探讨公共舆论层面上的欧洲怀疑论与金融危机之间的关系，依据有关经济、认同及制度因素影响欧洲怀疑论方面的文献，并且加以发展。本文认为，尽管在最受金融危机影响的国家欧洲怀疑论显著增多，但是经济危机并未实质性地说明经济因素是欧洲怀疑论的一个重要根源。相比之下，国家认同与政治制度在解释公众的欧洲怀疑论方面起着更加重要的作用。

3. Media and Political Polarization

期　刊　名：ANNUAL REVIEW OF POLITICAL SCIENCE
作　　　者：Markus Prior
出版时间：2013
内容摘要：This article examines if the emergence of more partisan media has contributed to political polarization and led Americans to support more partisan policies and candidates. Congress and some newer media outlets have added more partisan messages to a continuing supply of mostly centrist news. Although political attitudes of most Americans have remained fairly moderate, evidence points to some polarization among the politically involved. Proliferation of media choices lowered the share of less interested, less partisan voters and thereby made elections more partisan. But evidence for a causal link between more partisan messages and changing attitudes or behaviors is mixed at best. Measurement problems hold back research on partisan selective exposure and its consequences. Ideologically one – sided news exposure may be largely confined to a small, but highly involved and influential, segment of the population. There is no firm evidence that partisan media are making ordinary Americans more partisan.

文　章　名：《媒体与政治极化》
期　刊　名：《政治科学年评》
作　　　者：马库斯·普赖尔
出版时间：2013
内容摘要：本文考察更具党派性的媒体的出现是否会促成政治极化而且使美国人支持更具党派性的政策与候选人。国会和一些新媒体业务在大多数中间派的新闻中增加了更具党派性的信息。尽管大多数美国民众的政治态度仍然相当温和，但是证据表明了某种程度的政治极化。越来越多的媒体使不太有偏见的、不太有党派性的投票人减少了，使得选举更具党派性。然而，更具党派性的信息与态度或行为的变化之间因果关系的证据充其量是混淆不清的。测量问题阻碍了党派选择性呈现及其结果的研究。意识形态上片面的新闻呈现可能主要局限于少数但热衷于参与并颇具影响的部人。没有确凿证据表明党派性媒体使得普通的美国人更具党派倾性。

4. The embarrassment of riches? A meta – analysis of individual – level research on voter turnout

期　刊　名：ELECTORAL STUDIES
作　　　者：K. Smets；C. V. Ham
出版时间：2013
内容摘要：Voter turnout has puzzled political scientists ever since Anthony Downs postulated the paradox of voting. Despite decades of research aiming to understand what drives citizens to the polls, the jury is still out on what the foundations of micro – level turnout are. This paper aims to provide a modest yet important contribution by taking a step back and summarizing where we stand and what we know. To this end, we review 90 empirical studies of individual level voter turnout in national elections published in ten top – journals during the past decade (2000 – 2010). Through a meta – analysis of the results reported in these studies, this paper identifies those factors that are consistently linked to individual level turnout.

文　章　名：《富人的困境？一项基于个体层面投票率研究的元分析》
期　刊　名：《选举研究》
作　　　者：K. 斯麦茨；C. V. 哈姆
出版时间：2013
内容摘要：自安东尼·唐斯提出投票悖论以来，投票率问题一直困扰着政治学家。尽管针对理解"什么促使公民投票"的研究已有几十年之久，但是对于何谓微观层面投票率的基础这一问题仍然未知。本文试图通过回顾与总结"我们身处何地"、"我们知道什么"这样的问题，做出一个微薄但重要的贡献。为此目的，我们回顾了过去 10 年(2000 ~ 2010 年)发表在 10 个顶尖期刊上、90 个基于个体层面的全国大选投票率的经验研究。通过对这些研究结果的元分析，本文确定了与个体层次投票率直接相关的那些因素。

5. How Many Countries for Multilevel Modeling? A Comparison of Frequentist and Bayesian Approaches

期 刊 名：AMERICAN JOURNAL OF POLITICAL SCIENCE
作　　者：Daniel Stegmueller
出版时间：2013

内容摘要：Researchers in comparative research increasingly use multilevel models to test effects of country – level factors on individual behavior and preferences. However, the asymptotic justification of widely employed estimation strategies presumes large samples and applications in comparative politics routinely involve only a small number of countries. Thus, researchers and reviewers often wonder if these models are applicable at all. In other words, how many countries do we need for multilevel modeling? I present results from a large – scale Monte Carlo experiment comparing the performance of multilevel models when few countries are available. I find that maximum likelihood estimates and confidence intervals can be severely biased, especially in models including cross – level interactions. In contrast, the Bayesian approach proves to be far more robust and yields considerably more conservative tests.

文 章 名：《多层次模型需要多少国家？频率法与贝叶斯法的比较研究》
期 刊 名：《美国政治科学杂志》
作　　者：丹尼尔·史蒂格穆勒
出版时间：2013

内容摘要：比较研究者越来越以多层次模型检验国家层面的因素对个人行为和偏好的影响。然而，这一广泛使用的估算策略意味着大样本及其在比较政治学的应用，但是对此的渐进性证明通常仅仅涉及少数国家。因此研究者及评论者往往质疑这些模型的适用性。换言之，在多层次模型中我们需要多少国家呢？本文在只有少数国家的条件下使用大规模蒙特卡洛实验，比较不同多层次模型的效果。结果发现，多层次模型、特别是跨层级互动模型中最大相似估计与置信区间有严重偏差。相比之下，贝叶斯分析法事实上更为稳健，能经受更为保守的检验。

6. The Diffusion of Policy Diffusion Research in Political Science

期 刊 名：BRITISH JOURNAL OF POLITICAL SCIENCE
作　　者：Erin R. Graham；Charles R. Shipan；CraigVolden
出版时间：2013
内容摘要：Over the past fifty years, top political science journals have published hundreds of articles about policy diffusion. This article reports on network analyses of how the ideas and approaches in these articles have spread both within and across the subfields of American politics, comparative politics and international relations. Then, based on a survey of the literature, the who, what, when, where, how and why of policy diffusion are addressed in order to identify and assess some of the main contributions and omissions in current scholarship. It is argued that studies of diffusion would benefit from paying more attention to developments in other subfields and from taking a more systematic approach to tackling the questions of when and how policy diffusion takes place.

文 章 名：《政治科学中政策扩散研究的传播》
期 刊 名：《英国政治学杂志》
作　　者：E.R. 格雷厄姆；C.R. 斯潘；克雷格·沃登
出版时间：2013
内容摘要：过去50年，顶级政治学期刊发表了数以百计的关于政策扩散的论文。本文是关于这些论文的思想与方法在美国政治学、比较政治学、国家关系学学科内部及跨学科传播的网络分析。为了确认与评价当下学界的主要贡献及遗漏之处，本文基于文献调查，回答了在政策扩散方面何时、何地、何人、如何、为何以及解决了什么样的问题。作者认为政策扩散研究将受益于对如下问题更多的关注，即其他子学科的进展、解决政策何时扩散及如何扩散的问题所采用的更为系统的方法。

7. How Elite Partisan Polarization Affects Public Opinion Formation

期　刊　名：AMERICAN POLITICAL SCIENCE REVIEW
作　　　者：James N. Druckman; Erik Peterson; Rune Slothuus
出版时间：2013
内容摘要：Competition is a defining element of democracy. One of the most noteworthy events over the last quarter－century in U.S. politics is the change in the nature of elite party competition: The parties have become increasingly polarized. Scholars and pundits actively debate how these elite patterns influence polarization among the public (e.g., have citizens also become more ideologically polarized?). Yet, few have addressed what we see as perhaps more fundamental questions: Has elite polarization altered the way citizens arrive at their policy opinions in the first place and, if so, in what ways? We address these questions with a theory and two survey experiments (on the issues of drilling and immigration). We find stark evidence that polarized environments fundamentally change how citizens make decisions. Specifically, polarization intensifies the impact of party endorsements on opinions, decreases the impact of substantive information and, perhaps ironically, stimulates greater confidence in those－less substantively grounded－opinions. We discuss the implications for public opinion formation and the nature of democratic competition.

文　章　名：《精英政党极化如何影响公共舆论的形成》
期　刊　名：《美国政治学评论》
作　　　者：J. N. 德鲁克曼；埃里克·彼得森；瑞恩·斯鲁思
出版时间：2013
内容摘要：竞争是民主的重要因素。过去25年美国政治最引人注目的事件是精英政党竞争性质的变化。各个党派越来越极化了。学者与权威人士积极讨论这些精英模式如何影响公众的极化（如公民在意识形态方面也极化了吗?）。然而，很少有人讨论我们所看到的或许更为基础的问题：精英极化是否改变了公众形成政策观点的方式；若是，是以什么方式改变的呢？作者以一个理论和两项调查实验（钻井和移民问题）探讨了这些问题。本文发现，极化的环境根本改变了公民决策的方式，特别是极化加剧了政党推荐对公共舆论的影响，减少了实质性信息的影响，或许颇为讽刺的是提升了对并非有实质性根据的舆论更多的信心。本文讨论对于公共舆论的形成及其民主竞争的性质的意义。

8. Democracy and the Policy Preferences of Wealthy Americans

期 刊 名：PERSPECTIVES ON POLITICS
作　　者：Benjamin I. Page; Larry M. Bartels; Jason Seawright
出版时间：2013
内容摘要：It is important to know what wealthy Americans seek from politics and how (if at all) their policy preferences differ from those of other citizens. There can be little doubt that the wealthy exert more political influence than the less affluent do. If they tend to get their way in some areas of public policy, and if they have policy preferences that differ significantly from those of most Americans, the results could be troubling for democratic policy making. Recent evidence indicates that Americans in the top fifth of the income distribution are socially more liberal but economically more conservative than others. But until now there has been little systematic evidence about the truly wealthy, such as the top 1 percent. We report the results of a pilot study of the political views and activities of the top 1 percent or so of US wealth–holders. We find that they are extremely active politically and that they are much more conservative than the American public as a whole with respect to important policies concerning taxation, economic regulation, and especially social welfare programs. Variation within this wealthy group suggests that the top one–tenth of 1 percent of wealth–holders (people with \$40 million or more in net worth) may tend to hold still more conservative views that are even more distinct from those of the general public. We suggest that these distinctive policy preferences may help account for why certain public policies in the United States appear to deviate from what the majority of US citizens wants the government to do. If this is so, it raises serious issues for democratic theory.

文 章 名：《民主与美国富人的政策偏好》
期 刊 名：《政治视角》
作　　者：B. I. 佩奇；L. M. 巴特斯；杰森·西赖特
出版时间：2013
内容摘要：重要的是，美国富人从政治中追求什么及其政策偏好如何有别于其他公民的政策偏好。毫无疑问，富人会比穷人发挥着更大的政治影响。如果富人们在某些公共政策领域试图按照自己的方式行事，而且他们的政策偏好显然有别于大多数美国人的政策偏好，那么这一结果对民主决策而言或许是件麻烦事。最近的证据表明，收入占前1/5的美国富人相比于其他人在社会领域更具自由主义，而在经济领域更为保守主义。然而至今没有系统的证据针对真正的富人，比如前百分之一的富人。本文初步研究了大致占美国前1/10收入人群的政治观点与行为。笔者发现他们在政治方面非常积极，但他们在诸如税收、经济规制，尤其是社会福利计划方面的重要政策，相比美国公众更加保守。这一富人群体的变化表明，收入占前1/10（4000万美元及其以上）的人往往仍比普通公众更为保守。笔者认为，这些不同的政策偏好或许有助于解释为何美国某些公共政策似乎有违大多数美国公民对政府的诉求。若的确如此，则为民主理论提出了严肃的问题。

9. Public Opinion in the US States: 1956 to 2010

期　刊　名：STATE POLITICS & POLICY QUARTERLY
作　　　者：Peter K. Enns；Julianna Koch
出版时间：2013
内容摘要：In this article, we create, validate, and analyze new dynamic measures of state partisanship, state policy mood, and state political ideology. The measures of partisanship and policy mood begin in 1956 and the measure of ideology begins in 1976. Our approach uses the advantages of two leading techniques for measuring state public opinionmultilevel regression and poststratification (MRP) and survey aggregation. The resulting estimates are based on nearly 500 different surveys with a total of more than 740000 respondents. After validating our measures, we show that during the last half century, policy preferences in the states have shifted in important and sometimes surprising ways. For example, we find that differences in political attitudes across time can be as important as differences across states.

文　章　名：《美国公共舆论：1956 年至 2010 年》
期　刊　名：《国家政治与政策季刊》
作　　　者：P. K. 恩斯；朱莉安娜·科克
内容摘要：本文创造、验证和分析了美国各州的党派倾向、政策情绪及政治意识形态。党派及政策情绪测量始于 1956 年，而意识形态测量始于 1976 年。本项研究使用了多层次回归与事后分层、调查聚合两种主要方法的优势。所得到的估算是以近 500 次不同调查、超过 740000 份反馈为基础的。经过验证测量，我们认为过去半个世纪中美国各州的政策偏好以重要、有时甚至是令人惊奇的方式发生了变化。例如，我们发现，跨越时间的政治态度的差异与各州之间政治态度的差异同等重要。

10. Qualitative Comparative Analysis: How Inductive Use and Measurement Error Lead to Problematic Inference

期 刊 名：POLITICAL ANALYSIS
作　　者：Simon Hug
出版时间：2013
内容摘要：An increasing number of analyses in various subfields of political science employ Boolean algebra as proposed by Ragin's qualitative comparative analysis (QCA). This type of analysis is perfectly justifiable if the goal is to test deterministic hypotheses under the assumption of error-free measures of the employed variables. My contention is, however, that only in a very few research areas are our theories sufficiently advanced to yield deterministic hypotheses. Also, given the nature of our objects of study, error-free measures are largely an illusion. Hence, it is unsurprising that many studies employ QCA inductively and gloss over possible measurement errors. In this article, I address these issues and demonstrate the consequences of these problems with simple empirical examples. In an analysis similar to Monte Carlo simulation, I show that using Boolean algebra in an exploratory fashion without considering possible measurement errors may lead to dramatically misleading inferences. I then suggest remedies that help researchers to circumvent some of these pitfalls.

文 章 名：《定性比较分析：归纳法与测量误差是如何导致不确定性推理的》
期 刊 名：《政治分析》
作　　者：西蒙·哈格
出版时间：2013
内容摘要：在政治学各分支学科中越来越多的分析使用由查尔斯·拉金在定性比较分析中所倡导的布尔代数法。如果这种分析方法的目标是在假定测量变量没有误差的前提下检验确定性假设，那么这一方法很有道理。然而笔者的论点是，只有在很少的研究领域，我们的理论能够足够高级而产生确定性假设。鉴于我们研究目标的性质，免误差测量也只是一种幻象。因此毫不奇怪，许多研究归纳性地使用定性比较分析，掩盖了可能的测量误差。本文处理这些问题，并用简单的经验案例证明这些问题的后果。在近似蒙特卡洛模拟的分析中，作者尝试在不考虑测量误差的条件下使用布尔代数法可能导致的明显的误导性推论。文章提出了有助于研究者规避此类错误的修正建议。

第三章　政治学 2013 年出版图书精选

第一节

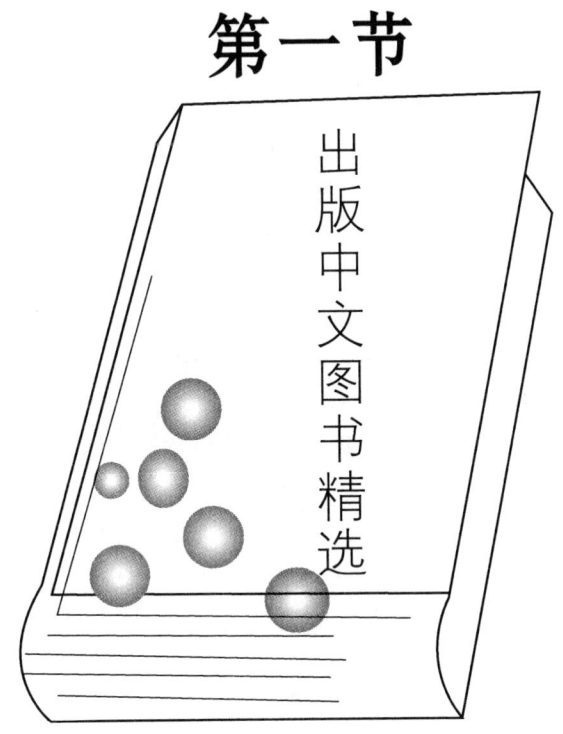

1. 《国家基础能力的基础：认证与国家基本制度建设》
出版社：中国社会科学出版社
作者：欧树军
出版时间：2013

内容提要：本书主要讲述了为什么发达国家在税收服从、社会经济监管、福利保障、政府统领、国族认同及至其他公共服务供给上领先发展中国家，国家认证能力的差异是常为人忽视的重要原因之一。无"知"无以"行"，认证为国家行动提供必要的知识基础，堪称"国家基础能力的基础"。权力不对称往往源于信息不对称，如果政府行动没有事实支撑，没有规范指引，它就无法准确界定绝大多数人的经济社会状况、需求和期待，也就不可能是一个负责任、及时回应的政府。社会知识越是繁多，社会问题越是复杂，国家越需要全面的事实和统一的规范，越需要建构有效的认证体系。如果不能让绝大多数人进入认证体系，也就无法准确把握绝大多数人的需求与期望，无法切实为绝大多数人服务，这不仅会削弱各类政策的针对性，加大执行成本，拖延国家基本制度建设的进程，长远看来，也会损害人们对现行体制的信心。我们实现理想政治目标的途径不是拒斥认证制度，而是使之适用于更广泛的政治领域，使之裨益于绝大多数中国人民的福祉。本书试图从人、财、物、行、事几个基本要素出发，建构国家认证能力的理论体系。

全书分四编十二章，内容包括为了生命安全的认证、事实与规范、认证的自主性视角、古代的认证、现代的认证、认证演化的轨迹、认证与国家基本制度建设的关系等。

2. 《当代中国族际政治整合：结构、过程与发展》
出版社：北京大学出版社
作者：张会龙
出版时间：2013

内容提要：族际政治整合是指多民族国家内的主要政治主体运用政治权力，通过各种制度、机制、政策、措施等，将各个民族维持在统一的多民族国家政治共同体中及后续协调融合的过程。中华人民共和国成立以后，党和国家在全面总结中国封建王朝国家时期族际政治整合经验教训，并借鉴其他国家族际政治整合模式的基础上，重新构建起较为完善的新型族际政治整合模式。这样的模式，有其特定的历史基础、现实基础和逻辑基础，以维护国家的统一和稳定、提高国族的凝聚力和整体性、实现族际关系的良性互动为目标指向，遵循"扶异求同"的价值取向。

本书以中华人民共和国成立以来的族际政治整合实践为主要研究对象，从结构、过程和发展三个向度对其理论与实践问题进行了较为系统的分析论证，主要分析了其历史与当代基础，主体与客体、目标与任务、原则与取向，制度保障与实现机制，以及其起步探索时期、曲折发展时期、恢复调整时期与发展完善时期等问题，并总结苏联、美国、加拿大三国的族际政治整合模式的经验与教训，试图提出当前中国族际政治整合完善与发展的具体路径，对多民族国家族际政治整合的理论发展与实践创新提供一定的参考。

3. 《政治世界的制度逻辑——基于新制度主义政治学的理论探索》
出版社：光明日报出版社
作者：马雪松
出版时间：2013

内容提要：制度概念和制度分析是社会科学各学科进行理论探究及现实考察的核心要素。政治制度作为重要的政治现象，是政治学研究的主要对象。兴起于政治科学中的新制度主义作为重要的制度研究路径，在借鉴、吸收并发展其他学科制度研究成果方面取得了积极的效果，为政治制度研究的理论化奠定了必要的基础。然而，新制度主义各流派在分析视角和研究路径方面的多样化，也为获得具有内在一致性的新制度主义政治研究范式设定了障碍。通过揭示新制度主义在分析层次和研究途径上的内在分歧，并相应地考察制度研究在政治学之中的发展历程，研究者有可能从更为一般化的视角审视政治制度的理论建构。根据蕴含在新制度主义当中的政治制度理论建构的基本取向，一般化的政治制度理论应重视科学化与人文化、概念分析与理论建构、能动性与结构性、传统研究与前沿理论之间的关联。基于新制度主义的相关观点，针对政治制度的内涵、本质和类型得出的认识为政治制度的一般原理提供了必要的逻辑前提。从这一前提出发，本文在政治制度的生成、维系、变迁方面的演进历程，以及在政治行动者对政治制度的评价活动这两大问题上，确立了一般性的理论分析模式。

本书共分为六部分：第一，制度研究在政治科学中的发展历程。第二，政治制度的含义、本质与类型分析。第三，政治制度的生成。第四，政治制度的维系。第五，政治制度的变迁。第六，政治制度的评价。

4.《构建单一制国家——单一制例外的历史整合》
出版社：武汉大学出版社
作者：张颖
出版时间：2013

内容提要：统一国家政权在全社会范围内建立起权力支配结构总要借助一定的纵向分解，单一制是世界上绝大多数国家采取的分解模式。但是没有两个单一制国家是完全相同的，而单一制国家中甚至难以找到完全相同的两个次国家单位——那么单一制所谓的"单一"在哪里？这些具有特殊性的次国家单位到底是先国家存在、而后进入统一政权体系的，还是统一政权体系本身对内部作了有意识的"区别对待"？如果是前者，它们为什么愿意进入这个在规范上对其身份地位同一化表达的体系；如果是后者，为什么统一政权会对内部作出千差万别的规定？此时的"单一"又会不会流于形式？虽然我们在讨论当代中国以及绝大多数国家的宪政实践时，不自觉地从单一制这个语境出发来探讨统一政权在不同层级、不同范围的社会单位中实现权力的方式与效果。但从来没有有意识地追问这个语境内蕴含的权力原理和制度规则。这正是《构建单一制国家——单一制例外的历史整合》试图走出的一步：从历史溯源开始，采用文化学分析方法，对单一制国家和它们内部特殊的次国家单位——我们称之为"单一制例外"在单一制权力结构形成和发展过程中的角色、地位与作用方式进行分析构型，以此切入，尝试探索特定单一制结构形态形成与发展的内在规律。

5.《基于政治干预视角的企业社会责任研究：来自新政治经济学理论的解读》
出版社：东北财经大学出版社
作者：黎文靖
出版时间：2013

内容提要：本书运用新政治经济学中的政治干预与寻租（Rent Seeking）理论，根据我国转轨经济的制度环境，研究政府干预、寻租等重要制度特征对我国企业（尤其是上市公司）社会责任决策、投资、信息披露等方面的影响机理，进而提出基于我国转型经济特征的公司社会责任理论分析框架。

本书首先分析我国转轨经济下的制度背景，发现来自政府的政治干预是我国转轨经济下企业行为决策的重要制度特征，在研究我国企业行为决策时，应当将这一制度特征考虑在内。政治干预的制度特征会导致企业为了应付政府的压力，谋求更大的利益，从而进行政治寻租。其次，我国政治体制是一种政治锦标赛，这会带给地方政府官员很大的压力，要为了满足上级政府的要求而努力，当上级政府强调和谐社会和企业社会责任时，下级政府会要求辖区企业追求社会责任。最后，法律执行较弱是我国转轨经济的制度特征，表现在我国环境保护有完整的法律体系，但是法律执行较弱，这导致了我国现在较为严峻的环境污染和资源透支的局面。在政治干预为主要特征的制度环境下，我国的企业社会责任行为不同于西方企业的实践，并非企业一种自发的决策，更多表现为由上至下政府推动的结果，比较符合政治经济会计学的理论框架，可以看作新兴市场中在政府的政治干预下企业进行政治寻租的行为。考虑到不同所有权性质的企业受到的政治压力和干预程度不一样，因此，国有企业和非国有企业在企业社会责任的投资和决策上存在较大的差异。

6.《中国网络政治的历史考察：电报与清末时政》
作者：［美］周永明；尹松波，石琳译
出版社：商务印书馆
出版时间：2013

内容提要：众所周知，互联网的出现对中国民众的政治参与影响巨大，但如此运用新技术在中国历史上并非没有先例。《中国网络政治的历史考察：电报与清末时政》系统描述和分析了中国人在 19 世纪使用电报参与政治的方式，是独具开创性的研究。作者借鉴汲取了人类学、政治学、历史学和传媒研究的视野和方法，将媒体置入历史语境中加以考察，或将改变处于萌芽阶段的中国互联网研究的方向。与既有研究相比，就研究视角、材料掌握、理解深度、研究方法和所得结论而言，以往著作都无出其右。本书试图考察媒介技术与社会（尤其是政治）之间的复杂互动关系，即如作者所言，关注的是现代信息技术，核心和问题是：中国社会的成员是如何利用这些技术参与政治以及中国政府如何试图对他们加以管控。相当多的媒介研究学者容易陷入媒介中心论的思维窠臼，以媒介技术能发挥怎样的作用为研究导向。本书作者对此保持着某种警觉，比如在讨论"公电"时，就特别强调，"不是公电的流传促使中国接纳立宪，正好相反——是宣传鼓吹宪政观念的需要使得拍发公电成为必要的政治实践"。不过，或是由于讨论对象本身所限，本书行文中仍然会不自觉地凸显电报与晚清政治变化之间的关联。这份关联是否必然成立或那么核心，仍然存疑。正如作者自己也提到，电报往往只有借助报纸转载才能发挥更大效用。可以大胆推论，电报与晚清政治之间的关联远不如当下互联网与中国政治之间的关联。而后者其实也在作者讨论之列。

7. 《安邦治道：转型社会中的政治冲突与政治稳定》
作者：黄毅峰
出版社：江西人民出版社
出版时间：2013

内容提要：自从人类经历集体生活，进入政治社会以来，秩序与稳定就成为人类社会孜孜不倦的追求，美好生活的向往。然而，已有社会实践已经证明，人类社会是一个冲突与秩序并存，动乱与稳定交织的发展过程，人类社会必定要在冲突中寻求秩序，从冲突中探寻国家长治久安之道。如果我们能够不断化解许许多多不断发生的小冲突，避免爆发无法控制的大冲突，不至于出现严重的社会政治不稳定，并从中取得经验和进步，这便是人类社会之万幸了。这正是本书研究的逻辑起点。

本书在学理层面对政治冲突这一概念做系统阐释的基础上，对转型社会政治冲突的动因做了研究，对实现"冲突—秩序"的调控机制做了探讨。全书以政治冲突的一般理论介绍为出发点，重点阐述了冲突与政治的内在关系，政治冲突的科学内涵及其产生的深层根源；深刻剖析了现代化转型社会中政治冲突产生的现实动因及其逻辑关系，涉及多方面内容；然后，在前述理论和现实探讨的基础上，提出政治稳定的本质是实现从冲突到秩序的转化，而通往政治稳定的必由之路则是构建政治冲突的调控机制。

8. 《转型期中国民主化进程中的社会风险》
作者：姚亮
出版社：社会科学文献出版社
出版时间：2013

内容提要： 政治民主化既是中国现代化的重要内容之一，是中国政治、经济和社会发展的必然要求，也是顺应世界民主化潮流的需要。但是，中国的社会转型使得中国的民主化进程出现了很大的复杂性和艰巨性。本书着眼于社会转型这一前提背景来分析中国的民主化进程，围绕一个中心主题和四个具体问题而展开。

"一个中心主题"，即如何将中国民主化进程中的社会风险降到最低限度，如何将社会风险对民主化进程的负面影响降至最低限度，推进中国民主的良性发展。

"四个具体问题"主要包括：一是中国社会转型的种种特殊性，使得现阶段中国的民主化进程呈现出明显与其他国家民主化进程不同的特点。换言之，通过中国特有的社会转型可以透视中国民主化进程的独特性。那么，这些中国民主化进程的独特性表现在哪些方面，也正是本书所要阐述的一个重要内容。二是社会转型的特殊性和复杂性增大了社会风险，现阶段我国伴随社会转型的加速已开始步入高风险社会，这相应地使得民主化进程所面临的社会风险大大增加。一方面，本书从社会结构入手，详细阐述了中国民主化进程中的各种社会风险，并深入剖析了这些社会风险的特性；另一方面，本书对民主化本身所诱发的社会风险进行了阐析。三是现阶段中国社会所面临的这些社会风险对中国的民主化进程会产生什么样的影响？或者说民主化进程如若处理不好会导致哪些社会风险，会造成什么样的后果？更为重要的是，这些社会风险对现阶段中国特色民主化的形成会造成什么样的影响？四是现阶段中国民主化要实现良性的发展，既要把民主化进程中的社会风险降到最低限度，同时又要将社会风险对民主化的负面影响降到最低限度。也就是说，在风险的影响下，现阶段中国民主化要实现良性发展，应该选择怎样的发展路径？无疑，对这些问题的剖析具有重大的理论意义和现实意义。

9. 《政治心理学：情境、个人与案例》
作者：[美] 戴维·P. 霍顿；尹继武、林民旺译
出版社：中央编译出版社
出版时间：2013

内容提要：这是一本关于政治行为的书，书中作者对"政治心理学"给以宽泛定义，将过去或现在并不首先承认自己是"政治"心理学家，但确实撰写了关于内在政治主题的心理学家和研究者的著作包括进来。全书内容是围绕情境论——性情论的区分来展开的，全面地梳理了政治心理学的学科发展、理论流派、观点论证，而且以丰富的案例探讨了政治行为中的各种立场，以展现政治心理学的说服力，试图帮助读者来理解和解释政治行为的本质。作者在本书第一部分中检视了多种来自社会心理学颇具影响的路径；第二部分考察了基于个体的心理学理论；第三部分试图初步将情境主义和性情主义联合起来。

译者认为，政治心理学是一门相对年轻的交叉学科，因而以"政治心理学"为名的著作也屈指可数。本书将最新的研究进展叙述得非常清晰，比如情感、神经科学等专题。作者将性情论和情境论的区分作为政治心理学理论的归类标准，虽然在社会心理学等领域，这条分类主线已是司空见惯，但在政治心理学领域，系统对此进行论述，当属霍顿这本著作。这体现了作者对于政治心理学的理解和领悟方式。

10. 《中国共产党政治传播论》
作者：薛忠义
出版社：吉林人民出版社
出版时间：2013

内容提要：本书对中国共产党政治传播进行了全景式的研究。全书共分七章。政治传播是一门政治与传播交汇的学问。中国共产党的政治传播理论与实践与西方政党有明显差异，对中国共产党政治传播的认识不能简单套用西方的情况。中国共产党是中国政治传播的最重要主体，是贯穿政治传播活动始终的一条主线。因此，本书从实现政治传播研究的本土化战略角度对中国共产党政治传播的理论与实践进行研究，探索其中的规律，总结经验和教训，并对新时期政治传播提出思路和对策，以期有利于加强和改善党的领导，增强党的执政合法性基础。

11.《政治学学习手册（第六版）》

作者：［美］格里高里·斯科特斯、蒂芬·加里森；顾肃、张圆译

出版社：中国人民大学出版社

出版时间：2013

内容提要：该书在简要回顾政治思想数千年的演变之后，全面介绍了包括行为主义、理性选择、制度主义、政治心理学、马克思主义以及规范理论、建构主义和阐释理论在内的政治学领域几乎所有的研究取向；介绍了政治学主要研究方法，特别是定量研究方法，如何进行访谈和问卷调查、数据统计；重点介绍了政治学研究论文的写作技巧，如何确定论文题目，收集资料，利用图书馆和网络资源，引文的方法和规范，组织研究的步骤；介绍了如何写作政治学的书评和文章评论，进行批判性思维的训练，进行政治观察和寓言分析写作；介绍了如何写作意见书、民意调查报告，为最高法院撰写法庭之友书状。

该书从哲学的高度呼吁学科内部的良性对话，又添加了大量案例来增加政治科学理论的生动性；该书致力于打破政治科学领域长期存在的偏见，培养学生树立一种立体、整合的政治科学知识体系；全书实践性和针对性强，是政治学专业的学生和教师难得的教学参考书与研究手册。

12. 《农民、公民权与国家：1949～2009年的湘西农村》

作者：张英洪

出版社：中央编译出版社

出版时间：2013

内容提要：本书以湖南省溆浦县为主要考察对象，以土地制度的演变和农民身份的变迁为主线，以公民权理论为分析框架，考察和分析1949～2009年中国农民公民权的演进逻辑。

首先，本书考察了土改运动中的阶级划分及其对公民权的影响。其次，本书分析了集体化运动和城乡隔离制度对农民公民权的影响。再次，本书讨论了改革以来土地制度与农民身份的变化及公民权生长的路径与趋势。最后，本书归纳出1949年以来中国农民身份的四次重大变迁，即农民身份的阶级化、农民身份的结构化、农民身份的社会化、农民身份的公民化。作者研究得出四个基本结论：第一，公民权建设不足、公民权发展滞后是导致中国农民问题的主因；第二，作为现代国家成员资格权利的公民权，不仅是现代国家的一项公共物品，而且是最基本的公共物品；第三，发展公民权的能力，是现代国家构建的基础能力；第四，中国农民问题的解决程度，最终取决于国家建设与发展公民权的进度。

作为第一部以公民权为视角研究农民问题的专著，该书创造性地提出了一系列新的观点和见解，具有重要的学术价值和现实意义。华中师范大学徐勇教授认为本书"是一部很有学术意义和现实价值的著作"。

第二节

出版英文图书精选

政治学学科前沿研究报告 2013

1. Disobedience in Western Political Thought

作者：Raffaele Laudani
出版社：Cambridge University Press
出版时间：2013

内容摘要：The global age is distinguished by disobedience. In this book, Raffaele Laudani offers a systematic review of how disobedience has been conceptualized, supported, and criticized throughout history. Laudani documents the appearance of "disobedience" in the political lexicon from ancient times to the present, and explains the word's manifestations, showing how its semantic wealth transcended its liberal interpretations in the 1960s and 1970s. Disobedience, Laudani finds, is not merely an alternative to revolution and rebellion, but a different way of conceiving radical politics, one based on withdrawal of consent and defection in relation to the established order.

书名：《西方政治思想中的不服从》
作者：拉斐尔·罗达尼
出版社：剑桥大学出版社
出版时间：2013

内容摘要：全球化时代是以不服从为特征的。本书作者系统评价了历史上不服从是如何得以概念化、如何获得支持及评价的。罗达尼在政治词典中记录了从古至今"不服从"的表面意义，解释了这个词的表现形式，展示了这个词如何在20世纪60~70年代语义丰富地超越了它的广义解释。作者发现，不服从不仅是革命与叛乱的选择，而且是构想激进主义政治的不同方式，是以现有秩序中收回同意与背叛为基础的。

2. The Political Economy of Human Happiness: How Voters' Choices Determine the Quality of Life

作者：Benjamin Radcliff
出版社：Cambridge University Press
出版时间：2013

内容摘要：This book is devoted to applying the data, methods, and theories of contemporary social science to the question of how political outcomes in democratic societies determine the quality of life that citizens experience. Benjamin Radcliff seeks to provide an objective answer to the perennial debate between Left and Right over what public policies best contribute to human beings leading positive and rewarding lives. The book thus offers an empirical answer to this perpetual question, relying on the same canons of reason and evidence required of any other issue amenable to study through social – scientific means. The analysis focuses on the consequences of three specific political issues: The welfare state and the general size of government, labor organization, and state efforts to protect workers and consumers through economic regulation. The results indicate that in each instance, the program of the Left best contributes to citizens leading more satisfying lives, and, critically, that the benefits of greater happiness accrue to everyone in society, rich and poor alike.

书名：《人类幸福的政治经济学：投票者的选择如何决定生活质量》
作者：本杰明·雷德克里夫
出版社：剑桥大学出版社
出版时间：2013

内容摘要：本书致力于运用数据、方法与当代社会科学理论回答民主社会的政治结果如何决定公民生活质量的问题。针对左派与右派长期争论的关于什么样的公共政策才有助于人们过上积极、有意义生活的问题，作者试图给出一个客观的答案。因此，本书以推理及证据对一个惯常问题提供了一个经验性答案。证据是任何其他议题所需要的，便于接受社会科学研究的检验。本书的分析聚焦于三个特定政治问题的影响：福利国家与政府一般规模问题，劳动组织，以及国家经济规制保护工人和消费者的诸多努力。研究结果表明，在每个实例中，左派政策主张最有利于实现公民的满意生活；极为重要的是更多幸福的好处则归属于社会中的每个人，无论是富人还是穷人。

3. A Political Sociology of Transnational Europe

作者：Niilo Kauppi
出版社：ECPR Press
出版时间：2013

内容摘要：This volume presents cutting – edge, theoretically ambitious studies in political sociology by first – rate European scholars that deal with some of the major challenges European societies and politics are facing. These have to do with globalisation and complex Europeanisation, which have contributed to restructuring the European nation – state and redefining political power. Accounting for these transformations requires revisiting traditional objects of political science such as state sovereignty, civil society and citizenship. While doing this, the studies of this volume join sophisticated empirical analyses with methodological and conceptual innovations such as field theory, multiple correspondence analysis and the study of space sets. Combining qualitative and quantitative research techniques and macro – and micro – levels, they have in common a contextual analysis of politics through scrutiny of configurations of groups, representations and perceptions in an increasingly transnational space. A transnational perspective that seeks to avoid methodological nationalism is present in all the studies of this volume.

书名：《跨国性欧洲的政治社会学》
作者：尼洛·考皮
出版社：欧洲政治研究国际协会出版社
出版时间：2013

内容摘要：本论文集展示了研究欧洲社会及政治所面临的一些主要挑战的一流欧洲学者的前沿研究和理论抱负。他们不得不研究全球化和复杂的欧洲化问题。欧洲化问题有助于重构欧洲民族国家和重新界定政治权力。解释这些变化需要重新审视政治学的传统目标，比如国家主权、市民社会和公民身份。在从事这项研究时，本书将复杂的经验分析与方法及概念的创新结合起来，如场域理论、多重对应分析、空间集研究等。通过将定性与定量、宏观与微观研究相结合，作者们在一个日渐具有跨国性的空间中考察群体、代表与知觉的结构，都对政治进行语境分析。跨国性视角要避免方法论上的民族主义，正是本书所有研究所做到的。

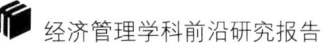

4. Intelligence and Strategic Culture

作者：Isabelle Duyvesteyn
出版社：Routledge
出版时间：2013

内容摘要：Reliable information on potential security threats is not just the result of diligent intelligence work but also a product of context and culture. The volume explores the nexus between the intelligence process and strategic culture. How can and does the strategic outlook of the United States and the United Kingdom in particular, influence the intelligence gathering, assessment and dissemination process?

This book contains an assessment of how political agendas and ideological outlook have significant influence on both the content and process of intelligence. It looks in particular at the premise of hearts and minds policies, culture and intelligence gathering in counterinsurgency operations; at case studies from imperial Malaya and Iran in the 1950s and at instances of intelligence failure, e. g. the case of Iraq in 2003.

书名：《情报与战略文化》
作者：伊莎贝尔·迪伊维斯太因
出版社：劳特利奇出版社
出版时间：2013

内容摘要：关于潜在安全威胁的可靠信息，并不仅是勤勉的情报工作的结果，而且是环境与文化的结果。本书探讨了情报过程与战略文化的关系。美国和英国的战略观影响着情报的收集、评估和传播过程吗？如果是，这是如何影响的呢？

本书评价了政治议程和意识形态观是如何极大地影响情报的内容和过程的。本书特别讨论反恐行动中的攻心术、文化与情报收集；案例研究涉及20世纪50年代的马来亚帝国及伊朗、情报失败的案例，如2003年的伊拉克。

政治学学科前沿研究报告 2013

5. The Original Compromise: What the Constitution's Framers Were Really Thinking

作者：David Robertson
出版社：Oxford University Press
出版时间：2013

内容摘要：The eighty-five famous essays by Hamilton, Madison, and Jay—known collectively as the Federalist Papers—comprise the lens through which we typically view the ideas behind the U. S. Constitution. But we are wrong to do so, writes David Brian Robertson, if we really want to know what the Founders were thinking.

In this provocative new account of the framing of the Constitution, Robertson observes that the Federalist Papers represented only one side in a fierce argument that was settled by compromise—in fact, multiple compromises. Drawing on numerous primary sources, Robertson unravels the highly political dynamics that shaped the document. Hamilton and Madison, who hailed from two of the larger states, pursued an ambitious vision of a robust government with broad power. Leaders from smaller states envisioned only a few added powers, sufficient to correct the disastrous weakness of the Articles of Confederation, but not so strong as to threaten the governing systems within their own states. The two sides battled for three arduous months; the Constitution emerged piece by piece, the product of an evolving web of agreements. Robertson examines each contentious debate, including arguments over the balance between the federal government and the states, slavery, war and peace, and much more. In nearly every case, a fractious, piecemeal, and very political process prevailed. In this way, the convention produced a government of separate institutions, each with the will and ability to defend its independence. Majorities would rule, but the Constitution made it very difficult to assemble majorities large enough to let the government act.

书名：《最初的妥协：制宪者到底是怎么想的》
作者：大卫·罗伯森
出版社：牛津大学出版社
出版时间：2013

内容摘要：由汉密尔顿、麦迪逊、杰伊等写就的85篇随笔——《联邦党人文集》给予我们过去赖以观察美国宪法背后思想的镜头，但是作者写道："如果我们仅凭此知道这些奠基者到底是怎么想的，那么我们就错了。"

在对美国宪法进行新的、挑战性解释中，作者观察到《联邦党人文集》仅仅是达成妥协——事实上是多重妥协而激烈争论的一个方面。通过引用大量原始资料，作者揭开了美国宪法形成的高度政治化的动力。作为两个来自较大州的领导人，汉密尔顿和麦迪逊追求拥有宽泛权力、强大联邦政府的雄心勃勃的宪法，而来自较小州的领导人只期望增加一点额外的权力，足以弥补十三州邦联宪法灾难性的弱势，但也不能强大到威胁各州统治制度的程度。两派唇枪舌战三个月，联邦宪法是一块一块拼凑起来的，是协议演进的结果。罗伯森考察了每一个引起异议的争论，包括联邦政府与各州之间的平衡、奴隶制、战争与和平等，几乎每个议题都是一个争论、琐碎的政治过程。以这种方式，制宪会议制造了一个各州分立的联邦政府，而且每个州都有意志和能力捍卫它的独立。大多数人统治，但是联邦宪法很难将大多数人组合、大到足以让联邦政府行动的程度。

6. Partisan Investment in the Global Economy: Why the Left Loves Foreign Direct Investment and FDI Loves the Left

作者：Pinto
出版社：剑桥大学出版社
出版时间：2013

内容摘要：This book develops a partisan theory of foreign direct investment (FDI) to explain cross–country and temporal variance in the regulation of foreign investment and in the amount of FDI inflows that countries receive. The author explores the host governments' partisan alignment, whether pro–labor or pro–capital, to determine if they will be more open or closed to FDI. To reach this determination, the book derives the conditions under which investment flows should be expected to affect the relative demand for the services supplied by economic actors in host countries. Based on these expected distributive consequences, a political economy model of the regulation of FDI and changes in investment performance within countries and over time is developed. The theory is tested using both cross–national statistical analysis and two case studies exploring the development of the foreign investment regimes and their performance over the past century in Argentina and South Korea.

书名：《全球经济中的党派投资：为何左派与对外直接投资彼此倾慕》
作者：平托
出版社：剑桥大学出版社
出版时间：2013

内容摘要：本书提出了一个对外直接投资（FDI）的党派理论用以解释对外投资规制中的跨国变化及临时变化，以及国家接受对外直接投资资金总量的变化。作者考察东道国政府的政党联盟，以确定是劳动优先抑或资本优先决定了东道国政府开放与限制对外直接投资。为达此目的，本书推导出了哪一种投资流会有望影响由东道国经济活动者提供服务的相对需求的条件。基于这些预期的分布性结果，本书建立了一个对外直接投资规制与国内以及随着时间推移而变化的投资绩效变化的政治经济学模型。笔者使用跨国数据分析，以及阿根廷与韩国在过去一百年间改进对外投资体制、提高投资绩效这两个案例研究，检验这一理论。

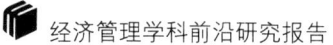

7. The Behavioral Foundations of Public Policy

作者：Eldar Shafir
出版社：普林斯顿大学出版社
出版时间：2013

内容摘要：In recent years, remarkable progress has been made in behavioral research on a wide variety of topics, from behavioral finance, labor contracts, philanthropy, and the analysis of savings and poverty, to eyewitness identification and sentencing decisions, racism, sexism, health behaviors, and voting. Research findings have often been strikingly counterintuitive, with serious implications for public policymaking. In this book, leading experts in psychology, decision research, policy analysis, economics, political science, law, medicine, and philosophy explore major trends, principles, and general insights about human behavior in policy – relevant settings. Their work provides a deeper understanding of the many drivers—cognitive, social, perceptual, motivational, and emotional – that guide behaviors in everyday settings. They give depth and insight into the methods of behavioral research, and highlight how this knowledge might influence the implementation of public policy for the improvement of society.

This collection examines the policy relevance of behavioral science to our social and political lives, to issues ranging from health, environment, and nutrition, to dispute resolution, implicit racism, and false convictions. The book illuminates the relationship between behavioral findings and economic analyses, and calls attention to what policymakers might learn from this vast body of groundbreaking work.

书名：《公共政策的行为基础》
作者：艾尔达·沙菲
出版社：普林斯顿大学出版社
出版时间：2013

内容摘要：近年来，从行为金融、劳工合同、慈善事业、储蓄与贫困分析，到目击证人辨认与判决、种族主义、性别主义、健康行为与投票行为等，行为研究在各个领域都取得了显著成就。在本书中，心理学、决策研究、政策分析、经济学、政治学、法学、医学、哲学方面的知名专家,对与政策相关环境下人类行为的主要趋势、法则及一般洞见进行了探讨。他们的研究有助于更深入地理解指导人们日常行为的认知、社会、感知、动机、情感等方面的许多因素。他们深入探讨了行为研究的方法,而且强调这一知识如何影响有助于社会完善方面的公共政策执行问题。

本论文集考察了行为科学与我们的社会与政治生活,从健康、环境、营养到争端解决、潜在的种族主义、错误定罪等广泛的议题,阐明了行为发现与经济分析之间的关系,提醒政策制定者可能从这份开创性的工作中学到什么。

8. Democratic Statecraft: Political Realism and Popular Power
作者：J. S Maloy
出版社：Cambridge University Press
出版时间：2013

内容摘要：The theory of statecraft explores practical politics through the strategies and maneuvers of privileged agents, whereas the theory of democracy dwells among abstract and lofty ideals. Can these two ways of thinking somehow be reconciled and combined? Or is statecraft destined to remain the preserve of powerful elites, leaving democracy to ineffectual idealists? J. S. Maloy demonstrates that the Western tradition of statecraft, usually considered the tool of tyrants and oligarchs, has in fact been integral to the development of democratic thought. Five case studies of political debate, ranging from ancient Greece to the late nineteenth–century United States, illustrate how democratic ideas can be relevant to the real world of politics instead of reinforcing the idealistic delusions of conventional wisdom and academic theory alike. The tradition highlighted by these cases still offers resources for reconstructing our idea of popular government in a realistic spirit – skeptical, pragmatic, and relentlessly focused on power. "As democracy has risen to prominence, it has acquired an aura of idealism that has strengthened it, but also stripped it of some of its most powerful traits. In Democratic Statecraft, Jason Maloy poses a bold challenge to the uncritical idealism that characterizes much of contemporary democratic theory. The democratic reason of state that emerges in the process will remind those who have forgotten where democracy has been, and compel those concerned about its future to think hard about where it might go."

书名：《民主治国方略：政治现实主义与大众权力》
作者：J. S. 玛洛伊
出版社：剑桥大学出版社
出版时间：2013

内容摘要：治国方略的理论试图以特权代理的战略与运作探讨实际政治。在这一方面民主理论则处于抽象、曲高和寡的地位。那么，这两种思维方式在某种程度上能够协调与融合吗？或者，治国方略注定仍专属强大的精英，而将民主留给徒劳无益的理想主义者吗？玛洛伊表明，西方治国方略的传统通常以暴君与寡头政治为用，事实上已经和民主思想的发展整合到一起。从古希腊到19世纪后期的美国，书中五个政治辩论的案例研究阐明了民主思想是如何与真实的政治世界相关，而不是强化了传统智慧与学术理论的理想主义幻象。在怀疑、实用、始终聚焦于权力的现实主义精神下，这些案例所凸显的传统仍然提供了重建全民政府思想的资源。塔夫茨大学的雅尼斯·爱维金斯评价道："当民主变得卓越时，它吸收了强化自身的理想主义气质，也失去了自身一些强有力的特点。在《民主治国方略》一书中，玛洛伊勇敢地挑战了许多当代民主理论中不加批判的理想主义。这一进程中出现的国家的民主理性将提醒那些忘记民主在何处的人，也迫使那些关心民主未来的人认真思考民主将走向何方。"

第四章 中国政治学 2013 年大事记

第一节 中国政治学会 2013 年年会

2013年10月12日至13日，中国政治学会2013年年会暨社会主义核心价值体系与中国特色社会主义政治建设学术研讨会在山东大学召开。来自全国50多所高等院校，中国社科院、中央党校及各地方社科院、《文史哲》等期刊的200名代表参加了会议。与会专家学者围绕"当代中国政治文化与社会主义价值体系建设""中国特色社会主义政治发展"及"中国特色社会主义公共政策与公共管理"三大主题展开了讨论，现综述如下：

一、当代中国政治文化与社会主义价值体系建设

1. 社会主义核心价值体系对于中国政治发展的意义何在

济南大学包心鉴认为，以中国特色社会主义为政治价值和政治理想重构当代中国的政治认同，可以多层面多角度地产生凝聚成员共识、校正价值取向的政治社会效应，推进中国特色社会主义政治建设和社会发展。西南大学黄蓉生、白显良认为，社会主义核心价值体系担负着引领中国特色社会主义发展方向、促进社会主义制度的巩固发展和支撑综合国力提升和文化强国建设的政治使命。福建省委党校张君良提出，社会主义核心价值体系对公民意识培育起着指导、引领、整合、制约的作用，使之濡染着中国特色社会主义的风采。

2. 如何践行社会主义核心价值体系

中国红色资源开发与教育研究中心李康平、张吉雄提出，应实施全过程开发与全员教育相结合的模式，采取融入国民教育实践、当代文化建设实践、人民大众生活实践的教育策略，来开展社会主义核心价值体系教育。北京师范大学李涛、王新强主张通过多角度培育政治文化心理并以此增强社会主义核心价值观认同度。郑州大学秦国民认为，通过系

经济管理学科前沿研究报告

的制度建设来调整社会利益关系，对践行社会主义核心价值观具有重要意义。

3. 传统政治文化的现代价值何在

山东大学王成认为，先秦民本思想在大力推进中国特色社会主义民主政治建设、落实科学发展观、实现"中国梦"的伟大历史进程中，依然具有重大理论价值。山东大学李春明认为，传统文化中的君民"义务互负思想"，在公共利益维护、政府决策机制、政府与公众合作共事的关系准则等方面，具有明显的协商民主的价值意蕴。中山大学毛国民认为，中国传统儒家"共治"思想及其所包含和体现的大同社会理想、民本理念，与当代民主思想既有内在联系也有本质区别。上海财经大学付春提出，应充分利用和转化中国历史传统和文化传统中的合理要素为社会主义政治文明建设服务，为此，有必要重新认识和评判儒家思想的现代意义。

4. 如何实现中国政治文化的现代转型

中共中央党校李良栋强调，在构建中国特色社会主义政治文化的核心理念和价值体系过程中，必须对民族传统政治文化和对外来政治文化进行传承和超越。陕西省社会科学院刘世文提出，应进一步大胆学习和借鉴人类一切优秀政治文明成果，深刻汲取中国传统政治文化的积极成分并剔除其消极因素，努力实现中国政治文化的当代转型。此外，天津师范大学佟德志还就中国近代以来政治观念转换的思想来源问题进行了探讨。

二、中国特色社会主义政治发展

1. 政治民主

（1）协商民主建设。天津师范大学高建界认为，虽然中西协商民主都强调对话、协商，但实质上有很大差异。北京师范大学施雪华就加强民主党派自身建设对于坚持和完善中国共产党领导的多党合作和政治协商制度的意义、当前民主党派自身建设方面存在的问题及破解之道进行了深入探析。空军指挥学院王寿林认为，积极发展协商民主，健全社会主义协商民主制度，是建设社会主义政治文明的内在要求。华东政法大学高奇琦认为，中国协商民主的内核之辩将在党际协商与党群协商之间展开，党际协商的内核地位更多是一种历史制度的积淀，而新型协商民主则应立基于党群协商的内核之上。

（2）政治民主发展的路径选择。上海交通大学陈尧主张通过以参与为核心的参与式民主来推动中国社会主义民主政治建设。华东政法大学张明军、陈朋探讨了当前中国政治发展的逻辑起点、科学定位及战略选择。华中师范大学徐勇对现代化进程的节点与政治转型提出了自己的思考。四川大学黄金辉探讨了中国民主政治建设与公民社会成长的关系，以及当前中国基层民主政治建设与公民社会发展之间关系的现实特征。此外，西北大学何君安还从社会资本视角探讨了中国政治发展的条件和路径。

2. 政治监督

西北大学梁忠民提出，要把权力关进制度的笼子里，需要构建一个权力配置和制约的社会三维空间，需要构筑公职人员自律、监督者他律、社会舆论鞭策的牢固笼子；把关进权力笼子的钥匙交给人民群众掌管。四川大学邓曦泽提出了反腐新思维，设计出利益背反方案，以期打破腐败中的攻守同盟。湖南大学袁柏顺分析了"党风廉政建设责任制"与"党政干部选拔任用制"设计中的动因结构，探讨了制度设计与中国特色社会主义反腐倡廉建设问题。安徽大学徐理响对党的纪检监督发展和改革的基本路径进行了梳理，并就党的纪检监督发展和改革的主要限度与困境进行了探讨。

3. 民族问题

延安大学张纯厚探讨了造纸和印刷术在中华民族国家和西方民族国家初步形成过程中的作用，以及现代工商业和民主政治条件下的交往传播何以使现代民族国家成为可能，并对当前中国国家建设提出了政策建议。天津师范大学常士訚以两个共同思想及其当代中国各个民族的实践为重点，深入分析了各个民族共同团结奋斗、共同繁荣发展思想与实践的基本特点和内在逻辑，并指明了这一思想的重要意义和实践价值。中央民族大学李俊清认为，推进公民国家建构，塑造国民共享的文化价值体系，增进国家认同，已成为世界各国政治发展的普遍趋势。

三、中国特色社会主义公共政策与公共管理

1. 中国特色社会主义公共政策

（1）信息时代的公共决策。西安工程大学郑兴刚提出，网络政治参与有利于优化议程设置，提升政治决策透明度，增强政治决策的民主性、科学性与合法性，因而对优化政治决策具有重要的推动作用。

（2）县政改革政策。山西大学董江爱、王慧斌就县政改革政策问题进行了探讨，提出改革应遵循扩权与制衡的逻辑，以自上而下的权力下放增强县政的自主性，以县域内部的权力制衡保障县政的民主性。

2. 中国特色社会主义公共治理

（1）治理文化。中国行政管理学会执行副会长兼秘书长高小平提出，当前，急需以社会主义核心价值观为统领，构建行政价值观。中央社会主义学院何霜梅等认为，政府须树立起符合服务型政府精神的行政理念，如以人为本、有限政府、公平正义、依法行政等。温州大学任映红则主张通过加强乡村文化建设来提升乡村治理的质量效率，破解乡村治理困境。

（2）治理绩效。中南大学彭忠益认为，考察和评估公共部门领导的胜任力，应把握"效率"与"价值"两个向度及"内向"（组织内部）与"外向"（整个社会）两个维

度,并根据这个原则,初步架构了公共领导胜任力的"四脚"式评估框架。武汉理工大学李艳丽等梳理了农民政治行动逻辑与国家普遍主义逻辑之间的偏差,分析了村民自治制度规范与实践出现偏差并导致其功能失效的原因。贵州师范大学古洪能认为,作为一种政党政治系统的一党独大模式和作为一种政党政治制度的一党制是根本不同的,两者所产生的治理绩效也相去甚远。

(3)治理创新。苏州大学张劲松提出,政府要积极稳妥地破解维稳困局,需要创造性运用政府软实力。东北大学孙宏伟、张雷就中国城市社区民主发展路径的维度与限度进行了探析。上海交通大学郑晓华、楼茜蓉以地方治理中开创的组团式服务为例,通过协同治理的视角分别从多元协同主体、协同机制实施动因、协同机制纵向与横向上的运行、协同治理的流程模式以及对协同机制运行效果的观察五个方面进行了探析。对当代中国行政伦理约束的隐忧问题,华中师范大学尤光付等主张从信仰重塑、利益冲突回避、行政方式改善等方面下功夫,逐步建立中国特色的伦理架构及其机制。

第二节　2013年首届中国政治学30人圆桌会议

2013年8月17日至18日,"首届中国政治学30人圆桌会议"在北京举行。会议由清华大学政治发展研究所、清华大学政治学系、北京大学政治学系、中国人民大学政治学系、中央党校世界政党研究中心和中央编译局比较政治与经济研究中心六家学术机构共同发起。参加会议的30名正式代表由全国重要的政治学研究和教学机构,根据学术水平、学术品行和社会政治责任感的标准,联合推荐产生。会议坚持"平等、理性、包容、专业、责任"的原则,以"政府创新与政治发展"为主题,旨在通过研究和倡导政府创新,推动创新型政府和服务型政府建设,推进中国特色社会主义政治发展。

现将会议主要观点摘录如下:

北京大学俞可平称对于国家治理和社会治理而言,制度更具有根本性,因此"我们需要通过制度创新,来打造权力的笼子"。俞可平还指出"中国梦"和两个"百年目标",都离不开民主法治的进步,"没有高度发达的民主法治,不可能有中华民族的复兴和进步,不可能有人民的幸福生活"。

中国政法大学政治学研究所所长丛日云以"规范国家权力:中国政治发展的特殊难题"为主题发言。丛日云指出中国的历史传统是皇权至上,中国古代人思考的是如何行使权力以实现政治稳定和有效的治理,而不是如何限制权力。而在现代国家的建构中,强大的国家权力建设已经不成问题,中国真正的问题在于民众对国家权力的参与、分享,对国家权力的控制规范。丛日云说,国家权力弱小不是主要的危险,国家权力过于强大才是危险,"权力不稳定、失效或者低效、私人化、腐败等问题不是权力太弱,而是权力太强,不受控制,没有监督造成的"。对于当今中国的国家能力,丛日云不赞成新左派所说

政治学学科前沿研究报告 2013

的国家能力还不够,相反,国家能力已相当强。丛日云表示,如果仍然用强化权力的方法来解决问题,是没有出路的,"强化权力不是出路,限制和控制权力才是出路;激化权力,垄断权力不是出路,增强权力的公共性和扩大民众的政治参与才是出路"。

深圳大学当代中国政治研究所所长黄卫平以"政府治理创新:广东乌坎事件的启发"为主题发言。黄卫平认为有危机并不可怕,中国的改革实际上是由危机所推动,真正可怕的是决策层对现实危机自我陶醉、盲目自信。他指出广东省直面乌坎危机,恰恰促成了体制与机制的变革。黄卫平认为广东省在处理乌坎事件中有几个创新,第一,破除了人民幸福是党和政府恩赐的观念,同时破除了政府天然代表人民利益的神话;第二,充分激活了文本制度内被长期搁置的自由竞选基因;第三,争取和团结了多数理性村民,由村民自由选择的合法代表成为少数激进村民与地方政府之间的防火墙;第四,乌坎经验证明国家与社会的温和力量是可以成功合作的。

国家行政学院教授许耀桐以"党的群众路线是民主政治路线"为主题发言。许耀桐认为群众路线的本质核心是民主,当前开展的群众路线要求官员照镜子、正衣冠、洗洗澡、治治病,"这非常重要,但不能解决问题,根本上还应该抓住群众路线中的民主,否则洗个澡、抹抹粉,也很漂亮,弄不好就是自我作秀,甚至感到自我陶醉,无助于问题的解决"。许耀桐说,群众路线就是要满足群众的利益,过去民众缺吃少穿,需要物质救助,而那个时代已经过去,现在群众最需要的是民主,既然搞群众路线,就应该赋予群众民主。

华中师范大学中国农村研究院院长徐勇以"由选举到治理:中国民主化进程的路径转换"为主题发言。徐勇回顾了20世纪80年代中国的民主路径,当时中国以选举为突破口,但选举最终流于形式,根本原因是发展优先、维稳至上的治理压倒了选举。徐勇称全社会面临的共同问题是有效治理,而治理分两条路线:一条是社会动员路线,它能够在短时期内取得绩效,得到大多数民众的认可,但会弱化社会自我治理能力,造成一种依附性社会;另一条是社会参与路线,着力社会建设,极具民主要素,但可能短时期无法见效。徐勇认为当今中国面临第四波民主考验,第四波民主以发达的网络媒体为载体,人人都是参与者,最终可能形成对权威的不信任、不认同和不服从,很难建立起一个强有力的权威。徐勇预测,没有实际的民主建设,在应对第四波民主时,可能会出现被动,因此,中国下一步的政治发展,恐怕仍还很难预测,能否承受网络民主带来的冲击,值得认真对待。

华中师范大学政治学研究院教授吴理财以"从国家社会视角看中国农民行为逻辑变迁"为主题发言,他反对农民天生就是功利、自私的说法,认为农民的行为逻辑其实是由国家建构的,"有什么样的国家社会形势,就生产什么样的农民行为逻辑"。改革开放以来,崛起的个体从集体、单位、社区乃至家庭中脱离出来,而且从传统的规范中脱离出来,成为无依靠的、没有拘束的自由人,但同时社会本身没有重新连接起来,不能为崛起的个体制定新规范,使得农村邻里之间传统的合作互助关系消失,代之以金钱交易,农民之间也越来越原则化,各自处于一种孤立无援的状态。

上海交通大学国际与公共事务学院教授彭勃以"地方治理与政策创新的政治限制"为主题发言，他指出中国自改革开放以来的地方发展主义，已经面临很大的变革压力，"在中国不管是什么事情爆发，都会变成一个社会冲突问题，原来社会团结的结构已经被瓦解，社会越来越疏离和越来越容易产生冲突"。彭勃认为随着资本力量、社会组织以及公众力量的逐步成长，国家就应该做出一定的变革，打破自上而下的控制体系，把政治还给地方，赋予地方更大的权威。

中央编译局副研究员闫健以"失败国家研究引论"为主题发言，梳理学术界对失败国家研究的现状，并分析了失败国家的界定和有待进一步深化的研究方向。闫健指出，中国在所谓失败国家存在巨大的经济利益，这些国家与中国的发展密切联系在一起，同时，这也和中国的大国责任和国际形象密不可分，如果中国置身事外，会直接影响中国的软实力。

国家行政学院教授褚松燕以"中国政治发展：公权力的内部制衡与外部均衡"为主题发言，她认为由执政党和政府构成的权力双轨运行机制，并没有形成一个完整的闭合链条，权力不同部分之间缺乏制度性的制衡。由于未能形成权力配置的制衡，褚松燕指出，使得政府内部出现权力与责任不匹配的情况，一些部门权力过大责任却较小，同时，权力资源分配也不均衡，权力资源向负责维稳的公安力量倾斜，而服务性政府部门获得的权力资源支持则明显偏弱。而权力的制度供给与公民权利要求之间，也处于一种紧张状态，但褚松燕认为实现权力和权利之间的均衡，并不是不可能，近年来民众的诉求已经开始要求普遍性的权利。在褚松燕看来，权力的制衡依赖于公权力和个人权利之间的均衡，主要体现在权力配置和运行过程信息公开和可追责性。中国政治发展的现实空间在哪儿？褚松燕认为应立足于现实结构性要素，实现政权和治权的分离，探讨公共秩序、服务型政府，其实都是基于治权的可分享性，而政权即统治权是不容置疑的。

中共中央编译局比较政治与经济研究中心研究员陈家刚博士以"政府创新要善于激活体制"为主题发言。陈家刚表示，要承认现有体制的民主特性和民主本质，但民主体制尚不完美，需要通过改革完善。他指出，改革取得很多成效，但也产生很多问题，因为目前只有增量改革，没有触及存量改革，而触及核心改革比触及灵魂还难。陈家刚认为，推动存量改革，需要将抽象的制度设计变为具有可操作性的程序，在推动存量改革的同时，也不能忽略增量改革，而改革进入新时代，解决新问题需要用新办法。

国家行政学院副研究员何哲以"网络政治：通向自由抑或通向奴役"为主题发言，他认为网络政治在增加世界范围内政治自由度的同时，不自由的阴影也正在逐渐增大，"网络时代有可能不是人类自由时代的开始，而是人类自由时代的终结"。何哲还指出，网络也终结了人作为单一个体本质属性的基础，在网络时代，人的生活、价值、行为、经济来源渠道、生存环境，包括周围的交流全部依赖于网络，"你已经不再是一个个体的人，而只是社会中的一部分，整体网络上的一部分"。

第三节　第八届中国青年政治学论坛

2013年8月17日，第八届中国青年政治学论坛暨"国家理论与多民族国家治理"学术研讨会在贵州师范大学隆重举行。来自中国社会科学院、中央党校、武汉大学、吉林大学、南开大学、中山大学、四川大学、天津师范大学、河南大学等20多所高校和科研单位的参会代表以及贵州师范大学青年教师和研究生等100余人参加了开幕式。

此次论坛以"国家理论与多民族国家治理"为主题。17日至18日，分"政治哲学与国家治理理论""多民族国家治理的理论与实践""中国国家治理的当代考察""中国国家治理的历史分析""外国国家治理的启示与借鉴"五个专场进行了学术研讨。贵州师范大学历史与政治学院、马克思主义学院青年教师和研究生参加了学术研讨。

现将会议主要观点综述如下：

《政治学研究》编辑部副主任田改伟博士分析了国际国内形势和政治学发展前景。他说，从国际来看，国际间经济和政局的变化，需要从政治学角度进行分析与思考。从国内来看，我国改革已进入深水期和关键期，取得重要突破的关键在于政治体制改革能否顺利推进。他希望中国青年政治学学者敢于勇挑重任，坚持"有为才有为"的精神，多作为。他认为，政治学尚未成为一门显学的主要原因是由于议题的缺失。他希望中国青年政治学学者们放宽眼界，深入钻研，关注中国政治发展，不要封闭在屋子里做学问，要多实践。

民族认同与国家认同的关系问题是多民族国家治理所面临的重要现实课题。贵州师范大学岳蓉对贵州省毕节市梨花镇上小河村进行调研，分析了民族风景区在少数民族文化认同中的作用，能够通过构建文化价值和文化身份形成一种民族共享的文化模式，从而能够成为当代民族身份认同的新载体。也有学者描述、分析了云南省景东县对门村彝汉婚礼仪式的变迁，认为这是彝族对社会发展所做的符合自身利益的调整和适应。关于如何整合民族认同与国家认同，长江师范学院张立国提出，在公民身份建构的基础上，通过健全公民权利保障机制、扩大公民参与度、加强公民教育等措施以实现民族认同与国家认同的协同共存。贵州师范大学陈华森从政治文化视角分析了族际整合的新方式，指出在一个多民族政治体系中，和谐政治文化具有族际政策价值整合、民族意识整合、族际政治利益整合和族际政治过程整合等功能。干部队伍状况决定着党的路线方针政策的执行状况。有学者分析了我国干部公开选拔、竞争上岗的主要做法、所取的成效和所面临的问题，并指出要进一步完善干部选拔、竞争上岗制度，可以从制定统一制度、提高考评环节科学性、加强对干部"德"考察的科学性、坚持党管干部原则和降低公选干部成本等方面入手。关于如何预防和消除干部腐败，河南大学崔会敏从如何实现防止利益冲突与防控廉政风险机制对接视角分析了这一问题，认为作为预防腐败的有效措施，两者在逻辑起点、制定层次和针对性方面有所不同，也存在不同的问题。崔会敏主张将两者整合对接起来，进行文化交融、制度整合、组织对接和机制创新,以发挥制度合力,克服管理碎片化倾向。

面对我国国家治理和民主政治建设的困境,学者们试图从民主理论和国家理论中探寻启示。有学者指出文化结构的前现代性是精英政治在我国一定范围内存在的原因,认为在我国实现一元领导和多元社会和谐发展的关键点是要以协商政治规制精英政治,构建现代化的政治文化与公民意识。围绕"协商民主何以可能"这一议题,宝鸡文理学院铁锴对协商民主论者内部及其与批判者之间的论争进行了梳理,并就目前如何使协商民主成为中国更具实质性民主意义的新型民主形态,提出了健全和完善人民代表大会制度、加强社会主义法治建设、培育协作型公民社会三个方面的建议。有学者在比较分析契约论、暴力论和"暴力潜能"论这三种国家起源理论的基础上,论述了诺思的国家保护、生产、产权界定和再分配国家职能理论,指出诺思的国家职能理论对于解决我国当前国家治理过程中出现的问题有着重要启示。

第四节 2013年政治学与国际关系学年会

2013年7月6日至7日,由清华大学当代国际关系研究院主办、王雪莲教育基金会资助的"2013年政治学与国际关系学术共同体年会"在北京举行。自2008年以来,政治学与国际关系学术共同体年会已经发展成为我国政治学与国际关系学科重要的年度学术会议。

会议综述如下:

中国国际关系学界应当如何推动理论创新?南开大学国际问题研究院院长张睿壮认为,在追求理论创新方面切忌心态浮躁。"有人认为国际关系学科现在已经衰落,因为冷战后的世界发展很快,国际关系学科没有产生对快速发展的现实有解释力的新理论。"张睿壮说,"我认为这种连学科本身也要否定的心态非常浮躁。作为学科来说,5年、10年甚至20年,没有重大的理论突破是很正常的"。

清华大学当代国际关系研究院院长阎学通表示,推动理论创新,做经典理论的文献回顾意义不大,应当吸收经典理论的已有知识及合理成分。阎学通从结构现实主义的体系压力概念出发分析了推动理论创新的可能。他以中国崛起的阶段问题举例说明,中国崛起有前期准备、中期起飞以及后期冲刺不同阶段,在国际体系不变的情况下,因崛起的速度发生变化,面临的体系压力也会改变,越到后期,受到的压力越大。在不同阶段面对的体系约束力不一样,在崛起的不同阶段,也应采取相应的不同策略。

"不要一谈到国际关系,动辄就是诸如软实力之类的西方词汇。作为历史底蕴丰厚的文明古国,我们有足够丰富的词汇。"中国人民大学特聘教授王义桅表示。除了借鉴发展西方国家关系理论之外,以中国自身历史文化和政治思想为基础,在国际关系研究中独树一帜,形成有中国特色的国际关系学,建立中国的大国外交理论,是众多中国国际关系学者的追求。

外交学院院长助理王帆认为,中国应当向世界贡献新的思想理念。西方价值具有垄断性、排他性,缺少整体性、宏观性和包容性,我们的思想和理论可以在这些方面寻求突破。他特别提到了中国文化中的自律观,西方传统思维是首先要求他人;中国文化则讲欲正人先正己,己所不欲勿施于人。"遇事责他而不律己,是当前国际关系中的常态。在国际关系中倡导自律,在相互约束与自我约束之间,先强调自我约束,则对维护国际社会的稳定具有独特的意义,"王帆说。

当今国际格局的变化和中国的和平发展为智库提出了重大研究课题。全国人大外事委员会主任傅莹提出,在变化中的世界中,智库服务于外交有三个着力点:第一,研究国际课题需要贴近外交现实和需求,要与决策机构建立起良性的互动关系。第二,要聚焦中国在国际问题上面临的重大课题。比如,如何确定中国在世界上的时代方位?研究者需要在这个问题上提出国内外都能接受的观点,在此基础上构建相应的大国战略和大国外交理论。第三,智库要坚持自己的公共属性和社会责任,增强向中国社会乃至国际社会提供公共产品的意识和能力。在国际责任问题上,外界对中国有很多议论和期待。相关研究者可以多向外界介绍中国的行为模式和原则,增进国际了解,更好地发挥中国的国际责任。

新疆塔里木大学非传统安全与边疆民族发展研究中心副教授谢贵平首先以"和合主义与边疆安全治理"为题作了发言,他指出边疆安全治理的核心就是认同安全问题,不同于威慑认同和强制认同,自觉认同将是边疆安全治理的永恒目标;中国人民公安大学警务战略战术研究室樊守政主任通过整合历年数据、梳理发展过程的方式为大家描述了中东北非地区过去6年恐怖威胁态势的三个典型阶段,并据此深刻地分析了全球范围恐怖威胁受其影响而产生的新特点;来自吉林大学行政学院国际政治专业的硕士研究生董贺针对中国东北边疆非法移民这一问题,从问题现状和发展趋势入手分析了这一问题的特点和产生机制,继而根据该问题对周边安全带来的影响进行了相应评估和对策建言;浙江财经大学财政与公共管理学院讲师廖丹子做了题为"'多源性非传统安全'与中国'民防'体制建构"的会议发言,她尝试提出并初步界定了"多源性非传统安全"这一概念,分析了其核心特征及能力要求,并在此基础上提出了中国多源性非传统安全维护的"现代民防"建构思路;浙江大学公共管理学院博士周冉从自己的专业所学出发,指出了非传统安全威胁识别目前面临的三大理论难题,并以国家为分析单位,尝试探索国家非传统安全威胁的识别路径以克服识别困难,为非传统安全威胁研究搭建有利于标准化和规范化的理论框架。

第五节 2013政治学行政学博士论坛

"北京大学2013政治学行政学博士论坛"暨"转型中的国家治理与社会建设"在北

京大学政府管理学院举行。为了在更大范围、更深层次上展示青年学者的最新研究成果，北京大学政府管理学院和北京大学中国政府治理研究中心在"北京大学 2012 政治学行政学博士论坛"的基础上，联合主办了北京大学 2013 政治学行政学博士论坛。博士论坛由国务院学位委员会办公室、教育部学位管理与研究生教育司、北京大学研究生院资助，作为我国研究生教育创新工程的重要项目之一，为政治学、行政学专业的优秀学子和青年才俊提供立足时代、放眼世界的学术交流平台。本届论坛围绕转型期中国与世界在经济增长、政治改革、社会变迁与文化发展等维度的诸多议题展开讨论，以期推进对转型社会国家治理与社会建设领域的深入思考。

现将会议主要观点综述如下：

北京大学政府管理学院副院长、国内知名的中国治理问题研究专家徐湘林教授以其深厚的学术背景，首先阐述了有关治理问题研究的方法论问题，接着分析了当代中国转型期的一个重要特征，即实际上广泛存在的焦虑症现象。针对这个问题，徐教授从研究转型中国的理论范式和视角的角度出发进行了解读。他提出国家治理的六个维度，即核心价值体系、权威的决策体系、有效的政府执行体制、良性的政治互动、可持续的经济发展和社会保障体系，并进一步对这六个维度的关系和侧重点进行了深入浅出的解析。

浙江财经大学副教授袁年兴指出中国民族身份治理逻辑的历史线索，他认为在理想的社会秩序中，通常都会存在着一种占主导地位的元身份，对其他次级身份具有定性和定值的作用。中国个体的元身份经历了从"子民""国民""人民"再到"公民"的转变，民族身份作为次级身份在其中呈现出了不同的态势。这一过程表明，国家通过对社会成员的元身份设计来实现社会治理，要求元身份与民族身份在日常生活中取得意义的关联，促进民族身份与其他次级身份相互交织。在社会转型的过程中，以"人民"和"民族"名义授权的"公民"元身份，具有政治统一性和文化多样性的内涵，能够从中派生出一种基于国家意志和个人自由选择的组织机制。

深圳大学副教授陈家喜认为地方政府创新的动力是政绩驱动，他认为，在政治情势转换和干部考核晋升机制的背景下，政绩成为地方官员职业发展获得重用和擢升的重要资本。他们在追求政绩和政绩竞争的驱动下开展了地方政府创新，而政绩的个体性和不可继承性，又导致他们不断地改弦更张，开展一个又一个的政府创新工程。

清华大学徐晓全基于地方政府创新案例分析指出地方创新、治理变迁与国家治理问题，他认为"政策试验说"逐渐成为一种流行的解释中国改革机制的理论。这一理论在国家整体性制度变迁层面上解释了地方创新之于国家治理的意义，却忽视了那些既没有上升为国家政策也没有消失的地方创新，没有探讨地方创新在推动地方治理变迁层面上之于国家治理的意义。在中国改革实践中，那些没有获得全国推广却在局部地区发挥作用的地方创新更具普遍性。地方创新除了可能由点到面推广至全国之外，是否对地方治理变迁产生影响？这种影响是否构成推动国家治理的另一种机制？新泰市平安协会和云浮市自然村乡贤理事会的实践，有助于回答这些问题。

哈尔滨工业大学公共管理学院林亦府以东北内陆农村为例指出了多重制度逻辑下的基

层干部职业流动，相对于人力资本，社会资本对镇一级干部的职业流动的作用更显著。他的研究认为，基层政治精英的职业流动是一种多重制度因素相互作用的结果。国家制度安排、基层政府运作逻辑，及伦理本位的中国乡土文化是影响基层政治精英职业流动的三大制度性因素。这些制度性因素相互作用，形成了基层政治精英职业流动的动力机制。

北京大学中国国情研究中心研究助理孟天广指出再分配与政治信任的关系，他认为改革三十年来，中国政府大力推动"以经济发展为中心"的发展战略，相应的分配制度只是经济政策的附属物，服从于促进经济增长的政治任务，其后果是过去三十年出现持续的"不均等增长"。

第六节 学习中共十八大报告关于政治学理论与现实问题学术研讨会

2013年1月5日至6日，"学习中共十八大报告关于政治学理论与现实问题学术研讨会"在云南昆明召开。来自全国各地的多位专家学者出席会议，参加研讨。会议期间形成的主要观点综述如下：

十八大蕴含了相当多的政治学理论和现实方面需要研究的课题。

《政治学研究》主编王一程在主旨演讲中指出，十八大报告提出了许多政治学的理论和现实的研究课题。首先，深入领会"坚定不移沿着中国特色社会主义道路前进为全面建成小康社会而奋斗"这一大会的主题。其次，认真学习十八大报告对党的几代中央领导集体在建设中国特色社会主义进程中所做贡献的评价。再次，全面理解报告对中国特色社会主义道路的系统阐述。特别应当注意作为定语的"社会主义"，这是对我们事业性质的规定。又次，研究领会十八大报告提出的夺取中国特色社会主义新胜利所必须牢牢把握的八项基本要求。在当前国际国内思潮碰撞的背景下，有三条应该特别强调，其一，必须坚持人民主体地位，因为中国特色社会主义是亿万人民群众自己的事业。其二，必须坚持走共同富裕的道路。报告对于全面建成小康社会所确定的实现城乡居民人均收入比上年增长一倍的目标就旨在解决收入差距扩大的问题。其三，必须坚持党的领导。这要与报告把纯洁性列入党的建设主线联系起来理解。最后，深刻领会报告对新形势下党面临的考验、危险的强调。如果执政能力建设、先进性和纯洁性建设得不到加强就难以应对挑战。政治学者需要增强全面提高党的建设科学化水平的紧迫感和责任感。

中国政治学会副会长包心鉴指出，十八大报告主要有十个需要政治学者深入研究的问题。第一，道路自信、理论自信、制度自信的政治价值和意义包括对中国政治发展方向的意义，对中国政治发展模式、凝聚中国发展共识的意义对进一步矫正中国政治发展坐标的意义。第二，科学发展观同马克思列宁主义、毛泽东思想、邓小平理论、"三个代表"重要思想一道作为党的指导思想，其核心是以人为本，因而尤其要关注"以人为本"思想的指导意义。第三，如何科学把握"人民民主不断扩大"这一全面建成小康社会的政治目标和政治内涵。第四，全面深化改革开放的政治意义以及如何实现经济、政治体制改革的互相协调。第五，推进中国特色社会主义的工业化、信息化、城镇化、农业现代化，是一个系统工程需要哪些体制、机制和制度的支撑。第六，中国特色社会主义政治发展道路的科学内涵和拓展的动力。第七，协商民主的现实政治价值和制度构建。第八，关于创新社会管理体制的政治内涵和价值。第九，建设廉洁政治和中国特色反腐倡廉道路。十八大报告首次在党的代表大会报告上提出廉洁政治的概念。政治学需要对廉洁政治的内涵、标准和路径等问题做出回答。第十，发展党内民主、全面提高党的建设科学化水平。政治学者需要进一步研究执政党面临的严峻挑战和潜在威胁，研究党内民主在党的建设中的重大意义研究加强党内民主的基础和制度支撑。

由于会议在边疆和少数民族聚居较多的云南举行，因而围绕这一主题的研讨十分热烈。

贵州师范大学历史与政治学院教授陈华森以"我国民族区域自治制度的内在机理和现实价值"为题作了发言，他认为民族区域自治制度是中国共产党把马克思主义与中国实践相结合创造的国家结构形式。民族区域自治制度在取得阶段性成果、少数民族自治地区获得高速发展的同时也出现了阶段性困境，表现为民族区域自治地方内部各个地区发展不平衡，各个民族区域自治地方之间发展不平衡，民族自治地方与非民族自治地方发展不平衡。这种不平衡的状态表明，以实现各民族共同繁荣发展为目标的民族区域自治制度必须坚持。

广州大学政治与公民教育学院院长赵中源以"民生与开发党的执政资源的逻辑与路径"为题发言，指出执政资源的开发、整合和拓展是任何一个政党获得政权后巩固执政地位所必需的措施。执政资源是长期执政的条件。执政资源的基本内核是合法性资源。合法性就是民众对执政党和政治制度的认同程度。中国共产党在革命、建设和改革中取得伟大成就，为党赢得了很高的认同，但是由于发展中存在的问题，执政党和政府尤其是基层政权层面的认同有很多问题需要思考。民生改善和发展状况会增强社会各个阶层的政治认同，这种感受是民众对执政党认同的直接来源和决定性因素。

韶关学院政治与公共事务管理学院曾宇辉指出，如何健全权力运行制约和监督体系，保障人民知情权、参与权、表达权和监督权，不仅是人民民主的重要体现，而且关系到反腐廉政建设的成效。他介绍了广东省南雄市实行权力运行公开试点的情况。该地组织"阳光使者"队伍监督当地党务、政务公开，重大决策人事任免，重大突发事件处理，医保、社保、低保基金使用等情况，有权参与政府部门决策和执行并约见主管部门领导。这一试点取得了明显的成效。当然如何调动"阳光使者"的积极性、规范"阳光使者"的权力等问题还需要深入研究。

第七节　2013年北京青年政治学论坛

2013年6月15日至16日，由北京青年政治学论坛组委会主办、中国政法大学政治与公共管理学院政治学系承办的"北京青年政治学论坛·2013"在北京邮电大学举行。"北京青年政治学论坛"于2009年由北京政治学青年论坛筹委会发起，旨在推动政治学学科基本建设，促进北京各高校和科研院所青年政治学人之间的学术共同体的成长，营建在求真务实基础上自由讨论、敢于批评的学术氛围。此次论坛，共吸引了来自北京大学、清华大学、中国人民大学、北京师范大学、对外经贸大学、北京航空航天大学、中国青年政治学院、首都师范大学、南开大学、天津师范大学、中国社会科学院、中央党校等高校和科研单位，以及京城多家学术媒体的70多名青年学者参加。同时也吸引了来自周边院校的本科、硕士及博士生前来旁听。经过两天的交流讨论，会议取得了丰硕的成果。

论坛开幕式由中国政法大学政治学系李筠主持，政治与公共管理学院副院长卢春龙教授致辞。此次论坛的主题讨论部分包括七个单元，分别是"马基雅维利""西方政治思想""经学""共识""党与政""选举政治""政治治理"。

现将会议主要观点综述如下：

在第一单元"马基雅维利"的研讨中，天津师范大学的刘训练从国家理由概念解读了马基雅维利的政治思想；中央党校党建部的张弛则通过对马基雅维利有关体制与公民之间关系的考察中，挖掘其对共和主义的超越。中国政法大学的郑红和清华大学的陈华文分别对两位的发言进行了精彩的点评。

在第二单元"西方政治思想"的研讨中，中国政法大学政治学专业博士生何涛从"神学个人主义的此世化"角度解读了加尔文的政治思想；首都师范大学的尹哲分析了维特根斯坦思想中的犹太人问题，并与斯宾诺莎和马克思的解决方案进行了比较。中国政法大学的李筠和外交学院的施展分别对两位的发言进行了点评。

在第三单元的"经学"是此次论坛新设立的主题，中国人民大学哲学院博士生秦际明从疏解《论语》夷狄之有君章入手，考察了君在儒学传统中的起源与演变；另一位中国人民大学哲学院的博士生闫恒则以《关雎》之疏解为主线，分析了《诗·国风·周南》所蕴含的政治社会图景。中国人民大学国学院博士生白立超和北京青年政治学院的任文利分别对两篇论文进行了评议。

在第四单元"共识"的研讨中，中国社会科学院的樊鹏以"共识性"体制来概括中国特色的公共政策决策机制；对外经贸大学的霍伟岸考察了美国联邦参议院的协商民主之产生与衰落背后的原因。北京师范大学的聂智琪和中国政法大学的庞金友分别对两篇论文进行了评议。

在第五单元"党与政"的研讨中，中国人民大学的李春峰分析了中国共产党如何通过"党内学习机制"来实现整个组织的调适；清华大学的郑振清则考察了计划经济体制如何推动了与共产党党权的组织化扩张。清华大学的张汉和中国人民大学的陈琦分别对两位的发言进行了点评。

在第六单元"选举政治"的研讨中，汕头大学的陈健认为"单一选区两票制"的确立，固化了中国台湾地区政坛的两党体系；北京大学的张长东认为地方人大制度安排的缺陷，使得进入地方人大的民营企业家达标无心或无力追求制度性革新。中国人民大学的林红和中国政法大学的卢春龙分别对两位的发言进行了点评。

在第七单元"政治治理"的研讨中，北京大学政府管理学院的博士生林雪霏基于在广西某县扶贫实践的调研，分析了行政官僚体制所存在的僵化，以及相应的一些缓解手段；吉林大学行政学院博士生张海柱以国家建设为逻辑起点分析了农村合作医疗政策变迁背后的驱动机制。清华大学的于晓红、对外经济贸易大学的叶静分别对两位的发言进行了点评。

上述七个单元的主题讨论中，除了评议人的点评之外，齐聚一堂的青年学者针对论坛的每个主题发言和评议也都展开了热烈讨论。主题讨论结束后又召开了以"政治学研究的中国问题意识"为话题的圆桌论坛。在引言人施展的发言之后，中国人民大学的任峰、南开大学的曹钦、北京航空航天大学的翟志勇、清华大学法学院博士生周林刚以及中国社科院田改伟分别从自己的科研思考出发，畅谈了如何在政治学研究中构建中国问题意识。

第五章 文献索引

第一节 2013年政治学研究主要中文文献

一、政治制度

[1] 胡润忠．美国政治学"政策决定政治"的代表性理论比较［J］．国外理论动态，2013，02．

[2] 邓念国．福利制度新政治学的最新发展［J］．武汉大学学报（哲学社会科学版），2013，01．

[3] 田野．探寻国家自主性的微观基础［J］．欧洲研究，2013，02．

[4] 阎小波．化理念为制度——民本主义转化为社会公正的路径探索［J］．吉林大学社会科学学报，2013，01．

[5] 袁倩．社会运动中的国家行为"类型—回应"视角的综述与反思［J］．广东行政学院学报，2013，06．

[6] 刘红凛．"政党法制"论析［J］．当代世界与社会主义，2013，06．

[7] 克拉克．国际社会与中国：规范的权力和权力的规范［J］．浙江大学学报（人文社会科学版），2013，09．

[8] 周庆智．社会制衡：基层公共权力的界限［J］．哈尔滨工业大学学报（社会科学版），2013，09．

[9] 郭剑鸣．风险社会境遇下西方国家的社会性管制与社会管理［J］．社会科学战线，2013，10．

[10] 黄晨．历史制度主义：瓶颈与展望［J］．比较政治评论（第二辑），2013，11．

[11] 陈芳．政策扩散、政策转移和政策趋同——基于概念、类型与发生机制的比较［J］．厦门大学学报（哲学社会科学版），2013，11．

二、政治行为

[12] 安晓波．中国的中间阶层是战略性群体吗？［J］．经济社会体制比较，

2013，01.

[13] 黄冬娅. 组织化利益表达：理论假设与经验争论［J］. 中山大学学报（社会科学版），2013，01.

[14] 张欧阳. 网络民主研究综述及发展趋向［J］. 学术探索，2013，04.

[15] 李路曲. 政治文化研究的概念困境［J］. 上海师范大学学报（哲学社会科学版），2013，03.

[16] 赵闯. 生态政治：权威主义，还是民主主义？［J］. 中国地质大学学报（社会科学版），2013，05.

[17] 塞兹. 全球化、世界主义和生态公民权［J］. 南京工业大学学报（社会科学版），2013，03.

[18] 严俊. 博弈分析政治学研究探要［J］. 社会科学研究，2013，07.

[19] 王焱. 精英治理的合理性分析：成本、效率与秩序的优势［J］. 理论界，2013，08.

[20] 陈尧. 理性选择与民主制度［J］. 复旦学报（社会科学版），2013，09.

[21] 刘建军. 网络政治形态：国际比较与中国意义［J］. 晋阳学刊，2013，05.

[22] 苏力. 精英政治与政治参与［J］. 中国法学，2013，10.

[23] 周庆智. 社会自治：一个政治文化的讨论［J］. 政治学研究，2013，08.

[24] 王宗礼. 国家建构、族际政治整合与公民教育［J］. 西北师大学报（社会科学版），2013，11.

[25] 程同顺. 互联网技术的政治属性与意识形态传播［J］. 江苏行政学院学报，2013，11.

[26] 傅慧芳. 公民意识建构的中国理路［J］. 政治学研究，2013，10.

[27] 李路曲. 政治文化变迁的连续性与非连续性［J］. 新视野，2013，11.

[28] 谈火生. 公民社会与西班牙民主化［J］. 开放时代，2013，09.

三、比较政治学

[29] 施雪华. 冷战后国外政党执政的经验教训及其对中国的启示［J］. 社会科学，2013，02.

[30] 向文华. 西方卡特尔政党理论研究述评［J］. 政治学研究，2013，08.

[31] 张弘. 政党政治与政治稳定——乌克兰案例研究［J］. 俄罗斯东欧中亚研究，2013，02.

[32] 弓联兵. 西方民主质量研究：理论构建与量化测评［J］. 国外理论动态，2013，02.

[33] 柴尚金. 西方宪政民主是如何陷入制度困境的［J］. 光明日报，2013，03.

[34] 陈周旺. "建造民主"：一些国家的民主化计划为什么面临失败［J］. 复旦学报（社会科学版），2013，03.

[35] 王菲易. 一种"国际政治—国内政治"关联的分析框架 [J]. 太平洋学报, 2013, 04.

[36] 王江雨. 要"好民主", 不要"坏民主" [J]. 南风窗, 2013, 05.

[37] 苏长和. 民主政治研究的误区及转向 [N]. 光明日报, 2013 – 05.

[38] 陈霞. 比较—历史—结构: 基于中国政党功能的比较政党学新分析框架 [J]. 上海市社会主义学院学报, 2013, 04.

[39] 蒲国良. 国外一些政党如何应对全球化的新变化 [J]. 社会科学研究, 2013, 03.

[40] 斯蒂恰娜. 政党与20世纪90年代阿根廷和智利的高层腐败 [J]. 国外理论动态, 2013, 04.

[41] 列维茨基. 没有民主的选举: 竞争性威权主义的兴起 [J]. 国外理论动态, 2013, 06.

[42] 白鲁恂. 文明、社会资本和公民社会: 用以解释亚洲的三个有力概念 [J]. 国外理论动态, 2013, 05.

[43] 黄卫平. 国外长期执政政党的比较分析（上、下）[J]. 人民论坛·学术前沿, 2013, 06.

[44] 哈格德. 不平等与政权更迭 [J]. 甘肃行政学院学报, 2013, 06.

[45] 李月军. 比较历史分析视野下政治秩序的起源、变迁与终结 [J]. 国外理论动态, 2013, 07.

[46] 姜跃. 国外部分执政党意识形态的困境及应对 [J]. 理论学刊, 2013, 06.

[47] 肃草. 西方民主测量的局限性和迷惑性: 概述与分析 [J]. 国外社会科学, 2013, 11.

[48] 周平. 全球化时代的民族与国家 [J]. 学术探索, 2013, 10.

[49] 张超. 一党制的起源、分类与演化 [J]. 国外理论动态, 2013, 11.

[50] 白霖. 民主的多重路径 [J]. 比较政治评论, 2013, 11.

[51] 包刚升. 民主崩溃的政治学 [J]. 公共行政评论, 2013, 10.

[52] 黑尔. 混合政体: 当民主和独裁混合时 [J]. 比较政治评论（第二辑）, 2013, 11.

四、政治理论

[53] 秦亚青. 全球治理失灵与秩序理念的重建 [J]. 世界经济与政治, 2013, 04.

[54] 庞中英. 全球治理的"新型"最为重要 [J]. 国际安全研究, 2013, 01.

[55] 阿查亚. 亚洲在全球治理中的角色 [J]. 国外理论动态, 2013, 04.

[56] 王明国. 全球治理机制复杂性的探索与启示 [J]. 国外社会科学, 2013, 09.

[57] 卡赞斯坦. 世界政治中的文明: 超越东方和西方 [J]. 上海交通大学学报（哲学社会科学版）, 2013, 12.

［58］陈明．国家建构与国族建构：儒家视角的观照与反思［J］．社会科学，2013，01．

［59］李猛．在自然与历史之间："自然状态"与现代政治理解的历史化［J］．学术月刊，2013，01．

［60］黄新华．新自由主义政治学述评［J］．高校理论战线，2013，01．

［61］任剑涛．建国的三个时刻：马基雅维利、霍布斯与洛克的递进展［J］．社会科学战线，2013，02．

［62］王乐理．西方近代义务论的产生、演化与特征［J］．天津行政学院学报，2013，03．

［63］高景柱．超越平等的资源主义与福利主义分析路径［J］．人文杂志，2013，31．

［64］杨光斌．国家建构、公民权利与全球化［J］．教学与研究，2013，03．

［65］张绪山．"正心反腐论"仍是官本位政治学［J］．人民论坛·学术前沿，2013，04．

［66］方朝晖．从中国文化传统看"制度决定论"之浅薄［J］．人民论坛·学术前沿，2013，05．

［67］张分田．论"中国古典模式"的政治学说体系［J］．天津师范大学学报（社会科学版），2013，05．

［68］贝淡宁．从"亚洲价值观"到"贤能政治"［J］．文史哲，2013，05．

［69］白彤东．主权在民，治权在贤：儒家之混合政体及其优越性［J］．文史哲，2013，05．

［70］冯天瑜．"民本"与"尊君"（论纲）［J］．吉林大学社会科学学报，2013，01．

［71］张纯厚．"历史终结论"的终结［J］．武汉理工大学学报（社会科学版），2013，02．

［72］张永汀．国家社科基金视角下我国政治学科研究状况分析［J］．理论与改革，2013，05．

［73］王绍光．"公民社会"vs．"人民社会""公民社会"：新自由主义编造的粗糙神话［J］．人民论坛，2013，08．

［74］张飞岸．民主化理论的反思与重建［J］．国外社会科学，2013，07．

［75］佟玉平．"Democracy"的多重语义流变［J］．探索与争鸣，2013，06．

［76］姚中秋．重建中国政治思想史范式［J］．学术月刊，2013，07．

［77］韩星．重建中国式的道统与政统关系［J］．人民论坛·学术前沿，2013，07．

［78］成中英．儒家潜涵的宪法与宪政思想［J］．天府新论，2013，07．

［79］陈岳．西方政治学在中国：近30年来学术翻译的发展与评析［J］．政治学研究，2013，04．

［80］陈那波．社会转型与国家建设：已有文献及新的研究方向［J］．北京社会科学，2013，07．

[81] 林尚立．现代国家认同建构的政治逻辑［J］．中国社会科学，2013，08．

[82] 李猛．通过契约建立国家：霍布斯契约国家论的基本结构［J］．世界哲学，2013，09．

[83] 王海明．国家学是什么［J］．学习论坛，2013，08．

[84] 赵洋．语言（话语）建构视角下的国家身份形成［J］．国外社会科学，2013，09．

[85] 张文喜．政治哲学为什么重要？［J］．山东社会科学，2013，08．

[86] 袁久红．西方马克思主义政治哲学的方法论走向［J］．马克思主义与现实，2013，07．

[87] 王海洲．"国家形象"研究的知识图谱及其政治学转向［J］．政治学研究，2013，06．

[88] 林存光．古典儒家政治哲学论纲［J］．天津社会科学，2013，09．

[89] 张国清．罗尔斯难题：正义原则的误读与批评［J］．中国社会科学，2013，10．

[90] 黄璇．卢梭的启蒙尝试：以同情超越理性［J］．社会科学战线，2013，10．

[91] 葛荃．社会性与公共性析论［J］．学习与探索，2013，10．

[92] 孙晓春．比较视野下的中国传统政治思想［J］．学习与探索，2013，10．

[93] 罗骞．解构批评最终是一种政治实践［J］．中国人民大学学报，2013，11．

[94] 夏瑛．当代西方公民身份概念批判［J］．武汉大学学报（哲学社会科学版），2013，11．

[95] 贝拉米．以民主看待权利［J］．甘肃行政学院学报，2013，10．

[96] 许瑶．发展悖论与中国经验［J］．学习论坛，2013，11．

[97] 富勒．二十一世纪意识形态系谱的新左派和新右派［J］．世界哲学，2013，11．

[98] 章永乐．后知后觉者中的先醒者［J］．中国图书评论，2013，11．

[99] 马德普．如何看待自由主义［J］．政治学研究，2013，10．

[100] 林红．驯服民粹：现代国家建设的漫漫征程［J］．社会科学论坛，2013，11．

[101] 黄杰．从家族、单位到社区：国家治理体系变迁的微观逻辑［J］．南京社会科学，2013，12．

[102] 陈尧．从参与到协商：协商民主对参与式民主的批判与深化［J］．社会科学，2013，12．

[103] 张贤明．当代中国政治学创新与发展的内在逻辑［J］．社会科学家，2013，12．

[104] 彭斌．作为反支配的权力：一种观念的分析［J］．浙江社会科学，2013，12．

五、经济政治学

[105] 哈奇克罗夫特．世袭制国家与寻租资本主义：比较视野下的菲律宾［J］．南洋资料译丛，2013，06．

[106] 徐崇温．国际金融危机把西方民主制推下圣坛、打回原形［J］．毛泽东邓小平理论研究，2013，06．

[107] 卫知唤．比较政治经济学的"国家主义"范式［J］．比较政治评论（第二辑），2013，10．

[108] 张惠强．新古典国家理论的发展脉络［J］．经济研究参考，2013，12．

[109] 余少祥．经济民主的政治经济学意涵：理论框架与实践展开［J］．政治学研究，2013，10．

[110] 叶静．财政视野下的国家与社会关系［J］．比较政治评论（第一辑），2013，05．

[111] 范广垠．消费社会对现代政治的解构——齐格蒙特·鲍曼的消费政治思想简析［J］．马克思主义与现实，2013，09．

六、当代中国政治专题

[112] 范广垠．中共中央关于全面深化改革若干重大问题的决定［J］．求是，2013，11．

[113] 余谋昌．生态文明：建设中国特色社会主义的道路［J］．桂海论丛，2013，01．

[114] 梁丽萍．百年沧桑"中国梦"［J］．中国党政干部论坛，2013，02．

[115] 冉冉．"压力型体制"下的政治激励与地方环境治理［J］．经济社会体制比较，2013，05．

[116] 包心鉴．论协商民主的现实政治价值和制度化构建［J］．中共天津市委党校学报，2013，01．

[117] 吴瑾菁．"五位一体"视域下的生态文明建设［J］．马克思主义与现实，2013，01．

[118] 陈家刚．当代中国的协商民主：比较的视野［J］．新疆师范大学学报（哲学社会科学版），2013，11．

[119] 许瑛．"美丽中国"的内涵、制约因素及实现途径［J］．理论界，2013，01．

[120] 王浦劬．中国协商治理的基本特点［J］．求是，2013，05．

[121] 刘奇葆．为实现中国梦提供有力理论支持［J］．求是，2013，06．

[122] 金元浦．"中国梦"的文化源流与时代内涵［J］．人民论坛·学术前沿，2013，04．

七、政治科学方法论

[123] 高奇琦．比较政治分析中的概念研究［J］．欧洲研究，2013，10．

[124] 高奇琦．比较政治研究方法的两次浪潮［J］．中国社会科学报，2013，01．

[125] 萨托利．比较与错误比较［J］．经济社会体制比较，2013，01．

政治学学科前沿研究报告 2013

[126] 房宁. 政治学研究的层次与视野 [N]. 北京日报, 2013-01.

[127] 李慎明. 关于搞好比较政治学学科建设的几点思考 [J]. 国际政治研究, 2013, 03.

[128] 耿曙. 比较政治的案例研究: 反思几项方法论上的迷思 [J]. 社会科学, 2013, 05.

[129] 朱德米. 比较政治研究议题的设定: 从何处来 [J]. 社会科学, 2013, 05.

[130] 刘杉. 理论与实践的鸿沟 [J]. 国外社会科学, 2013, 05.

[131] 房宁. 总结中国经验, 创新发展中国政治科学 [J]. 博览群书, 2013, 04.

[132] 徐海燕. 中国视角下的比较政治学研究: 发展与评析 [J]. 政治学研究, 2013, 04.

[133] 杨光斌. 复兴比较政治学的根本之道: 比较历史分析 [J]. 比较政治评论 (第一辑), 2013, 05.

[134] 王丽萍. 比较政治研究中的案例、方法与策略 [J]. 北京大学学报 (哲学社会科学版), 2013, 11.

注: 因版面限制, 本节论文一般只列正标题、第一作者, 外国作者只列姓。数据来源: 人大报刊复印资料《政治学》, 中国知网。

第二节　2013 年政治学研究主要英文文献

A. POLITICAL INSTITUTIONS

[1] Boix, Carles, Svolik, Milan W. The Foundations of Limited Authoritarian Government: Institutions, Commitment, and Power-Sharing in Dictatorships [J]. Journal of Politics, 2013 (75): 300-316.

[2] Graham, Erin R., Shipan, Charles R., Craig. Review Article: The Diffusion of Policy Diffusion Research in Political Science [J]. Volden, British Journal of Political Science, 2013 (43): 673-701.

[3] Serricchio, Fabio, Tsakatika, Myrto, Euroscepticism and the Global Financial Crisis [J]. Quaglia, Lucia Jcms-Journal of Common Market Studies, 2013 (51): 51-64.

[4] Aisen, An. How does Political Instability Affect Economic Growth? [J]. Veiga, Francisco Jose European Journal of Political Economy, 2013 (29): 151-167.

[5] Greiner, Guns, Land, and Votes. Cattle Rustling and the Politics of Boundary (re) Making in Northern Kenya [J]. Clemens African Affairs, 2013 (112): 216-237.

[6] Bartels, Brandon L. Johnston, Christopher D. On the Ideological Foundations of Su-

preme Court Legitimacy in the American Public [J]. American Journal of Political Science, 2013 (57): 184 – 199.

[7] Gerber, Elisabeth R. Henry, Adam Douglas. Political Homophily and Collaboration in Regional Planning Networks [J]. Lubell, Mark American Journal of Political Science, 2013 (57): 598 – 610.

[8] Sarah Babb. The Washington Consensus as Transnational policy Paradigm: Its Origins, Trajectory and likely successor [J]. Review of International Political Economy, 2013 (20): 268 – 297.

[9] Epstein, Lee. Reconsidering Judicial Preferences [J]. Knight, Jack Annual Review of Political Science, 2013 (16): 11 – 31.

B. POLITICAL BEHAVIORS

[1] Media and Political Polarization [J]. Prior, Markus Annual Review of Political Science, 2013 (16): 101 – 127.

[2] Smets, Kaat, The Embarrassment of Riches? A Meta – analysis of Individual – level Research on Voter Turnout [J]. van Ham, Carolien Electoral Studies, 2013 (32): 344 – 359.

[3] Ideology and Interests in the Political Marketplace [J]. Bonica, Adam American Journal of Political Science, 2013 (57): 294 – 311.

[4] Klofstad, Casey A. Sokhey, Anand Edward, McClurg, Scott D. Disagreeing about Disagreement: How Conflict in Social Networks Affects Political Behavior [J]. American Journal of Political Science, 2013 (57): 120 – 134.

[5] Healy, Andrew, Malhotra, Retrospective Voting Reconsidered [J]. Neil Annual Review of Political Science, 2013 (16): 285 – 306.

[6] Baldwin. Why Vote with the Chief? Political Connections and Public Goods Provision in Zambia [J]. Kate American Journal of Political Science, 2013 (57): 794 – 809.

[7] Fortunato, David, Stevenson, Randolph T. Perceptions of Partisan Ideologies: The Effect of Coalition Participation [J]. American Journal of Political Science, 2013 (57): 459 – 477.

[8] Lewis – Beck, Michael S. The VP – function Revisited: A Survey of the Literature on Vote and Popularity Functions After Over 40 Years [J]. Stegmaier, Mary Public Choice, 2013 (157): 367 – 385.

[9] Hegre, Havard, Karlsen, Joakim, Nygard, Havard Mokleiv. Predicting Armed Conflict, 2010 – 2050 [J]. International Studies Quarterly, 2013 (57): 250 – 270.

[10] Gerber, Elisabeth R. Henry, Adam Douglas, Lubell. Political Homophily and Collaboration in Regional Planning Networks [J]. Mark American Journal of Political Science, 2013 (57): 598 – 610.

[11] Gibson, Rachel, Cantijoch. Conceptualizing and Measuring Participation in the Age of the Internet: Is Online Political Engagement Really Different to Offline? [J]. Marta Journal of Politics, 2013 (75): 701-716.

[12] Epstein, Lee, Knight. Reconsidering Judicial Preferences [J]. Jack Annual Review of Political Science, 2013 (16): 11-31.

C. COMPARATIVE POLITICS

[1] Stegmueller. How Many Countries for Multilevel Modeling? A Comparison of Frequentist and Bayesian Approaches [J]. Daniel American Journal of Political Science, 2013 (57): 748-761.

[2] Graham, Erin R., Shipan, Charles R., Volden. Review Article: The Diffusion of Policy Diffusion Research in Political Science [J] Craig British Journal of Political Science, 2013 (43): 673-701.

[3] Lorentzen, Peter L. Regularizing Rioting: Permitting Public Protest in an Authoritarian Regime [J]. Quarterly Journal of Political Science, 2013 (8): 127-158.

[4] Calvo, Ernesto, Murillo. Maria. When Parties Meet Voters: Assessing Political Linkages Through Partisan Networks and Distributive Expectations in Argentina and Chile [J]. Victoria Comparative Political Studies, 2013 (46): 851-882.

[5] Krieger. The Limits and Variety of Risk-based Governance: The Case of Flood Management in Germany and England [J]. Kristian Regulation & Governance, 2013 (7): 236-257.

[6] Chappell, Louise, Waylen. Gender and the Hidden Life of Institutions [J]. Georgina Public Administration, 2013 (91): 599-615.

[7] Slater, Dan, Ziblatt. The Enduring Indispensability of the Controlled Comparison [J]. Daniel Comparative Political Studies, 2013 (46): 1301-1327.

[8] Ozzano. The Many Faces of the Political God: A Typology of Religiously Oriented Parties [J]. Luca Democratization, 2013 (20): 807-830.

[9] Ferchen. Whose China Model is it anyway? The Contentious Search for Consensus [J]. Matt Review of international Political Economy, 2013 (20): 390-420.

[10] Schumacher, Gijs, Vis, Barbara. Political Parties' Welfare Image, Electoral Punishment and Welfare State Retrenchment [J]. Van Kersbergen, Kees Comparative European Politics, 2013 (11): 1-21.

D. POITICAL THEORIES

[1] Druckman, James N., Peterson, Erik. How Elite Partisan Polarization Affects Public Opinion Formation [J]. Slothuus, Rune American Political Science Review, 2013 (107): 57-79.

[2] Page, Benjamin I., Bartels, Larry M. Democracy and the Policy Preferences of

Wealthy Americans [J]. Seawright Jason Perspectives on Politics, 2013 (11): 51 - 73.

[3] Bluehdorn. The Governance of Unsustainability: Ecology and Democracy After the Post - Democratic turn [J]. Ingolfur Environmental Politics, 2013 (22): 16 - 36.

[4] Elinder, Mikael, Jordahl. Political Preferences and Public Sector Outsourcing [J]. Henrik European Journal of Political Economy, 2013 (30): 43 - 57.

[5] Pearlman. Emotions and the Microfoundations of the Arab Uprisings [J]. Wendy Perspectives on Politics, 2013 (11): 387 - 409.

[6] Meehan, Katharine. Ian Graham Ronald, Marston, Sallie A. Political Geographies of the Object [J]. Shaw Political Geography, 2013 (33): 1 - 10.

[7] Witt, Michael A. Asian Business Systems: Institutional Comparison, Clusters and Implications for Varieties of Capitalism and Business Systems Theory [J]. Redding, Gordon Socio - Economic Review, 2013 (11): 265 - 300.

[8] Ciepley. Beyond Public and Private: Toward a Political Theory of the Corporation [J]. David American Political Science Review, 2013 (107): 139 - 158.

[9] Levien. The Politics of Dispossession: Theorizing India's "Land Wars" [J]. Michael Politics & Society, 2013 (41): 351 - 394.

[10] Hobson. On the Making of the Environmental Citizen [J]. Kersty Environmental Politics, 2013 (22): 56 - 72.

[11] Golden, Miriam. Distributive Politics Around the World [J]. Min Brian Annual Review of Political Science, 2013 (16): 73.

[12] Levendusky, Matthew S. Why Do Partisan Media Polarize Viewers? [J]. American Journal of Political Science, 2013 (57): 611 - 623.

[13] Cairney. Standing on the Shoulders of Giants: How Do We Combine the Insights of Multiple Theories in Public Policy Studies? [J]. Paul Policy Studies Journal, 2013 (41): 1 - 21.

[14] Tyler, Imogen, Marciniak. Immigrant Protest: An Introduction [J]. Katarzyna Citizenship Studies, 2013 (17): 143 - 156.

[15] Coaffee. Rescaling and Responsibilising the Politics of Urban Resilience: From National Security to Local Place - Making [J]. Jon Politics, 2013 (33): 240 - 252.

[16] Hafner - Burton, Emilie M., Hughes, D. Alex, Victor, David G. The Cognitive Revolution and the Political Psychology of Elite Decision Making [J]. Perspectives on Politics, 2013 (11): 368 - 386.

[17] Rovny. Where do Radical Right Parties Stand? Position Blurring in Multidimensional Competition [J]. Jan European Political Science Review, 2013 (5): 1 - 26.

[18] Schumacher, Gijs, de Vries, Catherine E. Why Do Parties Change Position? Party Organization and Environmental Incentives [J]. Vis, Barbara Journal of Politics, 2013 (75): 464 - 477.

E. POLITICAL METHODOLOGIES

[1] Meehan, Katharine. Political Geographies of the Object [J]. Shaw, Ian Graham Ronald; Marston, Sallie A. Political Geography, 2013 (33): 1 – 10.

[2] Calvo, Ernesto, Murillo. When Parties Meet Voters: Assessing Political Linkages Through Partisan Networks and Distributive Expectations in Argentina and Chile [J]. Maria Victoria Comparative Political Studies, 2013 (46): 851 – 882.

[3] Enns, Peter K., Koch. Public Opinion in the US States: 1956 to 2010 [J]. Julianna State Politics & Policy Quarterly, 2013 (13): 349 – 372.

[4] Qualitative Comparative Analysis: How Inductive Use and Measurement Error Lead to Problematic Inference [J]. Hug, Simon Political Analysis, 2013 (21): 252 – 265.

[5] Monogan, James E. A Case for Registering Studies of Political Outcomes: An Application in the 2010 House Elections [J]. III Political Analysis, 2013 (21): 21 – 37.

[6] Genes and Politics: A New Explanation and Evaluation of Twin Study Results and Association Studies in Political Science [J]. Shultziner, Doron Political Analysis, 2013 (21): 350 – 367.

[7] Atkins, Judi, Finlayson. A 40 – Year – Old Black Man Made the Point to Me': Everyday Knowledge and the Performance of Leadership in Contemporary British Politics [J]. Alan Political Studies, 2013 (61): 161 – 177.

[8] Abrahms. The Credibility Paradox: Violence as a Double – Edged Sword in International Politics [J]. Max International Studies Quarterly, 2013 (57): 660 – 671.

后 记

本书是 2013 年公共管理学学科前沿报告系列之一，从选题到策划、写作与出版，都是在中央财经大学政府管理学院赵景华院长的指导下完成的。受命以来，觉得责任大，任务重。尽管多年来我们从事政治学及相关学科的教学与研究，但要写出一个年度政治学学科前沿报告，需要集中阅读大量文献，需要找到一个科学而客观的评价尺度，需要耐心细致的文献甄别……我们倍感压力。经过半年多的努力，本书终于面世了。在此需要解释的是关于中文文献的选择问题。与西方政治学研究较为清晰的学科边界与学术社区相比，当下中国政治学研究不仅和公共管理学交叉，更与同属法学门类的马克思主义思想政治教育、科学社会主义等学科保持着千丝万缕的联系。正因如此，除了中国社会科学院政治学所主办的《政治学研究》以外，我们很难说哪一本刊物是研究政治学的专门刊物。在这一情势下，本书首先将发表于 2013 年且被中国人民大学复印报刊资料《政治学》收录的文章纳入本年度的评价范围，在此基础上适度扩展。

本书由刘庆乐副教授负责撰写初稿，白云真副教授负责对书稿进行修订，政府管理学院 2015 级研究生于明星负责收集 2013 年度政治学大事记相关信息。在本书稿完成过程中，还获得了武汉大学政治与公共管理学院叶娟丽教授、中央财经大学政府管理学院邢华教授的大力支持与鼓励，在此一并表示诚挚的感谢。

作为一项开创性的工作，它有很多不足，有待读者批评指正，有待后继者继续完善。